Prédictions Angéliques 2016

Catalogage avant publication de Bibliothèque et Archivesnationales du Québec et Bibliothèque et Archives Canada

Flansberry, Joane, 1960-
  Prédictions angéliques
  ISSN 1928-2133
  ISBN 978-2-89436-693-6
  1. Anges - Miscellanées - Guides, manuel, etc. 2. Prédictions (Occultisme) - Guides, manuels, etc. I. Titre.
  BL477.F52   202'.15   C2012-300887-5

Nous reconnaissons l'aide financière du gouvernement du Canada par l'entremise du Fonds du livre du Canada (FLC) pour nos activités d'édition.

Nous remercions la Société de développement des entreprises culturelles du Québec (SODEC) pour son appui à notre programme de publication.

Gouvernement du Québec – Programme de crédit d'impôt pour l'édition de livres – Gestion SODEC.

Photo de la couverture : Daniel Osborne
Infographie de la couverture et mise en pages : Marjorie Patry

Éditeur   : Les Éditions Le Dauphin Blanc inc.
             Complexe Lebourgneuf, bureau 125
             825, boulevard Lebourgneuf
             Québec (Québec) G2J 0B9 CANADA
             Tél. : 418 845-4045   Téléc. : 418 845-1933
             Courriel : info@dauphinblanc.com
             Site Web : www.dauphinblanc.com

ISBN version papier : 978-2-89436-693-6

Dépôt légal : 3ᵉ trimestre 2015
                 Bibliothèque nationale du Québec
                 Bibliothèque et Archives Canada

Données de catalogage disponibles auprès de Bibliothèque et Archives nationales du Québec.

Imprimé au Canada

Limites de responsabilité

L'auteure et la maison d'édition ne revendiquent ni ne garantissent l'exactitude, le caractère applicable et approprié ou l'exhaustivité du contenu de ce programme. Elles déclinent toute responsabilité, expresse ou implicite, quelle qu'elle soit.

JOANE FLANSBERRY

Prédictions Angéliques 2016

L'année de la conscience

Le Dauphin Blanc

Autres livres de Joane Flansberry aux Éditions le Dauphin Blanc

La Bible des Anges, 2008

Les Anges au Quotidien (Bible des Anges 2), 2009

Questions humaines, Réponses Angéliques, 2010

Prédictions Angéliques 2011

Soins Angéliques – L'Amour, 2011

Prédictions Angéliques 2012

Soins Angéliques – l'Argent, 2012

Agenda Angélique 2013

Prédictions Angéliques 2013

Agenda Angélique 2014

Prédictions Angéliques 2014

Prédictions Angéliques 2015

Je dédie ce livre à Shana Blueming,
auteure talentueuse.
Que tes histoires fantastiques puissent épater tes lecteurs.
Que l'année 2016 t'apporte tout le succès désiré.
Tu le mérites tellement !
Je t'aime

Mom

Table des matières

Partie I : *Les Anges gouverneurs*

Partie II : *Les Séraphins*

Partie III : *Les Chérubins*

Partie IV : *Les Trônes*

Partie V : *Les Dominations*

Partie VI : *Les Puissances*

Partie VII : *Les Vertus*

Partie VIII : *Les Principautés*

Partie IX : *Les Archanges*

Partie X : *Les Anges*

Remerciements

L'année du mouvement a chambardé ma vie! J'ai vécu des événements extraordinaires et d'autres moins favorables! Toutefois, j'en ai tiré de bonnes leçons! Grâce à l'Ange Caliel, je suis parvenue à surmonter tous les défis sur ma route. Cet Ange clame bien haut : « Cher enfant, ne te résigne jamais! Continue de foncer, d'aller vers tes rêves et de remplir ta vie de magie! » Pour moi, cette phrase a été ma source d'inspiration. Elle m'a permis de continuer ma route, de faire des pas constructifs, d'effectuer de bons changements et d'améliorer ma vie. Merci à toi, cher Ange Caliel! Grâce à ton énergie, j'ai su relever de beaux défis!

J'aimerais également remercier mes amis, qui tout au long de mon année, m'ont épaulée dans mes projets et ont pris le temps de m'écouter, de me gâter et de me divertir. Sachez que je vous aime de tout cœur! Si, par mégarde, j'en oublie quelques-uns, ne vous inquiétez pas. À tous les jours, j'envoie des pensées positives, et ce, à tous ceux qui m'ont émue dans la journée. Je demande également aux Anges de vous protéger et de vous apporter des moments agréables dans votre vie. Je ne vous oublie jamais!

Mille mercis à Diane Brazeau. Ton aide est précieuse et très appréciée! Tu es un petit bout en train qui déplace de l'air! Félicitations pour tes médailles d'or. Tu les mérites royalement! Continues de propager l'amour, la joie et l'entraide autour de toi! *Je t'aime beaucoup* et je te souhaite tout le bonheur que tu mérites! Ah! J'oubliais....je te souhaite de rencontrer ton partenaire idéal! Je serai ravie de célébrer ton union!

Merci également à Nathalie Tessier. Natho, tu as été un Ange pour tante Nini. Malheureusement, elle n'est plus parmi nous. Sa présence me manque énormément. Mais je sais qu'elle prend bien soin de toi. *Je t'aime ma chère amie* et je te souhaite une année remplie de bonnes nouvelles. Tu le mérites bien!

Merci à mon personnel de la boutique. Cette année, il y a eu de grands changements. Je souhaite donc la bienvenue à Marie-Claude Laurin, mon adjointe administrative. Merci pour tout ce que tu fais pour moi. *Je t'aime beaucoup, belle Marie*! Merci à Monique Beaulieu, mon contrôleur. Charmante Monique, j'adore ton savoir-faire. Une chance que tu es là pour mettre de l'ordre dans les papiers qu'on laisse traîner, moi et Marie-Claude! Sinon, on serait perdue! Merci à Julie Larivière, préposée à la vente, alias *Madame Blancheville*. J'avais prié les Anges pour avoir une personne qui saurait bien prendre soin de mon magasin. J'ai été exaucée par la venue de Julie! Merci également à Nadya Letang, petit rayon de douceur qui sait bien prendre soin de ma clientèle! Merci de partager mes pensées sur Facebook! À Carole Tessier, merci pour ta fidélité, ton sourire et ton amitié! À Mélanie Crêtes, ma petite comptable adorée! Merci de bien prendre soin de mon budget!

Cette année, ma petite Jessica Smith a quitté la boutique pour s'aventurer vers de nouveaux horizons. Ma petite Jess, tu me manques beaucoup mais je suis heureuse de savoir que tu es bien dans tes nouvelles fonctions. Je te souhaite tout le succès que tu mérites! *Je t'aime, ma petite cocotte*!

À une femme que j'oublie souvent, celle qui s'occupe de mes pochettes d'Anges, ma couturière préférée, ma belle Huguette Knight-Milks! Merci pour ta fidélité. Cela fait plus de 15 ans que nous travaillons ensemble. Sache que j'apprécie toujours ton excellent travail. Je te souhaite tout ce que ton cœur désire au cours de l'année 2016!

À mes élèves, merci de votre fidélité! Sachez que vos sourires, vos mots chaleureux, vos histoires me font du bien! Continuez d'évoluer et de propager votre Lumière. Vous êtes tellement resplendissants!

À Gracia Derome, cette femme généreuse qui possède un cœur d'or! Merci pour tes petites gâteries. Tu remplis mon cœur de joie à chaque fois que je vous vois, toi et ta charmante fille Lina. *Je vous adore*!

À Mimi Proulx et son adorable conjoint Marc Gendron, *je vous adore*! On ne se voit pas souvent. Mais lorsque l'occasion se présente, c'est toujours un privilège et un cadeau pour moi de vous rencontrer. J'espère vous voir plus souvent au cours de la prochaine année!

À un homme de cœur que j'admire beaucoup, Mr Gratien Proulx. Merci, Mr. Proulx, pour votre soutien, vos conseils, etc. J'adore dîner avec vous. Nos conversations sont toujours enrichissantes. Je vous souhaite de passer une année sans soucis et sans tracas! Vous le méritez tellement. J'en profite pour faire un câlin à Niko!

À mon grand ami Claude Plouffe, merci de prendre soin de la page web. Je te souhaite de trouver la maison de tes rêves au cours de 2016! Que le bonheur envahisse ta demeure!

Merci à ma famille que je chéris tendrement. Ma mère, Pierrette Lesage, *je t'aime beaucoup,* mémère Berry! J'espère que tu resteras parmi nous encore plusieurs années et que l'on pourra fêter tes 100 ans! Je souhaite également la même chose à mon père Théo Flansberry! *Je t'aime beaucoup, pépère Berry*! À vous, chers parents, je vous souhaite une excellente santé! À mon frère Jean, *je t'aime, John,* et je suis heureuse de te voir grandir à travers mes cours. Cette année, je te souhaite de l'harmonie et la paix dans ton cœur. Trouves ta voie et sois heureux, mon frère! Tu le mérites! À ma sœur Linda, *je t'aime, Da*! Je te souhaite une année sans tracas, sans soucis et sans ennuis de santé. Te voir heureuse est important pour moi. Je te souhaite tout le bonheur mérité! À mon petit trésor adoré, ma petite sœur Nancy. À ta naissance, j'étais adolescente, je t'ai couvert de baisers, d'amour et de tendresse. Aujourd'hui, tu me le remets au centuple. *Bébé Nan, tu illumines ma vie et je t'adore*. Mille mercis pour ta créativité. Tu sais rendre ma vie agréable avec tes péripéties de la vie. Ta collaboration est importante pour moi et elle me procure de belles joies. Tu sais bien prendre soin de ta grande sœur!

Il ne faut pas que j'oublie mes nièces que j'adore. Elles sont toutes importantes à mes yeux. Pour commencer, ma filleule, Marie-Josée Paquette, ma cocotte, tu es maintenant une maman. Tu remplis bien ton rôle. Je t'admire énormément! Il y a également la plus tannante de mes nièces, ma petite Shanee Flansberry-Lanoix. Si je ne la mentionne pas, elle va me harceler durant toute l'année. Mon petit bébé, je te souhaite d'être heureuse et de trouver ton partenaire idéal! Mon actrice préférée, Émilie Flansberry-Lanoix. Ma cocotte, je sais qu'un jour, tu deviendras célèbre! Je suis très fière de toi! À Vanessa Paquette, alias ti-pou! *Je t'aime, ma belle,* et je te souhaite tout ce que ton cœur désire. À ma massothérapeute préférée, Vicky Paquette, *je t'aime mon trésor* et je te souhaite de réussir ton année! À celle qui me ressemble et qui adore mes souliers, ma petite Stéphanie Flansberry, je suis très fière de toi. Je sais que tu iras loin dans la vie! Ta grande détermination te conduira toujours au succès! À ma petite coiffeuse qui arbore toujours des styles différents dans ses cheveux, ma belle Mélodie. Tu es maintenant une maman comblée! Je te souhaite d'être heureuse, mon petit cœur. Tu le mérites tellement!

Pour terminer, je remercie mes adorables filles pour leur soutien, leur amour et leur présence dans ma vie. Vous êtes les cadeaux les plus chers à mes yeux. Mom vous admire. Aussi différente l'une de l'autre, vous possédez néanmoins les mêmes qualités : le respect, l'humour, la créativité, l'intelligence et la tendresse. À travers vos yeux, je sais que je suis importante, que vous m'aimez et que vous êtes fière de moi! Restez telles que vous êtes. Vous êtes de beaux exemples à suivre et je suis très honorée d'être votre mère! Je fais des câlins à mes charmants petits-fils, Charles et Lukas. Vous êtes mes rayons de bonheur! Vous voir grandir me fait chaud au cœur! J'aime vous voir dans mon bain rempli de mousse en train de vous amuser, même s'il y a plein d'eau sur le plancher, que le chien est parsemé de mousse et que vous utilisez six serviettes pour vous sécher! Ces soirées sont magiques!

À Frédéric Härtl, mon conjoint de plusieurs années, sache que *je t'aime beaucoup*! Les années passent et défilent à toute allure en ta compagnie. Nous avons eu des moments agréables et parfois difficiles. Malgré les intempéries de la vie, nous avons su rester debout grâce à notre amour et notre respect mutuel. Cette année, je te souhaite la guérison. Que tous tes maux disparaissent par enchantement et que tu recouvres la santé!

Avant-propos

*J*e me permets de vous rappeler qu'il existe une différence entre l'horoscope et les prédictions. Ce livre contient des prédictions qui s'échelonnent sur un laps de temps très court dans la vie d'un individu, ce qui veut dire que les prédictions angéliques contenues dans ce livre peuvent s'avérer très justes pour certaines personnes et moins pour d'autres.

De plus, il faut aussi prendre en considération l'attitude d'une personne. Il est évident que les personnes **possédant une attitude négative** ont plus de chance de s'attirer des ennuis que d'obtenir des gains de toutes sortes. Il en est de même avec vos actions. Plus vos actions seront bien exécutées, plus il y aura des événements constructifs et bénéfiques qui se produiront dans votre vie. Le contraire est aussi vrai ! Donc, il faut toujours garder une attitude positive malgré les intempéries de la vie. Ainsi, vous réglerez plus facilement les problématiques qui se présenteront sur votre route.

Vous trouverez également dans ce livre des choses positives et d'autres qui le semblent moins. Toutefois, le message que vous devez retenir est que les Anges sont là pour aider les êtres humains. Tout au long de votre cheminement, de la naissance à l'âge adulte et jusqu'à la mort, les Anges ont la possibilité de vous assister et de vous épauler si vous acceptez leur aide. Priez-les et vous verrez des changements se produire dans votre vie.

Il est important de connaître les Anges qui gouverneront les mois de l'année. Ces Anges détiennent les critères essentiels pour passer à travers les difficultés qui pourraient survenir au cours d'un mois précis. Ils peuvent également vous aider dans la réalisation de projets. Prenez le temps de lire leurs messages et de faire le petit exercice proposé. Ainsi, vous profiterez des bienfaits de leur Lumière. Vous verrez des problèmes se résoudre rapidement, des projets se réaliser, des rêves se concrétiser, etc. Vous avez tout intérêt à réaliser ce petit exercice!

Introduction
2016 :
L'année de la conscience

Avez-vous la conscience tranquille? Si oui, vous adorerez votre année 2016! Sinon, vous travaillerez ardemment pour retrouver votre quiétude intérieure. Plusieurs personnes fuient la réalité du moment présent. D'autres marchent la tête courbée puisqu'ils ont de la difficulté à faire face à leur vie. Quelques-uns se camouflent pour ne pas voir la vérité devant eux. Certains jouent des rôles continuels, ils oublient qu'ils existent! Au cours de l'année 2016, qu'importe la façon dont vous vivrez votre vie, attendez-vous à vivre des événements qui réveilleront la profondeur de votre âme. Vous prendrez conscience de votre existence. Vous serez en mesure de voir les lacunes de votre vie et de les régler. Prendre conscience de sa vie, c'est faire un pas évolutif vers un avenir meilleur. En étant conscient, vous pouvez mieux voir vos faiblesses pour ensuite les corriger. De plus, lorsqu'on est conscient de notre existence, on vit davantage dans le moment présent et on ne cherche plus à fuir notre existence, mais bien à la vivre au maximum.

Donc, la mission des Anges gouverneurs sera d'éveiller votre conscience, et ce, pour le bien de votre âme et de votre existence. Ces magnifiques Lumières guideront vos pas aux endroits prolifiques pour que vous puissiez récolter de belles réussites lors de l'accomplissement de vos actions.

Les Anges gouverneurs éveilleront davantage vos compétences, ce qui rehaussera votre estime de soi et votre confiance. Vous réaliserez que la réussite ne dépend que de vos actions. Plus vous chercherez à avancer, plus vous obtiendrez de bons résultats. Bref, ceux qui prendront le temps de travailler et de prier les Anges gouverneurs seront moins enclins à se fier aux autres. Ils travailleront davantage pour savourer leur réussite. Cela sera important pour eux. Au lieu de se fier aux autres et de les blâmer pour leur insuccès, ils se prendront en main et ils amélioreront leur vie, tel un noble chevalier. Ces êtres seront conscients qu'ils sont le maître de leur destinée, de leur réussite, de leur bonheur, etc.

En agissant ainsi, ils seront gagnants sur toute la ligne. Ce qui les avantagera lors de leurs actions. Leur attitude courageuse et pragmatique leur apportera que du succès et des éloges de la part de leur entourage. Ils deviendront de beaux exemples à suivre !

La mission des Anges gouverneurs est de libérer votre conscience de ses tracas. Voilà l'importance de travailler avec eux ! Si vous souffrez, libérez-vous de vos souffrances. Si vous avez commis des actes impardonnables, demandez pardon ! Réglez vos problématiques avec respect ! Au cours de l'année, les Anges privilégieront tous ceux qui les prieront. Ces Êtres de Lumière travailleront en concert avec vous. Votre bonheur est important à leurs yeux. Leur support est important à votre bonheur. N'hésitez donc pas à les prier et à leur demander de libérer votre âme de ses erreurs ! Ainsi, votre santé se portera mieux et votre vie sera davantage agréable et vivable !

Toutefois, ceux qui ne voudront pas faire face à leur vie s'enliseront davantage dans la négativité et ils fuiront leurs responsabilités. Ils auront tendance à blâmer tout le monde de leur sort et au lieu de se prendre en main et de changer leur attitude face à la vie, ils préféreront critiquer les Anges, leur famille, la vie, etc. pour tout ce qu'il leur arrive. Il est évident qu'en agissant de la sorte, votre année sera difficile. Vous aurez de la difficulté à voir vos solutions. Vous serez trop borné à démontrer aux autres que votre vie est sans issue. Vous chercherez la pitié des autres au lieu de demander leur aide. De plus, votre attitude vindicative ne vous aidera guère à conserver vos amitiés ainsi qu'une attitude positive face à la vie. Lorsqu'on critique tout, il est évident qu'on attire vers soi des problèmes.

Donc, si vous voulez éviter de vivre dans la dualité et les problèmes, n'hésitez pas à réclamer de l'aide auprès des Anges gouverneurs. Leur Lumière vous sera d'un très grand secours. Elle agira favorablement sur votre conscience, ce qui vous permettra d'améliorer votre attitude face à la vie. De plus, vous serez en mesure de vous prendre en main et d'agir en conséquence pour atteindre votre équilibre, votre joie de vivre et la paix intérieure. Vous ne chercherez plus à vous immiscer dans la vie des autres, ni à jouer des rôles, ni à fuir la réalité. Vous réaliserez l'importance de votre vie et vous chercherez à la vivre au maximum au lieu de vous enliser dans l'inertie.

Pour mieux évaluer les événements de 2016, les Anges gouverneurs ont émis des informations utiles et existentielles pour votre bien-être. Ces informations peuvent s'avérer fondamentales et essentielles pour diriger votre année avec tact et dynamisme. Grâce à ces informations, vous serez en mesure d'éviter et de régler les problématiques, d'améliorer votre attitude, de faire des choix sensés et de bien diriger votre année. Tel un capitaine de bateau, vous maîtriserez votre gouvernail avec fermeté, et ce, malgré les intempéries de la vie. Vous vous dirigerez là où se trouvent vos réponses, votre équilibre, votre joie de vivre et votre bonheur! Voilà l'importance de prier les Anges gouverneurs et de travailler avec eux.

De plus, faites les exercices proposés. Ces exercices amélioreront votre vie et ils vous aideront à mieux voir les signes que vous envoient les Anges. Si vous voulez réussir votre année 2016, si vous voulez attirer vers vous des événements favorables, priez les Anges. Lors de périodes plus ardues, les Anges vous infuseront le courage et la détermination. Cela vous aidera à surmonter vos obstacles avec tact et dynamisme. Vous deviendrez rapidement un bel exemple à suivre!

Note aux lecteurs

Encore une fois, je vous offre des prédictions angéliques. Comme je vous l'ai mentionné dans mes ouvrages précédents, les prédictions que je vous donne peuvent s'échelonner sur plusieurs années. Ainsi, d'une année à l'autre, il se peut que certaines prédictions soient semblables à quelques-unes des années précédentes. Ce que vous devez tirer de ces données qui se ressemblent, c'est que l'être humain a souvent besoin qu'on lui répète des notions afin qu'il les assimile pour de bon.

Dans le fond, le plus important, c'est ce que vous choisirez de faire avec les informations que je vous offre. Ce sont vos actions et votre façon de vivre qui permettront d'activer votre processus de changement.

Si vous ne faites rien pour améliorer votre quotidien, rien ne se produira dans votre vie et vous serez malheureux. Toutefois, si vous prenez le temps de bien analyser votre vie et que vous décidez de vous prendre en main, vous verrez votre vie s'améliorer. Vous deviendrez plus confiant envers votre avenir et vous attirerez vers vous que du bon, du bien, et vous en serez heureux!

Alors, il n'en tient qu'à vous de choisir l'option que vous préférez!

Joane

Prédictions Angéliques

ette année, il y a du changement dans la structure des Prédictions Angéliques. Vous remarquerez qu'à chaque mois, il y a un thème et un Ange gouverneur. Cela a pour but de mieux diriger votre mois. Lorsque vous êtes conscient des situations problématiques qui pourraient survenir, vous êtes davantage prêt à les régler rapidement. Il est également conseillé de faire l'exercice proposé par l'Ange gouverneur. Cet exercice vous permettra de trouver de bonnes solutions pour vous libérer de vos problèmes, de faire des choix sensés, de réaliser vos projets, etc.

Chaque Chœur angélique est structuré de la même façon. Le *premier chapitre* reflète les prédictions de l'année 2016 d'une façon générale. Il y a aussi une mention spéciale qui a été ajoutée pour cibler davantage les personnes qui se laissent influencer par des sentiments négatifs. Étant donné qu'une attitude négative peut empêcher un événement favorable qui a été prédit, il est indiqué clairement aux personnes négatives les situations qui pourraient survenir si elles ne changent par leur attitude. Vous trouverez également un bref aperçu des mois à venir, un conseil Angélique, les événements prolifiques de l'année et les événements pour lesquels la prudence est requise.

Le *deuxième chapitre* est divisé en quatre thèmes, soit la chance, la santé, l'amour et le travail. Au niveau de la chance et de la santé, vous obtiendrez des informations propres à chacun des Anges composant le Chœur Angélique.

Finalement, le ***troisième chapitre*** regroupe les prédictions qui se produiront au cours de l'année. Pour les situations négatives, lisez-les à titre d'information. Le but n'est pas de vous perturber ni de vous blesser. Il s'agit tout simplement de vous informer. Lorsque l'on est avisé d'un événement, on est plus apte à surmonter l'épreuve, à s'éloigner des dangers et à les éviter. Lorsque l'on est conscient des événements à venir, on se protège et on s'assure de bien prendre les mesures nécessaires pour mieux les affronter et les régler avant qu'ils arrivent. Mieux vaut prévenir que guérir !

Voici un résumé des thèmes abordés pour chaque Choeur :

Mois de l'année

Les mois sont divisés en quatre catégories : les mois favorables, les mois non favorables, les mois « ambivalents » et les mois de chance. Les mois favorables sont des mois où tout se passe généralement bien. Même si vous vivez une difficulté, elle ne sera que passagère et vous serez en mesure de la régler rapidement. De plus, tout ce que vous entreprendrez vous sera bénéfique.

Les mois non favorables sont des mois où tout semble être difficile à accomplir. Ces mois peuvent également déranger votre physique ou votre « mental ». Certains événements vous feront verser des larmes facilement. Au cours de ces mois, il serait préférable de bien réfléchir et d'analyser profondément chacune de vos actions avant de les entreprendre. Réclamez de l'aide auprès de l'Ange gouverneur. Celui-ci sera en mesure de vous aider et de vous relever !

Les mois ambivalents sont des mois imprévisibles. Une partie du mois vous vivez dans l'extase, et l'autre partie, tout semble vous tomber sur la tête. Les mois ambivalents sont des mois que vous trouverez ni trop faciles, ni trop difficiles. Votre attitude comptera beaucoup durant ces mois. Voilà l'importance de conserver une attitude positive. Cela sera favorable.

Les mois de chance représentent des mois où la chance est présente. Alors profitez-en pour jouer à la loterie, pour entreprendre vos projets et pour régler vos problématiques !

Les événements prolifiques de l'année

Cela concerne des événements importants qui favoriseront votre année. Il s'agit d'opportunités, d'actions, de choix, etc. Être conscient de ces événements vous favorisera lors de vos décisions et de vos actions. Ces situations prolifiques peuvent arriver à tout moment de l'année, d'où l'importance de le noter. Si vous parvenez à saisir les opportunités qui s'offriront à vous, vous ne serez pas déçu et votre vie s'améliorera!

Les événements exigeant de la prudence

En étant conscient des situations problématiques, vous permettra de les contourner, les régler et vous en libérer plus rapidement. Mieux vaut prévenir que guérir! Ne négligez pas ces mises en garde! Gardez toujours l'œil ouvert. Ainsi, vous éviterez des ennuis de toutes sortes!

Les Chœurs Angéliques et la chance

Dans la section de la chance, le premier paragraphe indique la chance en général : les chiffres chanceux, la journée favorable et les mois où la chance sera davantage présente. Veuillez noter que ces éléments peuvent autant indiquer le niveau de chance par rapport à un examen que vous devez faire, un contrat à signer, une réception à organiser, ou autre, que le niveau de chance pour jouer à des jeux de hasard. Iil vous sera indiqué sur quel sujet la chance se fera davantage ressentir.

De plus, prenez en considération les chiffres indiqués en gras. Vous pourriez vivre plusieurs événements marqués de ces chiffres. Les Anges peuvent vous montrer régulièrement ces chiffres pour annoncer leur présence auprès de vous.

Les Chœurs Angéliques et la santé

Les informations qui vous seront données concernent les parties du corps qui pourraient être vulnérables tout au long de l'année 2016. Ces faiblesses pourront occasionner divers maux. *Cela ne veut pas dire que tous les personnes en souffriront.* Ceci ne constitue aucunement un

diagnostic mais représente plutôt une **mise en garde** ou **un avertissement** qu'il faut écouter, **surtout pour ceux qui ont tendance à négliger leur santé**.

Les Chœurs Angéliques et l'amour

Vous trouverez un aperçu des événements qui surviendront au cours de l'année. Vous pourriez également y être informé de situations qui pourraient déranger l'harmonie conjugale. Le sujet concernant les couples vivant des difficultés sera aussi abordé, ainsi que le sujet des personnes submergées par la négativité et l'impact de leur négativité au sein de leur relation amoureuse.

Le sujet des célibataires sera abordé, comme, par exemple, la meilleure période pour faire des rencontres, etc. Toutes ces informations les aideront dans leurs démarches pour rencontrer l'amour. Il y aura également des avis qui seront donnés aux célibataires submergés par la négativité. Ils pourront prendre conscience de l'impact désagréable qu'occasionnera leur négativité lors de rencontres!

Les Chœurs Angéliques et le travail

Vous trouverez des informations pertinentes qui vous aideront lors de choix et de décisions importantes au sein de votre travail. Il sera également question des travailleurs submergés par la négativité et de l'impact qu'occupera leur négativité au sein de leur équipe et dans leur milieu de travail. Une personne avertie en vaut deux! Donc, ce sera à vous de décider si vous conservez votre attitude négative ou si vous l'améliorerez!

Votre Ange

Pour connaître le nom de votre Ange et les prédictions qui s'y rattachent, vous devez trouver votre date de naissance dans le tableau intitulé *Les neuf Chœurs Angéliques* à la page 29. Vous pourrez ainsi découvrir votre Ange, son numéro hiérarchique, sa période de force, le Chœur Angélique auquel vous appartenez et l'Archange qui le dirige.

À titre d'exemple, prenons la date de naissance suivante : le 5 mars. En se référant à ce tableau, cette date vous donne les informations suivantes :

1) Nom de l'Ange : Rochel

2) Numéro de l'Ange : 69

3) Période de force : du 1ᵉʳ au 5 mars

4) Chœur Angélique : Les Anges

5) Archange recteur : Gabriel

À l'aide de ces informations, vous pouvez donc lire les parties qui traitent de votre Chœur Angélique ainsi que de votre Ange.

Vous pouvez également vous référez à l'Ange qui a secondé votre Ange de naissance. Il s'agit de **l'Ange du jour**. Vous pouvez également vivre des situations qui lui sont rattachées.

À titre d'exemple, prenons de nouveau la date de naissance du 5 mars. En vous référant au tableau II - *Les heures et les jours de régence des Anges* à la page 3, recherchez votre date de naissance dans le tableau. Cette date vous donne les informations suivantes :

1) Nom de l'Ange relié à la journée de votre naissance : Nemamiah

2) Numéro de l'Ange : 57

3) Période de force : du 1er au 5 janvier

4) Chœur Angélique : Les Archanges

5) Archange recteur : Michaël

Il y a de fortes chances que vous vibrez davantage avec l'Ange du jour qu'avec l'Ange de la naissance. Vous pouvez donc vous référez à cet Ange. Lors de la lecture des prévisions, si vous notez un événement similaire pour l'année en cours, prenez-le en considération. Cela sera prudent et favorable !

À titre d'exemple : en lisant au sujet de la santé, il vous est conseillé de surveiller les objets lourds car il y a risque de blessures. Vous lisez ensuite les événements rattachés à l'Ange du jour et il est indiqué la même chose. Vous devez donc prendre cet avertissement au sérieux puisqu'il y aura de fortes chances que cette situation survienne au cours de l'année.

TABLEAU I : LES NEUF CHŒURS ANGÉLIQUES

I. SÉRAPHINS METATRON	II. CHÉRUBINS RAZIEL	III. TRÔNES TSAPHKIEL
1. Vehuiah (du 21 au 25 mars)	9. Haziel (du 1er au 5 mai)	**17. Lauviah II (du 11 au 15 juin)**
2. Jeliel (du 26 au 30 mars)	**10. Aladiah (du 6 au 10 mai)**	18. Caliel (du 16 au 21 juin)
3. Sitaël (du 31 mars au 4 avril)	11. Lauviah I (du 11 au 15 mai)	19. Leuviah (du 22 au 26 juin)
4. Elemiah (du 5 au 9 avril)	12. Hahaiah (du 16 au 20 mai)	20. Pahaliah (du 27 juin au 1er juillet)
5. Mahasiah (du 10 au 14 avril)	13. Yezalel (du 21 au 25 mai)	21. Nelchaël (du 2 au 6 juillet)
6. Lelahel (du 15 au 20 avril)	14. Mebahel (du 26 au 31 mai)	22. Yeiayel (du 7 au 11 juillet)
7. Achaiah (du 21 au 25 avril)	15. Hariel (du 1er au 5 juin)	**23. Melahel (du 12 au 16 juillet)**
8. Cahetel (du 26 au 30 avril)	16. Hekamiah (du 6 au 10 juin)	24. Hahcuiah (du 17 au 22 juillet)
IV. DOMINATIONS TSADKIEL	**V. PUISSANCES CAMAËL**	**VI. VERTUS RAPHAËL**
25. Nith-Haiah (du 23 au 27 juillet)	33. Yehuiah (du 3 au 7 septembre)	41. Hahahel (du 14 au 18 octobre)
26. Haaiah (du 28 juillet au 1er août)	34. Lehahiah (du 8 au 12 septembre)	42. Mikhaël (du 19 au 23 octobre)
27. Yerathel (du 2 au 6 août)	35. Chavakhiah (du 13 au 17 septembre)	43. Veuliah (du 24 au 28 octobre)
28. Seheiah (du 7 au 12 août)	36. Menadel (du 18 au 23 septembre)	44. Yelahiah (du 29 octobre au 2 novembre)
29. Reiyiel (du 13 au 17 août)	37. Aniel (du 24 au 28 septembre)	**45. Sealiah (du 3 au 7 novembre)**
30. Omaël (du 18 au 22 août)	38. Haamiah (du 29 septembre au 3 octobre)	46. Ariel (du 8 au 12 novembre)
31. Lecabel (du 23 au 28 août)	**39. Rehaël (du 4 au 8 octobre)**	47. Asaliah (du 13 au 17 novembre)
32. Vasariah (du 29 août au 2 septembre)	40. Ieiazel (du 9 au 13 octobre)	48. Mihaël (du 18 au 22 novembre)

VII. PRINCIPAUTÉS HANIEL	VIII. ARCHANGES MICHAËL	IX. ANGES GABRIEL
49. Vehuel (du 23 au 27 novembre)	57. Nemamiah (du 1ᵉʳ au 5 janvier)	65. Damabiah (du 10 au 14 février)
50. Daniel (du 28 novembre au 2 décembre)	**58. Yeialel (du 6 au 10 janvier)**	**66. Manakel (du 15 au 19 février)**
51. Hahasiah (du 3 au 7 décembre)	59. Harahel (du 11 au 15 janvier)	**67. Eyaël (du 20 au 24 février)**
52. Imamiah (du 8 au 12 décembre)	**60. Mitzraël (du 16 au 20 janvier)**	**68. Habuhiah (du 25 au 29 février)**
53. Nanaël (du 13 au 16 décembre)	61. Umabel (du 21 au 25 janvier)	69. Rochel (du 1ᵉʳ au 5 mars)
54. Nithaël (du 17 au 21 décembre)	62. Iah-Hel (du 26 au 30 janvier)	**70. Jabamiah (du 6 au 10 mars)**
55. Mebahiah (du 22 au 26 décembre)	**63. Anauël (du 31 janvier au 4 février)**	71. Haiaiel (du 11 au 15 mars)
56. Poyel (du 27 au 31 décembre)	64. Mehiel (du 5 au 9 février)	**72. Mumiah (du 16 au 20 mars)**

Note : Les Anges dont le nom est en caractère gras ont un pouvoir de guérison.

TABLEAU II : LES JOURS ET LES HEURES DE RÉGENCE DE VOTRE ANGE DE LA LUMIÈRE

N°	ANGE	JOUR					HEURE
1	VEHUIAH	21 mars	3 juin	18 août	30 octobre	9 janvier	0 h à 0 h 20
2	JELIEL	22 mars	4 juin	19 août	31 octobre	10 janvier	0 h 20 à 0 h 40
3	SITAËL	23 mars	5 juin	20 août	1er novembre	11 janvier	0 h 40 à 1 h
4	ELEMIAH	24 mars	6 juin	21 août	2 novembre	12 janvier	1 h à 1 h 20
5	MAHASIAH	25 mars	7 juin	22 août	3 novembre	13 janvier	1 h 20 à 1 h 40
6	LELAHEL	26 mars	8 juin	23 août	4 novembre	14 janvier	1 h 40 à 2 h
7	ACHAIAH	27 mars	9-10 juin	24 août	5 novembre	15 janvier	2 h à 2 h 20
8	CAHETEL	28 mars	10-11 juin	25 août	6 novembre	16 janvier	2 h 20 à 2 h 40
9	HAZIEL	29 mars	12 juin	26 août	7 novembre	17 janvier	2 h 40 à 3 h
10	ALADIAH	30 mars	13 juin	27 août	8 novembre	18 janvier	3 h à 3 h 20
11	LAUVIAH I	31 mars	14 juin	28 août	9 novembre	19 janvier	3 h 20 à 3 h 40
12	HAHAIAH	1er avril	15 juin	29 août	10 novembre	20 janvier	3 h 40 à 4 h
13	YEZALEL	2 avril	16 juin	30 août	11 novembre	21 janvier	4 h à 4 h 20
14	MEBAHEL	3 avril	17 juin	31 août	12 novembre	22 janvier	4 h 20 à 4 h 40
15	HARIEL	4 avril	18 juin	1er septembre	13 novembre	23 janvier	4 h 40 à 5 h
16	HEKAMIAH	5 avril	19 juin	2 septembre	14 novembre	24 janvier	5 h à 5 h 20
17	LAUVIAH II	6 avril	20 juin	3 septembre	15 novembre	25 janvier	5 h 20 à 5 h 40
18	CALIEL	7 avril	21 juin	4 septembre	16 novembre	26 janvier	5 h 40 à 6 h
19	LEUVIAH	8 avril	22 juin	5 septembre	17 novembre	27 janvier	6 h à 6 h 20
20	PAHALIAH	9 avril	23 juin	6 septembre	18 novembre	28 janvier	6 h 20 à 6 h 40
21	NELCHAËL	10-11 avril	24 juin	7 septembre	19 novembre	29 janvier	6 h 40 à 7 h
22	YEIAYEL	11-12 avril	25 juin	8 septembre	20 novembre	30 janvier	7 h à 7 h 20
23	MELAHEL	13 avril	26 juin	9 septembre	21 novembre	31 janvier	7 h 20 à 7 h 40
24	HAHEUIAH	14 avril	27 juin	10-11 sept.	22 novembre	1er février	7 h 40 à 8 h
25	NITH-HAIAH	15 avril	28 juin	11-12 sept.	23 novembre	2 février	8 h à 8 h 20
26	HAAIAH	16 avril	29 juin	13 septembre	24 novembre	3 février	8 h 20 à 8 h 40
27	YERATHEL	17 avril	30-1er juillet	14 septembre	25 novembre	4 février	8 h 40 à 9 h
28	SEHEIAH	18 avril	1er-2 juillet	15 septembre	26 novembre	5 février	9 h à 9 h 20
29	REIYIEL	19 avril	3 juillet	16 septembre	27 novembre	6 février	9 h 20 à 9 h 40
30	OMAËL	20 avril	4 juillet	17 septembre	28 novembre	7 février	9 h 40 à 10 h
31	LECABEL	21 avril	5 juillet	18 septembre	29 novembre	8 février	10 h à 10 h 20
32	VASARIAH	22 avril	6 juillet	19 septembre	30 novembre	9 février	10 h 20 à 10 h 40
33	YEHUIAH	23 avril	7 juillet	20 septembre	1er décembre	10 février	10 h 40 à 11 h
34	LEHAHIAH	24 avril	8 juillet	21 septembre	2 décembre	11 février	11 h à 11 h 20
35	CHAVAKHIAH	25 avril	9 juillet	22 septembre	3 décembre	12 février	11 h 20 à 11 h 40
36	MENADEL	26 avril	10 juillet	23 septembre	4 décembre		11 h 40 à 12 h

N°	ANGE		JOURS				HEURES
37	ANIEL	27 avril	11 juillet	24 septembre	5 décembre	13 février	12 h à 12 h 20
38	HAAMIAH	28 avril	12 juillet	25 septembre	6 décembre	14 février	12 h 20 à 12 h 40
39	REHAËL	29 avril	13 juillet	26 septembre	7 décembre	15 février	12 h 40 à 13 h
40	IEIAZEL	30 avril	14 juillet	27 septembre	8 décembre	16 février	13 h à 13 h 20
41	HAHAHEL	1er mai	15 juillet	28 septembre	9 décembre	17 février	13 h 20 à 13 h 40
42	MIKHAËL	2 mai	16 juillet	29 septembre	10 décembre	18 février	13 h 40 à 14 h
43	VEULIAH	3 mai	17 juillet	30 septembre	11 décembre	19 février	14 h à 14 h 20
44	YELAHIAH	4 mai	18 juillet	1er octobre	12 décembre	20 février	14 h 20 à 14 h 40
45	SEALIAH	5 mai	19 juillet	2 octobre	13 décembre	21 février	14 h 40 à 15 h
46	ARIEL	6 mai	20 juillet	3 octobre	14 décembre	22 février	15 h à 15 h 20
47	ASALIAH	7 mai	21 juillet	4 octobre	15 décembre	23 février	15 h 20 à 15 h 40
48	MIHAEL	8 mai	22 juillet	5 octobre	16 décembre	24 février	15 h 40 à 16 h
49	VEHUEL	9 mai	23-24 juillet	6 octobre	17 décembre	25 février	16 h à 16 h 20
50	DANIEL	10 mai	24-25 juillet	7 octobre	18 décembre	26 février	16 h 20 à 16 h 40
51	HAHASIAH	11 mai	26 juillet	8 octobre	19 décembre	27 février	16 h 40 à 17 h
52	IMAMIAH	12-13 mai	27 juillet	9 octobre	20 décembre	28-29 févr.	17 h à 17 h 20
53	NANAËL	13-14 mai	28 juillet	10 octobre	21 décembre	1er mars	17 h 20 à 17 h 40
54	NITHAËL	15 mai	29 juillet	11 octobre	22 décembre	2 mars	17 h 40 à 18 h
55	MEBAHIAH	16 mai	30 juillet	12 octobre	23 décembre	3 mars	18 h à 18 h 20
56	POYEL	17 mai	31 juillet	13 octobre	24 décembre	4 mars	18 h 20 à 18 h 40
57	NEMAMIAH	18 mai	1er août	14 octobre	25 décembre	5 mars	18 h 40 à 19 h
58	YEIALEL	19 mai	2 août	15 octobre	26 décembre	6 mars	19 h à 19 h 20
59	HARAHEL	20 mai	3 août	16 octobre	27 décembre	7 mars	19 h 20 à 19 h 40
60	MITZRAËL	21 mai	4 août	17 octobre	27 décembre	8 mars	19 h 40 à 20 h
61	UMABEL	22 mai	5 août	18 octobre	28 décembre	9 mars	20 h à 20 h 20
62	IAH-HEL	23 mai	6 août	19 octobre	29 décembre	10 mars	20 h 20 à 20 h 40
63	ANAUËL	24 mai	7 août	20 octobre	30 décembre	11 mars	20 h 40 à 21 h
64	MEHIEL	25 mai	8 août	21 octobre	31 décembre	12 mars	21 h à 21 h 20
65	DAMABIAH	26 mai	9 août	22 octobre	1er janvier	13 mars	21 h 20 à 21 h 40
66	MANAKEL	27 mai	10 août	23 octobre	2 janvier	14 mars	21 h 40 à 22 h
67	EYAËL	28 mai	11 août	24 octobre	3 janvier	15 mars	22 h à 22 h 20
68	HABUHIAH	29 mai	12 août	25 octobre	4 janvier	16 mars	22 h 20 à 22 h 40
69	ROCHEL	30 mai	13 août	26 octobre	5 janvier	17 mars	22 h 40 à 23 h
70	JABAMIAH	31 mai	14 août	27 octobre	6 janvier	18 mars	23 h à 23 h 20
71	HAIAIEL	1er juin	15-16 août	28 octobre	7 janvier	19 mars	23 h 20 à 23 h 40
72	MUMIAH	2 juin	16-17 août	29 octobre	8 janvier	20 mars	23 h 40 à 24 h

Message des Anges

L'année de la conscience fera grandir plusieurs personnes. Prendre conscience de son existence est un pas évolutif vers la réussite de sa vie. Il est beaucoup plus facile de régler les problématiques lorsque vous êtes conscients qu'elles existent et qu'elles nuisent à votre bonheur ! Il est aussi beaucoup plus facile de trouver une solution aux situations dérangeant votre harmonie et votre quiétude lorsque vous en prenez conscience. Prendre conscience qu'il faut faire des changements importants pour améliorer sa vie, c'est prendre sa vie en main !

Sachez, chers enfants, que Dieu vous a donné le libre abrite concernant la façon de conduire votre vie. Il vous a permis d'être le maître de votre destin. Choisissiez donc un destin à la hauteur de vos attentes ! Arrêtez d'emprunter des routes sinueuses qui vous déroutent !

Prenez le chemin de la conscience, de la vérité et de l'accomplissement. Ainsi, vous ne serez pas déçus ! Ces chemins vous conduiront vers la paix intérieure, la quiétude, l'équilibre et le bonheur.

Sachez également vous entourer d'énergie positive. En vous imbibant d'énergie positive, vous serez en mesure de créer, de bâtir, de régler, d'obtenir, de réussir vos objectifs. Ne vous laissez pas influencer par la négativité. Celle-ci ne vous apportera que des ennuis.

Vous possédez un potentiel extraordinaire pour créer votre vie comme vous le souhaitez. Utilisez à bon escient ce potentiel ! Cela vous servira bien ! Soyez également attentif à votre environnement. Tout au long de l'année, nous annoncerons notre présence par des signes concrets. Vous voulez en apprendre davantage sur nous ? L'année 2016 vous le permettra. Apprenez à travailler avec les Anges gouverneurs. Ceux-ci ont la mission de chercher les meilleures solutions pour vous libérer de vos problématiques. Leur fabuleuse Lumière illuminera votre potentiel. Cela vous aidera lors de vos actions. De plus, ces Anges gouverneurs chercheront à vous guider vers toutes les situations agréables qui se produiront chaque mois. Toutefois, si une personne s'enlise davantage devant les problématiques du mois. La mission de l'Ange gouverneur sera de le secourir dans sa détresse et de le ramener à la surface, à la vie et vers la Lumière !

Priez régulièrement l'Ange gouverneur du mois. Ainsi, vous serez continuellement protégés par sa Lumière. La force de la prière permet à chacun d'attirer des situations prolifiques vers soi. Cela vous permettra également de savourer les événements favorables du mois, de vous prendre en main plus rapidement, de trouver de bonnes solutions devant les problématiques et de savourer agréablement votre année !

Soyez donc heureux et vivez pleinement votre vie. Savourez chaque moment agréable que vous offre la vie. Passez du temps avec votre famille et vos amis. Ne laissez pas le temps les éloignez de vous. Mais prenez le temps de les rapprocher de vous. C'est l'une des clés importantes à votre bonheur. Ne perdez pas cette clé, puisque celle-ci sera difficile à remplacer. N'ayez aucun regret. Essayez toujours de réparer vos erreurs, même si cela exige de vous de la patience et de la persévérance. Si vous êtes incapables de le faire, priez-nous !

Essayez de marcher au lieu de courir. Ainsi, vous serez moins préoccupés par la vie. Faites un pas constructif au lieu d'essayer d'en faire plusieurs à la fois. Ce pas constructif vous permettra de faire de grandes distances, mais de façon équilibrée.

À toutes les personnes qui se laissent nourrir par la négativité, priez-nous. Notre Lumière éclairera vos émotions. Vous prendrez conscience de l'impact qu'occasionne votre négativité sur vous et votre entourage. Donc, vous chercherez à vous transformer, et ce, pour votre bien-être et celui de ceux qui vous aiment.

À tous les cœurs meurtris, priez-nous. Notre Lumière agira comme un baume et elle soulagera votre douleur.

Pour terminer, ne laissez quiconque venir entraver vos rêves ni vous abaisser. Vous valez mieux qu'un ramassis de reproches dicté par l'Ombre.

Nous vous aimons. Nous prenons soin de vous. Nous sommes avec vous ! Nous vous souhaitons une année 2016 remplie de tendresse, d'amour et d'abondance ! Sachez savourer cette richesse qui vous est donnée avec fraternité.

Vos amis angéliques,
Les Anges de la Lumière divine !

PARTIE I

Les Anges gouverneurs

2016

Chapitre I

Renseignements utiles concernant les mois et les Anges gouverneurs

Pour mieux comprendre les situations qui surviendront au cours de l'année 2016, les Anges ont donné des informations qui pourraient s'avérer importantes et utiles pour bien réussir votre année. Ces situations auront un impact sur l'ensemble de la société. Tout dépendamment des circonstances de la vie, certains pourraient vivre davantage les problématiques du mois que les événements favorables qui se produiront. Cela dit, vous trouverez à chaque mois, un Ange gouverneur dont il serait important de réclamer l'aide. La mission de l'Ange gouverneur est d'infuser son énergie lorsqu'une personne vit une problématique et d'ouvrir la porte aux possibilités pour que chaque individu qui le prie puisse mieux savourer les situations agréables que provoquera sa Lumière angélique au cours du mois.

Chaque Ange gouverneur possède la force et l'énergie nécessaire pour vous venir en aide sur le sujet concerné. Il suffit de le prier. Ceux qui prendront le temps de les prier seront moins enclins au découragement.

Malgré certains événements difficiles, ils se prendront en main et ils chercheront toutes les issues pour se libérer de leurs problèmes. Telle est la force de la Lumière des Anges gouverneurs.

De plus, en étant conscient des problématiques du mois, vous pourrez mieux gérer votre vie et bien vous préparer devant l'adversité. Donc, advenant un problème, vous pourriez toujours réclamer de l'aide auprès des Anges gouverneurs. Cela vous sera bénéfique.

Il est évident que les Anges ne peuvent pas tomber à votre place. Néanmoins, ils seront là pour vous tendre la main et vous relevez. Les gens ont tendance à critiquer les Anges lorsqu'un événement dramatique survient dans leur vie. Toutefois, vous devez comprendre que **les Anges ne sont pas responsables de vos erreurs humaines**. Ils ont beau envoyé des signes, néanmoins, la pluparts des gens ne les écoutent pas! Donc, lorsque surviendra une épreuve, au lieu de vous apitoyer sur votre sort, au lieu de jouer à la victime et de blâmer les Anges pour ce qui vous arrive, demandez-leur simplement de vous aider et de vous soutirer de vos ennuis. Vous verrez que les Anges enverront sur votre route plusieurs possibilités pour vous permettre de retrouver le chemin de l'harmonie et de la quiétude. Ce sera à vous de saisir la possibilité et de vous en sortir!

Il y a également les **personnes négatives**. Vous devez comprendre qu'en conservant une attitude négative face aux événements de votre vie, vous vous attirez que des problèmes. Si vous êtes conscient de votre négativité et que vous voulez améliorer votre vie, commencez à prier les Anges. Vous verrez que votre vie aura tendance à s'améliorer, ce qui vous permettra de savourer les événements favorables qui surviendront au cours de l'année.

À titre d'exemple, voici un aperçu du mois de janvier : janvier sera consacré à l'action. Pour mieux réussir vos actions, la mission revient à l'Ange Menadel (36). Celui-ci vous donnera l'énergie nécessaire pour vous prendre en main et pour obtenir de bons résultats. Cela dit, certaines personnes vivront des événements agréables selon leurs actions. Pour d'autres, ce sera le contraire : ils vivront dans l'inertie ou ils s'accrocheront à des situations insolvables. Le tout sera indiqué dans **les problématiques de janvier**. À chacun des mois, ce thème sera élaboré. Cela vous permettra de mieux comprendre les raisons pour laquelle vous vivez tels ou tels événements et vous encouragera à réclamer davantage de l'aide auprès de l'Ange gouverneur. De plus, vous trouverez une prière qui vous aidera à traverser le mois. Récitez cette prière et vous verrez que l'Ange gouverneur vous répondra en vous envoyant un signe particulier! Cela vous permettra de réaliser que les Anges ont entendu vos demandes!

Chapitre II

JANVIER – Mois de l'action

Ange gouverneur : Ange Menadel (36)

En janvier, plusieurs se fixeront des buts qu'ils chercheront à atteindre. D'autres se poseront plusieurs questions existentielles qui hanteront leur esprit. Quelques-uns seront animés par l'envie d'améliorer leur routine quotidienne, etc. Qu'importe ce qui vous animera, l'important sera d'améliorer votre vie. Plusieurs personnes seront en contrôle devant les événements de la vie. Plus que jamais, vous savez ce que vous aimeriez vivre au cours de l'année 2016. Vous établirez donc des plans et vous partirez à l'aventure pour pouvoir réaliser ces plans auxquels vous tenez tant ! Il est évident que vous aimeriez connaître le chemin le plus prolifique pour vous. Voilà donc la mission de l'Ange Menadel. Il vous dirigera exactement au bon endroit pour que vous puissiez mettre sur pied vos projets et les réussir. La Lumière de cet Ange vous donnera de l'entrain, de la persévérance et de la détermination. Ce sont toutes des qualités qui mènent au succès.

L'Ange Menadel est le 36ième Ange que Dieu a créé et il fait partie du Chœur des Puissances. Toute une vivacité l'anime. Tout bouge avec lui. Rien ne reste en suspens ! Voilà l'importance de le laisser gouverner le mois de janvier. L'aide de cet Ange est puissante. Sa mission sera de vous guider vers les meilleures ressources pour que vous puissiez obtenir ce que vous désirez.

Tous ceux qui chercheront à vendre leur demeure, priez Menadel. Il en est de même pour ceux qui désirent trouver leur nid d'amour. Cet Ange mettra immédiatement sa Lumière en action. Cela vous permettra de vendre ou d'acheter rapidement votre demeure.

Menadel est excellent également en ce qui concerne la recherche d'un travail. Si vous cherchez du travail, priez-le !

Les problématiques du mois de janvier

Plusieurs personnes emprunteront des routes sinueuses qui leur occasionneront plus de dommages que de bienfaits. D'autres tourneront en rond et n'accompliront rien. Vous voulez améliorer votre vie, toutefois, vous ne savez pas où diriger votre premier pas. De plus, vous chercherez à tout accomplir en même temps, ce qui ne vous aidera guère à réussir vos objectifs.

Donc, **les bienfaits de la Lumière de Menadel** vous aideront à mieux vous concentrer, et ce, pour mieux vous diriger aux bons endroits. Au lieu de tourner en rond, vous serez en mesure de regarder droit devant et d'agir promptement. Menadel apportera également la solution à tous vos problèmes. Il est votre porte de secours lorsque vous avez besoin d'être sauvé et libéré.

Exercice à compléter

Nommez un objectif, un but ou une action que vous aimeriez réussir au cours de l'année : _____

_____

Avant que l'année se termine, l'Ange Menadel vous permettra de savourer votre réussite !

Prière à réciter à l'Ange Menadel

Si vous voulez adresser une prière à l'Ange Menadel, la voici : (Cette prière agira favorablement durant le mois.)

Ô vous, *Ange Menadel,*
protégez et illuminez mon mois de janvier.

Envoyez sur mon chemin des événements prolifiques
qui rempliront mon cœur de joie.

Infusez-moi le courage, la persévérance et la détermination
pour amorcer et réussir cet objectif auquel je tiens tant
(indiquez votre objectif).

Je vous demande humblement d'illuminer ma vie
et de la parsemer de bonheur !

Je vous rends grâce des bienfaits que votre Lumière m'apportera
au cours du mois de janvier.

Vous pouvez réciter cette prière à tous les jours ou au début du mois.

Signes de l'Ange Menadel

À la suite de votre prière, l'Ange Menadel vous enverra un signe. L'un de ses signes préférés est de cacher l'un de vos outils, comme un tournevis, un marteau, etc. Il aime également déplacer vos clés ! Toutefois, ne soyez pas surpris de voir l'image d'un éléphant. Tous ses signes sont reliés à l'Ange Menadel !

Message de l'Ange Menadel : *Il n'y a pas d'âge pour se construire un avenir prometteur, pas d'âge pour exprimer ses désirs et pas d'âge pour expérimenter la vie dans toute sa splendeur. Alors, n'attendez pas que votre vie vous file sous la main avant d'en prendre conscience ! Continuez donc à créer, à bâtir et à amorcer tous les projets que vous avez en tête ! Ma Lumière prolifique avantagera chacune de vos actions.*

Chapitre III

FÉVRIER – Mois de réflexion

Ange gouverneur : Yeialel (58)

En février, plusieurs personnes seront découragées et déprimées. Certains trouveront l'hiver pénible et long. Quelques-uns se plaindront de maux de dents ou de migraines. D'autres seront malades et devront ralentir le pas. Cela les dérangera énormément. Malgré tout, plusieurs chercheront à améliorer leur routine quotidienne. Ils évalueront donc profondément tous les aspects à améliorer. Ils s'appliqueront ensuite à les concrétiser. Lors de cette période, ils chercheront davantage la solitude. Ce qui leur permettra de faire de bonnes analyses. Il y aura des journées où vous aurez besoin de vous ressourcer et de prendre du temps pour vous faire plaisir. Ainsi, cela haussera davantage vos énergies, ce qui vous permettra d'entamer vos tâches quotidiennes.

Cela dit, l'Ange Yeialel se fera un plaisir de gouverner votre mois de février 2016 et de vous infuser une force inébranlable pour vous libérer de vos sentiments d'incertitude et de fatigue. Cet Ange vous permet d'avoir des idées claires et précises. Il vous permet également d'analyser, d'évaluer chacune de vos idées et les conduire à la réussite.

Yeialel est le 58ième Ange que Dieu a créé et il fait partie du Chœur des Archanges. Cet Ange a pour mission de chasser la tristesse. Sa Lumière vous donnera la force de réagir par rapport à l'ennui. Sa Lumière fera luire le soleil à l'intérieur de vous et dans votre foyer !

Les problématiques du mois de février

Plusieurs se sentiront coincés, ne sachant pas quelles décisions prendre pour se libérer de leurs problématiques. Cela les tourmentera. D'autres seront victimes d'un mensonge ou d'une situation fallacieuse et ils chercheront à clarifier la situation. Quelques-uns devront se défendre et ils réfléchiront sur les paroles à prononcer. La peur de se tromper les envahira énormément. De plus, plusieurs seront inattentifs à leur environnement et se blesseront.

Donc, **les bienfaits de la Lumière de l'Ange Yeialel** vous permettra de bien réfléchir avant d'agir. Ce faisant, il vous sera plus facile d'analyser ce qui se passe et d'y apporter les modifications nécessaires pour réussir vos actions. Si vous êtes victime d'un mensonge, l'Ange Yeialel fera en sorte que la vérité puisse se faire entendre. Il ne faut pas oublier que le surnom de Yeialel est « Œil de Dieu », car sa mission est de permettre de mieux voir ce qui se passe autour de vous pour ainsi mieux régler ce qui ne fonctionne pas bien et ce qui entrave votre bonheur.

De plus, l'Ange Yeialel possède le pouvoir de guérir les maux. Sa Lumière agit comme un baume sur les coupures et les brûlures. En le priant, il vous protégera et il vous fera prendre conscience de votre environnement, vous pourriez ainsi éviter des incidents fâcheux.

Si vos gestes, vos mots et vos paroles ont causé de la peine à certains proches, l'Ange Yeialel vous donnera le pouvoir de tout réparer et de tout régler à l'amiable.

Exercice à compléter

Vous aimeriez clarifier une situation et obtenir la vérité ? Si oui, nommez cette situation : _____

_____

L'Ange Yeialel vous permettra de mieux voir ce qui se passe. Ainsi, il sera plus facile pour vous de prendre une décision. Cet Ange s'assurera de faire ressortir la vérité.

Avant que l'année ne se termine, vous saurez exactement ce qui s'est passé. Vous obtiendrez la vérité.

Prière à réciter à l'Ange Yeialel

Ô vous, Ange Yeialel,
protégez et illuminez mon mois de février.

Envoyez sur mon chemin des événements prolifiques
qui rempliront mon cœur de joie.

Aidez-moi à prendre de bonnes décisions en ce qui concerne
(Nommez la situation)

Je vous demande humblement d'illuminer ma vie
et de la parsemer de bonheur !

Je vous rends grâce des bienfaits que votre Lumière
m'apportera au cours de ce mois.

Vous pouvez réciter cette prière à tous les jours ou au début du mois.

Signes de l'Ange Yeialel

À la suite de votre prière, l'Ange Yeialel vous enverra un signe. L'un de ses signes préférés est de vous montrer le symbole de la paix. Il aime également les boules en miroir, telle qu'une *boule disco*. Il peut vous la montrer soit en réalité ou en image ! Tels sont ses signes préférés.

Message de l'Ange Yeialel : *Sois d'abord en paix dans ton cœur et dans ton âme. Ainsi, tu pourras être en paix avec les autres qui, tout comme toi, sont une manifestation de l'amour de Dieu. La prière est la formule magique et l'antidote guérisseur du chagrin, de la solitude, de l'ennui et de tous les maux! Buvez cet antidote et vous savourerez la paix intérieure!*

Chapitre IV

MARS – Mois des décisions

Ange gouverneur : Ange Yezalel (13)

Vous avez besoin de prendre une décision importante et vous avez peur de vous tromper ? Vous voulez trouver la meilleure solution pour régler vos problématiques ? Vous vivez une période difficile sur le plan affectif et vous ne savez plus quoi faire ? Vous avez besoin de vérité et de faits concrets pour pouvoir prendre certaines décisions ? Vous avez des choix à faire en ce qui concerne votre vie professionnelle et personnelle ? Plusieurs vivront ces situations au cours de mars. Vous aurez à faire des choix. Il est donc normal de vouloir faire des choix censés. Ainsi, vous ne les regretterez pas.

Il y aura également des défis de tailles qui vous obligeront à y voir rapidement. Toutefois, il y aura toujours une bonne personne à vos côtés pour vous aider, vous épauler et vous donner de bons conseils qui vous permettront de surmonter vos défis avec courage. Voilà donc la mission de l'Ange Yezalel. Celui-ci enverra sur votre chemin de bonnes personnes dont le soutien vous permettra de surmonter vos défis et de répondre à vos questions. Ces personnes vous aideront à mieux prendre vos décisions. Ils évalueront avec vous les avantages et les désavantages de vos choix. En analysant profondément vos choix, cela sera plus facile de prendre une bonne décision!

L'Ange Yezalel est le 13ième Ange que Dieu a créé et il fait partie du Chœur des Chérubins. Cet Ange prône le message suivant : *Peu importe si vous trébuchez. Ce qui compte, c'est de vous relever!*

Les problématiques du mois de mars

Plusieurs situations problématiques viendront déranger votre quiétude. Certains vivront des difficultés sur le plan affectif. D'autres se questionneront sur leurs sentiments envers leur partenaire. Quelques-uns se demanderont si leur partenaire les aime toujours. Plusieurs sentiront un vide intérieur, ce qui les perturbera énormément.

Donc, **les bienfaits de la Lumière de l'Ange Yezalel** seront de vous aider à résoudre les problèmes qui vous dérangent. Il vous sortira des situations difficiles et perturbantes. Il guidera vos pas vers des situations ou des événements favorables qui vous permettront de retrouver un bel équilibre et la joie de vivre. Cet Ange vous permettra également d'apprécier les petits événements de la vie. Yezalel vous fera prendre conscience qu'il ne suffit pas de grand-chose pour être heureux dans la vie.

Yezalel est une fontaine d'amour. Il est primordial pour cet Ange de voir les gens heureux. Il rétablit l'harmonie et la paix dans les couples. Advenant une décision à prendre de votre part, Yezalel vous aidera à bien l'analyser pour vous assurer que vous faites le bon choix! Telle est la force de sa Lumière!

Exercice à compléter

Êtes-vous perturbé par une situation? Avez-vous une décision à prendre et vous cherchez la meilleure solution? Si oui, indiquez-la à l'Ange Yezalel : _____

Avant que l'année ne se termine, l'Ange Yezalel vous permettra de prendre la bonne décision. Il vous permettra de mieux l'analyser; ainsi, vous ne le regretterez pas par la suite.

Prière à réciter à l'Ange Yezalel

Ô vous, Ange Yezalel,
protégez et illuminez mon mois de mars.

Envoyez sur mon chemin des événements prolifiques
qui rempliront mon cœur de joie.

Infusez-moi le courage, la persévérance et la détermination pour
prendre de bonnes décisions au sujet de (indiquez le sujet.)

Je vous demande humblement d'illuminer ma vie et
de la parsemer de bonheur !

Je vous rends grâce des bienfaits
que votre Lumière m'apportera
au cours du mois de mars.

Vous pouvez réciter cette prière à tous les jours ou au début du mois.

Signes de l'Ange Yezalel

À la suite de votre prière, l'Ange Yezalel vous enverra un signe. Yezalel est un joueur de tours. Ne soyez donc par surpris de chercher vos objets. Yezalel peut tout simplement les déplacer. Ne pensez pas que vous êtes étourdi ! C'est tout simplement l'Ange Yezalel qui s'amuse avec vous. Il peut même faire sonner votre carillon à l'entrée de votre demeure et, lorsque vous répondrez, il n'y aura personne. Cela peut aussi être votre téléphone qui fera une sonnerie inhabituelle et, lorsque vous répondrez, il n'y aura personne au bout du fil. Ce sont tous des signes que l'Ange Yezalel adore utiliser !

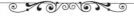

Message de l'Ange Yezalel : *Le meilleur encouragement qui soit est le vôtre ! Lorsque tout semble s'écrouler, dites-vous que vous pouvez conquérir l'impossible, et l'impossible vous conquerrez ! N'oubliez pas que les solutions sont en vous. Il suffit d'aller les chercher et de les appliquer dans votre vie.*

Chapitre V

AVRIL – Mois des opportunités

Ange gouverneur : Ange Nithaël (54)

Tous ceux qui ont travaillé ardemment se verront offrir de belles opportunités. Tous les efforts des derniers mois seront récompensés. Vous avez travaillé d'arrache-pied pour retrouver votre équilibre! Vous l'obtiendrez! Vous avez besoin de retrouver la paix dans votre cœur, l'harmonie dans votre vie et le bonheur dans votre demeure? Vous les retrouverez! Plusieurs passeront à l'action et rien ne les arrêtera! Lorsqu'une opportunité se présentera à eux, ils la saisiront instantanément. Vous serez une vraie girouette et vous tournerez dans tous les sens dans le but d'améliorer votre vie. Néanmoins, cela vous permettra de faire les changements nécessaires, de prendre des décisions importantes, de changer votre routine et de réaliser vos buts.

De plus, il y aura de deux à six événements fortuits qui agrémenteront votre mois. Tous ces cadeaux providentiels proviennent de l'Ange Nithaël. Celui-ci est le gardien du coffre-fort de Dieu. Sa mission est d'envoyer sur le chemin de l'humain, tous les cadeaux auxquels il a droit! Vous avez bien rempli votre coffre-fort divin en posant de belles actions avec vos proches? Si oui, attendez-vous à recevoir les bienfaits de votre générosité. Nithaël se fera un plaisir de vous envoyer le cadeau qui vous fera sauter de joie et qui remplira votre cœur de bonheur!

L'Ange Nithaël est le 54ième Ange que Dieu a créé et il fait partie du Chœur des Principautés. Pour cet Ange, il est important de vous donner cette petite poussée angélique qui vous permettra de mettre sur pied vos projets et de les réussir, de résoudre vos problèmes et d'y retrouver votre équilibre, de rentabiliser chacune de vos actions. Profitez-en également pour faire un chèque d'abondance[1]. Cela sera favorable. Tels sont les bienfaits de la Lumière de l'Ange Nithaël!

Les problématiques du mois d'avril

Plusieurs opportunités fileront sous votre nez! Pour certains, la peur les envahiront. D'autres ne seront pas prêts aux changements. Quelques-uns travailleront ardemment et aucun résultat encourageant ne surviendra. Certains vivront des ennuis financiers. Quelques-uns vivront de la difficulté au niveau du travail. Certains auront peur de perdre leur emploi. Il est évident que les émotions en prendront un vilain coup!

Donc, **les bienfaits de la Lumière de l'Ange Nithaël** seront de vous gâter, de vous envoyer ce qu'il a de mieux pour vous. Attendez-vous à recevoir des cadeaux providentiels qui rempliront votre cœur de joie! De plus, sa Lumière agit comme un baume sur les émotions. Elle les calme. Nithaël vous permettra de prendre conscience du potentiel à l'intérieur de vous. Cela rehaussera votre confiance et vous permettra de saisir les opportunités qui s'offriront à vous pour améliorer votre vie.

Vous pouvez également prier l'Ange Nithaël pour maintenir et conserver votre emploi, pour protéger ceux qui travaillent dangereusement, pour vous protéger des accidents, autant sur la route, qu'au travail.

Exercice à compléter

Quel est le cadeau qui vous fera le plus plaisir d'obtenir? : _____

_____

---

1.   Soins Angéliques – l'argent. Le chèque de l'abondance, page 39.

Avant que l'année se termine, l'Ange Nithaël ira fouiller dans votre coffre-fort divin et il vous enverra un cadeau qui vous rendra très heureux !

Prière à réciter à l'Ange Nithaël

Ô vous, Ange Nithaël,
protégez et illuminez mon mois d'avril.

Envoyez sur mon chemin des événements prolifiques
qui rempliront mon cœur de joie.

Je vous demande d'exaucer ce vœu auquel je tiens tant !
(Récitez votre vœu)

Je vous demande humblement d'illuminer ma vie et
de la parsemer de bonheur !

Je vous rends grâce des bienfaits que votre Lumière m'apportera
au cours du mois d'avril.

Vous pouvez réciter cette prière à tous les jours ou au début du mois.

Signes de l'Ange Nithaël

À la suite de votre prière, l'Ange Nithaël vous enverra un signe. L'un de ses signes préférés est de vous envoyer sur votre chemin des pièces de monnaie. Il est l'un des Anges de l'abondance. Prenez ces pièces de monnaie et insérez-les dans votre petit pot d'abondance[2]. De plus, insérez dans votre pot d'abondance le vœu indiqué ainsi que le chèque que vous ferez. À tous les jours, lorsque vous réciterez la prière de l'Ange Nithaël, brassez votre petit pot d'abondance ! Vous verrez des cadeaux inespérés venir vers vous !

---

2.   Soins Angéliques – l'argent. Le pot d'abondance, page 31.

Message de l'Ange Nithaël : *Sous mes ailes coule l'abondance, entre mes mains règne votre destin. Priez-moi et vous connaîtrez une année prolifique. Sachez recevoir et accepter avec humilité tous les cadeaux que je vous enverrai. Vous avez eu la patience d'attendre avant de récolter les fruits de vos labeurs. Il me fait donc plaisir de vous envoyer une récolte abondante. Soyez heureux et profitez de ces cadeaux au maximum ! Vous les méritez grandement !*

Chapitre VI

MAI – Mois de l'apprentissage

Ange gouverneur : Ange Lauviah I (11)

En mai, plusieurs situations viendront déranger la quiétude des gens. Il peut s'agir aussi de décisions à prendre. Quelques-uns seront obligés d'apprendre une nouvelle technique pour se perfectionner davantage dans leur domaine. D'autres devront passer un examen important. Certains iront en entrevue. Cela dit, la vie donne parfois des leçons incompréhensibles qui peuvent déranger la routine quotidienne. Il n'est jamais facile de vivre des épreuves ou de faire des erreurs. L'ego en prend un vilain coup ! Il est également difficile de comprendre pourquoi ces événements surviennent. Les gens ont tendance à chercher mille et une raisons expliquant pourquoi ils vivent telles ou telles situations ! Ils axent leur énergie à trouver des raisons au lieu des solutions ! Cela peut parfois les déranger émotionnellement. Plusieurs, à la suite d'épreuve ou d'une problématique, ont tendance à baisser les bras. Donc, la mission de l'Ange Lauviah I sera de vous donner la force et le courage de vous relever. Cet Ange vous fera prendre conscience que les erreurs sont là pour vous aider à évoluer. Vous apprenez toujours de vos erreurs. En prenant conscience de celles-ci et en les admettant, il est beaucoup plus facile de les réparer !

L'énergie de cet Ange vous permettra également de reprendre confiance en votre potentiel. Ainsi, vous retrouverez votre voie, votre équilibre et votre stabilité. Sa Lumière rehaussera vos qualités. Ainsi, vous serez davantage en contrôle avec les événements qui surviendront au cours du mois de mai.

L'Ange Lauviah I est le 11ième Ange que Dieu a créé et elle fait partie du Chœur des Chérubins. Cet Ange enverra sur votre chemin des situations favorables qui vous porteront vers le chemin du bonheur. La Lumière de cet Ange est le soleil qui entre dans votre vie et dans votre cœur pour vous illuminer et vous donner la chaleur dont vous avez tant besoin pour être heureux!

Si vous possédez un talent, cet Ange vous le fera découvrir. Elle vous fera prendre conscience que vous possédez toutes les qualités pour réussir votre vie. Il suffit de vous faire confiance! Sa Lumière rehaussera donc votre confiance. Cela vous permettra de réussir vos entrevues, vos projets, vos examens, etc.

Les problématiques du mois de mai

Certains traverseront une période difficile. Cela les affectera à un point tel qu'ils perdront le goût de vivre. Ils seront perdus, ne sachant pas trop se diriger. D'autres seront envahis par des sentiments de jalousie et de négativité. Ils prononceront des paroles qui dérangeront leurs proches. Quelques-uns se laisseront berner par des personnes malintentionnées. D'autres feront des rechutes dans la drogue, l'alcool ou le jeu.

Donc, **les bienfaits de la Lumière de l'Ange Lauviah I** vous donneront l'entrain et l'énergie de vous prendre en main et de cesser vos dépendances. Elle vous permettra également de vous éloigner des personnes problématiques. Cet Ange est la Lumière au bout du tunnel. Lorsque tout est sombre dans votre vie et que vous ne savez plus où vous diriger, la Lumière de l'Ange Lauviah I saura vous guider vers le chemin de l'équilibre et du bonheur. Lauviah I enverra sur votre chemin une personne ressource, une situation ou une technique qui vous aidera à vous libérer de vos problématiques, de vos dépendances et de vos sentiments négatifs. Sa Lumière rehaussera votre joie de vivre! Grâce à cet Ange, vous reprendrez goût à la vie!

Exercice à compléter

Écrivez deux rêves ou deux projets à réaliser : _____

_____

Lauviah I vous donnera cette poussée angélique qui vous permettra de réaliser vos deux projets ou vos deux rêves. Elle vous infusera sa Lumière de persévérance. Cela vous aidera à atteindre vos buts.

Avant que l'année se termine, vous verrez vos deux rêves prendre vie !

Prière à réciter à l'Ange Lauviah I

Ô vous, *Ange Lauviah I,*
protégez et illuminez mon mois de mai.

Envoyez sur mon chemin des événements prolifiques
qui rempliront mon cœur de joie.

Infusez-moi le courage, la persévérance et la détermination pour
amorcer et réussir mes deux projets auxquels je tiens tant !
(Nommez vos deux projets)

Je vous demande humblement d'illuminer ma vie
et de la parsemer de bonheur !

Je vous rends grâce des bienfaits que votre Lumière m'apportera
au cours du mois de mai.

Vous pouvez réciter cette prière à tous les jours ou au début du mois.

Signes de l'Ange Lauviah I

À la suite de votre prière, l'Ange Lauviah I vous enverra un signe. L'un de ses signes préférés est de vous faire trouver une pièce de deux dollars (2$). Le chiffre « 2 » est important pour cet Ange. Elle vous le montrera régulièrement. Ne soyez pas surpris de regarder l'heure à 2h22 !

Message de l'Ange Lauviah I : _Sources d'apprentissage, les erreurs aident l'être humain à comprendre le sens réel de la vie et à anticiper certains types de réactions vis-à-vis un échec. Donc, n'ayez pas peur de commettre des erreurs. De cette manière, vous retiendrez plus facilement vos leçons de vie. Ainsi, vous serez moins enclin à les refaire. Vous acquerrez par la suite une belle sagesse que vous pourriez partager avec vos descendants !_

Chapitre VII

JUIN – Mois des récoltes

Ange gouverneur : Ange Lecabel (31)

Tous les agriculteurs, les paysagistes, les fleuristes, les apiculteurs et autres adoreront le mois de juin. Ils travailleront d'arrache-pied pour pouvoir obtenir de bonnes récoltes. Leur labeur sera doublement récompensé. Vous aurez un beau jardin, vos fleurs seront magnifiques, et ce, tout au cours de l'été. Vous y avez mis des efforts, néanmoins, ceux-ci porteront ses fruits.

Tout au cours de juin, tous ceux qui travailleront pour obtenir de bons résultats dans une situation quelconque seront satisfaits. Il est évident que vous travaillerez ardemment. Toutefois, lorsque les résultats arriveront, vous en serez satisfait ! Le mois de juin sera très productif pour plusieurs qui se retrouveront souvent au bon endroit au bon moment et avec les bonnes personnes. Cela les avantagera dans plusieurs aspects de leur vie. Les entrevues et les examens seront réussis. Quelques-uns obtiendront un poste rêvé. D'autres amorceront un nouveau travail avec beaucoup d'entrain. Bref, vous récolterez tous les bienfaits des efforts apportés au cours des derniers mois. Vous réaliserez que les Anges ont entendu vos appels et qu'ils récompensent vos bonnes actions ! Ces Êtres de Lumière laisseront la place à celui qui saura bien gouverner votre juin. Le meilleur dans ce domaine! Il s'agit sans aucune hésitation de l'Ange Lecabel. Celui-ci se fera un plaisir de gouverner à nouveau en 2016. Lecabel saura rentabiliser et fructifier chacune de vos actions. Il ne faut pas oublier que le surnom de Lecabel est « Ange productif de Dieu ». Avec lui, tout bouge, tout se concrétise, tout s'organise, tout se réalise, tout fructifie et tout se règle. Telle est sa devise. Il l'appliquera dans votre vie au cours de juin.

L'Ange Lecabel est le 31ième Ange que Dieu a créé et il fait partie du Chœur des Dominations. Pour cet Ange, il est important de vous donner cette poussée angélique qui vous permettra de vous prendre en main, de vous fixer des buts, d'amorcer des projets, de travailler ardemment et de réussir toutes vos actions. Tout ce que vous entreprendrez au cours de juin portera ses fruits! De plus, profitez-en pour jouer à la loterie. Lecabel vous réserve de petites surprises monétaires!

Les problématiques du mois de juin

Plusieurs seront débordés et ils ne seront plus où se diriger. La fatigue les amènera à faire des erreurs. Cela rehaussera leur sentiment d'incapacité, ce qui ne les aidera guère à bien entamer leurs tâches. D'autres vivront quelques ennuis financiers. Certains agriculteurs auront de la difficulté avec leur terre ou avec leur équipement de travail. Quelques-uns passeront une entrevue et ils auront peur de ne pas être à la hauteur.

Donc, **les bienfaits de la Lumière de l'Ange Lecabel** vous permettront de prendre votre vie en main et d'avancer d'un pas productif. Il y aura du mouvement dans vos actions. Rien ne sera épargné. Tout se résoudra grâce aux solutions que cet Ange enverra sur votre chemin. De plus, Lecabel vous permettra d'analyser avec exactitude vos situations pour que vous puissiez prendre rapidement de bonnes décisions.

Pour vous récompenser de bonnes actions encourues lors de ce mois. L'Ange Lecabel attirera la prospérité vers vous. Il peut s'agir d'un gain à la loterie, d'une bonne nouvelle en ce qui concerne un travail, une entrevue réussie et autre. Ce cadeau qu'il vous offre vous rendra très heureux!

Exercice à compléter

Quel est le cadeau qui vous ferait plaisir de recevoir? _____

_____

Il peut s'agir d'un gain dans un procès, d'une entrevue à passer, de prendre sa vie en main, de perdre le poids superflu, de défendre vos droits, etc…

Prière à réciter à l'Ange Lecabel

Ô vous, Ange Lecabel,
protégez et illuminez mon mois de juin.

Envoyez sur mon chemin des événements prolifiques
qui rempliront mon cœur de joie.

Fructifiez chacune de mes actions
et accordez moi ce vœu qui m'est cher !
(Indiquez votre vœu)

Je vous demande humblement d'illuminer ma vie
et de la parsemer de bonheur !

Je vous rends grâce des bienfaits que votre Lumière
m'apportera au cours du mois de juin.

Vous pouvez réciter cette prière à tous les jours ou au début du mois.

Signes de l'Ange Lecabel

À la suite de votre prière, l'Ange Lecabel vous enverra un signe. L'un de ses signes préférés est de vous donner l'envie de manger des carottes ! Eh oui, cet Ange adore les carottes ! Il peut également envoyer une personne sur votre chemin qui vous offrira une carotte. Il est très taquin cet Ange ! Lecabel aime également les lilas et les bouquets de lavande. Vous pourriez en recevoir en cadeau. Telles sont les façons originales de l'Ange Lecabel de vous indiquer sa présence à vos côtés !

Message de l'Ange Lecabel : Nourriture pour l'âme, la réalisation de projet vous permet de vous démarquer en tant qu'être humain. Sachez apprécier chaque action, chaque mouvement, chaque décision et chaque rêve qui animeront votre esprit. Ceux-ci reflètent vos talents. Gardez régulièrement espoir en votre potentiel. De cette façon, vous nourrirez constamment votre âme d'idées et de projets. Ainsi, vous saurez profiter pleinement de chaque instant vécu sur Terre et vous pourrez contempler votre avenir avec passion, satisfaction et fébrilité. C'est la clé de la réussite de la vie terrestre !

Chapitre VIII

JUILLET – Mois du travail

Ange gouverneur : Ange Vasariah (32)

Plusieurs travailleront à la sueur de leur front au cours de juillet. Quelques-uns déménageront. D'autres rénoveront plusieurs pièces de leur demeure. Certains seront motivés et déterminés à améliorer leur vie. Ils passeront donc à l'action. Plusieurs iront se promener à l'extérieur de la ville pour leurs vacances. Ils devront préparer la valise des enfants, du conjoint et s'occuper de l'itinéraire. D'autres feront des marches et des exercices pour retrouver la forme.

Cela dit, plusieurs vivront toutes sortes d'événements qui les amèneront à bouger, à créer, à bâtir, à travailler, à régler des choses, etc. Ce mois ne sera pas de tout repos. Néanmoins, il sera toujours agréable de voir les résultats encourageants qu'engendront vos actions. Cela vous donnera l'envie de continuer dans la même direction !

De plus, plusieurs auront la possibilité d'améliorer leur vie professionnelle. Attendez-vous à recevoir de bonnes nouvelles qui agrémenteront votre mois. Les gens d'affaires signeront des contrats alléchants. Les artistes seront fiers de leur création. Les étudiants découvriront leur passion, ce qui les aidera à faire de bons choix de cours pour leur nouvelle saison qui s'amorcera le mois prochain.

Pour bien profiter de votre juillet, les Anges ont nommé l'Ange Vasariah à titre d'Ange gouverneur. Cet Ange a pour mission d'attirer les grâces vers vous. Cet Ange aime récompenser les gens qui se dévouent pour une cause. Sa Lumière rehaussera votre énergie. Cela vous permettra d'amorcer toutes les tâches désirées.

L'Ange Vasariah est le 32ième Ange que Dieu a créé et elle fait partie du Chœur des Dominations. Elle est l'Ange idéal de tous les chanteurs, car elle travaille pour que la voix de ceux-ci soit toujours en parfaite santé. Elle aide également l'artiste à se tailler une place parmi la société.

L'Ange Vasariah peut également vous aider à construire le monde de vos rêves. Soyez réaliste dans votre demande. Vous pouvez lui demander de trouver un emploi qui vous convient, un partenaire idéal, une maison rêvée, etc. Sa mission sera de vous aider à construire ce monde idéal pour vous !

Les problématiques du mois de juillet :

Plusieurs problématiques viendront hanter le mois de juillet. Il peut s'agir de discordes entre les partenaires, les collègues de travail, la famille, etc. Certaines discussions seront animées. Cela dérangera vos émotions. Quelques couples parleront de séparation. D'autres se sépareront et ils entameront les procédures du divorce. D'autres seront inquiets au sujet de la santé d'un proche. Quelques-uns auront des démêlés avec la justice. Il serait important d'éviter la vitesse, de payer vos billets de contravention et de ne pas conduire en état d'ébriété. Sinon, vous vivrez des ennuis !

Donc, **les bienfaits de la Lumière de l'Ange Vasariah** vous permettra de retrouver votre équilibre. Cet Ange possède le pouvoir de transformer les situations problématiques en des situations qui peuvent être résolues. Elle peut changer le négatif en positif. Elle apportera du secours à ceux qui ont des démêlés avec la justice. Elle protégera votre noyau familial. Elle vous permettra de réparer les pots brisés par votre attitude. Cet Ange vous guidera vers le chemin de la Lumière. Elle éclairera vos pas et elle les transformera en action positive.

De plus, Vasariah vous aidera à prendre votre vie en main et à vous diriger vers vos rêves sans être obligé de toujours demander l'avis de tout le monde. Elle vous permettra d'être autonome et d'avoir confiance en votre bon jugement !

Exercice à compléter

Quel serait votre monde de rêve ? Écrivez ce que vous aimeriez vivre au cours de l'année : _____

_____

Soyez tout de même réaliste ! Bref, qu'est-ce qui vous ferait le plus plaisir si cet événement arriverait dans votre vie ? Par exemple, vous aimeriez rénover votre maison. Vous aimeriez faire la rencontre de votre partenaire idéal. Vous aimeriez changer de travail ou améliorer l'atmosphère avec vos collègues. Écrivez tout. Au cours de l'année, l'Ange Vasariah choisira une situation et elle vous guidera vers l'accomplissement de ce désir qui vous est cher.

Prière à réciter à l'Ange Vasariah

Ô vous, Ange Vasariah, protégez et illuminez mon mois de juillet.

Envoyez sur mon chemin des événements prolifiques
qui rempliront mon cœur de joie.

Infusez-moi le courage, la persévérance et la détermination
pour construire mon monde de rêve
(Indiquez un événement important pour vous).

Je vous demande humblement d'illuminer ma vie
et de la parsemer de bonheur !

Je vous rends grâce des bienfaits que votre Lumière m'apportera
au cours du mois de juillet.

Vous pouvez réciter cette prière à tous les jours ou au début du mois.

Signes de l'Ange Vasariah

À la suite de votre prière, l'Ange Vasariah vous enverra un signe. L'un de ses signes préférés est d'envoyer un papillon virvoleter auprès de vous. Notez le nombre de papillons que vous verrez au cours d'une journée en particulier. Ce nombre correspond aux événements qu'elle améliorera pour obtenir votre monde de rêve!

Message de l'Ange Vasariah : *Continuez de vous nourrir de projets qui stimulent votre esprit! Ma Lumière vous insufflera une énergie productive et créative. Cela vous permettra de couronner de succès tous vos projets. Vous créerez votre monde de rêve! Cela remplira votre être d'une grande fierté et rehaussera la confiance en votre potentiel! Ainsi, vous continuerez d'évoluer et de créer!*

Chapitre IX

AOÛT – Mois de la renaissance

Ange gouverneur : Ange Daniel (50)

Après avoir vécu quelques difficultés, plusieurs se prendront en main et amélioreront leur vie. Vous serez animé par l'envie d'apporter plusieurs changements dans votre routine quotidienne. Certains amélioreront leur « look » en optant pour une nouvelle coupe de cheveux ou une nouvelle couleur. D'autres penseront à la chirurgie esthétique. Quelques-uns apporteront de la nouveauté dans leur garde-robe. Bref, du ménage, vous en ferez. Vous vous départirez de tout ce qui ne vous convient plus ou que vous n'utilisez plus et vous le remplacerez par de la nouveauté. Il est évident que cela risque de coûter un peu plus cher que vous l'aviez imaginé. Néanmoins, vous serez satisfait de votre décision.

De plus, certaines personnes séparées se donneront la chance d'aimer à nouveau et de rencontrer leur partenaire idéal. Plusieurs mettront un terme aux inquiétudes et aux problématiques du passé. Vous avez un urgent besoin d'amorcer une nouvelle vie beaucoup plus sereine et équilibrée. Cette nouvelle vision de la vie attirera vers vous des situations agréables. Vous serez déterminé à continuer dans cette même direction puisque vos récoltes seront à la hauteur de vos attentes.

Pour mieux vous aider à renaître à la vie, les Anges vous offrent le meilleur en son genre. Il s'agit évidemment de l'Ange Daniel! Ce Roméo des Anges! Il sait bien s'exprimer et donner de bons conseils. On l'appelle l'Ange de la confession. Daniel sait écouter celui qui a besoin de son aide. Ensuite, il le dirige vers la meilleure solution.

L'Ange Daniel est le 50ième Ange que Dieu a créé et il fait partie du Chœur des Principautés. Sa mission est de vous guider vers le chemin de la quiétude intérieure. Daniel est l'Ange idéal de tous ceux qui ont été victime d'un cancer ou qui ont subi une opération chirurgicale ayant affectée leur apparence. Daniel vous donne le goût de renaître et de rajeunir malgré la perte subie et la faiblesse de votre corps. Il est également un excellent Ange à prier avant une chirurgie esthétique. Il aide le chirurgien à réussir son opération.

Les problématiques du mois d'août

Certains n'aimeront pas l'image que reflète leur miroir. Ils critiqueront leur personnalité et ils chercheront à la changer. D'autres vivront de dures épreuves qui les épuiseront. Ils ne sauront pas où aller et comment réagir face à ces situations. Quelques-uns devront faire un exposé oral, parler en public … Cela les rendra nerveux. De plus, quelques-uns regretteront amèrement un geste ou une parole. Ils ne seront pas à qui se confier pour les aider dans ce chagrin.

Donc, **les bienfaits de la Lumière de l'Ange Daniel** vous inspireront lors d'un discours important, d'une thèse, d'un énoncé, d'un discours en public ou lors d'un exposé oral. Vous serez en mesure de dire de belles paroles qui charmeront votre public.

Daniel vous aidera également à apprécier votre enveloppe charnelle. Il enverra sur votre route des personnes qui vous feront des remarques positives sur votre personnalité. Cela rehaussera votre estime de soi.

De plus, sa Lumière donnera du courage, de l'espoir et de la détermination pour traverser les épreuves. Lorsque vous ne saurez plus où aller ni quoi faire, Daniel vous donnera des indices et des pistes à suivre qui vous dirigeront vers des choix judicieux. Cet Ange vous aidera à prendre les meilleurs décisions pour que l'harmonie, la joie et la quiétude envahissent votre demeure!

Exercice à compléter

Daniel vous enverra une personne-ressource qui vous inspirera, qui vous écoutera et qui vous conseillera sur un sujet en particulier. Sur quel sujet aimeriez-vous obtenir de bons conseils ? Indiquez-le à l'Ange Daniel : _____

Cette personne vous donnera des conseils judicieux sur le sujet mentionné. Elle répondra adéquatement à vos questions. Elle éclairera votre route et elle vous dirigera vers le meilleur chemin. Votre bonheur lui tiendra à cœur et elle fera tout pour vous voir heureux et débordant d'énergie.

Prière à réciter à l'Ange Daniel

Ô vous, Ange Daniel, protégez et illuminez mon mois d'août.

Envoyez sur mon chemin des événements prolifiques
qui rempliront mon cœur de joie.

Infusez-moi le courage, la persévérance et la détermination
pour réussir ma vie.

Guidez mes pas vers le chemin de l'équilibre et
de la quiétude intérieure.

Je vous demande humblement d'illuminer ma vie
et de la parsemer de bonheur !

Je vous rends grâce des bienfaits que votre Lumière m'apportera
au cours du mois d'août.

Vous pouvez réciter cette prière à tous les jours ou au début du mois.

Signes de l'Ange Daniel

L'un de ses signes préférés de l'Ange Daniel est de vous montrer un arc-en-ciel. Il aime également faire des formes avec les nuages. Si vous voyez la forme d'un oiseau, d'un visage ou d'un téléphone dans les nuages. Sachez que Daniel vient de vous faire un petit clin d'œil! Ce Roméo des Anges est un véritable artiste!

Message de l'Ange Daniel : *Regardez votre reflet dans le miroir. Que vous dit-il? Resplendissez-vous ou êtes-vous accablé par votre négativité et vos problèmes? Si votre image n'arrive pas à refléter une parcelle de votre beauté intérieure, il serait temps de prendre soin de votre âme. Priez-moi et je vous aiderai à nettoyer toutes les toiles qui obstruent l'ouverture de votre cœur et tous les éléments qui vous empêchent de rayonner. Dès maintenant, ouvrez-moi la porte de votre cœur et ressentez ma Lumière illuminer votre intérieure. Celle-ci se propagera à l'extérieur. Ainsi, l'image qui se projettera dans votre miroir reflétera toute la beauté de votre âme et vous rayonnerez de bonheur!*

Chapitre X

SEPTEMBRE – Mois de l'amour

Ange gouverneur : Ange Haamiah (38)

En septembre, plusieurs chanteront de belles chansons d'amour! L'amour sera dans l'air et rendra les gens heureux. Plusieurs réaliseront leur passion. Les câlins arriveront en profusion dans votre direction ainsi que de belles remarques positives sur votre personnalité. La vie est belle et plusieurs l'apprécieront. Vous savourerez au maximum tous les bienfaits qui surviendront au cours de ce mois.

Pour certains, la rentrée des classes les soulageront! D'autres seront passionnés par leur choix de cours, leur décision, etc. Attendez-vous également à faire plusieurs sorties agréables en compagnie de vos proches. Les couples se rapprocheront. Ceux-ci prioriseront leur union et leur vie familiale. Vous êtes heureux et cela se voit! Les célibataires feront de belles rencontres qui pourraient devenir très sérieuses!

Toute cette belle frénésie sera en majeure partie causée par la Lumière de l'Ange Haamiah. Cet Ange de l'amour a la mission de trouver votre partenaire idéal qui apportera tout le bonheur mérité. Pour mieux réussir cette mission, elle collabore avec l'Ange Lelahel. Ces deux Êtres de Lumière sont inséparables. Ils travaillent conjointement à ce que les gens soient heureux et débordant d'énergie. Haamiah et Lelahel sont la représentation même de l'amour. Autant au sens propre que figuré! Grâce à leur Lumière, votre union sera remplie d'amour et de magie. Elle rehaussera également les sentiments des partenaires l'un envers l'autre.

L'Ange Haamiah est le 38ième Ange que Dieu a créé et elle fait partie du Chœur des Puissances. Cet Ange clame tout haut ceci : « Que serait la vie sans amour? ». C'est la raison pour laquelle Haamiah s'organisera pour apporter de l'amour et de la joie dans le cœur de tous ceux qui la prient.

Les problématiques du mois de septembre

Certains couples vivront une période difficile au sein de leur relation. D'autres seront envahis par la nostalgie. Cela les rendra malheureux. Quelques-uns seront hantés par des cauchemars qui les angoisseront. Leur nuit ne sera pas de tout repos. Certains célibataires vivront dans la peur de rester seul.

Donc, **les bienfaits de la Lumière de l'Ange Haamiah** vous permettront de vous libérer de vos tracas. Sa Lumière rehaussera vos sentiments face à votre partenaire, et lui face à vous. Advenant qu'il soit impossible de se réconcilier, l'Ange Haamiah apportera la paix mutuelle dans vos cœurs pour que vous puissiez prendre de bonnes décisions. Haamiah est l'Ange de l'espoir qu'un nouveau jour se lèvera et que celui-ci sera meilleur. Elle vous permettra donc de faire un pas dans la bonne direction. Elle vous dirigera vers votre bonheur terrestre!

De plus, cet Ange vous permet d'avoir de bonnes nuits de sommeil. Si vous avez peur la nuit, si vous avez peur de dormir seul, la Lumière d'Haamiah effacera vos peurs et vous fera passer une agréable nuit.

Exercice à compléter

Voulez-vous rencontrer votre partenaire idéal? Voulez-vous rehausser l'amour dans votre union? Si oui, demandez à l'Ange Haamiah ce que

vous souhaitez sur le plan affectif : _____
_____

La mission de l'Ange Haamiah est de vous rendre heureux. Elle fera tout en son pouvoir pour vous donner ce dont votre cœur a besoin pour vivre en paix, en amour et en équilibre.

Prière à réciter à l'Ange Haamiah

Ô vous, Ange Haamiah, protégez et illuminez
mon mois de septembre.

Envoyez sur mon chemin des événements prolifiques
qui rempliront mon cœur de joie.

Infusez-moi votre amour inconditionnel.

Remplissez ma vie d'amour et exaucer ce vœu auquel je tiens tant !
(Indiquez votre vœu au sujet de l'amour)

Je vous demande humblement d'illuminer ma vie
et de la parsemer de bonheur !

Je vous rends grâce des bienfaits que votre Lumière m'apportera
au cours du mois de septembre.

Vous pouvez réciter cette prière à tous les jours ou au début du mois.

Signes de l'Ange Haamiah

L'un de ses signes préférés de l'Ange Haamiah est de vous montrer les chiffres « 6 » et « 8 ». Pour elle, cela signifie l'amour infini. Ne soyez pas surpris de voir ces chiffres régulièrement. Vous pourriez retrouver ces chiffres sur une plaque d'auto, par exemple. Haamiah s'organisera pour que la voiture soit en avant de vous ! Si vous voyez ces chiffres, sachez que l'Ange Haamiah travaille sur votre vie amoureuse. Elle peut également vous envoyer de six à huit pièces de monnaie ! Telle est sa façon de vous annoncer sa présence !

Message de l'Ange Haamiah : *Aimer, c'est partager. Aimer, c'est grandir. Aimer, c'est s'unir. Aimer, c'est vivre. Alors, vivez continuellement dans l'amour! Fermez maintenant les yeux et sondez votre cœur. Puis, dites-moi le vœu qui vous rendrait heureux et je l'exaucerai!*

Chapitre XI

OCTOBRE – Mois des défis et de l'entraide

Ange gouverneur : Ange Eyaël (67)

Plusieurs défis de taille se présenteront sur votre route au cours d'octobre. Certaines journées seront parfois difficiles à surmonter et à vaincre. Toutefois, il y aura toujours une porte de sortie, une aide précieuse, une solution, une idée magique qui vous permettra de vous libérer rapidement de votre problématique. Néanmoins, il faudra accepter l'aide. Si vous la refusez, vous risquez de trouver le mois d'octobre long et pénible.

Pour vous donner toutes les ressources nécessaires pour relever vos défis, les Anges ont désigné l'Ange Eyaël pour gouverner le mois d'octobre. Cet Ange possède la mission d'apporter aux individus l'appui nécessaire et essentiel lorsqu'ils vivent des moments compliqués. Eyaël enverra donc sur votre route plusieurs possibilités pour reprendre votre pouvoir et agir instantanément !

L'Ange Eyaël est le 67ième Ange que Dieu a créé et il fait partie du Chœur des Anges. Il est l'Ange idéal des professeurs, des éducateurs et de toutes les personnes qui ont des professions reliées aux enfants. Cet Ange protège énormément les enfants. Il s'assure que ceux-ci sont heureux. Eyaël les éloigne des tentations de la drogue, du taxage à l'école, des personnes malintentionnées à leur égard, etc. Voilà l'importance de réclamer son aide, si vous avez des enfants.

Les problématiques du mois d'octobre

Certains seront victimes de personnes malintentionnées. Quelques parents seront inquiets au sujet de leur enfant. D'autres auront des problèmes avec leurs adolescents. Certains couples devront relever un défi de taille. Cela les angoissera. Dans d'autres couples, l'un des partenaires quittera le domicile familial. Certains verseront des larmes de peine. Ils auront de la difficulté à oublier une situation reliée à leur passé. Certains seront malades. Cela les dérangera.

Les bienfaits de la Lumière de l'Ange Eyaël vous donneront l'énergie de relever vos défis, de surmonter vos peurs, de confronter les personnes malintentionnées et de les déjouer. De plus, Eyaël vous aidera à avancer vers un chemin beaucoup plus serein et harmonieux. Cet Ange fera son possible pour ramener la paix dans votre cœur!

La Lumière d'Eyaël donne également le courage à ceux qui sont victimes de violence, autant les enfants que les adultes. Il leur permet de mettre un terme définitif à cette violence. Cet Ange vous donnera également le courage d'avancer, de relever vos défis, de confronter vos épreuves pour que vous puissiez en finir une fois pour toutes. Il vous permettra de recommencer sur de nouvelles bases. Il vous aidera à bien terminer une étape de votre vie pour en amorcer une autre beaucoup plus heureuse et sereine.

Exercice à compléter

Avez-vous une faveur à demander à l'Ange Eyaël? Si oui, écrivez cette faveur : _____

La mission de l'Ange Eyaël est de vous ouvrir la porte aux possibilités pour obtenir ce que vous désirez.

Prière à réciter à l'Ange Eyaël

Ô vous, Ange Eyaël, protégez et illuminez mon mois d'octobre.

Envoyez sur mon chemin des événements prolifiques
qui rempliront mon cœur de joie.

Infusez-moi le courage, la persévérance et la détermination pour
vaincre tous les défis qui se présenteront sur mon chemin.

Je vous prie également de m'accorder cette faveur
à laquelle je tiens tant !
(Indiquez votre faveur)

Je vous demande humblement d'illuminer ma vie
et de la parsemer de bonheur !

Je vous rends grâce des bienfaits que votre Lumière m'apportera
au cours du mois d'octobre.

Vous pouvez réciter cette prière à tous les jours ou au début du mois.

Signes de l'Ange Eyaël

L'un des signes préférés de l'Ange Eyaël est de s'assurer qu'une personne, à vos côtés, mâche de la gomme et fait des bulles avec celle-ci. Cette personne mastiquera intensément sa gomme, assez pour vous taper sur les nerfs ! Elle peut mâcher sa gomme la bouche grande ouverte, comme un enfant ! Lorsque ce signe viendra vers vous, vous n'aurez pas le choix de comprendre que l'Ange Eyaël a entendu votre prière !

Message de l'Ange Eyaël : *Lorsqu'on prend le temps de réparer ses erreurs, on améliore sa vie. Lorsqu'on prend le temps de rêver à ses projets, on se nourrit. Lorsqu'on est conscient qu'un nouveau jour se lève à tous les matins, on est vivant. Lorsqu'on prend le temps de regarder la vie avec un œil pétillant, on est productif. Lorsque vous atteignez cette plénitude, vous êtes aptes à surmonter tous les défis qui se présenteront sur votre route. Vous serez également conscient que vous possédez l'énergie pour aller de l'avant et la détermination de ne jamais abandonner. Vous vivez et bâtissez donc votre avenir! Vous devenez le maître de votre destin!*

Chapitre XII

NOVEMBRE – Mois de la compétition

Ange gouverneur : Ange Nelchaël (21)

Le mois de novembre sera très actif et productif pour plusieurs. Certains sportifs participeront à des compétitions. Ils travailleront ardemment pour gagner leur tournoi. Ils devront également être en pleine forme! Donc, plusieurs feront attention à leur alimentation lors de cette période compétitive. Cela les aidera à mieux se concentrer. Certains élèves seront en période d'examen. Leur concentration sera également de mise. D'autres auront besoin de prendre une décision importante au sujet de leur orientation professionnelle. Il serait important d'écouter la voix de votre intuition. Celle-ci saura bien vous guider!

De plus, certaines personnes postuleront pour un poste supérieur. Ils réaliseront que la compétition est très serrée. Ils devront y mettre toutes leurs énergies lors de l'entrevue. Plusieurs seront également animés par de bonnes idées. Ils chercheront à les mettre en pratique. Ils travailleront ardemment. Toutefois, ils seront satisfaits des résultats. Quelques-uns chercheront à investir leur argent pour qu'ils puissent bénéficier davantage de gains.

Tous ces événements qui surviendront seront l'effet de la Lumière de l'Ange Nelchaël. Sa Lumière rehaussera votre confiance en votre potentiel. Cela vous permettra de réussir toutes les tâches ardues, toutes les compétitions serrées, toutes les transactions, etc. De plus, Nelchaël vous aidera à faire des investissements rentables. Il suffit de le prier.

Nelchaël est également l'Ange idéal de tous ceux qui éprouvent de la difficulté à l'école ou dans l'apprentissage d'une matière. La mission de Nelchaël est de vous entourer de personnes-ressources qui vous aideront dans l'élaboration de vos tâches. Si vous éprouvez des sentiments négatifs, vengeurs et malsains, la Lumière de Nelchaël agira comme un nettoyant. De toute façon, ces sentiments n'aideront guère à gagner vos compétitions et autres défis.

L'Ange Nelchaël est le 21ième Ange que Dieu a créé et il fait partie du Chœur des Trônes. Nelchaël est un « Dieu et unique ». Alors, sa mission est de vous aider à vous accepter tel que vous êtes. Ne cherchez pas à être les autres. Ne jouez pas de rôle. Sinon, on vous démasquera! Il serait, par la suite, difficile de retrouver la confiance des autres. Soyez tout simplement vous! Soyez authentique et tout vous réussira!

Les problématiques du mois de novembre

Certaines personnes se sentiront en compétition avec les autres. Cela risque de les perturber mentalement, financièrement et émotionnellement. Quelques-uns ne se sentiront pas à la hauteur pour postuler un nouvel emploi. Ils se découragement facilement. D'autres seront tellement nerveux, lors d'un examen, d'une entrevue ou d'une compétition qu'ils auront de la difficulté à se concentrer. Certains élèves hésiteront dans leur choix de cours. Ils réaliseront que la matière apprise n'est pas nécessairement ce qui les interpelle. Ces êtres risquent d'avoir les idées brouillées!

De plus, certains tomberont en amour avec une personne déjà en couple. Ils chercheront à l'avoir à tout prix! Cela nuira énormément à leurs émotions. Ils auront de la difficulté à entamer leur journée!

Donc, **les bienfaits de la Lumière de l'Ange Nelchaël** vous libéreront des sentiments de jalousie, de possessivité et tout autre sentiment négatif qui vous nuisent. Cet Ange vous conscientisera aux effets dévastateurs que peuvent causer ces sentiments négatifs. Ainsi, vous serez moins porté à vous nuire et à nuire aux autres. De plus, sa Lumière agira favorablement sur votre potentiel. Vous prendrez conscience de vos talents. Cela chassera votre manque de confiance. Cela vous permettra également de bien réussir vos entrevues. Bref, vous réaliserez que vous possédez toutes les qualités requises pour postuler à un poste supérieur.

Exercice à compléter

Voulez-vous régler un problème? Aimeriez-vous, vous libérer d'un sentiment négatif? Si oui, indiquez-le à l'Ange Nelchaël : _____

_____

Votre bonheur est important pour Nelchaël. Il vous aidera donc à trouver la meilleure solution pour que l'harmonie et la joie règne de nouveau dans votre cœur !

Prière à réciter à l'Ange Nelchaël

Ô vous, Ange Nelchaël,
protégez et illuminez mon mois de novembre.

Envoyez sur mon chemin des événements prolifiques qui
rempliront mon cœur de joie.

Infusez-moi le courage, la persévérance et la détermination
pour réussir ma vie.

Guidez mes pas vers les meilleures solutions pour régler ce problème.
(Indiquez votre problème)

Je vous demande humblement d'illuminer ma vie et
de la parsemer de bonheur !

Je vous rends grâce des bienfaits que votre Lumière m'apportera
au cours du mois de novembre.

Vous pouvez réciter cette prière à tous les jours ou au début du mois.

Signes de l'Ange Nelchaël

Le signe préféré de Nelchaël est de vous montrer le chiffre « 1 ». Ne soyez pas surpris de trouver une pièce d'un dollar, de vous réveiller à 1h11, etc. Si vous voyez ce signe, l'Ange Nelchaël vous demande de rester tel quel. Ne changez pas! Soyez vous-même et vous serez en contrôle avec les événements qui se produiront au cours de novembre!

Message de l'Ange Nelchaël : La peur et le doute sont des émotions qui empêchent la conception d'idées et de projets. Priez-moi et je transformerai votre peur en courage et le doute en certitude. Ainsi, vous n'aurez aucun regret! Ne regardez plus en arrière. Avancez maintenant vers un avenir prometteur, vers une vie comblée. Voici la clé de la réussite. Lors de journées ardues, tel un enfant qui aime rire et avoir du plaisir, amusez-vous! Le rire guérit l'âme de ses tourments et préoccupations, et sans soucis, il est plus facile de profiter de la vie! Voici la clé du bonheur! Ces deux clés, je vous les offre au cours de ce mois. Sachez bien les utiliser!

Chapitre XIII

DÉCEMBRE – Mois des imprévus

Ange gouverneur : Ange Elemiah (04)

Plusieurs imprévus surviendront au cours de décembre. Certains seront agréables, d'autres un peu moins! Ceux-ci dérangeront vos émotions. Pour certains, la période des Fêtes est un fardeau. La nostalgie les envahit. Le manque d'argent… La solitude … Plusieurs personnes préfèrent être à mille lieux que de vivre la période des Fêtes! Cela les rend malheureux et dépressif! Par contre, pour d'autres, la frénésie du temps des Fêtes les anime, les rend heureux et productifs!

Au cours de ce mois, plusieurs auront le privilège de partir en voyage. Ce sera un voyage imprévu. Vous adorerez vos vacances! D'autres recevront une excellente nouvelle au sujet de leur vie professionnelle. Vous ne vous attendiez pas à cette nouvelle! Celle-ci vous permettra de fêter l'événement!

D'autres auront le privilège de réparer quelques erreurs. Un événement fortuit arrivera au bon moment. Cela vous permettra de régler une problématique et vous en serez très soulagé par la suite.

Certains élèves seront heureux de leur choix de cours. D'autres recevront une excellente note qui les encouragera à étudier davantage la matière apprise! Cela dit, le mois de décembre apportera des imprévus agréables pour plusieurs. Certains auront la surprise de gagner une somme d'argent grâce à une loterie. Vous passerez donc un merveilleux Noël.

Toutefois, d'autres vivront des imprévus qui dérangeront l'atmosphère dans leur demeure ou à leur travail. Des larmes seront versées. Il est donc primordial pour l'Ange Elemiah de gouverner le mois de décembre. Elemiah aimerait apporter son aide aux gens malheureux. Son plus grand désir est de rehausser le sentiment agréable de leur enfance. Elle aimerait tant que ces gens malheureux puissent passer un beau Noël! Vivre dans la frénésie au lieu de vivre dans la nostalgie. C'est la raison pour laquelle elle enverra sur le chemin des personnes malheureuses, un Ange terrestre qui saura apporter de bonnes solutions, de la magie dans leur cœur et le remplir de joie! Ainsi, elles garderont de bons souvenirs de leur Noël.

L'Ange Elemiah est le 4ième Ange que Dieu a créé et elle fait partie du Chœur des Séraphins. Cet Ange affirme que : « *La solution est en vous. Il suffit d'en prendre conscience!* » Sa Lumière vous aidera à trouver de bonnes solutions pour vous libérer de vos problèmes. Elemiah représente la paix. Elle n'aime ni les batailles ni les gens malheureux. Sa mission est d'apporter la paix dans votre cœur! Ainsi, vous éviterez les batailles!

Elemiah est l'Ange idéal de toutes les personnes qui veulent en finir avec les problèmes et retrouver une qualité de vie et un bel équilibre dans tous les aspects de leur vie. La Lumière de cet Ange vous permettra de mettre un terme à une période difficile et en amorcer une autre beaucoup plus heureuse! Elemiah est également l'Ange protecteur de tous les voyageurs. Elle vous protégera et elle fera de votre voyage une belle réussite!

Les problématiques du mois de décembre

La nostalgie vous envahira. Vous verserez des larmes. D'autres feront des gestes et diront des paroles qu'ils regretteront amèrement par la suite. Quelques-uns seront en conflit entre eux! Ils vivront des batailles émotionnelles. Ils seront tourmentés. Ils penseront au suicide. Le manque d'argent causera aussi des ennuis. La peur de rester seul pour la période des Fêtes en angoissera plusieurs.

Donc, **les bienfaits de la Lumière de l'Ange Elemiah** apporteront de la paix dans votre cœur et dans votre esprit. Cela aura un effet bénéfique sur vous! Cet Ange possède également le pouvoir de réparer. Elle vous aidera donc à réparer les pots brisés par votre attitude. Si vous êtes tourmenté par des idées noires et suicidaires, si vous êtes tourmenté par les événements de la vie, la Lumière d'Elemiah sera d'un très grand secours! Sa Lumière bienfaitrice calmera vos états d'âme. Elle vous permettra de retrouver un bel équilibre par la suite. De plus, elle guidera vos pas vers des situations lumineuses. Cela vous encouragera à prendre votre vie en main et faire les changements nécessaires pour retrouver une belle qualité de vie! Tels sont les bienfaits de sa Lumière!

Exercice à compléter

Quel est le cadeau qui vous ferait le plus plaisir? Indiquez-le à l'Ange Elemiah: _____

_____

La mission de l'Ange Elemiah est d'envoyer des situations prolifiques sur votre route au cours de la prochaine année. Si votre cadeau est réaliste, elle vous donnera ce cadeau. N'hésitez pas à la prier!

Prière à réciter à l'Ange Elemiah

Ô vous, Ange Elemiah,
protégez et illuminez mon mois de décembre.

Envoyez sur mon chemin des événements prolifiques
qui rempliront mon cœur de joie.

Infusez-moi le courage, la persévérance et
la détermination pour réussir ma vie.

*Je vous demande humblement d'illuminer ma vie et
de la parsemer de bonheur !*

*Je vous rends grâce des bienfaits que votre Lumière m'apportera
au cours du mois de décembre.*

Vous pouvez réciter cette prière à tous les jours ou au début du mois.

Signes de l'Ange Elemiah

L'un des signes préférés de l'Ange Elemiah est de jeter des pièces de monnaie sur le sol pour que vous les ramassiez. Vous pourriez retrouver quatre pièces de monnaie. Déposez ces pièces dans votre pot d'abondance[3]. Lorsque vous aurez assez d'argent, procurez-vous un billet de loterie ! De plus, Elemiah aime le chiffre « 4 ». Ne soyez pas surpris de voir ce chiffre régulièrement au cours de décembre. Vous pourriez vous réveiller à l'heure suivante : 4h44 ! Si cela vous arrive, sachez que l'Ange Elemiah vous a infusé sa Lumière de paix, de courage et d'équilibre !

Message de l'Ange Elemiah : *Le désespoir vous hante et vous retient prisonnier ? Priez-moi et je vous donnerai le courage de surmonter les épreuves de la vie. Je vous aiderai à analyser minutieusement toutes les situations difficiles que vous vivez et je vous engloutirai sous un déluge de solutions. Il vous sera donc impossible de les ignorer ! Je vous donne la clé de la libération ! Sachez bien l'utilisez et ouvrez les portes de l'avenir d'un pas assuré !*

---

3.   Soins Angéliques – Argent. Le pot d'abondance à la page 31.

PARTIE II

Les Séraphins

(21 mars au 30 avril)

Chapitre XIV

L'année 2016 des Séraphins

Vous vivrez votre vie au maximum !

L'année de la conscience engendra des questions existentielles sur la manière dont vous vivez votre vie. Ce sera une année de révélations pour plusieurs. Vous réaliserez la valeur de la vie et vous chercherez à la vivre au lieu de la fuir et de remettre à plus tard certaines situations et occasions. Il y a eu trop d'événements qui ont perturbé votre année 2015. Certains ont été malades. D'autres ont vécu un deuil. Pour quelques-uns, la santé d'un proche les ont inquiétés. Certains ont dû prendre des jours de congé pour s'occuper d'une personne malade. Il y a également eu des périodes de solitude qui ont rehaussé le sentiment d'abandon. Certains couples ont mis un terme à leur relation de plusieurs années. Cela fut pénible pour eux. Bref, plusieurs se souviendront de leur année 2015 !

Cela dit, qu'importe ce que vous avez vécu, ces événements vous ont fait prendre conscience de l'importance de la vie, de l'importance d'avoir une excellente santé et de l'importance de la famille. Ce n'est pas que vous aviez négligé ces aspects auparavant, toutefois, les préoccupations de l'avenir, les finances, le travail ont provoqué de la négligence sur les aspects importants de la vie. Tous les événements éprouvants de l'année 2015 ont réveillé votre for intérieur et vous ont fait prendre conscience de l'importance de la vie. Vous avez également pris conscience que vos priorités n'étaient pas à la bonne place! Au cours de cette année, vous évaluerez davantage vos priorités et vous chercherez à les placer dans le bon ordre. Vous vivrez un jour à la fois et vous chercherez à passer du temps avec vos proches. Vous ne chercherez plus à être à mille et un endroits à la fois, mais tout simplement à l'endroit où le bonheur, la joie et l'harmonie se trouvent! Vous passerez du temps de qualité avec vos proches.

De plus, chaque action que vous entreprendrez sera évaluée et placée *a priori* dans le bon ordre. Vous ne travaillerez plus comme un fou! Vous travaillerez en cadence avec vos choix et décisions. Toutefois, cette attitude fera de vous un gagnant sur toute la ligne! Vous réaliserez que vous êtes davantage productif de cette manière qu'auparavant. Vous respecterez la limite de vos capacités. Vous savourerez chaque moment agréable de la vie. Vous aurez également des rêves pour votre futur. Vous les écrirez et les conserverez. Lorsque vous aurez accompli vos objectifs, vous regarderez vos rêves et vous amorcerez les actions nécessaires pour la réalisation de ceux-ci. Toutefois, vous vous assurerez d'abord de bien compléter vos objectifs de 2016. Un pas à la fois, un rêve à la fois et vous en sortirez que de la satisfaction!

Il est évident qu'il y aura des mois difficiles, certains auront tendance à se remémorer les événements pénibles de l'an passé. Cela risque de leur faire verser des larmes et de les ralentir dans leurs actions. La nostalgie les envahira. Il serait donc important lors de ces périodes nostalgiques de réclamer l'aide de l'Ange gouverneur. Celui-ci rehaussera votre moral et il vous permettra de continuer votre route vers le chemin du succès.

Les personnes ayant une attitude négative vivront plusieurs désagréments. Tout ira de travers et rien ne se réglera. Ils devront se battre pour obtenir gain de cause. Rien ne viendra facilement à eux et tout sera compliqué. Leur attitude vindicative provoquera des batailles inutiles. Leurs paroles seront blessantes et ils mettront plusieurs personnes à dos. De plus, ils resteront trop accroché à leur passé. Ils auront de la difficulté à faire face aux événements de la vie. Cela perturbera énormément leurs journées. Au lieu d'avancer, ces personnes négatives s'enliseront davantage dans leurs problématiques, ce qui aura un impact dévastateur sur leur mental. Vous perdrez votre soif de vivre! Vous agirez comme une loque, vous serez amorphe, sans aucun but, aucun espoir de vous relever et d'apprécier les événements agréables de la vie! Il est évident qu'avec cette attitude, vous ferez fuir vos proches. De plus, vous ne verrez pas les opportunités venir à vous pour améliorer votre vie. Vous serez trop enclin à croire que votre vie n'est faite que d'épreuves et que vous ne pouvez rien y faire pour l'améliorer! Si vous changez d'opinion et d'attitude, plusieurs proches se feront un plaisir de vous prêter main forte et ils vous aideront à retrouver votre équilibre ainsi que votre joie de vivre! Lorsque vous êtes en pleine forme, vous pouvez atteindre le sommet! À vous de choisir la route du bonheur!

Aperçu des mois de l'année des Séraphins

Au cours de l'année 2016, **vos mois favorables** seront *février, mars, avril, mai, septembre, octobre, novembre* et *décembre*.

Les **mois non favorables** seront *janvier, juin* et *août*.

Le **mois ambivalent** sera *juillet*.

Voici un bref aperçu des événements qui surviendront au cours des mois de l'année pour les Séraphins

Vous amorcerez votre nouvelle année avec une grande fatigue causée par le surmenage des derniers temps. Plusieurs situations vous ont obligé à courir ici et là, en plus des emplettes de Noël. Vous n'avez pas eu beaucoup de répit ni de temps d'arrêt lors de vos derniers mois et votre corps réclame du repos. Pour le bien de votre santé, il serait important de vous respecter et de prendre quelques jours de congé. Cela sera bénéfique.

Si vous négligez les signaux de votre corps, vous risquez de trouver le mois de janvier pénible et long. Cela vous rendra vulnérable et votre attitude en écopera! Lors de cette période, il faudra également surveiller vos paroles; sans le vouloir, vous risquez de blesser vos proches et de les mettre à dos. Vous êtes mieux de leur avouer votre état d'âme que de faire semblant que tout va bien. Ainsi, vos proches respecteront vos temps de solitude puisqu'ils comprendront que vous en avez besoin pour récupérer. Sinon, attendez-vous à vivre de la dualité et des batailles de mots qui blesseront inutilement. Soyez franc avec votre entourage et vous éviterez plusieurs ennuis.

Du 7 au 20 janvier, tout peut vous arriver, d'où l'importance de vous reposer et de vivre une journée à la fois. Certains jours, c'est à peine si vous serez en mesure d'accomplir vos tâches tellement vous serez épuisé et découragé par certaines situations. Tout peut y passer : le travail, la maison, les enfants, la santé des proches, le manque d'argent, bref tout vous préoccupera et vous tracassera. Certains regretteront une décision prise sur le vif. Ces personnes n'auront pas le choix de réparer leur erreur. Sur le plan professionnel, certains se verront refuser un poste, un changement ou une augmentation de salaire. Les entrevues seront décevantes, ce qui vous préoccupera davantage.

De plus, plusieurs devront se reposer et surveiller attentivement leur santé. Certains seront grippés et obligés de garder le lit pendant une période de deux à dix jours. Vous ne serez pas trop en forme ni en force pour entreprendre quoi que ce soit lors de cette période. Toutefois, si vous parvenez à respecter la limite de vos capacités, vous reprendrez vos forces rapidement et dès le *8 février*, vous pourrez vaquer à vos tâches habituelles et aller de l'avant avec tous les projets que vous aurez en tête. Cela dit, tout ce qui ne fonctionnait pas au début de l'année pourra se régler d'ici la fin du mois de *mai*.

Après avoir amorcé difficilement votre année, *février* sera beaucoup plus calme. Vous évaluerez votre vie : tout ce que vous voulez régler, tout ce que vous voulez accomplir, etc. Lorsque votre analyse sera terminée, vous établirez vos priorités et vous irez de l'avant avec vos objectifs. À partir du *8 février*, plusieurs situations qui vous amèneront à faire des choix et à prendre des décisions. Vous travaillerez ardemment et vous serez très fier des résultats.

À partir du **8 février, et ce, jusqu'à la fin mai**, vous entrez dans une période de chance. Plusieurs imprévus agréables surviendront lors de cette période. Vous serez souvent au bon endroit, au bon moment et avec les bonnes personnes. Vous réaliserez que vos prières ont été entendues et certaines se préparent à être exaucées, et ce, à votre grande joie et surprise! Que ce soit sur le plan financier, personnel, professionnel, amical, familial ou autre, attendez-vous à des revirements soudains qui auront un impact majeur dans votre vie. Ces revirements amélioreront quelques aspects de votre vie. Il est évident qu'il y aura des changements qui vous déconcerteront. Il n'est jamais facile de s'adapter à la nouveauté. Néanmoins, vous réaliserez rapidement que tout ce qui se produit dans votre vie sert à l'améliorer. Vous vivrez donc les événements dans l'acceptation au lieu de les contrer. Cela vous sera favorable et bénéfique. De plus, lors de cette période prolifique, profitez-en pour jouer à la loterie. Certains Séraphins seront surpris de voir que la Providence est avec eux! Tous les billets que vous recevrez en cadeau seront bénéfiques ainsi que les loteries instantanées. Profitez-en!

Cela dit, en **février**, quelques-uns parleront de rénovations. D'autres amorceront un nouveau travail. Attendez-vous à de la satisfaction. De plus, de bonnes nouvelles viendront agrémenter votre mois de février et feront palpiter votre cœur de joie!

En **mars**, vous réglerez astucieusement les conflits. Toutes vos actions rétabliront l'harmonie sous votre toit et vous en serez satisfait. Ce sera également une période favorable et fertile pour celle qui désire amorcer une famille. Il en est de même pour le mois d'**avril**. Plusieurs se remettront en forme en débutant des exercices et en surveillant leur alimentation. Vous réaliserez l'importance d'avoir une bonne santé et vous ferez tout votre possible pour la conserver. Lors de cette période, vous trouverez une bonne solution à chaque problème. Le tout se poursuivra jusqu'en mai. Votre **mai** sera très constructif. Tout ce que vous entreprendrez vous apportera de la satisfaction personnelle. Lors de cette période, les célibataires feront la rencontre de leur amour idéal. Les professionnels signeront d'un à deux contrats qui les soulageront. Les associations d'affaires seront bénéfiques. Certains couples en difficulté se donneront la chance de repartir à zéro pour éviter une séparation. Un médicament apportera un bienfait aux personnes malades. Bref, plusieurs événements chambarderont favorablement votre vie et vous en serez heureux. N'oubliez pas de jouer à la loterie lors de ce mois. La Providence sera à vos côtés jusqu'à la fin *mai* pour ne revenir qu'en *septembre*! Donc, profitez-en! Les loteries instantanées vous seront favorables. Celles-ci apporteront de petits gains.

Lorsque le mois de *juin* s'amorcera, certains vivront quelques tracas qui les dérangeront. Certains seront épuisés, fatigués et déprimés. Ils n'auront aucune énergie pour entamer quoi que ce soit. Le repos leur sera recommandé. Quelques-uns pourraient être obligés de garder le lit pendant une période de trois à douze jours. Toutefois, ce repos obligatoire vous permettra de reprendre des forces et d'évaluer vos priorités. Lors de ce mois, ne laissez pas la négativité vous envahir. Cela vous apportera des ennuis. Lorsque vous êtes animé par la négativité, tout va de travers et votre moral en écope. Cela dérange énormément votre santé mentale et vous épuise. Améliorez votre attitude. Cela vous sera salutaire et béné-fique!

De plus, lors de vos randonnées pédestres, assurez-vous de porter de bonnes chaussures, sinon, vous pourriez vous blesser et vous fouler une cheville. Mieux vaut prévenir que guérir!

Pour ce qui est de *juillet* et *août*, évitez les crises de jalousie! Cela ne vous servira guère à améliorer votre situation, surtout au sujet de votre relation amoureuse ou professionnelle. Évitez les arguments inutiles. Ré-fléchissez avant de parler. Cela vous sera favorable. Il est vrai que lors de cette période, l'attitude de certaines personnes vous tapera sur les nerfs! Au lieu de vous emporter et de regretter vos gestes et paroles, essayez plutôt de trouver un terrain d'entente, ainsi vous éviterez toutes sortes d'ennuis et d'émotions pénibles.

Profitez de vos vacances estivales pour vous reposer et rehausser vos énergies. Amorcez des activités qui vous plaisent avec vos proches. Faites du shopping, allez au restaurant et amusez-vous! Ce sera un excellent re-mède pour votre moral! De toute façon, il y aura plusieurs opportunités qui vous permettront de passer des journées agréables avec vos proches, alors, sortez et profitez-en au maximum!

Après avoir vécu une période estivale assez fougueuse, votre période automnale s'annonce plus prolifique. Tous les efforts apportés lors de la période estivale recevront leurs résultats au cours de la période automnale.

Dès le *1ᵉʳ septembre, et ce, jusqu'à la fin décembre*, plusieurs situations bénéfiques surviendront et amélioreront votre période automnale. Vous finirez l'année en beauté. Tout ce que vous entreprendrez et déciderez sera à la hauteur de vos attentes. Ce sera une période active, productive et révélatrice. Vous savez ce vous désirez et vous l'appliquerez dans votre routine quotidienne. Les multiples tracas causés par les autres seront terminés. Vous vous prenez en main et vous réglez avec astuce vos problématiques. Rien ne se fera à la légère. Vous analyserez chacun de vos problèmes et vous leur appliquerez la meilleure solution.

Cela dit, *en septembre*, attendez-vous à recevoir une bonne nouvelle qui vous enchantera ! Vous vous lancerez corps et âme dans vos projets et rien ne pourra vous arrêter. Votre grande détermination vous conduira aux endroits rêvés. Le succès sera avec vous ! Lors de cette période, jouez à la loterie. Les loteries instantanées vous seront favorables.

En *octobre*, vous entrez dans une période favorable pour rencontrer des personnes intéressantes. Plusieurs célibataires rencontreront leur amour idéal et amorceront une belle relation d'amour. Les personnes d'affaires feront la rencontre d'investisseurs et de financiers qui leur permettront de faire des ententes et de signer des contrats alléchants. Certains feront la signature de deux contrats qui leur apporteront de la joie. Cette frénésie productive se continuera jusqu'en *novembre*.

En *novembre*, vous serez passionné, créatif et productif. Vous regarderez droit devant vers un avenir prometteur. Vos actions vous apporteront de belles satisfactions personnelles et vous en serez fier. Vous travaillerez ardemment, mais vous serez heureux de vos résultats ! Plusieurs belles possibilités viendront vers vous et vous les saisirez. Votre attitude pragmatique attirera vers vous des opportunités alléchantes et exceptionnelles. Certains recevront un honneur quelconque. D'autres obtiendront un poste de rêve. Quelques-uns obtiendront une belle promotion. Ce sont des cadeaux bien mérités !

La Providence fera palpiter le cœur de plusieurs au cours de *décembre*. Dès le *10 décembre*, attendez-vous à vivre toutes sortes de situations agréables qui vous apporteront beaucoup de joie. Certains auront le privilège de gagner une somme d'argent. D'autres prendront une décision qui aura un impact majeur dans leur vie et ils en seront très heureux. Quelques-uns mettront un terme à une situation qui les accaparait et retrouveront leur joie de vivre. Certains tisseront un lien avec une nouvelle connaissance. Ce lien leur sera profitable. Bref, vous améliorerez votre vie en y mettant une touche personnelle. Qu'importe l'action que vous entreprendrez ou la décision que vous prendrez, vous serez fier du résultat! Vous finirez l'année en beauté et vous serez prêt à amorcer l'année 2017 avec tact et dynamisme!

Conseil angélique des Anges Séraphins : Pour savourer les événements agréables de l'année 2016, il suffit de continuer votre route, de créer vos œuvres, de concevoir vos idées et d'élaborer vos projets. La porte du succès s'ouvre maintenant à vous et elle vous apportera de belles satisfactions. La Providence vous côtoiera et celle-ci récompensera vos efforts lors de vos actions. Vous miserez sur la réussite au lieu de l'inertie. Vous vivrez votre vie au maximum au lieu de la rêver! Cela vous apportera de la satisfaction, de la joie et du bonheur. Donc, peu importe le moyen d'expression que vous utiliserez. Soyez tout simplement fier de votre accomplissement puisqu'il reflètera votre passion, votre détermination et tous les efforts que vous aurez fournis afin de matérialiser vos pensées. Profitez-en, et savourez chaque bon moment que nous enverrons sur votre chemin. D'ailleurs, vous le méritez grandement. Pour annoncer notre présence, nous enverrons sur votre chemin une pièce de cinq sous que vous retrouverez sur le sol. Nous vous montrerons également le chiffre « 5 »! Soyez donc au rendez-vous et regardez les pièces de cinq sous tomber sous vos pieds!

Les événements prolifiques de l'année 2016

* La Providence sera souvent à vos côtés. Celle-ci vous réserve de belles surprises qui agrémenteront votre vie. Il peut s'agir de gains, de transactions, de rencontres, de décisions, de changements et autres. Vous vous retrouverez souvent au bon endroit avec les bonnes personnes. Cela vous favorisera continuellement dans vos démarches à

entreprendre et dans vos actions! De plus, la journée du Dimanche vous apportera souvent de la joie et du bonheur. Vous passerez du temps agréable avec vos proches lors de cette journée! Vous aurez un plaisir fou à vous taquiner et à faire des activités plaisantes.

* En 2016, vous amorcerez plusieurs changements qui agiront favorablement sur votre routine quotidienne. Vous serez très fier de vous et des actions entreprises pour améliorer votre vie. Vous réaliserez que vos idées connaîtront de bons résultats!

* Sur le plan amoureux, plusieurs amélioreront leur vie de couple en y intégrant des activités familiales, des dialogues, des moments intimes et des soupers romantiques. Vous passerez beaucoup de temps de qualité avec votre amoureux, ainsi que les membres de votre famille. Ces temps seront précieux à vos yeux et vous profiterez de chacun de ces moments pour leur rappeler que vous les aimez et que vous appréciez leur compagnie. Vous formerez une belle équipe et vous en serez très fier.

* Certains célibataires feront la rencontre d'une bonne personne. Une relation pourrait devenir très sérieuse. Vous réaliserez rapidement que cette nouvelle rencontre est la personne idéale que vous recherchez depuis si longtemps!

* Vous vivrez trois situations importantes qui vous permettront de réaliser un grand projet ou un rêve. Vous réaliserez que l'avenir est entre vos mains et si vous y mettez les efforts nécessaires, vous ne serez pas déçu des résultats. Attendez-vous à vivre un changement bénéfique grâce à une décision que vous prendrez. Certains signeront un papier important pour finaliser une transaction. Lorsque le tout sera finalisé, on lira la satisfaction sur votre visage!

* Tout au long de l'année, vous ferez des rencontres intéressantes qui vous permettront d'élargir votre cercle d'amis. L'une de ces rencontres vous soutiendra lors d'un problème et vous aidera à réaliser l'un de vos projets importants. Ses conseils vous seront très utiles, importants et judicieux. Vous serez très fier de compter cette personne parmi vos amis.

Les événements nécessitant la prudence

* Sur une note préventive, soyez vigilant lors de tâches ardues. Certains pourraient se blesser et être obligés de porter un pansement ou un plâtre. De plus, le dos et les épaules seront des parties très fragiles. Ne négligez pas cet aspect de votre corps et évitez de soulever des objets lourds. Certains souffriront de courbatures qui les obligeront à se reposer pendant quelques jours. D'autres devront faire de la physiothérapie. Quelques-uns devront prendre un médicament pour soulager leur douleur.

* Surveillez également votre santé mentale. Ce sera une partie fragile. Essayez de tout faire en même temps ne vous aidera guère à conserver une excellente santé mentale. Lorsque votre corps réclame du repos, écoutez-le et reposez-vous! Au cours de l'année, si vous négligez trop cet aspect, vous souffrirez d'anxiété, d'épuisement, d'insomnie et d'un manque d'énergie. Pour certains, cela engendra des crises de panique et ils seront obligés de prendre un médicament pour calmer et atténuer leurs crises.

* Certains seront fatigués d'entendre les gens se plaindre. Au lieu de vous fâcher contre eux, il serait préférable de vous en éloigner! Vous pourriez provoquer une tempête avec vos mots! De plus, certaines personnes pourraient vous tourner le dos. Toutefois, soyez direct avec eux et faites-leur comprendre que leur attitude négative vous dérange. Vous pouvez également changer de sujet de conversation pour détourner le dialogue vers un autre plus intéressant. Ne devenez pas la proie de la négativité. Restez le chevalier de la bonne humeur et de la diplomatie. Cela vous sera doublement favorable et votre santé mentale s'en portera mieux!

* Avant d'adopter un animal de compagnie, assurez-vous que vous y tenez vraiment. N'oubliez pas qu'il y a toute une responsabilité lorsqu'on adopte un animal. Ne le faites donc pas sur un coup de tête ni pour faire plaisir à un proche. Sinon, vous le regretterez et vous serez obligé d'abandonner votre animal ou de le donner.

* Surveillez vos paroles et gestes. Certains s'attireront de graves ennuis à cause de leur attitude. N'essayez pas de contrôler la vie des autres.

Mêlez-vous de vos affaires. Ne vous impliquez pas dans les commérages et autres. Sinon, cela ne sera pas évident de réparer les pots brisés.

Chapitre XV

Informations supplémentaires propres à chacun des Anges Séraphins

Les Séraphins et la chance

En 2016, la chance des Séraphins sera **excellente**. La porte de la Providence s'ouvrira à eux et elle touchera favorablement plusieurs aspects de leur vie. Ils seront gâtés par la Providence. Des cadeaux fuseront de tout part et ils en seront très heureux. Il peut s'agir de petits cadeaux comme des cadeaux inespérés! Tout peut leur arriver et tout tournera en leur faveur. Cela leur permettra de réaliser plusieurs projets et de régler plusieurs situations problématiques. Avec tous les événements favorables qui surviendront au cours de l'année, les Séraphins réaliseront qu'un Ange veille sur eux!

Tous les enfants Séraphins seront chanceux. Il serait important pour eux de choisir eux-mêmes leurs billets de loterie et leur combinaison de chiffres. Cependant, les enfants d'**Elemiah** et de **Cahetel** seront davantage chanceux lorsqu'ils recevront un billet en cadeau et lorsqu'ils formeront un groupe de trois personnes.

Au cours de l'année 2016, vos trois chiffres chanceux seront : **3**, **7** et **11**. Le « **3** » sera un excellent chiffre pour vous. Vous pourriez vivre plusieurs événements marqués de ce chiffre. De plus, les Anges peuvent vous montrer régulièrement ce chiffre. Par ce signe, les Anges Séraphins vous annonce leur présence. Si vous voyez continuellement ce chiffre au cours d'une journée, profitez-en également pour vous procurer un billet de loterie. Ce sera chanceux ! Votre journée de chance sera le **dimanche.**

De plus, n'oubliez pas de prendre en considération le chiffre en gras relié à votre Ange. Ce chiffre représente également un chiffre chanceux pour vous. Plusieurs situations bénéfiques pourraient être marquées de ce chiffre. Il serait important de l'ajouter à votre combinaison de chiffres. Cela sera favorable. Toutefois, votre Ange peut également utiliser ce chiffre pour vous annoncer sa présence auprès de vous. Lors d'une journée, si vous voyez continuellement ce chiffre, cela indique que votre Ange est auprès de vous. Profitez-en pour lui parler et lui demander de l'aide ! Cela peut également signifier de prier l'Ange gouverneur. Vous avez possiblement besoin de sa Lumière pour traverser l'une de vos épreuves, pour prendre une décision, pour régler une problématique et autre.

Conseil angélique : *Si vous trouvez une pièce de monnaie lors de la pleine lune, achetez un billet de loterie puisque ce symbole représente votre signe de chance. Utilisez cette pièce pour acheter votre billet de loterie. De plus, si vous voyez l'image d'une harpe ou si vous voyez quelqu'un en jouer, ce symbole est également un signe de chance pour vous.*

Vehuiah : 2, 8 et 15. Le « **8** » est votre chiffre chanceux. N'oubliez pas que la Providence est de votre côté. Vous avez la main chanceuse, donc, choisissez vos billets de loterie et votre combinaison de chiffres. Cela sera bénéfique.

Jouez seul! Ce sera mieux pour vous. Toutefois, si vous désirez participer à des groupes. Les groupes de deux, de quatre et de huit personnes vous seront favorables. Si vous connaissez une femme blonde dont le signe du zodiaque est Balance ou Verseau, achetez un billet avec elle. Ce sera chanceux. Jouez également avec un collègue de travail, votre partenaire amoureux ou un ami de sexe opposé. Ces personnes attireront la chance vers vous! La journée du mercredi vous sera également favorable pour l'achat de vos billets de loterie.

Puisque vous êtes dans une période favorable, profitez-en pour amorcer des changements qui vous permettront de retrouver votre équilibre. Au cours de cette année, votre chance se fera davantage sentir au niveau de vos actions. Vous améliorerez votre vie en y apportant des changements importants. Plus que jamais, vous avez besoin de vous sentir bien dans votre peau, dans votre environnement, en paix et en harmonie. Vous travaillerez ardemment pour retrouver cet état d'âme qui vous tient tellement à cœur.

En 2016, plusieurs auront la chance de retrouver un bel équilibre dans plusieurs aspects de leur vie. L'avenir ne vous fera plus peur. Vous regarderez droit devant avec un œil plus prometteur et avec un sentiment de sécurité. Vous serez conscient que la réussite de votre avenir vous appartient. Vous ferez tout pour le réussir. Vous savez ce que vous voulez et vous irez dans la direction de vos besoins, de vos rêves et de vos buts. Vous connaîtrez ainsi la réussite, la satisfaction, l'équilibre et la joie! Restez positif et vous verrez des miracles s'accomplir devant vous!

Jeliel: 1, 4 et 30. Le « 4 » est votre chiffre chanceux. Puisque la chance est à vos côtés, celle-ci vous favorisera dans plusieurs aspects de votre vie, ce qui vous apportera beaucoup de joie. Profitez également de chaque moment agréable qui se présentera à vous! Cela rehaussera votre énergie!

Au cours de cette année, les loteries instantanées vous réservent de petites surprises. Sachez bien les choisir! Ces petits montants vous permettront de vous gâter et de gâter vos proches lors de sorties familiales. Si vous désirez jouer en groupe, les groupes de deux ou de trois personnes vous seront bénéfiques. Jouez avec votre partenaire amoureux, un membre de votre famille ou un collègue de travail. Cela sera bénéfique!

Si vous connaissez une personne dont le signe du zodiaque est Poissons, achetez un billet avec elle. Les courses de chevaux peuvent également vous apporter de la chance. Les chevaux portant le numéro « 4 » vous seront favorables.

En 2016, votre chance se fera également sentir au niveau de votre vie amoureuse et professionnelle. Certains obtiendront un emploi de rêve. D'autres signeront un contrat alléchant qui les sécuriseront sur le plan financier. Les célibataires rencontreront leur partenaire idéal. Il y aura également rapprochement entre les couples. Plusieurs retrouveront leur équilibre et la paix dans leur cœur. De plus, quelques-uns recevront une excellente nouvelle qui agrémentera leur année, une nouvelle qui les fera sauter de joie! Avant que l'année se termine, certains auront fait l'acquisition d'un nouveau véhicule, d'un meuble ou d'un immeuble, et ce, à leur grande satisfaction!

Sitaël: 1, 2 et 14. Le « **1** » est votre chiffre chanceux. Votre chance est excellente. Profitez-en pour faire tous les changements qui vous tiennent à cœur. Vous ne serez pas déçu!

Vous avez la main chanceuse! Choisissez vos billets de loterie et votre combinaison de chiffres. Cela sera bénéfique. Achetez un billet avec votre partenaire amoureux ou un ami de sexe opposé. Ce sera également chanceux! Choisissez la moitié des chiffres et demandez-lui de choisir l'autre moitié. Cela pourrait être une combinaison gagnante. De plus, les loteries instantanées vous seront très favorables. Certains feront des gains considérables grâce à ces loteries.

En 2016, votre chance se fera également sentir au niveau de votre vie amoureuse. L'un de vos désirs se réalisera et votre cœur en sera très heureux. Vous retrouverez la paix, la joie et le bonheur dans votre foyer. Tout au cours de l'année, vous aurez la chance et le privilège de vous trouver au bon endroit, au bon moment et avec les bonnes personnes, ce qui vous permettra de résoudre plusieurs de vos problèmes et de réaliser plusieurs de vos projets. Un Ange veille sur vous et vous n'aurez pas le choix de le constater avec tous ces évènements providentiels qui embelliront votre vie.

Elemiah : 4, 8 et 24. Le « 4 » est votre chiffre chanceux. Plusieurs situations prolifiques agrémenteront votre année. Profitez-en donc pour amorcer l'un de vos projets longtemps désirés, vous ne serez pas déçu !

Vous avez la main chanceuse ! Choisissez donc vous-même vos billets de loterie. Toutefois, lorsqu'une dame aux cheveux foncés vous remettra un billet, ce sera chanceux ! Si vous désirez jouer en groupe, les groupes de trois ou de quatre personnes seront propices à attirer des gains vers vous. Si l'un de vos groupes est composé de trois femmes, ce sera bénéfique ! Lors d'une sortie avec des amis, si une personne porte dans sa tenue vestimentaire la couleur rouge et qu'une autre porte du noir agencé avec du blanc, achetez un billet avec ces deux personnes. Cela pourrait être très chanceux ! De plus, si une personne vous remet une fleur blanche, un lys blanc ou un bouquet champêtre, achetez également un billet avec elle. C'est un symbole de chance !

En 2016, la chance favorisera plusieurs aspects de votre vie. Il vous sera permis de trouver des solutions pour régler vos problèmes, de faire taire les mauvaises langues, de faire la lumière sur des situations problématiques, d'améliorer vos conditions de vie, d'amorcer de nouveaux projets et de lâcher prise sur des situations insolubles. Plusieurs apporteront des changements importants dans leur existence. Vous ferez tout pour apaiser vos angoisses. Vous travaillerez ardemment mais vous parviendrez à retrouver votre harmonie et la paix dans plusieurs aspects de votre vie. La satisfaction sera votre lot de récompenses !

Mahasiah : 13, 30 et 46. Le « **13** » est votre chiffre chanceux. Vous vivrez plusieurs situations prolifiques qui auront un impact bénéfique dans votre vie. Cela vous permettra de vous prendre en main et de renaître à la vie !

Vous avez la main chanceuse ! Choisissez donc vos billets de loterie et votre combinaison de chiffres, cela sera avantageux. Si vous désirez jouer en groupe, les groupes de deux, de trois personnes ou de quatre personnes vous seront bénéfiques. Jouez avec une personne âgée, un membre de votre famille, un collègue de travail ou une nouvelle connaissance. Cela pourrait être chanceux ! Si vous connaissez une personne qui travaille manuellement, achetez également un billet avec elle. Les billets achetés lors de vos déplacements pourraient également vous apporter de petites surprises !

En 2016, votre chance se fera également sentir au niveau de vos actions et de vos décisions. Vous mettrez un terme à plusieurs situations problématiques. À chaque problème, vous parviendrez à trouver une solution. Vous apporterez plusieurs améliorations dans votre routine quotidienne qui chambarderont favorablement votre vie. Vous serez très fier de vous et de tout ce que vous accomplirez. Vous laissez derrière vous les peurs, l'inertie et le manque de confiance. Vous renaissez à la vie et vous agissez en conséquence. Attendez-vous à vivre de belles satisfactions à la suite de vos actions !

Lelahel : 1, 11 et 22. Le « **1** » est votre chiffre chanceux. Votre chance est excellente, voire inouïe. La Providence vous sourit et vous saurez bien en profiter ! Vous vous trouverez souvent au bon endroit au bon moment. Certains pourraient même gagner un gros montant d'argent ou un voyage dans un pays de rêve !

Jouez seul, cela sera favorable. Choisissez vos billets et votre combinaison de chiffres. Les loteries instantanées seront également bénéfiques pour vous. De plus, lors d'un déplacement à l'extérieur de la ville, profitez-en pour acheter un billet de loterie. Cela sera chanceux ! Les groupes de deux, de trois et de cinq personnes seront favorables. Si vous connaissez un homme aux cheveux bruns ou si vous connaissez une personne dont le signe du zodiaque est Poissons, achetez des billets avec elle. Ces personnes attireront la chance vers vous !

En 2016, votre chance se fera également sentir au niveau de votre vie financière et professionnelle. Plusieurs se prendront en main et apporteront tous les changements nécessaires pour améliorer leur vie. Tout ce que vous entreprendrez ou déciderez sera couronné de succès. Vous serez fier de vous et de tout ce que vous réaliserez au cours de l'année. Votre grande détermination vous apportera d'excellents résultats, ce qui vous encouragera à continuer dans la même direction !

Achaiah : 5, 15 et 30. Le « **5** » est votre chiffre chanceux. N'oubliez pas que la Providence est de votre côté. Profitez-en donc pour jouer à la loterie, pour amorcer des projets, pour régler vos problèmes, pour faire des transactions et pour améliorer votre situation financière.

Tous les billets que vous recevrez en cadeau s'avéreront également chanceux et pourraient vous apporter des gains. Certains pourraient même gagner un gros montant d'argent! Puisque la Providence vous sourit, jouez seul et choisissez vous-même vos billets et votre combinaison de chiffres. Les loteries instantanées seront également bénéfiques.

De plus, lors d'un déplacement dans une autre ville, profitez-en pour acheter un billet de loterie. Si vous désirez jouer en groupe, faites-le avec un homme aux cheveux bruns portant une barbe ou une personne dont le signe du zodiaque est Bélier ou Taureau. Ces personnes vous seront favorables. Si vous connaissez une personne qui travaille dans le domaine des finances, achetez également un billet avec elle.

En 2016, votre chance se fera également sentir au niveau de votre vie financière et professionnelle. Plusieurs se prendront en main et apporteront tous les changements nécessaires pour améliorer leur vie. Vous savez ce que vous voulez et vous ferez en sorte de l'obtenir. De plus, plusieurs auront la possibilité de signer de deux à trois contrats qui les avantageront. Bref, tout ce que vous entreprendrez ou déciderez sera couronné de succès. Vous serez fier de vous et de tout ce que vous réaliserez au cours de l'année.

Cahetel : 6, 12 et 33. Le « **6** » est votre chiffre chanceux. Vous êtes dans une période de réussite. Vos idées seront constructives, profitez-en donc pour les mettre sur pied et de passer à l'action. Vous ne serez pas déçu! Cela fait longtemps que vous rêvé de ce moment privilégié, alors, faites-vous confiance et créez!

Optez pour des loteries instantanées. Si vous désirez participer à des groupes, ce sera doublement chanceux pour vous! Les groupes de deux, de quatre ou de six personnes vous seront favorables. Jouez avec un collègue de travail, avec une femme aux cheveux foncés ou avec une amie, cela pourrait être bénéfique. Si une personne vous remet un bouquet de fleurs fraîchement cueillies ou une bouteille de vin, achetez également un billet avec cette personne. Ce sont vos symboles de chance!

En 2016, la chance vous permettra de trouver des solutions pour régler vos problèmes, de lâcher prise sur des situations insolubles et de trouver votre équilibre. Plusieurs chercheront à apaiser leurs angoisses. Ils mettront un terme à plusieurs situations qui dérangent leur quotidien. Ils travailleront ardemment pour retrouver leur harmonie, la paix intérieure, la sérénité. Ils y parviendront au prix de grands efforts. Néanmoins, ils seront satisfaits d'eux et des actions qu'ils auront amorcées pour atteindre leurs buts. Vous établirez vos priorités et vous ferez votre possible pour les respecter et les réussir! Tels seront les événements prolifiques qui surviendront au cours de l'année!

Les Séraphins et la santé

Généralement, la santé des Séraphins sera excellente. Pour plusieurs, la santé sera leur priorité. Ils seront prudents et ils éviteront les situations qui pourraient nuire à leur santé. Toutefois, ceux qui négligeront cet aspect vivront quelques ennuis de santé. Ils consulteront leur médecin, ils prendront des médicaments et ils passeront quelques jours à l'hôpital. À la suite d'un diagnostic médical, quelques-uns subiront des interventions chirurgicales.

Les personnes malades devraient également prendre soin d'elles. Ne négligez pas les signaux de votre corps et consultez immédiatement votre médecin si une douleur inusuelle apparaît. Cela vous sera salutaire! Mieux vaut prévenir que guérir! Certaines personnes auront quelques ennuis gastriques. L'estomac et les reins seront également des parties vulnérables.

Cela dit, les Séraphins devront être vigilants et attentifs à leur environnement et respectez les consignes de sécurité en tout temps, et ce, pour éviter de fâcheux incidents. Il faudra également faire attention à votre dos et l'une de vos épaules. Ce seront des parties vulnérables cette année. Donc, ne soulevez rien de lourd et réclamez de l'aide s'il le faut. Certains porteront un plâtre, d'autres un corset orthopédique, ce qui les ralentira dans leur tâche quotidienne. Plusieurs devront consulter un physiothérapeute ou un chiropraticien pour atténuer et soulager leurs douleurs physiques. Quelques-uns devront garder le lit et se reposer le temps nécessaire pour récupérer et refaire le plein d'énergie.

Sur une note préventive, voici les parties vulnérables à surveiller plus attentivement et les faiblesses du corps en ce qui concerne chacun des enfants Séraphins.

Vehuiah : plusieurs se plaindront de douleurs musculaires qui les obligeront à prendre un médicament ou à faire un exercice de physiothérapie. Il peut s'agir d'une tendinite et de courbatures. Faites de la natation. Cela sera bénéfique. Cela aidera à relaxer vos muscles. D'autres se plaindront de maux de ventre; il y a de fortes chances que cela soit causé par les intestins ou le gluten. Certains réaliseront que le gluten cause leur ballonnement. D'autres souffriront du syndrome du côlon irritable. Ces personnes devront changer leurs habitudes alimentaires pour pouvoir régler leurs problèmes. De plus, certaines femmes auront des ennuis de santé et devront subir une intervention chirurgicale pour régler leur problème. Il leur faudra quelques jours pour récupérer de leur intervention. Il serait important que ces femmes se reposent et qu'elles écoutent sagement les recommandations de leur médecin. Soyez également vigilant lorsque vous entamez tes tâches nécessitant des outils. Assurez-vous d'avoir une trousse de premiers soins dans votre pharmacie.

Jeliel : plusieurs se plaindront de douleurs musculaires. Il y aura des faiblesses au niveau des hanches, des genoux et des jambes. Elles seront la source de vos douleurs. Il peut s'agir de varices. Pour certains, la douleur sera tellement intense qu'ils se retrouveront à l'hôpital ou consulteront un spécialiste pour les aider à soulager leur maux. Plusieurs examens seront faits pour déceler la cause exacte de vos douleurs et vous serez soignés en conséquence. Certains pourraient être obligés de porter un plâtre ou de subir une intervention chirurgicale pour régler leur problème.

Il faudra également surveiller le système digestif. Plusieurs se plaindront de douleurs à la poitrine et à l'estomac. Certains auront des intolérances au lactose, d'autres au gluten. Ces personnes devront changer leurs habitudes alimentaires pour éviter les maux d'estomac. Les alcooliques devront également surveiller leur santé. Certains auront des ennuis causés par leur consommation. De plus, certains seront victimes d'allergies et ils devront prendre un médicament pour soulager et atténuer les symptômes causés par les allergies.

Sitaël : plusieurs se plaindront de maux de ventre, il y a de fortes chances que cela soit causé par les intestins. Ceux qui souffriront du côlon irritable devront changer leur habitude alimentaire. Évitez les plats épicés. Cela sera bénéfique.

Il faudra aussi surveiller l'hypertension, le diabète et le cholestérol. Certains seront obligés de prendre des médicaments pour régulariser leur problème. Certains hommes auront des ennuis avec leur prostate; un médicament leur sera prescrit pour améliorer leur état de santé. Quelques-uns devront subir une intervention chirurgicale. Certaines femmes auront des ennuis avec leurs organes génitaux qui nécessiteront également une intervention chirurgicale. Ne repoussez pas vos examens annuels chez votre médecin. Les femmes fumeuses et de plus de quarante ans, ne négligez pas votre examen de mammographie. Mieux vaut prévenir que guérir!

Les personnes cardiaques devront redoubler de prudence et écouter sagement les recommandations de leur médecin. Il en est de même pour les toxicomanes et les alcooliques.

Elemiah : certains auront des ennuis de santé qui les obligeront à passer des examens. Le surmenage peut être la cause de vos ennuis. Il serait important de prendre du repos et de respecter la limite de vos capacités. Vous voulez plaire à tout le monde. Cela vous amènera à faire mille et une activités. Il y aura des journées où votre corps ne suivra pas le rythme. Lors de ces journées, il faudra vous reposer, sinon, vous sombrerez vers une dépression et cela sera très pénible de remonter la pente par la suite! Donc, respectez-vous! Prenez du repos et des journées de congés lorsque votre corps le réclamera. Cela vous sera salutaire!

De plus, certains seront victimes d'une entorse ou d'une douleur due à un mouvement répétitif. Il peut s'agir d'une tendinite ou du tunnel carpien. Vous consulterez un médecin qui vous prescrira un médicament pour atténuer la douleur. Certains feront de la physiothérapie et cela leur procurera un bienfait sur leur douleur. Chez quelques-uns, le système immunitaire sera à la baisse et ils attraperont toutes sortes de maladies virales. Assurez-vous de toujours bien laver vos mains et évitez les endroits contaminés par des virus ! Également, certains devront prendre des médicaments pour soulager les allergies. D'autres se plaindront d'un mal de dent. Vous pourriez subir un traitement de canal ou l'extraction d'une dent.

Les diabétiques devront également redoubler de prudence et respecter les recommandations de leur médecin. Certains iront passer quelques jours à l'hôpital pour y subir des traitements. Plusieurs alcooliques et toxicomanes auront de graves ennuis de santé à cause de leur problème de consommation.

Mahasiah : votre santé sera imprévisible. Certains peuvent tomber malade sans avertissement. Il serait important de respecter la limite de vos capacités et de vous reposer lorsque le corps réclame du repos. Surveillez également les produits naturels. Certains produits vous causeront plus d'ennuis que de bienfaits. Avant de prendre un produit naturel, assurez-vous que celui-ci est adéquat pour vous. Cette prévention concerne davantage les personnes qui prennent des médicaments. Demandez toujours l'avis de votre médecin ou du pharmacien avant de prendre un nouveau produit en vente libre.

Cela dit, plusieurs se plaindront de maux musculaires et de douleurs lancinantes qui les obligeront à consulter leur médecin. Certains devront prendre un médicament. D'autres iront consulter un physiothérapeute. Quelques-uns subiront une intervention chirurgicale pour régler leur problème. Il peut s'agir du canal carpien, d'un disque lombaire ou autre.

Il faudra également surveiller le système digestif, le cœur, le pancréas, le foie et les intestins. Ce seront des parties à ne pas négliger. Consultez votre médecin si une douleur persiste. Au cours de l'année, si vous prenez soin de vous et que vous écoutez votre corps, vous recouvrerez rapidement la santé et vous serez en pleine forme pour vaquer à vos tâches habituelles. Si vous faites le contraire, vous vivrez plusieurs contrariétés.

Lelahel : ne soulevez aucun objet au bout de vos bras, il y a risque de blessures. Certains s'occasionneront une douleur au cou, aux épaules ou au dos qui les amènera à passer quelques jours au lit avec des médicaments à prendre pour soulager leur douleur. Si vous voulez éviter ce scénario, soyez vigilant et réclamez de l'aide lorsque vous devez déplacer et soulevez des objets lourds.

Il faudra également surveiller votre estomac. Ce sera une partie vulnérable. Certains seront obligés de changer leurs habitudes alimentaires. Il faudra également surveiller la vessie, certains auront des infections urinaires. D'autres souffriront de lithiases rénales (pierres aux reins). Ils seront obligés de manger plus sainement pour éviter ce problème.

De plus, quelques-uns souffriront d'insomnie, de migraines ou de sinusites qui les obligeront à consulter leur médecin et à prendre un médicament. Les cardiaques devront écouter sagement les conseils de leur médecin pour éviter des complications et une hospitalisation !

Achaiah : certains auront des rougeurs sur la peau. Vous consulterez un dermatologue. Celui-ci vous prescrira un médicament ou une crème pour atténuer et éliminer les rougeurs. Les personnes âgées seront prédisposées à faire du zona. Certains développeront des intolérances alimentaires et seront obligés de changer leurs habitudes, sinon, leur système digestif en souffrira ! La période des allergies en fera souffrir plusieurs. L'utilisation d'un inhalateur et des antihistaminiques sera nécessaire.

La tête, les oreilles, la gorge et les sinus seront également des parties vulnérables. Certains se plaindront de migraines. D'autres perdront l'équilibre. Plusieurs examens approfondis seront exigés et ceux-ci décèleront la cause de vos malaises. Certains auront de la difficulté à dormir. Vous souffrirez d'insomnie. Cela vous épuisera totalement. Plusieurs seront obligés de prendre un médicament pour régler leur problème. D'autres devront suivre une thérapie. Pour le bien de votre santé, il serait important d'écouter sagement les recommandations de votre spécialiste.

Cela dit, plusieurs essayeront des produits naturels pour rehausser leur énergie. D'autres iront consulter un spécialiste qui les aidera à recouvrer la santé et la forme physique. Toutefois, il suffit de respecter vos limites et votre corps. En agissant ainsi, vous n'aurez pas besoin de médicaments ni de produits pour rehausser vos énergies. Ajoutez des exercices et une bonne habitude alimentaire à votre horaire. Cela sera bénéfique et vous retrouverez la forme plus rapidement !

Cahetel : plusieurs ne respecteront pas la limite de leurs capacités et la santé mentale en prendra un vilain coup. Il ne sert à rien de courir partout et de négliger votre santé. Pour éviter de graves ennuis, soyez à l'écoute de votre corps. Lorsque celui-ci réclame du repos, accordez-lui ce privilège et reposez-vous ! En agissant ainsi, vous pourrez vaquer à vos tâches habituelles et bien accomplir vos journées sans souffrir de douleurs musculaires ou autres.

Certains auront de la difficulté à dormir. Vous souffrirez d'insomnie. Cela vous épuisera totalement. La glande thyroïde sera également une partie fragile, certains seront suivis méticuleusement par leur médecin. La période des allergies en fera souffrir plusieurs. L'utilisation d'un inhalateur et des antihistaminiques sera nécessaire.

Surveillez également les plats chauds, certains pourraient se brûler. Assurez-vous d'avoir une trousse de premiers soins dans votre pharmacie. Bref, tous ceux qui négligeront leur santé devront affronter un problème important qui les angoissera. La meilleure façon de vous en sortir est d'écouter sagement les conseils de votre médecin et commencer à bien prendre soin de vous !

Les Séraphins et l'amour

Pour plusieurs, le soleil luira sous leur toit. Attendez-vous à vivre de bons moments avec votre partenaire. Vos conversations seront rafraîchissantes et agréables. Vous planifierez des activités, des soupers avec vos proches, des sorties, etc... Cela sera important pour vous de passer du temps avec votre famille. Vous l'avez négligée. Ces moments seront indispensables et essentiels pour votre bien-être. Il est évident que vous travaillerez ardemment pour réussir votre vie à deux. Néanmoins, vous réaliserez que vos efforts en valent la peine. Cette année, plus que jamais, vous prioriserez votre vie conjugale et votre santé. Attendez-vous à vivre une année agrémentée de sorties divertissantes, de rires contagieux et communicatifs, de joie intense, de bonheur et d'amour. Votre partenaire appréciera vos retrouvailles et le temps que vous passerez ensemble. Vous vivrez des moments intimes qui vous rapprocheront et qui rallumeront la flamme de votre amour. Ces temps seront précieux et importants pour cimenter votre union. Vous trouverez rapidement votre joie de vivre. Cela aura un impact favorable sur votre santé.

Plusieurs mois agrémenteront votre vie conjugale. Lors de ces mois, attendez-vous à faire des sorties mémorables avec votre partenaire. Les couples en difficulté parviendront même à trouver un terrain d'entente pour que l'harmonie revienne dans leur foyer. Vos discussions seront divertissantes. Il faut donc saisir les occasions qui s'offriront à vous pour vous rapprocher de votre partenaire. Cela vous sera bénéfique. Ces mois bénéfiques sont *mars, avril, mai, octobre, novembre* et décembre.

Lors de ces mois, attendez-vous à vivre des moments agréables et divertissants en amoureux. Vous irez manger au restaurant. Vous planifierez un petit voyage. Vous sortirez au cinéma. Vous rendrez visite à des amis. Vous ferez des activités. Vous irez faire quelques emplettes ensemble surtout celle de Noël. Bref, toutes ces sorties vous rapprocheront et vous serez heureux d'être ensemble. Vous réaliserez que jamais vous n'avez été aussi bien dans les bras de votre partenaire qu'en cette année. Vous connaîtrez une belle période en sa compagnie. Vous prendrez du temps pour être ensemble et dialoguer, ce qui vous aidera énormément à vous retrouver.

Du 3 mars au 24 mai, ce sera une période favorable pour plusieurs couples. Ce sera également une période bénéfique pour celles qui désirent enfanter. La journée du lundi vous sera également favorable. Vous vivrez plusieurs agréments avec votre partenaire lors de cette journée. Profitez-en pour acheter des billets de loterie ensemble. Demandez à votre partenaire de choisir une combinaison de chiffres ou de choisir le billet.

Cela dit, de belles surprises vous sont réservées au cours de cette période. Attendez-vous à passer du bon temps avec votre famille. Cela vous relaxera et rehaussera votre énergie. Vous planifierez plusieurs sorties et activités familiales qui vous rendra très heureux. De plus, il y a de fortes chances que votre partenaire vous réserve une belle surprise pour votre anniversaire de naissance. Ceux qui planifient un déménagement, vous serez satisfait de votre décision. Il en est de même pour les couples qui décideront d'aller vivre en campagne. Vous ne regretterez pas votre choix. Les couples qui partiront en voyage auront beaucoup de plaisir. Vous retrouverez les joies de vos premières rencontres! Certains couples signeront un papier qui leur apportera de la joie et de la satisfaction.

L'un de vos désirs communs prendra vie au cours de cette période, ce qui solidifiera davantage votre union!

Cette période sera également favorable pour les couples en difficultés. Certains parleront de réconciliation. D'autres opteront pour un bon dialogue avant de prendre une décision définitive au sujet de leur relation.

Pour ce qui est d'*octobre*, vous serez heureux et cela se reflétera dans votre attitude. Vous serez charmeur, mielleux, séducteur et cajoleur! Vos moments intimes seront à la hausse. Vous serez rayonnant, ce qui attirera vers vous le regard de votre partenaire. Son regard passionné démontrera son amour pour vous! Ce qui rehaussera vos sentiments à son égard. Il en sera de même pour *novembre* et *décembre*. Vous finirez l'année en beauté! Lors de cette période, attendez-vous à vivre plusieurs situations qui rehausseront votre union. Votre partenaire vous appuiera dans l'une de vos démarches. Vous apprécierez énormément son geste. Certains feront un voyage agréable. D'autres amorceront un projet ensemble. Vous prendrez soin de l'un comme de l'autre. Vous vous plairez à regarder un film, à écouter de la musique, à lire un livre, etc... Vous chercherez à être ensemble l'un près de l'autre. Cela fera un bien énorme à votre relation.

Il est évident qu'il y aura des périodes compliquées. Si vous y voyez rapidement, vous réglerez facilement vos problématiques et le tout redeviendra à la normale. Toutefois, si vous négligez vos problèmes et que vous boudez, cela vous ne sera pas favorable et ça risque de nuire à votre relation.

Ce qui pourrait déranger l'harmonie conjugale : la jalousie. Certains se sentiront étouffés par leur partenaire. Cela risque d'engendrer des discussions animées. Il serait important de laisser le passé derrière vous et d'arrêter de broyer du noir en ce qui concerne certains événements du passé. De plus, arrêtez d'imaginer des scénarios dans votre tête. Si le comportement de votre partenaire vous dérange, au lieu d'imaginer le pire, parlez-lui en. Ainsi, vous viderez votre cœur et votre partenaire soulagera vos états d'âme en vous réconfortant avec ses paroles et gestes.

Il faudra également surveiller vos absences régulières causées par le travail. Certains seront obligés de faire des heures supplémentaires et d'apporter du travail à la maison. Ces situations ne vous aideront guère à conserver l'harmonie dans votre union. Bref, ne faites rien et n'acceptez rien sans en parler avec votre partenaire. Avisez-le toujours lorsque vous devez faire des heures supplémentaires ou lorsque vous devez apporter du travail à la maison. Ainsi, vous éviterez des discussions animées. Il y a de fortes chances que votre partenaire critique, néanmoins, ce sera pire si vous ne l'aviser pas à l'avance !

Les mois susceptibles d'apporter quelques contrariétés seront *janvier*, *juin*, *juillet*, et *août*. Au cours de *janvier*, attendez-vous à plusieurs arguments avec votre partenaire. Un rien vous fera exploser ! La fatigue causée par le temps des fêtes se fera vivement ressentir au cours de ce mois. Il y aura de la friction dans l'air ! Néanmoins, le tout se replacera dès *février* !

Lors de votre période estivale, il faudra surveiller le sentiment de jalousie. Ce sentiment provoquera des petites tempêtes au sein de votre union. Cela ne vous aidera guère à vous rapprocher de votre partenaire. Vous risquez de lui faire beaucoup de peine à cause de votre sentiment de jalousie et de contrôle. Si vous désirez passer un bel été, soyez moins exigeant envers votre partenaire et arrêtez de vous imaginer des scénarios de toutes sortes. Ayez des conversations franches avec votre conjoint. Cela vous sera bénéfique. Profitez du beau temps pour vous amuser et sortir de votre routine. Cela aidera énormément à votre union. Sinon, vous vivrez plusieurs désagréments au cours de *juin*, *juillet* et *août*. Ces désagréments auront un impact néfaste sur votre santé mentale et émotionnelle.

Les couples en difficulté

Certains couples en difficulté chercheront à sauver leur union. Ce qui leur sera très favorable. Il est évident qu'ils devront faire des sacrifices pour parvenir à retrouver leur harmonie. Néanmoins, cela sera bénéfique pour eux et la survie de leur union. Ces couples réaliseront que l'amour y est toujours et ils déploieront tous les efforts nécessaires pour rallumer la flamme de leur amour. Ils se donneront une seconde chance. Ils placeront la confiance et le respect *a priori*. Ceux qui y parviendront retrouveront la paix et le bonheur. Il y aura réconciliation. Cela fera le bonheur de leurs proches. Toutefois, ils devront surmonter les obstacles qui surviendront en *janvier*, *juin*, *juillet* et *août*. S'ils parviennent à régler leurs différends, ils parviendront à s'en sortir et retrouver leur harmonie conjugale. La plupart de leurs conflits seront causés par l'absence et l'attitude de l'un des partenaires, par la situation financière et par le sentiment de jalousie. Si vous parvenez à régler vos conflits, vous sauverez votre union de la séparation et vous en serez très heureux!

Les Séraphins submergés par la négativité

Si vous tenez à votre union, il serait important de changer votre attitude. Arrêtez de vivre comme si vous étiez célibataire. Impliquez-vous davantage dans votre union. N'oubliez pas également que le respect est important pour la survie de votre couple. Si vous voulez que votre partenaire vous respecte et qu'il vous appuie dans vos démarches; prouvez-lui que vous méritez son appui. Si vous êtes indifférent face à votre partenaire et si vous ne le respectez pas, attendez-vous pas à ce que votre partenaire vous soutienne ni vous prodigue d'éloges! À ces yeux, vous ne les méritez pas! Cela dit, si vous voulez améliorez votre union, impliquez-vous davantage et avouez vos sentiments à votre partenaire. Soyez amoureux et laissez votre cœur parler au lieu de dire des conneries blessantes!

Les Séraphins célibataires

Plusieurs auront le privilège de rencontrer la perle rare. Un bel amour naîtra. Vous serez envahi par un sentiment très puissant dont vous ne pouvez ignorer. Il est évident que la peur vous envahira pendant quelques semaines. Néanmoins, vous réaliserez que cette rencontre correspond à l'un de vos désirs longtemps désiré et rêvé sur le plan affectif. Vous n'avez donc pas le choix de laisser parler votre cœur et de vous investir à fond dans cette nouvelle relation. Si vous le faites, un merveilleux couple se formera, et ce, au grand plaisir de vos proches. Le bonheur se lira sur votre visage.

Toutefois, certains laisseront une seconde chance à un amour du passé. À la suite d'une rencontre au hasard, vous réaliserez que vous avez toujours des sentiments pour cette personne. Vous ferez quelques sorties agréables avec cet ancien partenaire. Vous découvrirez rapidement que vous êtes faits l'un pour l'autre et vous vous investirez davantage dans votre relation. Celle-ci prendra une tournure différente. Ce qui vous donnera l'envie d'amorcer des plans pour l'avenir.

Quelques-uns découvriront qu'une amitié est en train de prendre une tournure plus profonde. Certains réaliseront qu'ils sont en train de tomber en amour avec leur meilleur ami, ce qui les amènera à réfléchir sur ce sentiment nouveau qui s'éveille en eux!

Les mois les plus propices pour faire une rencontre sont : **mars**, **avril**, **septembre**, **octobre**, **novembre** et **décembre**. La journée du mardi et du dimanche seront également profitable pour cette nouvelle rencontre. Si vous êtes intéressé par une relation sérieuse et si vous avez l'envie d'une relation plus stable, il suffira de le mentionner autour de vous. Ainsi, ce cupidon s'avancera tout doucement vers vous. Sa peur d'être qu'une aventure d'un soir s'estompera et il prendra le temps nécessaire de vous connaître.

Lorsque vous ferez la rencontre de cette perle rare, vous serez charmé par sa façon de rire, de dialoguer et surtout, par sa joie de vivre! Sa bonne humeur vous rendra joyeux et vous chercherez continuellement sa compagnie. Vous serez également charmé par son regard espiègle et taquin. Ces petits clins d'œil en votre direction feront palpiter votre cœur constamment! La nervosité l'amènera à se frotter les mains régulièrement. Grâce à ce petit geste; vous comprendrez rapidement que vous lui faites de l'effet!

Vous pourriez faire sa rencontre grâce à l'aide d'un ami, par un réseau social, lors d'une fête agréable, lors d'un party ou dans un endroit animé par la joie, le bonheur et la musique. Dès le moment où vous croiserez son regard, votre cœur saura qu'il est celui que vous attendiez depuis si longtemps. Sa présence auprès de vous vous donnera toutes sortes de « pulsations » magiques. Cette charmante personne fera un geste gratifiant qui captera l'attention de votre cœur!

Les célibataires submergés par la négativité

Plusieurs vivront de grandes souffrances intérieures qui les empêcheront de faire des rencontres intéressantes. Le passé les hante toujours, ainsi que leur sentiment d'agressivité face à la situation vécue. Leur attitude sera antipathique et personne ne cherchera à les côtoyer. Cela dit, si vous voulez refaire votre vie, arrêtez de parler de votre passé et de vos échecs. Ces sujets de conversations ne sont ni intéressants ni attirants pour quiconque. Il est évident que cette attitude fera fuir toutes personnes sujettes à vous rendre heureux. Donc, si vous êtes prêt à laisser l'amour venir agrémenter votre vie, changez de sujet et parlez positivement. Vous verrez qu'il y a plusieurs personnes intéressées à vous côtoyer. Il suffit d'être intéressant et d'engager de belles conversations divertissantes sur des sujets agréables! Bref, si vous ne changez pas votre attitude, vous resterez célibataire! Vous ferez des rencontres, toutefois, celles-ci ne dureront pas assez longtemps pour la titrer de relation.

Les Séraphins et le travail

L'année de la conscience permettra à plusieurs Séraphins de réfléchir sur leur situation professionnelle. Plusieurs questions existentielles seront élaborées, ce qui les amènera à prendre des décisions importantes sur leur vie professionnelle. Certains retourneront aux études. D'autres quitteront leur emploi pour se lancer en affaires. Quelques-uns amorceront des tâches différentes qui leur plairont énormément. Certains décideront de prendre une retraite anticipée. Quelques-uns iront chercher du travail ailleurs.

Plusieurs auront des conversations importantes avec leur employeur pour améliorer leurs conditions de travail, etc. Cela dit, à la suite de votre analyse, vous améliorerez votre situation professionnelle. Vous irez de l'avant avec vos idées et vos projets. Vous ne remettrez plus à une date ultérieure pour amorcer vos changements. Plus que jamais vous avez besoin d'être en harmonie avec votre situation professionnelle, ce qui vous obligera à accomplir votre possible pour retrouver votre vivacité d'autrefois! Tout changement que vous amorcerez améliorera votre vie professionnelle. Vous serez donc satisfait de tout ce que vous entreprendrez au cours de l'année.

Dès le *7 janvier*, vous entrez dans une période de changements. Attendez-vous à vivre plusieurs situations qui vous amèneront à réfléchir sur ce que vous désirez vraiment au sujet de votre vie professionnelle. Tous ceux qui seront appelés en entrevue, sachez que la compétition sera serrée, ardue et stressante. Pour gagner cette compétition, vous devrez démontrer ardemment votre envie d'obtenir ce travail. Bref, soyez convaincant, explicite et précis. N'ayez pas peur de vanter vos capacités d'accomplir les tâches exigées. Si vous agissez de la sorte, vous obtiendrez ce travail! Si vous faites le contraire, il faudra attendre à une date ultérieure pour postuler un autre emploi.

À partir du *8 février,* et ce, jusqu'au *24 mai*, vous travaillerez comme un fou! Plusieurs seront assignés à des endroits, à des tâches, à des équipes différentes, etc. Vous mettrez au profit vos connaissances et vos talents pour bien gérer la charge de travail! Néanmoins, vous serez satisfait de vos actions! Votre employeur louangera votre capacité de travailler sous pression et d'accomplir vos tâches avec tact et promptitude. Cela vous avantagera lors de vos demandes.

Du *1ᵉʳ septembre* jusqu'à la *fin de l'année* sera une période favorable pour améliorer vos conditions de travail. Une entrevue sera réussie. Un poste rêvé sera obtenu. Une augmentation de salaire sera acceptée.

Cela dit, lors de ces périodes, plusieurs se retrouveront au bon endroit au bon moment accompagné de bonnes personnes qui leur permettront d'améliorer leur situation professionnelle. Certains auront le privilège d'amorcer un nouveau travail. Vous vous appliquerez minutieusement pour rendre honneur à votre intelligence et à votre facilité d'adaptation! Vous serez très fier de vous!

Il y aura également trois possibilités qui vous seront offertes pour améliorer vos conditions de travail. Certains recevront une offre alléchante impossible à refuser! Si vous tournez le dos à cette offre, vous aurez du chagrin par la suite! Pensez-y deux fois avant de prendre une décision définitive. Certains auront le privilège de signer un contrat important qui leur enlèvera une lourdeur sur leurs épaules. D'autres feront la rencontre d'un homme important qui leur permettra de réaliser l'un de leurs projets ou qui les aidera dans une situation problématique. Quelques-uns connaîtront un énorme succès avec l'un de leurs projets. Ce projet leur rapportera un profit considérable.

Donc, ceux qui veulent améliorer leur situation professionnelle pourront facilement le faire au cours de l'année. Vous possédez tous les atouts nécessaires pour obtenir du succès dans vos démarches. Faites-vous confiance et vous verrez jaillir la réussite et le succès dans tout ce que vous entreprendrez et réaliserez au cours de 2016.

Toutefois, lors des mois de **janvier**, **juin**, **juillet** et **août**, évitez les discussions inutiles et les commérages. Évitez de faire des demandes exagérées, les entrevues compliquées, et ne prenez aucune décision à la légère. Lors de ces mois, vous risquez de nuire à votre réputation, de compliquer votre vie inutilement, de prendre une décision irréfléchie et erronée. Soyez davantage vigilant durant cette période.

Les travailleurs Séraphins submergés par la négativité

Votre sentiment de jalousie envenimera énormément votre attitude. Cela aura un impact désastreux sur vos compétences de travail. Au lieu de regarder dans votre jardin, vous mettrez votre nez régulièrement dans les affaires des autres. Il est évident que cela vous causera toutes sortes d'ennuis. Vous envierez vos collègues de travail. Vous chercherez à les surpasser pour leur démontrer que vous êtes le meilleur. Vous critiquerez leur comportement. À vous entendre, vous êtes le meilleur et vous méritez les promotions et les louanges qui seront lancés par votre employeur!

De plus, vous penserez que tout le monde vous en veut! Vous serez continuellement sur vos gardes. À la moindre remarque d'un collègue, vous réagirez vivement. Cela causera des discussions animées. Avec cette attitude négative, il est évident qu'on vous tournera le dos et avec raison! Aucune personne ne voudra s'associer avec vous ni collaborer ni faire partie de votre équipe. Vous vous retrouverez donc seul avec un surplus de tâches. Cela ne vous aidera pas particulièrement à atteindre vos objectifs et à respecter les dates d'échéance.

Cela dit, n'oubliez pas que plus vous critiquerez, moins les problèmes se régleront! Changez votre perception et améliorez-vous! Si vous parvenez à réaliser que votre attitude négative dérange votre quotidien, vous ferez un premier pas constructif vers le chemin de la liberté et de la sérénité. De plus, votre sentiment de jalousie s'estompera. Il fera place à la satisfaction. Vous n'aurez plus à envier votre prochain puisque votre vie sera agrémentée de situations agréables et magiques!

Si vous n'améliorez pas votre attitude face à vos collègues de travail, ne soyez pas surpris de recevoir un ultimatum de la part de votre employeur. Vous pourriez perdre votre poste. Donc, si vous ne voulez pas vous retrouverez sans travail, voyez-y rapidement. À moins que vous parveniez à vous trouver un emploi ailleurs!

Chapitre XVI

Événements à surveiller durant l'année 2016

- L'année 2016 sera une année fertile pour plusieurs femmes désireuses d'agrandir leur cercle familial. Vous entendrez également parler de trois grossesses autour de vous.

- Ce sera également une période favorable et fertile pour tous ceux qui établiront un plan d'attaque pour réussir l'un de leurs projets. Tous vos efforts seront récompensés et vous en serez très satisfait.

- Le soleil luira dans votre demeure. Lorsqu'arrivera un petit nuage, vous trouverez rapidement une solution pour que l'harmonie revienne sous votre toit familial. La réussite de votre vie familiale sera importante pour vous. Vous ferez votre possible pour voir vos proches heureux et débordant d'énergie!

- Tout au long de l'année, votre tête sera remplie d'idées ingénieuses et d'astuces pour améliorer votre vie et l'embellir de projets de toutes sortes! Vous vivrez votre vie au maximum. La vie vous sourit et vous en profiterez! Cela fait trop longtemps que vous attendiez ce moment, donc, vous ne laisserez rien passer sous votre nez! Tel un renard, vous flairez les belles occasions et vous en profitez!

- Vous vivrez souvent des moments agréables lors des journées du dimanche, lundi et mardi. Ces trois jours vous apporteront souvent des nouvelles de toutes sortes, des sorties agréables, des discussions, etc…

- En *février*, jouez seul à la loterie, cela sera favorable. Le chiffre « 8 » sera également bénéfique. En *mars*, les groupes formés de trois personnes seront favorables, le chiffre « 3 » sera bénéfique. Achetez un billet avec une personne dont le signe du zodiaque est cancer. Cela sera profitable! En *mai*, vous avez la main chanceuse, donc, choisissez vos chiffres et vos billets de loterie. Toutefois, les loteries instantanées apporteront de petits gains. Il en est de même pour *septembre*. Toutefois, le chiffre « 1 » vous sera bénéfique. Pour ce qui est de *novembre*, jouez en groupe, cela vous apportera de la chance. Les groupes composés de six et de sept personnes vous seront favorables. Le chiffre « 6 » sera également bénéfique. Jouez avec des collègues de travail. Cela sera chanceux! En *décembre*, la Providence vous suivra tout au cours du mois. Profitez-en au maximum! Vous pouvez acheter une loterie seul ou en groupe. Les groupes de trois, quatre et sept personnes vous seront favorables. Vous pouvez également acheter une loterie avec une personne dont le signe du zodiaque est Capricorne ou Sagittaire. Cela sera bénéfique! Le chiffre « 10 » sera également chanceux.

- Au niveau de la santé, certains devront garder le lit pendant une période de trois jours à cause d'une grippe virale. Le repos vous sera fortement recommandé. *Janvier* peut être pénible pour certains. Évitez les endroits contaminés par les virus.

- La fatigue, l'épuisement, le stress envahiront plusieurs personnes. De plus, certains seront victimes de douleurs physiques, d'un mal à l'épaule, d'un torticolis. Soyez toujours vigilant dans des tâches ardues. Évitez de soulever des objets lourds. Demandez de l'aide pour déplacer ou soulever vos objets. Sinon, vous vous blesserez et il vous faudra quelques semaines avant de retrouver votre flexibilité.

- Plusieurs se feront des égratignures, des blessures et des brûlures. Assurez-vous d'avoir une pharmacie bien remplie!

- En *janvier*, quelques-uns vivront des désagréments qui dérangeront énormément leur humeur. Lors de ce mois, essayez de ne pas trop vous impliquez dans les problèmes des autres. Soyez également discret sur vos intentions, cela vous sera bénéfique !

- Les compétitions qui se tiendront en *janvier* seront serrées et parfois décevantes. Si vous pouvez attendre en *février*, cela sera mieux pour vous !

- Faites attention aux chutes, certains risquent de se blesser au cours de *janvier*. Assurez-vous de porter des bottes avec des semelles anti-dérapantes, ainsi, vous éviterez de vous blesser.

- À la suite d'une chute, certains se blesseront au poignet ou au bras. Un plâtre sera obligatoire pour certains.

- En *février*, plusieurs s'inscriront à des cours de mise en forme pour retrouver la forme physique. Certains veulent perdre le poids superflu du temps des fêtes ! D'autres veulent retrouver leur souplesse et élasticité d'autrefois.

- Ne laissez jamais une chandelle allumée sans votre présence. Vous éviterez ainsi un incident qui pourrait s'avérer dangereux !

- Ne laissez quiconque venir entraver vos rêves ni vos projets. Si vous êtes prêt à foncer, allez-y ! La réussite vous appartient. Néanmoins, il faut avoir confiance en vous. Sinon, à la moindre épreuve ou paroles négatives de vos proches, vous laisserez tout tomber et votre santé en écopera. Le découragement vous envahira. Ce sera deux fois plus pénible de remonter la pente et de continuer à créer.

- Au cours de l'année, plusieurs couples réaliseront l'importance de leur union. Ils feront tout pour rallumer la flamme de leur désir et de leur amour. Certains s'accorderont une seconde lune de miel ! Vous partirez avec votre partenaire vers une destination longtemps rêvée ! Ce voyage apportera un bienfait à votre union et vous en serez très heureux !

- En *mars*, attendez-vous à faire trois belles sorties avec votre par-tenaire. Tout au long de ce mois, vous prioriserez les rencontres familiales. La compagnie de vos proches sera importante à vos yeux. Vous planifierez également un souper avec vos proches. Du plaisir et des rires vous attendent tout au long de la soirée !

- Vous passerez beaucoup de temps de qualité avec votre amoureux et les membres de votre famille. Ces temps seront précieux à vos yeux et vous profiterez de chacun de ces moments pour leur rappeler que vous les aimez et que vous appréciez leur compagnie.

- Votre partenaire vous réserve une belle surprise qui fera palpiter votre cœur de joie! Il peut s'agir d'un bijou, d'une rénovation, d'un voyage, etc.

- Certains amoureux devront fêter la St-Valentin à une date ultérieure que le 14 février. Le travail les obligera à repousser un souper romantique.

- Vous, ou un proche, réglerez avec détermination un problème ardu. Cela aura un effet bénéfique dans votre routine quotidienne. Vous réaliserez que ce problème aurait dû se régler depuis longtemps.

- Certains célibataires feront la rencontre d'une bonne personne. Une relation pourrait devenir sérieuse. Il ne tient qu'à vous de vous investir dans cette relation. Ouvrez votre cœur, faites-vous confiance et savourez chaque moment en compagnie de cette nouvelle rencontre. Vous réaliserez rapidement que cette personne est l'amour idéal que vous recherchez depuis si longtemps! N'attendez pas trop avant de lui avouer vos sentiments!

- En *février*, plusieurs s'appliqueront pour réussir l'un de leurs projets. D'autres étudieront en vue de réussir un examen important. Tout au cours de ce mois, vous vivrez plusieurs situations qui vous amèneront à vous concentrer. Néanmoins, vos efforts apporteront de belles satisfactions.

- À partir du *8 février*, et ce, jusqu'à la fin *mai*, s'annonce une période favorable sur le plan professionnel. Profitez-en au maximum! Plusieurs auront de belles possibilités qui viendront à eux pour améliorer leur situation professionnelle. Des portes importantes s'ouvriront pour vous et elles vous permettront de réaliser plusieurs de vos projets. Certains se verront offrir une occasion opportune. Acceptez-la puisque vous la méritez! Si vous l'acceptez, vous vivrez un changement favorable et vous en serez très heureux!

- Plusieurs auront des projets innovateurs en tête. Ne soyez pas surpris d'être obligé d'apprendre une nouvelle technique pour parfaire vos connaissances. Vous travaillerez ardemment. Néanmoins, vous obtiendrez de bons résultats.

- Sur le plan du travail, certains accepteront de remplacer une femme qui quitte pour un congé de maternité. Au départ, ce travail sera pour une durée de trois à six mois. Toutefois, le contrat se prolongera pour une année ou plus.

- Plusieurs contrats alléchants et de belles réussites viendront agrémenter la vie des artistes. L'un de leurs projets connaîtra un succès monstre. Attendez-vous à recevoir un profit considérable pour ce projet.

- Certains devront orienter leur carrière dans un domaine complètement différent. Il vous faudra six à huit mois avant de vous habituer à cette nouvelle perspective. Toutefois, lorsque votre décision sera prise, vous irez de l'avant avec ce projet et vous en tirerez un bon profit et une belle satisfaction par la suite.

- Lors d'une soirée, la maladresse d'une personne causera des dégâts sur votre tenue vestimentaire. Cela vous dérangera énormément. Vous serez d'humeur maussade mais avec raison !

- Vous, ou un proche, vous blesserez à la main à cause d'un marteau. Soyez toujours vigilant avec les outils !

- Certains recevront un diplôme, un prix honorifique, un trophée ou autre. Vous devrez assister à un gala pour recevoir le prix qui vous sera décerné. Votre prestance fera tout un effet aux gens de la salle. On lira la satisfaction et le bonheur sur votre visage !

- Au cours de l'année, vous assisterez souvent à des activités agréables, telles que théâtre, cinéma, magasinage, conférence, souper, etc... Vous irez à deux reprises voir un artiste sur scène. Vous serez invité à prendre part à deux soupers agréables. On fêtera votre anniversaire ou celui d'un proche.

- Vous serez souvent animé par des « coups de cœur ». Donc, attendez-vous à faire plusieurs dépenses imprévues. Certaines dépenses seront parfois exagérées; néanmoins, vous serez toujours satisfait de vos achats.

- En *avril*, vous serez déterminé à régler les problèmes astucieusement et rapidement. D'ailleurs, votre tact et dynamisme vous apporteront que du succès et de la satisfaction.

- Toutes les personnes qui chercheront à vous déstabiliser lors de la période printanière feront face à un mur d'acier! Vous êtes en contrôle et rien ne vous déstabilisera! Vous serez franc, direct, affirmatif et catégorique. Donc, gare à ceux qui chercheront à vous nuire! Vous les confronterez et les enverrez promener!

- On a besoin de votre aide. Vous vous porterez volontaire pour prêter main forte à l'un de vos proches. Cette personne appréciera énormément votre geste!

- Plusieurs Séraphins seront choyés et gâtés lors de leur anniversaire de naissance. Vos proches vous aiment et ils vous réservent de belles surprises.

- En *mai*, plusieurs recevront de belles récoltes. Tous vos efforts seront récompensés lors de ce mois. Attendez-vous à de belles surprises qui égayeront votre cœur et le remplira de joie!

- Certains réaliseront que l'un de leurs défunts leur fait signe. À la suite de demandes à votre défunt, vous trouverez souvent une pièce de dix sous. Une lumière clignotera ou une odeur de parfum chatouillera votre nez. Si votre défunt fumait, il peut s'agir d'une odeur de fumée de cigarette.

- Plusieurs imprévus désagréables surviendront au cours de votre période estivale. Soyez vigilant et ne vous impliquez pas trop dans les problèmes d'autrui. Cela vous sera favorable et salutaire. Sinon, vous vivrez souvent des désagréments causés par les autres.

- Surveillez vos paroles et gestes. Certains s'occasionneront de graves ennuis à cause de leur attitude. Cela ne sera pas évident de réparer les pots brisés. Surveillez également la jalousie. Ce sentiment pourrait vous détruire intérieurement et anéantir vos proches.

- En *juillet*, surveillez la vitesse. Vous, ou un proche, risquez un accrochage ou une contravention. Soyez toujours vigilant sur la route, surtout lors de tempêtes. Certains risquent de se retrouver devant des obstacles. Votre vigilance permettra de contourner ces obstacles, alors, soyez prudent! De plus, ne conduisez pas votre voiture en état d'ébriété, sinon, vous serez arrêté et on suspendra votre permis pour une période indéterminée.

- Vous, ou un proche, serez inquiet à propos d'un enfant en bas âge. Néanmoins, vos inquiétudes s'estomperont à la suite d'une bonne nouvelle!

- Ne laissez aucun enfant sans surveillance dans une pièce où il y des objets dangereux. Celui-ci pourrait se blesser! Soyez vigilant et prudent!

- Certains feront un petit déplacement à la campagne pour se reposer. Ce petit voyage vous apportera beaucoup de joie et il vous permettra de rehausser vos énergies.

- Au cours de l'année, il y aura quatre mauvaises nouvelles qui perturberont vos journées. Toutefois, vous serez en mesure de surmonter ces épreuves.

- La santé d'un proche vous inquiètera énormément. Cette personne devra surveiller sa santé de près. Vous lui ferez prendre conscience de ses faiblesses et vous le surveillerez attentivement. Cette personne n'aura pas le choix de prendre soin d'elle, sinon, vous la réprimanderez sévèrement!

- En *août*, évitez les commérages. Certaines personnes chercheront à vous induire en erreur. Avant de détruire une union, une amitié ou de dire des paroles blessantes à vos proches, ayez une conversation franche avec la personne concernée. Dites-lui les raisons de vos craintes et des propos qui sont venus à vous. Cela vous permettra de voir la situation sous tous ses angles. Ainsi, vous éviterez de vous blesser inutilement. De plus, surveillez les crises de jalousie. Cela ne vous sera pas profitable et entraînera des batailles de mots inutiles.

- Du *1ᵉʳ septembre* jusqu'au *20 décembre*, plusieurs se trouveront au bon endroit avec les bonnes personnes. Attendez-vous à vivre des événements agréables qui rempliront vos journées.

- *Septembre* ne sera pas de tout repos avec la rentrée scolaire et les nouveaux cours. Cela vous obligera à faire de la route, à magasiner pour vos articles, etc.

- Vous, ou un proche, aurez affaire à la loi. Un avocat sera consulté pour parvenir à régler le problème. Cela risque d'être onéreux pour les parties en cause.

- Il y aura trois situations qui seront retardées. Cela vous préoccupera énormément. Par contre, vous réaliserez que l'attente en valait la peine !

- Certains seront victimes d'un mensonge qui les dérangera énormément. Vous chercherez à connaître la raison pour laquelle on vous a raconté ce mensonge. Vous serez déçu de cette situation et du comportement d'une personne. Toutefois, vous parviendrez à régler ce différend.

- Certains recevront une surprise inattendue. On vous remettra un emprunt que vous aviez jadis consenti. Il peut s'agir d'une somme d'argent, d'un livre, d'un vêtement, d'un meuble, d'un outil, etc. Bref, après une si longue période d'attente, vous ne pensiez plus à recevoir cet emprunt. Lorsqu'on vous le remettra, vous serez soulagé et heureux.

- Après avoir vécu une période difficile et ardue, vous, ou un proche, vous remettrez vite sur vos deux pieds et vous avancerez fièrement vers les objectifs que vous vous êtes fixés. Vous atteindrez l'un de vos objectifs avant la fin de l'année. Vous reprenez goût à la vie, ce qui aura un impact magique sur votre santé mentale !

- Une maison sera vendue avant la fin de l'année, au soulagement des propriétaires !

- Vous, ou un proche, vous réconcilierez avec un partenaire, un ami, ou un collègue de travail. Vous serez heureux de cette réconciliation. Cette réconciliation mettra un terme à la dualité et l'animosité qui existaient entre les deux parties.

PARTIE III

Les Chérubins

(1er mai au 10 juin)

Chapitre XVII

L'année 2016 des Chérubins

Deux opportunités s'offrent à vous pour améliorer votre vie, à vous de les saisir!

L'année de la conscience vous fera travailler ardemment. Néanmoins, vous réaliserez que cela en vaut la peine puisque plusieurs situations s'amélioreront. Plusieurs repartiront à zéro pour construire leur base plus solidement. Néanmoins, vous serez de taille pour le faire. L'année 2015 ne vous a pas épargné avec les événements de toutes sortes. Ce qui vous a amené à réfléchir profondément sur l'essence de votre vie et de l'importance d'être heureux. Pour certains, une alarme a frappé à leur porte et leur a fait prendre conscience de leur fragilité. La maladie a ébranlé quelques-uns. Pour d'autres, le départ d'une personne les a dérangés. Certains ont dû faire face à une problématique de taille, etc. Bref, l'année 2015 a été difficile pour plusieurs, surtout sur le plan émotif. La santé mentale a écopé également. C'est pourquoi, en 2016, plusieurs évalueront leur vie. Vous ferez du ménage dans votre vie. Tout ce qui nuit à votre bonheur, vous le réglerez. Vous changerez également votre attitude. Vous prenez conscience que votre négativité a blessé plusieurs proches et qu'elle vous a nui énormément.

Donc, cette année, plus que jamais, vous avez envie d'être en équilibre, optimiste et de jouir de la vie. Vous voulez savourer chaque moment avec vos proches. Vous réaliserez l'importance qu'ils occupent dans votre vie et vous chercherez à passer plus de temps avec eux. D'ailleurs, tous les problématiques que vous avez vécu au cours de l'an passé vous permettent maintenant d'ouvrir vos yeux et de réaliser que vos proches ont été présents dans votre vie, cherchant à vous aider. Votre bien-être est important pour eux. Vous êtes maintenant conscient de l'aide qu'on vous a donné pour vous encourager à avancer, à fermer la page du passé, à régler vos problématiques et à trouver le chemin du bonheur. Toutes ces personnes ont été près de vous puisqu'ils vous aiment et ils ne veulent que votre bonheur.

En 2016, vous leur démontrerez que leur soutien et leur aide en valait la peine puisque vous vous prenez en main et vous changez votre attitude face à la vie. Au lieu de maugréer et de vous apitoyer sur votre sort, vous ferez votre possible pour corriger vos faiblesses et pour améliorer votre vie. Vous prouverez à vos proches que vous tenez à eux et qu'ils font également partie de votre bonheur.

L'année 2016 sera donc une année bien remplie, mais gratifiante. Vous serez animé par la passion d'innover, de changer et d'améliorer votre vie. Vous réaliserez que votre bien-être est essentiel à votre bonheur. Vous ferez votre possible pour l'obtenir. Cela dit, vous amènerez à terme vos projets et vos idées et vous aurez envie de continuer et de progresser. Vous serez en contrôle de votre vie. Vos décisions et vos choix seront à la hauteur de vos attentes et ils amélioreront votre quotidien. Cette année, vous agissez! D'ailleurs, l'année 2016 vous servira bien en événements et en opportunités. Attendez-vous à vivre de deux à cinq situations qui apporteront beaucoup de joie dans votre foyer. Il y aura également des possibilités qui s'offriront à vous pour améliorer votre vie. Si vous saisissez les occasions qui vous seront offertes, vous ne le regretterez pas.

Il est évident qu'il y aura des mois difficiles, ce n'est pas toujours facile de repartir à zéro, de changer les habitudes alimentaires et de vie, d'abandonner certains projets, etc. Il serait donc important lors de ces périodes nostalgiques de réclamer l'aide de l'Ange gouverneur. Celui-ci rehaussera votre moral et il vous permettra de continuer votre route vers le chemin du succès et du bien-être intérieur.

Les personnes ayant une attitude négative devront faire face à des problèmes de taille. Rien ne viendra à eux facilement. Tout ce qu'ils entreprendront ne leur apportera aucune satisfaction. Cela rehaussera davantage leur frustration et leur négativité. Il sera difficile de leur plaire et de les satisfaire. Ils critiqueront et maugréeront sur tout. Vous ne laisserez aucune chance à vos proches de vous aider. Cette attitude fera fuir plusieurs personnes et plusieurs opportunités d'améliorer votre vie. Votre attitude peut même nuire à votre santé! Cela aura un impact majeur sur votre moral et sur votre physique. Lorsqu'un proche essayera de vous aider et d'engager la conversation sur un sujet délicat, vous exploserez de rage et vous les enverrez paître! Vous risquez de vous mettre à dos de bonnes gens à cause de votre vulnérabilité.

Si vous voulez sortir de votre torpeur, si vous voulez améliorer votre vie, si vous voulez profiter des possibilités offertes, si vous voulez savourer les moments agréables, il serait important de vous prendre en main et surtout d'accepter l'aide qui viendra à vous pour améliorer certains aspects de votre vie. Vos proches veulent vous aider. Ceux-ci vous aiment et votre bonheur est important à leurs yeux. Laissez-leur donc la chance de vous prouver leur amour et acceptez leur aide! Si vous la refusez, arrêtez de les blâmer pour ce qui vous arrive! La seule personne responsable, c'est vous! Arrêtez de vous enliser dans vos problèmes et essayer de trouver des solutions pour les régler.

Cette année, concentrez vos énergies sur des situations positives et vous verrez que votre vie s'améliorera. De plus, apprenez à pardonner et à tourner la page. Arrêtez de commérer et de causer des ennuis avec vos paroles mensongères. Arrêtez d'avoir des sentiments négatifs envers certaines personnes et certaines situations. Arrêtez d'avoir des attentes. Réglez ces problèmes qui vous hantent depuis un certain temps. Parlez ouvertement aux gens concernés, exprimez vos émotions et ensuite tournez la page et continuez votre route. Toutefois, choisissez la bonne humeur et l'énergie positive! Cela vous sera bénéfique et mettra fin à plusieurs de vos ennuis. Si vous avez de la difficulté à le faire, n'hésitez pas à réclamer de l'aide auprès de votre Ange et de l'Ange gouverneur. Ceux-ci sauront bien vous sortir de votre négativité.

Aperçu des mois de l'année des Chérubins

Au cours de l'année 2016, **vos mois favorables** seront *janvier, février, mai, juin, juillet, août, septembre, octobre* et *novembre*.

Les **mois chanceux** seront *janvier, juin, juillet* et *novembre*.

Les **mois non favorables** seront *avril* et décembre.

Le **mois ambivalent** sera *mars*.

Voici un bref aperçu des événements qui surviendront au cours des mois de l'année pour les Chérubins

Vous amorcerez l'année avec force, courage et dynamisme. Vous regardez droit devant avec un regard prometteur sur votre avenir. Vous serez animé par mille et un projets. Vos idées seront innovatrices et plusieurs se réaliseront au cours de l'année. Dès le *4 janvier*, vous vous fixerez des buts et vous chercherez à les atteindre au cours de l'année. Il est évident que certains de vos objectifs vous amèneront à travailler durement. Néanmoins, vous serez satisfaits des résultats. Votre grande détermination attirera vers vous de belles réussites. Plus que jamais, vous savez ce que vous voulez et vous serez également conscients de la meilleure méthode pour réussir vos buts. Cette attitude positive réglera plusieurs situations problématiques. Vous serez un fin limier qui ira à la recherche de réponses, d'éclaircissements et de solutions. Comme un phare dans la nuit, vous ferez la lumière sur plusieurs points en suspens. Tout ce qui vous tracasse, vous parviendrez à en trouver les raisons et les solutions pour tout régler.

Cela dit, du *4 janvier* au *21 mars*, vous bougerez beaucoup. Vous irez aux endroits où se trouvent vos réponses. Vos proches seront heureux de vous voir ainsi. Ils vous encourageront et vous appuieront dans tout ce que vous entreprendrez. Tout ce que vous accomplirez vous apportera de belles victoires. Lors de cette période, certains vivront trois événements importants qui joueront un impact majeur dans leur vie quotidienne. L'un de ces événements vous apportera un bel équilibre sur l'un des aspects de votre vie. Cela allégera vos épaules et vous encouragera à agir de la même façon. Ce sera également une période favorable sur plan professionnel. Attendez-vous à vivre des améliorations qui auront un impact majeur dans votre vie. Certains auront le privilège de signer un contrat important. D'autres réussiront une entrevue. La journée du mercredi vous sera favorable pour les entrevues, transactions, discussions et autres. Quelques-uns recevront une offre alléchante impossible à refuser. Plusieurs régleront une problématique et mettront un terme à un conflit qui existait dans leur équipe.

Sur le plan de la santé, surveillez les objets tranchants et assurez-vous d'avoir une trousse de premiers soins dans votre pharmacie. Plusieurs auront tendance à se faire des petites égratignures et blessures. Les hommes devront surveiller les charges lourdes. Certains peuvent se blesser à l'épaule, au dos ou au cou. Soyez vigilant et prudent. N'hésitez pas à réclamer de l'aide s'il le faut. Certains pourraient consulter leur médecin. Un médicament sera prescrit. Toutefois, quelques-uns devront subir une intervention chirurgicale.

Plusieurs trouveront le mois d'*avril* difficile et ardu. Tout peut arriver en même temps. Cela n'est pas sans vous tracasser. Attendez-vous à vivre trois situations désagréables. Il peut s'agir de mauvaises nouvelles concernant l'un de vos proches, la santé, le travail, etc... Vous n'aurez pas le choix d'y voir avant que le tout s'envenime. Du *7* au *18 avril* sera une période tendue et émotionnelle. Un rien vous dérangera. Votre niveau de tolérance est à zéro! Vous manquez de patience et cela se reflétera dans votre attitude. Lors de cette période, reposez-vous et arrêtez de vous préoccuper pour les autres. Sinon, votre mental en écopera!

Vous reprendrez vos forces dès le *11 mai*. Vous vous prenez en main et vous vaincrez vos ennemis intérieurs. Plus que jamais, vous avez l'envie d'aller de l'avant avec vos projets et vous ferez votre possible pour les atteindre et les réussir. Donc, les six prochains mois seront importants pour vous. Si vous devez mettre les bouchées doubles pour parvenir à vos fins, vous le ferez! Rien ne vous arrêtera ni troublera vos idées. Gare à ceux qui chercheront à vous déstabiliser. Vous leur tournerez le dos rapidement. Au cours de cette période, vous recherchez davantage la compagnie de gens animés, optimistes, joyeux et agréables qui vous appuieront dans vos démarches au lieu de les détruire. Vous vous éloignerez de tout ce qui est compliqué, négatif et dérangeant!

Du *11 mai jusqu'à la fin novembre*, plusieurs se retrouveront au bon endroit, au bon moment et avec les bonnes personnes. Certains auront de deux à trois possibilités de travail, de bénéfices et d'amélioration venir vers eux. Il est évident qu'il y aura de l'amélioration, et ce, peu importe la décision qui sera prise. Les problèmes se résoudront. Vous réaliserez que l'avenir vous appartient et que vous possédez toutes les qualités pour réussir et obtenir tout ce que vous désirez. Il suffit de foncer et d'avancer. Si vous le faites, vous ne serez pas déçu. Si vous attendez trop, vous risquez de perdre de belles possibilités d'améliorer votre vie.

En *mai*, ne soyez pas surpris de faire un voyage agréable. Vous irez visiter une grotte, une caverne ou un lieu historique. En *juin*, certains solidifieront leur union par un mariage. D'autres recevront une excellente nouvelle qui leur apportera beaucoup de joie. Au niveau de la santé, les allergies peuvent en déranger quelques-uns. Vous serez obligé de prendre des antihistaminiques pour vaincre vos malaises. Certains réaliseront qu'ils ne peuvent pas supporter le pollen!

Du *2 juin* au *26 juillet*, profitez-en pour jouer à la loterie. Vous êtes dans une période chanceuse. En *juin*, jouez avez votre partenaire amoureux. La journée du mardi sera bénéfique ainsi que le chiffre « 2 ». Si vous connaissez une personne dont le signe du zodiaque est Vierge, profitez-en pour acheter une loterie avec elle. Les loteries instantanées peuvent apporter de petits gains. En *juillet*, tout billet que vous recevrez en cadeau peut apporter ses fruits! Vous serez davantage chanceux si vous achetez des billets de loterie en groupe que seul. Les groupes de deux ou de six personnes vous seront favorables. Les personnes dont le signe du zodiaque est Bélier ou Capricorne peuvent également vous apportez de la chance. Achetez un billet avec eux!

Votre *juillet* sera également bénéfique sur le plan professionnel. Certains se verront offrir un meilleur poste. D'autres obtiendront une augmentation de salaire, etc. Au cours de ce mois, une personne réclamera votre pardon. Celle-ci sera sincère. Il n'en tient qu'à vous de l'accepter. En **août**, attendez-vous à vivre deux événements agréables. Certains signeront deux à trois contrats. Il peut s'agir de l'achat ou de la vente d'une propriété. D'autres feront un déplacement agréable. À la suite d'amélioration de leur vie, plusieurs retrouveront un bel équilibre. Sur le plan de la santé, surveillez le barbecue et les plats chauds. Certains risquent de se brûler. Soyez vigilant! Quelques-uns prendront la décision d'arrêter de fumer. Vos proches seront présents pour vous appuyer dans votre démarche.

En **septembre,** plusieurs événements vous amèneront à bouger. Quelques-uns régleront un problème relié avec le passé. D'autres, mettront un terme définitif à une problématique. Vous serez très soulagé lorsque le tout se réglera. Pour quelques-uns, la rentrée scolaire coûtera plus cher que prévu. Sur le plan de la santé, il faudra surveiller le dos. Ce sera une partie fragile. Certains iront consulter un physiothérapeute ou un chiropraticien. D'autres opteront pour la médecine douce, tel que massage thérapeutique et autre. De plus, certains pourraient porter un plâtre à la suite d'une activité ou d'une chute. Soyez prudent lorsque vous amorcerez une nouvelle activité.

Vous adorerez **octobre** et **novembre**! Attendez-vous à vivre des événements agréables qui vous détendront et qui feront du bien à votre mental! Au cours d'**octobre**, plusieurs recevront des invitations à prendre part à des soirées agréables. Lors de cette période, il y aura plus souvent de rires sur vos lèvres que de pleurs dans vos yeux! Les gens vous aiment et vous le démontreront bien! En **novembre**, la Providence sera à vos côtés. Profitez-en pour acheter des loteries. Les loteries instantanées porteront des fruits. Vous avez la main chanceuse, choisissez donc vos billets. Lors d'un déplacement à la campagne, profitez-en pour acheter une loterie. Lors de cette période, certains en profiteront pour changer leur voiture. Vous tomberez en amour avec un nouvel modèle. Vous serez heureux de votre acquisition. Vous serez tenté par la couleur grise, verte, sable ou brune. Sur le plan professionnel, plusieurs obtiendront une excellente nouvelle. Un changement aura lieu en votre faveur et vous en serez heureux!

Plusieurs seront épuisés lorsqu'arrivera le mois de **décembre**. D'autres appréhenderont le temps des fêtes. Plusieurs vivront quelques désagréments. Certains auront une conversation animée avec un proche. Cela n'est pas sans vous perturber. Néanmoins, vous parviendrez à régler vos différends. De plus, quelques-uns entreprendront trop de choses à la fois qu'ils seront épuisés. Lors de cette période, n'hésitez pas à vous reposer lorsque votre corps réclame du repos! Cela vous sera bénéfique!

***

Conseil angélique des Anges Chérubins : Chers enfants, reprendre le pouvoir de sa vie n'est pas chose facile, surtout lorsqu'on l'a négligée depuis longtemps. Cette année, plusieurs possibilités viendront vers vous pour améliorer votre vie. Cela fait longtemps que vous attendiez ce changement, donc ne laissez quiconque venir détruire vos rêves, vos objectifs et vos désirs. Prenez-vous en main et foncez. Réussissez vos objectifs. Changez votre vie et améliorez-la! Changez également votre attitude face à la vie! Ne vous découragez pas à la moindre difficulté, mais foncez vers la meilleure solution. Arrêtez de sous-estimer votre potentiel! Arrêtez d'être négatif! Arrêtez de jouer à la victime! Arrêtez de vivre dans le passé! Faites-vous ce cadeau. D'ailleurs, vous le méritez grandement. Cette année, misez sur votre bonheur et non sur la détresse. Chassez la négativité et imprégnez-vous d'optimiste. Ouvrez grand les bras et accueillez le bonheur! Ouvrez votre cœur et accueillez notre Lumière! N'oubliez pas que tout est éphémère, suivez la route qui vous conduira vers la réussite et la joie de vivre! Savourez votre année avec le sourire aux lèvres, l'espoir dans les yeux et la joie dans le cœur! Pour vous indiquer notre présence auprès de vous, nous vous enverrons un signe particulier. Ce signe sera de faire clignoter l'une de vos lumières lors de votre passage. Ce signe vous indiquera que nous sommes près de vous et que nous vous encourageons à continuer sereinement votre route! De plus, ce signe vous indiquera également que nous transformerons une situation ou un sentiment négatif et nous l'améliorerons, et ce, pour votre bien-être et bonheur!

Les événements prolifiques de l'année 2016

* Plusieurs mettront un terme à des difficultés de longue date. Il est évident que vous travaillerez ardemment pour régler le tout. Néanmoins, lorsque vous aurez terminé, vous serez soulagé et satisfait de la tournure des événements. Finalement, vous pouvez tourner la page et amorcer une nouvelle étape de votre vie beaucoup plus harmonieuse et agréable. Plus que jamais, vous êtes conscient de vos besoins, de vos rêves et de vos désirs. Vous ferez votre possible pour tout obtenir tel que vous le souhaitez et désirez!

* Certains verront un Ange venir vers eux, soit en réalité, soit en rêve. Ce signe sera très favorable. Il annoncera une meilleure vie pour vous. Un changement se prépara et améliorera votre qualité de vie. L'un de vos rêves se réalisera à votre grande satisfaction et bonheur.

* Cette année, vous recevrez énormément le support de vos proches, de vos collègues et de vos amis. Leur support vous donnera l'énergie nécessaire pour avancer et atteindre vos buts et objectifs. Vous leur serez très reconnaissant par la suite. Grâce à eux, des problèmes se régleront, de bonnes décisions seront prises et des projets se réaliseront.

* En 2016, vous réaliserez qu'après avoir vécu des périodes difficiles, votre vie tend à s'améliorer. Après la pluie, le beau temps! Il suffit de vous faire confiance et de continuer votre route dans la même direction.

* Sur le plan professionnel, plusieurs possibilités seront présentes pour que vous puissiez améliorer votre travail. Certains quitteront un ancien emploi pour s'aventurer vers de nouvelles tâches. Vous serez surpris de vous voir exceller dans ces nouvelles tâches. Vous serez fier et satisfait de votre réussite. Certains signeront un papier important. La journée du mercredi sera propice à la signature de ce papier.

* Tout au long de l'année, votre tête sera remplie d'idées ingénieuses et d'astuces pour améliorer votre vie et l'embellir de projets de toutes sortes! Vous serez fier de vous et de tout ce que vous entreprendrez pour bonifier votre routine quotidienne. Il serait donc important de ne pas lâcher prise en cours de route. Continuez de persévérer. Vous arrivez au but, et lorsque vous l'atteindrez, vous serez satisfait.

N'oubliez pas que les opportunités qui arriveront vers vous ont pour but d'améliorer votre vie. De plus, cela fait tellement longtemps que vous attendiez ce moment, alors, profitez-en bien. De toute façon, si vous ne saisissez pas les occasions, vous risquez de vous retrouver avec les mêmes problèmes et de prendre encore quelques temps avant de les régler. Lorsqu'une belle opportunité se trouve sur votre chemin, ne lui tournez pas le dos. Il est évident que vous aurez peur de faire des choix et des changements. Toutefois, vous êtes conscient que ces changements bonifieront la qualité de votre vie. Qu'importe le temps que cela prendra pour vous remettre sur pied, l'important sera de trouver la paix intérieure, la joie de vivre et le bonheur! Vous y parviendrez grâce à vos efforts et à l'amour que l'on vous porte!

Les événements exigeant de la prudence

* Certains subiront une intervention chirurgicale pour améliorer leur état de santé. Néanmoins, le médecin qui vous soignera sera efficace et vous permettra de vous rétablir plus rapidement. Il serait donc important d'écouter ses directives.

* Surveillez également les objets tranchants et les plats chauds. Soyez toujours vigilant avec le feu. Certains se brûleront ou brûleront leurs mets. Ils devront changer leur batterie de cuisine. Si votre barbecue est âgé, n'hésitez pas à le changer! Cela sera favorable. De plus, surveillez les objets tranchants, plusieurs auront les idées ailleurs et ils risquent de se blesser. Si vous ne voulez pas subir une chirurgie, soyez prudent et attentionné à votre travail, ainsi vous éviterez des ennuis!

* Sur une note plus réfléchie, ne prenez aucune décision à la légère. Réfléchissez toujours avant d'agir. Ne signez aucun contrat avant de l'avoir lu. Ne faites aucune promesse si vous ne croyez pas être en mesure de la tenir! Ainsi, vous éviterez des déceptions qui pourraient déranger votre quiétude!

* Certains fumeurs devront faire face à un problème de taille. Pour parvenir à vous en sortir, votre médecin vous prescrira un médicament et vous suivrez un traitement qui vous aidera à cesser de fumer.

* Lors de la période des allergies, plusieurs seront obligés de prendre un médicament pour parvenir à passer d'agréables journées et de bonnes nuits. Les allergies risquent d'en faire souffrir quelques-uns! De plus, lors des périodes automnale et hivernale, plusieurs souffriront de maladies virales qui les amèneront à garder le lit de 24 à 72 heures. Assurez-vous de toujours bien laver vos mains et évitez les endroits contaminés par des virus.

Chapitre XVIII

Informations supplémentaires propres à chacun des Anges Chérubins

Les Chérubins et la chance

En 2016, la chance des Chérubins sera **moyenne.** Ils seront davantage chanceux lorsqu'ils recevront une loterie en cadeau et lorsqu'ils achèteront des billets de groupe. Malgré tout, il y aura des mois où la chance sera présente. Ils devront en profiter lors de ces mois. Vous ne gagnerez pas de grosses sommes d'argent. Néanmoins, ces sommes seront agréables et vous saurez bien la dépenser! Vous en profiterez pour vous gâter, pour améliorer certaines pièces de la maison et payer les préparatifs de Noël.

Cela dit, votre chance se fera davantage sentir dans vos actions pour réaliser vos objectifs. Plusieurs Chérubins mettront un terme à des difficultés de longue date. D'autres renaîtront à la vie. Ils prennent conscience de l'importance d'être heureux et d'être bien entouré. Vous vous prenez en main. Plus que jamais, vous vivrez votre vie au lieu de la subir. Vous réaliserez que le bonheur ne dépend que de vous, de vos choix et de votre façon de voir la vie. En 2016, votre chance sera plus au niveau de savourer votre vie à sa pleine capacité et de jouir du moment présent. Sans vous soucier de votre avenir et sans regretter votre passé.

Les enfants d'**Aladiah**, de **Lauviah I** et d'**Hariel** seront les plus chanceux parmi leur Chœur. Ces êtres risquent de gagner régulièrement des gains. Il peut s'agir de sommes considérables ou moindres. Écoutez votre intuition. Lorsque l'envie d'acheter une loterie est présente à l'intérieur de vous, achetez-en une! Cela sera chanceux!

Au cours de l'année 2016, vos trois chiffres chanceux seront **4**, **25** et **37**. Le « **04** » sera un excellent chiffre pour vous. Vous pourriez vivre plusieurs événements marqués de ce chiffre. De plus, les Anges peuvent vous montrer régulièrement ce chiffre. Si vous voyez continuellement ce chiffre au cours d'une journée. Par ce signe, les Anges Chérubins vous annonce leur présence. Profitez-en également pour vous procurer une loterie. Cela sera chanceux! Votre journée de chance sera le **mardi**. Vos mois de chance seront **janvier**, **juin, juillet** et **novembre**. Lors de ces mois, profitez-en pour acheter des loteries, pour prendre des décisions, pour signer des contrats, pour faire des changements et autres. Ces mois vous avantageront dans plusieurs aspects de votre vie. Lorsqu'une opportunité s'offrira à vous, profitez-en immédiatement! Ne laissez pas passer les chances uniques d'améliorer votre vie! Cela dit, plusieurs situations bénéfiques surviendront lors de ces mois de chance.

De plus, n'oubliez pas de prendre en considération le chiffre en gras relié à votre Ange. Ce chiffre représente également un chiffre chanceux pour vous. Plusieurs situations bénéfiques pourraient être marquées de ce chiffre. Il serait important de l'ajouter à votre combinaison de chiffres. Toutefois, votre Ange peut également utiliser ce chiffre pour vous annoncer sa présence auprès de vous. Lors d'une journée, si vous voyez continuellement ce chiffre, cela indique que votre Ange est auprès de vous. Profitez-en pour lui parler et lui demander de l'aide! Cela peut également signifier de prier l'Ange gouverneur. Vous avez possiblement besoin de sa Lumière pour traverser l'une de vos épreuves, pour prendre une décision, pour régler une problématique.

Conseil angélique : *Si vous voyez un globe terrestre, si vous voyez un aigle royal (tête blanche) et si vous trouvez une pièce de cinq sous, achetez un billet de loterie puisque ces symboles représentent votre signe de chance.*

Haziel : 1, 11 et 30. Le « **1** » est votre chiffre chanceux. Profitez-en lors de vos mois de chance, vous ne serez pas déçu! Vous serez très intuitif au cours de cette année. Alors, si l'envie d'acheter un billet de loterie vous titille à l'intérieur, faites-le! Vous seriez surpris des montants que vous pourriez gagner!

Si vous désirez acheter des loteries de groupes. Les groupes de deux et de trois personnes vous seront bénéfiques. Vous pouvez également acheter une loterie avec un proche de sexe féminin, cheveux blonds et mi- longs. De plus, lors d'un déplacement à l'extérieur de votre ville, profitez-en pour acheter un billet de loterie. Cela sera bénéfique. Les loteries instantanées vous réservent également de belles surprises. Suivez votre instinct!

En 2016, la chance se fera davantage sentir dans votre vie personnelle. Vous apporterez des changements pour améliorer plusieurs aspects de votre vie. Vous appliquerez de bonnes solutions pour régler vos problèmes. Vous parviendrez à mettre un terme à plusieurs de vos tracas. Vous vous éloignerez des situations et des personnes problématiques. Vous rechercherez la compagnie de gens calmes et joviaux. Ils auront un impact favorable sur votre mental. Vous serez très fier de vous et de tout ce que vous entreprendrez pour trouver une qualité de vie qui vous est chère.

Aladiah : 7, 22 et 36. Le « **7** » est votre chiffre chanceux. Comme l'an passé, vous êtes encore l'un des enfants les plus chanceux du Chœur des Chérubins. La chance vous réserve de belles surprises et des situations bénéfiques. La chance vous sourit et vous saurez bien en profiter. Vous pourriez même être surpris des montants que vous gagnerez! En

2016, vous serez gâté par les événements qui se produiront. Vous pouvez gagner plusieurs prix ainsi que des montants d'argents. La chance sera imprévisible sur le contenu des cadeaux qu'elle vous offrira! Néanmoins, elle vous surprendra régulièrement!

Les loteries instantanées seront avantageuses. Vous serez autant chanceux seul qu'en groupe. À vous de décider ce qui vous plaît davantage. Si vous désirez jouer en groupe, les groupes de deux, de trois et de sept personnes seront bénéfiques. Jouez avec votre partenaire amoureux. Demandez-lui de choisir ses chiffres préférés et combinez-les aux vôtres. Vous obtiendrez une combinaison chanceuse! Vous pouvez également acheter des loteries avec un collègue de travail. Si vous connaissez une personne dont le signe du zodiaque est Scorpion, achetez un billet avec elle. Lors d'un déplacement dans une ville étrangère, procurez-vous un billet de loterie. De plus, misez sur les courses de chevaux. Celles-ci vous réservent de belles surprises!

Malgré tout, la chance se fera davantage sentir dans vos actions. Plusieurs se prendront en main et régleront toutes les situations qui les dérangent. Les mots « triomphe » et « satisfaction » couronneront votre année 2016. Vous surmonterez vos obstacles avec tact et dynamisme. Vous travaillerez ardemment pour réussir vos projets et atteindre vos objectifs fixés. Néanmoins, vos résultats seront à la hauteur de vos attentes et vous en serez très fier. Tout vous réussira et vous sourira. Tel sera votre chance en 2016! Profitez-en au maximum! D'ailleurs, cela faisait longtemps que vous attendiez ce moment prolifique !

Lauviah I : 1, 5 et 44. Le « **1** » est votre chiffre chanceux. Vous êtes l'un des enfants Chérubins favorisés par la chance. Donc, profitez-en pour jouer à la loterie, pour amorcer des projets, pour régler vos problèmes, pour faire des transactions et pour améliorer votre situation financière. Contrairement à votre groupe, votre chance sera excellente, voire inouïe. Elle sera occasionnelle mais elle vous fera sauter de joie. Certains pourraient même gagner un gros montant d'argent! Tous les billets que vous recevrez en cadeau s'avéreront chanceux et pourraient vous apporter des gains. De plus, n'hésitez pas à participer à des concours, cela vous sera profitable et bénéfique.

Puisque vous avez la main chanceuse, choisissez vos billets et votre combinaison de chiffres. Les loteries instantanées seront également bénéfiques. Lors de déplacement, profitez-en pour acheter un billet de loterie. Si vous désirez jouer en groupe, les groupes de deux et de trois personnes vous seront favorables. Si vous connaissez un homme aux cheveux bruns portant une barbe, achetez un billet avec lui. Si vous connaissez une personne dont le signe du zodiaque est Poissons, achetez un billet avec elle. Si vous connaissez une personne qui travaille dans le domaine des finances, dans une banque ou dans un casino, achetez également un billet avec elle.

En 2016, votre chance se fera davantage sentir au niveau de votre vie financière et professionnelle. Vous prenez également conscience de vos besoins personnels et amoureux, et vous chercherez à les combler du mieux que vous pouvez. Vous ne laisserez rien en suspens. Plusieurs se prendront en main et apporteront tous les changements nécessaires pour améliorer leur quotidien. Votre nouvelle vision de la vie aura un impact favorable sur vos futures décisions et transactions. L'équilibre, la joie et la confiance règneront en maître dans votre demeure! Donc, profitez-en pour amorcer vos projets et pour organiser des soirées avec vos proches. Cela vous apportera de belles joies! Bref, tout ce que vous entreprendrez ou déciderez sera couronné de succès. Vous serez fier de vous et de tout ce que vous réaliserez au cours de l'année. Votre avenir vous appartient et vous voulez le réussir tel que vous le souhaitez.

Hahaiah : 14, 18 et 40. Le « **14** » est votre chiffre chanceux. Puisque la chance sera occasionnelle, jouez modérément. Conservez votre argent pour vous gâter, pour vos sorties en famille et pour les activités familiales. Vous bougerez beaucoup au cours de l'année. Cela risque d'être dispendieux!

Cette année, il serait préférable de jouer en groupe. Les groupes de deux, de trois ou de quatre personnes vous seront favorables. Jouez avec votre partenaire amoureux, un membre de votre famille ou un collègue de travail. Si vous connaissez une personne dont le signe du zodiaque est Poissons, achetez un billet avec elle. Jouez également avec un proche féminin qui aime les pommes.

Malgré tout, votre chance se fera davantage sentir au niveau de votre vie amoureuse professionnelle et des situations qui vous tiennent à cœur.

Vous trouverez toujours une façon diplomatique de régler vos problèmes qui vous occasionnent de l'insomnie et des problèmes de digestion. Vous aurez beaucoup plus de chance dans la prise de décisions importantes pour rebâtir votre vie sur des bases solides que dans la loterie. De plus, vous aurez la chance d'obtenir tout l'aide désirée pour accomplir vos projets et les mener à terme. Cette aide vous sera d'un très grand secours lors de vos moments plus difficiles. Bref, plusieurs feront des changements bénéfiques qui apaiseront leurs angoisses et leur permettront de retrouver l'harmonie, la paix et la joie de vivre.

Yezalel : 8, 16 et 36. Le « **8** » est votre chiffre chanceux. Jouez modérément. Toutefois, lorsque la chance frappera à votre porte, elle vous surprendra à un point tel que vous aurez de la difficulté à y croire! Tout peut vous arriver! De toute façon, qu'importe ce que vous gagnerez, vous l'accueillerez toujours à bras ouverts!

Vous serez très chanceux si vous jouez avec un proche de sexe féminin aux cheveux ou aux yeux foncés. Choisissez la moitié des chiffres et demandez-lui de choisir l'autre moitié. Cela pourrait être une combinaison gagnante. Si vous jouez en groupe, les groupes de deux, de trois ou de huit personnes seront propices à attirer des gains vers vous. Achetez un billet lors de la pleine lune. Cela sera favorable.

En 2016, la chance vous permettra de faire le point sur certains événements qui dérangeaient votre quiétude. Votre détermination vous permettra d'obtenir les réponses aux questions, de retrouver vos énergies et votre joie de vivre. Vous parviendrez également à obtenir des solutions pour régler vos problèmes, ce qui vous aidera à retrouver votre équilibre. Plusieurs prendront une décision qui aura un impact favorable dans leur vie et ils en seront très heureux. Attendez-vous à faire des changements qui amélioreront plusieurs aspects de votre vie. Telle sera votre chance en 2016!

Mebahel : 16, 22 et 36. Le « **16** » est votre chiffre chanceux. La chance arrivera souvent à l'improviste. Vous ne saurez jamais quand elle viendra vous surprendre. Toutefois, elle vous surprendra à chaque fois! Certains auront la chance de gagner un petit voyage ou un séjour dans un endroit paradisiaque.

Les loteries instantanées vous réservent de belles surprises. Si vous désirez jouer en groupe, les groupes de trois, de cinq et de six personnes seront propices à attirer des gains vers vous. Achetez un billet lors de pluies torrentielles. Cela sera favorable. De plus, si vous connaissez une personne dont le signe du zodiaque est Poissons ou Scorpion, achetez des billets avec elle. Si vous connaissez un gaucher, achetez également un billet avec lui. Vous pourriez gagner des sommes agréables!

Malgré tout, en 2016, la chance se fera davantage sentir dans la prise de décisions importantes pour rebâtir votre vie sur des bases plus solides que dans la loterie. De plus, vous aurez la chance d'obtenir l'aide désirée pour accomplir vos projets. Cette aide vous sera d'un très grand secours lors de vos moments plus difficiles. Vous finaliserez plusieurs situations qui étaient demeurées en suspens. Vous travaillerez ardemment. Néanmoins, les résultats vous convaincront de continuer dans la même direction. Cela dit, plusieurs feront des changements bénéfiques qui apaiseront leurs angoisses et qui leur permettront de retrouver l'harmonie, la paix et la joie de vivre.

Hariel : 12, 17 et 34. Le « **17** » est votre chiffre chanceux. La chance vous sourit et vous saurez bien en profiter. Celle-ci vous réserve de magnifiques surprises qui vous rendront heureux. Vous les méritez tellement ces surprises! Profitez-en pour vous gâter et pour rénover certaines pièces de la maison. Cela fait trop longtemps que vous en parler! Certains feront l'acquisition d'un meuble longtemps désiré! Vous serez très heureux de votre achat.

Jouez seul! Choisissez vos billets et votre combinaison de chiffres. Cela sera bénéfique! Toutefois, si vous désirez jouer en groupe, les groupes de deux, de cinq ou de dix-sept personnes vous seront favorables. Les personnes dont le signe du zodiaque est Poissons ou Scorpion peuvent aussi vous apporter de la chance. Achetez des billets avec elles.

Cette année, vous renaissez à la vie. Vous réglerez plusieurs problèmes reliés à votre passé. Vous apporterez plusieurs améliorations qui chambarderont positivement votre vie et vous en serez très fier. À chaque problème, vous trouverez une solution. À chaque question, vous obtiendrez une réponse. Rien ne restera en suspens et tout se réglera à votre entière satisfaction! L'équilibre, la joie et le bien-être seront vos lots de récompense!

Hekamiah : 9, 18 et 38. Le « **18** » est votre chiffre chanceux. Puisque la chance sera occasionnelle, jouez modérément! Toutefois, lorsque la chance frappera à votre porte, elle vous surprendra à un point tel que vous aurez de la difficulté à y croire! Tout peut vous arriver! De toute façon, qu'importe ce que vous gagnerez, vous l'accueillerez toujours à bras ouverts!

Vous serez très chanceux si vous jouez avec un proche de sexe féminin aux cheveux ou aux yeux pâles. Choisissez la moitié des chiffres et demandez-lui de choisir l'autre moitié. Cela pourrait être une combinaison gagnante. Si vous jouez en groupe, les groupes de trois, de quatre, de six ou de dix-huit personnes vous seront bénéfiques. Si vous connaissez une personne dont le signe du zodiaque est Cancer ou Poissons, achetez un billet avec elle, ce sera chanceux!

Cette année, votre chance se fera davantage sentir au niveau de votre santé mentale, votre vie personnelle et professionnelle. Plusieurs auront la chance de régler des problèmes de longue date qui les accaparent et qui les empêchent d'être heureux. Lorsque ces situations seront réglées, vous serez heureux. Plusieurs amorceront des changements qui auront un impact favorable dans leur vie. Ils retrouveront un bel équilibre et la joie de vivre! Bref, vous savez ce que vous voulez et vous ferez tout votre possible pour atteindre et réussir vos buts.

Les Chérubins et la santé

La santé des Chérubins variera de **bonne** à **excellente**. Plusieurs seront conscients des dangers que peuvent apporter leur négligence. L'année 2015 ne les a pas épargnés avec les maladies de toutes sortes. Donc, cette année, vous serez davantage prudent et vous apporterez des changements bénéfiques en vue d'améliorer votre santé. Généralement, vous fuyiez la maladie ainsi que les médecins. Vous n'aimez pas être malade ni prendre des médicaments. Vous attendez toujours à la dernière minute pour consulter votre médecin. Ce qui n'est pas toujours favorable. De plus, vous avez de la difficulté à respecter la limite de vos capacités. Vous voulez toujours en faire davantage. Vous avez de la difficulté à arrêter et à vous reposer! Il est évident qu'en agissant ainsi, des maux surgissent ici et là. Vous en êtes conscient mais cela ne vous empêche pas de vous arrêter. Vous brûlez souvent la chandelle par les deux bouts, et lorsque la maladie frappe, vous êtes forcé d'arrêter! Plus souvent qu'autrement, il est trop tard! Donc, plusieurs seront conscients de cette lacune et ils feront leur possible pour améliorer cette faiblesse de leur part.

En 2016, tous ceux qui seront attentifs et vigilants éviteront des ennuis de toutes sortes. Lorsqu'un malaise surviendra, ils n'hésiteront pas à consulter leur médecin. Toutefois, tous ceux qui négligeront leur santé vivront quelques ennuis. Plusieurs seront obligés de prendre de deux à cinq médicaments pour soulager un problème quelconque. Certains auront des difficultés avec leur système digestif. Ils devront améliorer leur alimentation. Il y aura également les intestins qui seront très fragiles. Quelques-uns devront consulter un spécialiste pour améliorer cet aspect. Pour d'autres, une intervention chirurgicale sera obligatoire pour vaincre leurs problèmes. Certains trouveront la période des allergies très pénible. Pour terminer, ne soulevez aucun objet lourd, réclamez toujours de l'aide. Sinon, vous risquez de vous causer une blessure au dos.

Cette année, il serait important de prendre soin de vous et de ne pas négliger les alarmes de votre corps. En agissant ainsi, vous éviterez plusieurs ennuis. Toutefois, si vous négligez votre santé, vous risquez de passer l'année avec des pertes d'énergies, des problèmes particuliers et préoccupants, des médicaments à ingurgiter et une intervention chirurgicale. Si vous voulez éviter ce scénario, il suffit d'être à l'écoute de votre corps, de respecter la limite de vos capacités et de consulter votre médecin lorsqu'une douleur inusuelle apparaît. Cela sera salutaire et bénéfique pour le bien de votre santé!

Sur une note préventive, voici les parties vulnérables à surveiller plus attentivement et les faiblesses du corps en ce qui concerne chacun des enfants Chérubins.

Haziel : tous ceux qui négligeront leur santé et qui ne respecteront pas la limite de leurs capacités seront malades. Ils seront obligés de changer leurs habitudes de vie pour améliorer leur état de santé. Quelques-uns devront prendre de la médicamentation pour pouvoir recouvrer la santé.

D'autres subiront une intervention chirurgicale. Il leur faudra un mois avant de récupérer de cette intervention. Votre état physique réclamera un repos obligatoire, si vous voulez retrouver le chemin de la santé!

De plus, certaines femmes auront des ennuis gynécologiques. Elles devront consulter leur médecin. Certaines subiront un traitement ou des examens approfondis pour déceler la cause de leurs ennuis. Les femmes fumeuses devront faire face à un sérieux problème de santé. Elles seront obligées de cesser de fumer.

Au cours de l'année, plusieurs se feront des égratignures de toutes sortes. Soyez toujours vigilant avec des objets pointus et coupants. Assurez-vous d'avoir une trousse de premiers soins et des diachylons dans votre pharmacie. Vous en aurez souvent besoin! Certains devront consulter le dentiste pour soulager une douleur aux dents. D'autres se plaindront de douleurs musculaires au niveau du bras. Il peut s'agir d'une tendinite. Quelques-uns souffriront d'insomnie. Cela est causé par les tracas quotidiens. Il serait important de lâcher prise sur certaines situations. Cela sera bénéfique sur votre sommeil et votre santé mentale se portera mieux!

Aladiah : certains se plaindront de douleurs physiques. Quelques-uns souffriront de migraines. Plusieurs devront prendre de un à trois médicaments pour soulager une douleur quelconque. L'estomac et les intestins seront une partie vulnérable. Il ne faudra pas négliger cet aspect. Lorsqu'une douleur inhabituelle se fait ressentir, il serait important de consulter votre médecin. Sinon, vous pourriez aggraver votre situation. Certains risquent de faire des infections ou auront quelques ennuis nécessitant des examens approfondis.

Soyez également vigilant et regardez droit devant vous. Quelques-uns risquent de tomber et de se blesser. Cela leur occasionnera des égratignures et de petites blessures. De plus, lors de rénovations, soyez attentif à votre environnement. Ainsi, vous éviterez des incidents fâcheux. Cette année, il serait important de ne pas prendre des médicaments sans consulter votre médecin. Ce qui est bon pour les autres n'est pas nécessairement bon pour vous! Soyez donc vigilant et consultez votre médecin si vous êtes inquiet au sujet d'une douleur ou d'un malaise. Lui seul saura bien vous soigner et vous prescrire le médicament adéquat!

Lauviah I : au cours de l'année, ne soulevez aucun objet au bout de vos bras car vous pourriez vous blesser. Certains s'occasionneront une douleur au cou, aux épaules ou au dos qui les amènera à passer quelques jours au lit avec des médicaments à prendre pour soulager leur douleur. L'estomac et les intestins seront également vulnérables. Certains seront obligés de changer leurs habitudes alimentaires. Quelques-uns souffriront d'hémorroïdes. D'autres passeront des examens pour déceler l'origine de leurs maux. Il faudra également surveiller la vessie, certains auront des infections urinaires.

De plus, quelques-uns souffriront d'insomnie, de migraines ou de sinusites qui les obligeront à consulter leur médecin et à prendre un médicament. Les cardiaques devront écouter sagement les conseils de leur médecin pour éviter des complications et une hospitalisation! Certaines femmes iront consulter un spécialiste pour soulager leurs varices sur les jambes. Il faudra également surveiller les allergies et les infections. Certains souffriront de problèmes cutanés. Quelques-uns auront des feux sauvages. Il serait important également d'observer avec attention les rayons du soleil et de s'assurer d'utiliser une crème solaire.

Hahaiah : plusieurs se plaindront de toutes sortes de douleurs ici et là. Certains maux seront causés par la fatigue et le surmenage. D'autres maux seront plus sérieux et nécessiteront l'aide d'un spécialiste. Les personnes alcooliques auront des ennuis avec leur foie et leur pancréas qui nécessiteront un traitement sur-le-champ! Certains iront à l'hôpital à la suite d'un empoissonnement alimentaire. Vérifiez toujours la date de péremption sur certains aliments dont vous avez de la difficulté à digérer.

Il y a également la vessie et les intestins qui seront des parties vulnérables. Certains risquent de faire des infections. Il faudra aussi surveiller le cholestérol et l'hypertension. Ne pas négligez cet aspect de votre santé. Les yeux seront aussi fragiles, certains consulteront un ophtalmologiste pour le soin de leurs yeux, d'autres un optométriste pour leur vision. Quelques-uns subiront une intervention chirurgicale aux yeux. De plus, lors de la période des allergies, plusieurs seront obligés de prendre un médicament pour parvenir à passer d'agréables journées et nuits. Les allergies risquent d'en faire souffrir quelques-uns!

Cette année, plusieurs visiteront leur médecin à maintes reprises. Vous passerez des examens médicaux pour déceler la cause de vos douleurs. Certains seront obligés de prendre d'un à trois médicaments. Donc, si vous voulez recouvrez la santé, il serait important d'écouter les recommandations du médecin qui vous soignera. Sinon, votre état de santé se détériorera et il sera beaucoup plus difficile pour vous de remonter la pente et de vous en sortir!

Yezalel : plusieurs seront épuisés et en manque d'énergie. Vous avez de la difficulté à arrêter, donc, vous surpasserez la limite de vos capacités et la santé en général en prendra un vilain coup. Vos nuits seront agitées et tourmentées par vos maux. Vous aurez de la difficulté à dormir et cela aura un effet dévastateur sur votre humeur. Il y aura également des périodes de découragement et de frustration. Cela engendra des maux de têtes, des pertes d'appétit, des larmes et une grande fatigue. Tous ces maux seront des signaux que votre corps vous lancera pour vous avertir d'un danger imminent si vous n'y voyez pas immédiatement. Si vous voulez évitez des problèmes, soyez à l'écoute de ces signaux. Sinon, vous sombrerez et vous aurez de la difficulté à vous relever.

Cette année, plusieurs seront obligés de prendre un médicament pour parvenir à avoir une meilleure qualité de vie. Remarquez que tout peut être évité si vous prenez soin de vous. En 2016, si vous négligez votre santé, vous affronterez un problème important qui vous angoissera. La meilleure façon de vous en sortir sera d'écouter sagement les conseils du médecin.

De plus, soyez vigilant lorsque vous empruntez des escaliers, marchez doucement et ne courez pas! Certains risquent de trébucher et de se blesser! Tout au long de l'année, plusieurs se feront des égratignures banales. D'autres devront porter un plâtre. Bref, assurez-vous d'avoir une trousse de premiers soins et des diachylons dans votre pharmacie. Vous en aurez besoin!

Mebahel : il serait important de respecter la limite de vos capacités pour le bien de votre santé physique et mentale. Arrêtez de brûler la chandelle par les deux bouts, sinon vous en souffrirez péniblement. Vous vous retrouverez rapidement sans aucune énergie vitale pour accomplir vos tâches quotidiennes. Cela vous entraînera vers une dépression majeure et vous serez obligé de prendre des médicaments, de suivre une thérapie et de vous mettre au repos pour pouvoir retrouver vos sens et votre équilibre. Tout cela pourra être évité si vous faites attention à vous. Prenez le temps d'écouter les signaux d'alarme de votre corps et reposez-vous lorsque vous êtes épuisé, cela vous sera salutaire et vous éviterez des ennuis de toutes sortes. Si vous ne le faites pas, ne soyez pas surpris d'être obligé de garder le lit sous la recommandation de votre médecin ou de subir une intervention chirurgicale ou un traitement médical.

Cette année, plusieurs seront très lunatiques. Soyez très prudent si vous devez monter dans une échelle ou sur le toit de la maison. Vous pourriez tomber et vous blesser. D'autres devront être vigilant avec les objets tranchants, certains pourraient s'estropier. Tout au long de l'année, plusieurs se feront des égratignures banales ou sérieuses. Certains devront porter un plâtre. D'autres subir une intervention chirurgicale. Au bout du compte, assurez-vous d'avoir une trousse de premiers soins et des diachylons dans votre pharmacie.

Hariel : il faudra surveiller les allergies et les infections. Certains souffriront de problèmes cutanés. Quelques-uns auront des feux sauvages. Il faudra aussi surveiller les rayons du soleil et s'assurer d'utiliser une crème solaire. De plus, certaines femmes auront des ennuis avec leurs organes génitaux. Quelques-unes devront subir une hystérectomie. D'autres devront passer des examens approfondis pour déceler la cause d'une douleur abdominale. Plusieurs se plaindront de maux d'estomac, de cœur et de ventre. Certains seront obligés de changer leurs habitudes alimentaires. D'autres prendront des médicaments pour soulager leur douleur. Certains devront subir une intervention chirurgicale pour régler leurs ennuis. La vessie et les intestins seront également des parties vulnérables. Certains risquent de faire des infections ou auront quelques ennuis nécessitant l'intervention d'un spécialiste.

De plus, quelques-uns se plaindront de douleurs aux jambes, aux genoux ou aux chevilles. Certains consulteront un spécialiste pour les aider à soulager leurs douleurs. D'autres feront des exercices obligatoires pour le bon fonctionnement de leurs muscles. Les cardiaques devront suivre les conseils de leur médecin. Il en est de même pour ceux qui ont des problèmes de cholestérol et de diabète. Les alcooliques devront aussi surveiller leur état de santé, ainsi que les toxicomanes. Sinon, ils auront de graves ennuis qui nécessiteront une hospitalisation. Au cours de l'année, soyez toujours vigilant lorsque vous entamez des tâches inhabituelles. Certains pourraient se blesser, avec un clou, par exemple! Assurez-vous d'avoir des diachylons et une trousse de premiers soins dans votre pharmacie.

Hekamiah : tous ceux qui ont négligé leur santé seront confrontés à un problème important qui les angoissera. Plusieurs souffriront de dépression et de fatigue chronique qui nécessiteront un traitement. D'autres auront des ennuis avec la glande thyroïde qui nécessitera l'intervention du médecin. La nuque, le cou et la gorge seront également des parties à surveiller. Certains souffriront de torticolis ou de douleurs au cou.

Cette année, plusieurs alcooliques et toxicomanes auront de graves ennuis de santé à cause de leur problème de consommation. Même les fumeurs devront surveiller leur consommation de cigarettes puisque la gorge et les poumons seront sensibles. Les cardiaques et les diabétiques devront également redoubler de prudence et respecter les recommandations de leur médecin. Certains iront passer quelques jours à l'hôpital pour subir des traitements ou une intervention chirurgicale.

Cela dit, après avoir vécu une période difficile avec leur santé, plusieurs changeront leurs habitudes de vie. Ils feront des changements importants pour améliorer leur état de santé. Cette décision leur sera bénéfique et leur permettra de retrouver une meilleure qualité de vie! Vous réaliserez que *brûler* la chandelle par les deux bouts vous occasionnent des ennuis. De plus, cela vous ralentit davantage dans vos tâches. Ceux qui en prendront conscience respecteront davantage la limite de leurs capacités.

Les Chérubins et l'amour

Pour retrouver votre équilibre, votre bonheur, votre joie de vivre et votre harmonie, il sera indispensable de vous impliquer davantage dans votre relation, de dialoguer avec votre partenaire, de lui exprimer vos émotions et de mettre un terme à vos fantômes du passé. Si vous suivez ces conseils, le soleil luira dans votre maison. Si vous faites le contraire, attendez-vous à quelques contrariétés dans votre union. De plus, priorisez votre relation au lieu de votre travail. N'agissez pas comme l'an passé! Si vous aimez votre partenaire, si vous tenez à votre relation, ne brisez pas votre union par vos absences causées par le travail. Essayez d'améliorer cet aspect; en agissant ainsi, vous apporterez de la joie dans le cœur de votre partenaire. Planifiez quelques sorties. Réservez-vous du temps! Allez au cinéma. Allez prendre un verre, un bon souper en tête-à-tête, etc…Si vous prenez le temps de faire des activités avec votre partenaire, celui-ci se sentira aimé et important à vos yeux. Son sentiment d'abandon s'estompera et son attitude à votre égard s'améliorera. Ce qui sauvera votre union. Ainsi, vous pourriez vaquer à vos tâches habituelles sans être tracasser par vos absences et les sermons de votre partenaire.

Cette année, plusieurs seront débordés au travail. Parlez-en à votre conjoint. Fixez-vous des rendez-vous avec lui et respectez-les. Si vous agissez ainsi, vous pourriez réussir votre union et votre vie professionnelle. Toutefois, si vous négligez votre relation, vous devez en subir les conséquences par la suite! N'oubliez pas que le bonheur se construit une journée à la fois. Toutefois, il peut se détruire en quelques secondes! Vous tenez à votre relation? Changez votre attitude et agissez en conséquence! En agissant positivement, vous réaliserez rapidement que la source du bonheur : c'est vous et le temps que vous consacrez à votre relation.

En 2016, laissez parler vos émotions. Vous aimez votre partenaire? Dites-lui! Vous avez peur de le perdre? Avouez-lui! Arrêtez de jouer à la cachette avec vos émotions, vos peurs et vos inquiétudes. N'oubliez pas qu'une relation se construit à deux. Donc, dialoguez avec votre partenaire. Celui-ci se fera un plaisir de vous appuyer et de vous aider lors de vos actions.

Cela dit, plusieurs mois favoriseront votre vie conjugale. Lors de ces mois, planifiez des sorties avec votre conjoint. Amusez-vous comme dans le temps de vos premières rencontres. Cela vous fera du bien, autant à vous qu'à votre amoureux. Saisissez les occasions de sortie en famille. Fixez-vous des buts pour votre avenir. Ayez de belles discussions et rapprochez-vous de votre partenaire. Cela sera bénéfique pour votre union. En 2016, ces mois bénéfiques seront *janvier, mai, juin, août, septembre, octobre* et *novembre.*

En *janvier*, plusieurs iront faire un voyage agréable. Vous passerez du temps avec votre partenaire. D'autres feront des activités familiales. Tout ce que vous entreprendrez au cours de ce mois, vous rapprochera de votre conjoint. Vous vivrez du bon temps ensemble.

Après une période tendue, le beau temps refera surface dans votre relation. Certains couples se réconcilieront et se donneront une seconde chance de bâtir leur union sur des bases plus solides et importantes, comme le respect, le dialogue, le temps, les activités et les enfants. Dès le *1ᵉʳ mai*, votre union tend à s'améliorer. Vos dialogues seront enrichissants et vous passerez du bon temps avec votre partenaire. Lors de la période estivale, attendez-vous à faire plusieurs sorties agréables. Vous irez voir une pièce de théâtre. Vous irez prendre un verre avec des amis. Vous irez manger sur une terrasse. Vous fêterez un anniversaire de naissance ou de mariage. Les invitations fuseront de toute part et vous en profiterez au maximum avec votre partenaire. Cela rehaussera vos sentiments. Il y a belle lurette que vous n'aurez pas profité de votre été comme cette année. Votre moral se portera à merveille. Ce qui vous permettra d'amorcer plusieurs projets avec votre amoureux et de régler quelques petits conflits.

De plus, profitez-en pour acheter un billet de loterie avec votre partenaire. Du *2 juin au 26 juillet*, vous entrez dans une période chanceuse. Lors de cette période, le chiffre « 2 » et le chiffre « 6 » vous seront favorables. La journée du mardi également. Demandez à votre partenaire de choisir ses chiffres et combinez-les avec vos chiffres.

Il est évident qu'il y aura des périodes compliquées. Si vous y voyez rapidement, vous réglerez facilement vos problématiques et le tout redeviendra à la normale. Toutefois, si vous négligez vos problèmes et que vous boudez, cela risque de nuire davantage à votre relation. Il serait également lors de cette période de converser tranquillement avec votre partenaire au lieu de crier. Ainsi, votre partenaire sera attentif à vos paroles au lieu de vous fuir!

Ce qui pourrait déranger l'harmonie conjugale : les absences causées par le travail et les projets. Plusieurs auront mille et une idées en tête et ils chercheront à les réaliser toutes en même temps. Ce qui les amènera à faire plusieurs déplacements, appels téléphoniques et des rencontres. Vous serez tellement concentré sur vos projets que vous négligerez votre partenaire. D'autres seront débordés à leur travail, ce qui les obligera à faire des heures supplémentaires. Ils seront donc moins présents à la maison. Lorsqu'ils le seront, ils *surferont* sur l'Internet. Ce qui frustrera davantage leur partenaire. De plus, quelques-uns auront souvent des discussions au sujet de l'argent. Vous trouverez que votre partenaire dépense trop à votre goût. Il y a de fortes chances que votre partenaire vous lance la balle en répliquant que vous n'êtes jamais à la maison! Cela dit, les absences, l'argent et le travail seront des sujets susceptibles d'apporter de la contrariété dans votre foyer.

Il faudra donc surveiller les mois de ***mars, avril, juillet*** et ***décembre***. Plusieurs situations problématiques pourraient occasionner des discussions animées avec votre partenaire. Lors de cette période, au lieu d'argumenter et de crier, il serait important de dialoguer sagement et d'essayer de trouver un terrain d'entente. Cela sera favorable pour votre bien-être intérieur mutuel et pour l'harmonie dans votre foyer.

En ***mars*** et ***avril***, plusieurs situations vous amèneront à vous lancer mutuellement la balle. Qui a raison? Qui a tort? Chacun émettra leur point de vue et aucun ne voudra entendre raison. Toutefois, vers le ***18 avril***, vous parviendrez à régler une problématique, ce qui allégera la tension entre vous et votre partenaire. En ***avril***, vos absences causeront des discussions animées avec votre partenaire. De plus, il y aura trois problèmes à surmonter, ce qui n'est pas sans vous frustrer et déranger votre union.

Lors de ***décembre***, les discussions porteront souvent sur la situation financière. Attendez-vous à quelques arguments avec votre partenaire. L'un veut faire des sorties, l'autre trouve que ça coûte trop cher. Vous argumenterez également sur les cadeaux de Noël. Il y aura également quelques arguments au sujet des enfants. Malgré tout, vous passerez un beau temps des Fêtes!

Les couples en difficulté

Si vous voulez sauver votre union, vous devez faire des sacrifices. Sinon, votre couple subira un échec et une séparation suivra. Il n'est pas facile d'admettre les erreurs ni de subir un échec. Néanmoins, si vous aimez votre partenaire, vous devez améliorer certaines faiblesses.

De plus, ayez des conversations franches et directes avec votre partenaire. Rien ne sert de crier ni de le blâmer pour ce qui vous arrive. Réservez-vous une journée à l'extérieur de votre demeure. Allez prendre un apéro et discutez. Cela vous empêchera de vous emporter! Établissez vos priorités. Apportez des suggestions pour améliorer votre union et passez à l'action. Si vous tenez vos promesses, vous parviendrez à sauver votre union. Si vous vous en fichez, vous subirez une séparation.

De plus, acceptez l'aide précieuse provenant d'un proche. Celui-ci cherche à vous apporter son soutien dans l'épreuve que vous vivez. Ses paroles seront importantes ainsi que ses conseils. Ce proche ne veut pas s'imposer dans votre vie et ne veut pas vous dicter quoi faire. Toutefois, ce proche tient à votre bonheur et il est aussi conscient que l'amour est toujours présent dans votre couple. Il vous donnera de bons conseils. Si vous prenez le temps de l'écouter, vous verrez qu'il y a encore de l'espoir pour continuer la relation. Il suffit d'avoir de bons dialogues avec votre partenaire. Vous verrez que tout peut s'arranger si vous parvenez à régler vos différends et à tenir vos promesses! Si vous parvenez à passer à travers la période automnale, vous sauverez votre union!

Les Chérubins submergés par la négativité

Les personnes négatives critiqueront continuellement au niveau monétaire. Tout coûtera trop cher à leurs yeux et ils reprocheront à leur conjoint de faire trop de dépenses inutiles! Leur attitude provoquera souvent des discussions animées avec leur partenaire. Il ne sera pas de tout repos. De plus, il ne sera pas souvent à la maison, ni disponible pour aider son conjoint dans les besognes de la maison. Celui-ci priorisera sa vie sociale et professionnelle avant sa vie familiale. Cela provoquera de la dualité et des discussions vives dans son foyer.

De plus, ils argumenteront sur tout et blâmeront continuellement leur partenaire d'être le responsable des situations problématiques dans leur vie. Si celui-ci prenait le temps d'analyser la situation en profondeur; il s'apercevrait qu'il est le seul et unique responsable de tous les désagréments qui surviennent dans sa vie. S'il ne change pas son attitude, avec le temps, il perdra son partenaire.

Les Chérubins célibataires

Plusieurs feront la rencontre de leur partenaire idéal. Une belle histoire d'amour naîtra et le bonheur suivra! Vous parlerez de cohabitation. Certains feront l'achat d'une maison! La rencontre de cet être changera favorablement votre vie. Vous tomberez en amour!

Les mois les plus propices pour faire une rencontre sont *janvier, mai, juin, août, septembre, octobre* et *novembre.* Il y a de fortes chances que vous le rencontriez entre 19h et 22h. Voici trois signes révélateurs : il se frottera le menton, il portera un bijou remarquable et il aura également une maille à son chandail. Ces signes vous indiqueront que vous êtes en présence du partenaire de vos rêves!

Bref, vous serez invité à prendre part à une fête, à une soirée spéciale, à un souper d'amis ou à une activité quelconque. Lors de cette soirée, cet être charmant vous sera présenté par une dame ou un collègue de travail. Dès qu'il posera le regard sur vous, tout votre être réagira. Vous serez chamboulé par sa présence et par sa beauté. Ne vous inquiétez pas, vous aurez le privilège de le revoir à une autre soirée et vous ferez plus amples connaissances. Vous échangerez vos numéros de téléphone et vous planifierez une sortie. Il est évident qu'il vous sera impossible de dormir sans que vos pensées se dirigent vers cet être. Votre cœur saura immédiatement qu'il est celui que vous attendiez si patiemment!

Les célibataires submergés par les émotions négatives

Vous serez plaintif et vous critiquerez sur tout et rien. Votre négativité se fera énormément sentir autour, ce qui fera fuir les personnes intéressées. Bref, votre attitude négative ne fera pas de vous un être attirant. Ce sera presque impossible de vous plaire. La barre sera très élevée! Il sera presque impossible d'engager la conversation avec vous. Lorsqu'une gentille personne vous fera un commentaire agréable, vous répondrez par un commentaire déplaisant.

Si vous préférez rester célibataire, cela vous appartient et vous en avez le droit. Donc, évitez les sites de rencontres. Ne faites aucune promesse aux personnes intéressées. Avouez-leur que vous préférez votre célibat qu'à une relation stable. Si vous n'êtes pas prêt à vous engager, ne faites pas perdre le temps aux personnes qui cherchent une relation sérieuse.

De plus, si vous cherchez des aventures d'un soir, précisez-le! Ainsi, vous éviterez de blesser de bonnes personnes!

Les Chérubins et le travail

L'année 2016 sera prolifique sur le plan professionnel. Plusieurs obtiendront des résultats satisfaisants. Attendez-vous à vivre de grands changements qui amélioreront vos conditions de travail. Vous souhaitiez ces changements depuis tellement longtemps. Vous serez donc très heureux lorsque le tout s'amorcera. L'un de vos désirs se réalisera, à votre grande satisfaction. Vous serez surpris par la réalisation de ce désir! Néanmoins, votre grande détermination et vos efforts ont porté leurs fruits. Cette année, plusieurs commenceront de nouvelles tâches qui les rendront très heureux. D'autres recevront de bonnes nouvelles en ce qui concerne un travail, un contrat ou une entrevue. Ces bonnes nouvelles leur permettront de retrouver un bel équilibre sur le plan financier et professionnel. Certains recevront une augmentation de salaire. D'autres démissionneront d'un emploi pour en amorcer un nouveau beaucoup plus valorisant et payant. Vous serez passionné par tous les événements qui se produiront au cours de l'année 2016. Vous réaliserez que cela a valu la peine de mettre autant d'efforts puisque les résultats seront au-dessus de vos attentes!

Dès le *4 janvier*, vous sentirez qu'une nouvelle énergie s'installe à votre lieu de travail. Certains feront la rencontre d'une personne importante qui leur apportera de bons conseils. D'autres signeront un papier important qui les soulagera. Les entrevues seront bonnes et réussies. La journée du mercredi sera favorable pour les transactions. Vous regardez votre avenir avec un œil prometteur. Tous ceux qui veulent améliorer leur travail vivront un événement qui leur apportera de la satisfaction. Le tout se poursuivra jusqu'à la *fin février*. Plusieurs retrouveront un bel équilibre en février. Vous savez ce que vous voulez et vous ferez votre possible pour l'obtenir. Attendez-vous à des conversations importantes avec votre employeur. Un problème se résoudra à votre grand soulagement. De plus, l'une de vos demandes sera respectée et acceptée!

Plusieurs parviendront à régler un problème au cours de *mars*. Toutefois, vous serez très susceptible et vulnérable lors de ce mois ainsi qu'en *avril*. Un rien vous tombera sur les nerfs. Certains régleront un différend avec un collègue de travail. Vous mettrez un terme à un conflit qui dérange votre quiétude au travail. Vous ferez taire une mauvaise langue et vous confronterez une femme problématique. Vous ne mâcherez pas vos mots, néanmoins, vous réglerez fièrement le problème. De plus, attendez-vous à faire des heures supplémentaires. Vous serez comme une vraie pirouette. Vous ne saurez plus dans quelle direction vous diriger tellement il y aura du travail! Lors de cette période, n'ayez pas peur de déléguer des tâches. Cela sera bénéfique.

Du *11 mai au 25 novembre*, attendez-vous à de l'action au niveau professionnel. Plusieurs amélioreront leurs conditions de travail. Il y aura plusieurs bonnes nouvelles qui agrémenteront votre situation professionnelle. Au cours de *mai*, vous serez vainqueur sur toute la ligne. En *juin*, certains se verront offrir une offre alléchante. Cette offre peut améliorer votre vie professionnelle. Quelques-uns obtiendront une augmentation de salaire. En *juillet*, une décision prise sur le vif s'avérera avantageuse pour vous. Ce sera une période favorable pour prendre vos vacances ainsi que le mois d'*août*. Plusieurs auront le privilège de signer un contrat alléchant et de régler une problématique avant que l'automne arrive. En *septembre*, certains retourneront à un ancien travail. D'autres, amorceront un nouveau travail avec une nouvelle équipe. Quelques-uns décideront de retourner aux études pour mieux approfondir leurs connaissances. Les mois d'*octobre* et *novembre* annoncent de bons résultats. Tout ce que vous entreprendrez obtiendra de bons résultats!

Malgré tout, il y aura des mois où vous devrez doubler de prudence. Lors de ces mois, évitez les discussions inutiles. N'amorcez aucun commérage. Ne prenez aucune décision à la légère et réfléchissez avant de parler. Cela vous sera utilitaire! Ces mois sont *mars, avril* et *décembre*.

Les travailleurs Chérubins submergés par la négativité

Plusieurs belles opportunités vous fileront sous le nez à cause de votre attitude. Si vous désirez ardemment faire un changement sur le plan professionnel, il faudra améliorer votre attitude. Sinon, vous resterez au même endroit avec vos problèmes habituels. Si vous parvenez à vous améliorer, votre employeur vous offrira de belles possibilités. Il parlera en votre faveur.

Si vous voulez réussir certaines entrevues pour des postes rêvés, améliorez votre attitude. De plus, portez-vous volontaire pour aider vos collègues lorsqu'ils seront débordés au lieu de les critiquer. En agissant ainsi, vos collègues apprécieront votre aide et ils vanteront vos mérites, ce qui vous avantagera lors d'une audience avec vos employeurs. Toutefois, si vous conservez votre attitude négative, cela entachera votre réputation et vous nuira énormément. Vous pourriez avoir de la difficulté à vous trouver un emploi par la suite!

Chapitre XIX

Événements à surveiller durant l'année 2016

- Vous ne serez pas particulièrement chanceux aux loteries. Donc, jouez en groupe. Les groupes de deux et de quatre personnes vous seront favorables. Achetez un billet avec votre partenaire amoureux. Cela sera bénéfique !

- Vous, ou une femme, aurez des ennuis cardiaques. Si vous fumez, votre médecin vous suggéra d'arrêter pour le bien de votre santé! Il est évident que ce ne sera pas facile. Néanmoins, plusieurs de vos proches vous appuieront dans votre démarche.

- Vous, ou un proche, aurez des maux de tête atroces. Plusieurs devront consulter leur médecin pour les aider à recouvrer la santé. Celui-ci vous fera passer des examens approfondis pour déceler l'origine de vos maux. À la suite d'un diagnostic, certains devront subir une intervention chirurgicale.

- Plusieurs ne respecteront pas la limite de leurs capacités. Donc, ils s'épuiseront facilement. Il serait important de vous reposer lorsque votre corps sera fatigué. Cela vous permettra de retrouver vos forces.

Profitez de vos journées de congé pour relaxer et pour entamer des activités qui vous plaisent!

- Vous, ou un proche, ronflez. Cela dérange vos nuits et celles de votre partenaire. Vous souffrez d'apnée du sommeil. Vous serez obligé d'acheter un appareil pour cesser de ronfler et avoir de meilleures nuits de sommeil. Sinon, votre partenaire vous demandera d'aller coucher dans une autre chambre!

- Dès *janvier*, on annoncera le rétablissement de deux personnes. Une personne malade renaît à la vie. Sa vie n'est plus en danger. Elle fêtera cet événement avec vous!

- Plusieurs reprendront goût aux activités physiques. Ceux-ci chercheront à retrouver la forme. D'autres voudront perdre leur poids superflu pris lors de la période des fêtes!

- Certains subiront une intervention chirurgicale aux yeux. À la suite de cette intervention, le port de lunette ne sera plus obligatoire!

- En *février*, vous, ou un proche, vous plaindrez d'un mal à l'épaule. Vous irez consulter un spécialiste pour soulager votre douleur.

- Au cours de l'année, soyez toujours vigilant dans les tâches ardues. Plusieurs se feront des égratignures et des blessures. Assurez-vous d'avoir une pharmacie bien remplie!

- En *janvier*, vous vous fixerez des buts. Quatre de ces buts vous tiendront à cœur. Vous travaillerez ardemment pour parvenir à les réussir. Toutefois, les résultats obtenus vous encourageront à continuer votre chemin!

- Lors de la période hivernale, faites attention à l'électricité. N'essayez pas de changer une prise électrique. Si vous manquez d'expérience, cela sera dangereux. Certains pourraient se blesser. De plus, surveillez également vos factures d'électricité. Ne les oubliez pas! Sinon, un avis vous sera envoyé! De plus, quelques-uns manqueront d'électricité pendant une période de 48 heures ou plus! Certains iront loger chez des proches.

- Plusieurs couples réaliseront l'importance de leur union. Ils feront tout pour rallumer la flamme de leur désir et de leur amour. Il est évident que certaines journées seront difficiles. Néanmoins, vous chercherez toujours de bonnes solutions pour régler vos problématiques.

- En *janvier*, vous ou un proche, recevrez une belle surprise de la part du partenaire qui fera palpiter votre cœur de joie! Il peut s'agir d'un voyage romantique sur une île paradisiaque!

- Attendez-vous à amorcer plusieurs discussions importantes avec votre partenaire au cours de *janvier* et *février*. Ces discussions apporteront un bel équilibre dans votre foyer.

- Vous, ou un proche, réglerez un problème important. Cela aura un effet bénéfique dans votre relation amoureuse. Vous réaliserez que ce problème aurait dû se régler depuis longtemps!

- Plusieurs couples s'investiront davantage dans leur relation. Ils planifieront plusieurs activités familiales qui solidifieront leur union.

- Vous, ou un proche, recevrez un pardon de la part d'un ancien amoureux. Celui-ci cherchera à vous reconquérir. Il ne tiendra qu'à vous de décider si vous acceptez sa demande ou si vous la refusez!

- Plusieurs célibataires feront la rencontre d'une bonne personne. Une relation pourrait devenir très sérieuse. Vous réaliserez rapidement que cette nouvelle rencontre est l'amour idéal que vous recherchez depuis si longtemps!

- Les personnes veuves feront de belles rencontres au cours de l'année. Si vous ouvrez la porte de votre cœur, une relation s'amorcera. Vous réaliserez que vous avez plusieurs points communs avec cette nouvelle connaissance. Toutefois, la peur de décevoir et de peiner vos proches vous hantera! N'oubliez pas que les bonnes personnes vous encourageront à amorcer cette relation. De plus, si vous craignez la réaction de vos proches, parlez-leur de votre peur de rester seul. Avouez-leur que vous craignez la solitude. Confiez-leur vos besoins de partager une vie à deux. En agissant ainsi, ceux-ci comprendront et ils accepteront plus facilement votre désir de connaître davantage cette nouvelle rencontre. Les Anges ont entendu vos demandes et ils vous envoient votre amour idéal. Ne le laissez pas partir et vainquez vos peurs.

- Lors de la période hivernale, plusieurs auront des projets innovateurs en tête. Vous travaillerez ardemment pour la réalisation de ces projets. Toutefois, la réussite et la satisfaction vous attendent. Certains rencontreront un homme important qui leur permettra d'améliorer leur travail.

- En *janvier*, certains auront une discussion avec leur patron ou un collègue de travail. D'autres devront assister à une réunion. Le sujet de cette réunion concernera un changement majeur au sein de la direction, ce qui effrayera quelques-uns!

- Plusieurs auront des offres très alléchantes. Vous aurez à prendre des décisions qui ne seront pas toujours faciles pour vous. La peur de faire des mauvais choix vous hantera énormément. Toutefois, écoutez la voix de votre cœur, celle-ci ne se trompera pas!

- Vous bougerez beaucoup en 2016, ce qui vous permettra de réussir plusieurs de vos projets. Plusieurs décisions seront prises à la suite d'un déplacement. Certains verront deux de leurs projets prendre vie. Vous serez tellement fier de vous! Vous réaliserez que vous avez pris de bonnes décisions et que vos actions ont été bien planifiées.

- Plusieurs vivront des changements agréables au niveau de leur vie professionnelle. Plusieurs opportunités viendront à eux. Des portes importantes s'ouvriront pour vous et elles vous permettront de réaliser plusieurs de vos projets. Certains se verront offrir une occasion opportune. Acceptez-la puisque vous la méritez! Si vous l'acceptez, vous vivrez un changement favorable et vous en serez très heureux! D'ailleurs, vous l'avez tellement souhaité! Il suffit tout simplement de franchir l'étape et d'accepter ce changement!

- Au cours de la période hivernale, plusieurs ajouteront des activités à leur agenda. Vous passerez du bon temps avec vos proches.

- Un projet rapportera un beau profit et vous serez heureux de cette belle réussite. Avant que l'année se termine, un autre projet verra le jour et vous le réussirez de nouveau!

- En *février*, plusieurs retrouveront un bel équilibre. Une décision sera favorable. Plus que jamais, vous êtes conscient de vos faiblesses et de vos forces. De plus, vous n'avez plus peur de l'avenir. Vous savez ce que vous désirez et vous axerez vos actions vers vos choix et désirs. La réussite de votre avenir vous appartient et vous en êtes conscient!

- Lors de la période hivernale, certains régleront un problème de loi. D'autres consulteront un avocat pour un litige quelconque. Quelques-uns devront prouver à leur compagnie d'assurance leur incapacité à travailler. Bref, plusieurs situations problématiques requerront l'aide d'un spécialiste.

- Plusieurs recevront des petits cadeaux inattendus qui leur feront énormément plaisir. Tous ces petits cadeaux sont des marques d'affection de votre entourage. Ceux-ci récompensent votre grande générosité envers eux. Certains seront surpris lors de la St-Valentin. Il n'y a pas que votre amoureux qui vous gâtera!

- Vous mettrez un terme à plusieurs difficultés qui hantent vos journées. Vous vous prenez en main et vous réglerez vos problématiques avec tact et dynamisme. Jamais on ne vous avait vu aussi déterminé qu'en 2016!

- Dès le *1ᵉʳ mars*, vous réglerez un problème ardu. Cela sera pénible et difficile. Toutefois, lorsque le tout sera réglé, vous serez soulagé!

- Plusieurs seront vindicatifs au cours de *mars*. Un rien vous fera exploser! Vos proches n'ont qu'à se tenir tranquille en votre présence! Sinon, vous ne mâcherez pas vos mots et vous les enverrez promener!

- Plusieurs auront envie de changer leur « look »! Est-ce le fait de vieillir? Qui sait! Quelques-uns perdront leur poids superflu pour atteindre un poids santé. D'autres auront recours à la chirurgie esthétique. Certains changeront leur coiffure ou la couleur de leurs cheveux. Quelques-uns achèteront de nouveaux vêtements. Qu'importe le changement que vous ferez, vous serez satisfait des résultats.

- Certaines femmes qui accoucheront au cours de *mars* ou *avril* subiront une césarienne. Quelques-unes donneront naissance à un bébé de plus de dix livres (4kg).

- En 2016, soyez toujours à l'écoute de votre environnement. Plusieurs auront le privilège de recevoir des messages provenant de personnes importantes. Par leurs paroles et gestes, ces personnes pourraient déclencher des actions très prolifiques, ce qui vous aidera à réaliser de grands rêves, des petits désirs, etc. De plus, les Anges pourraient emprunter temporairement le corps d'un humain et vous transmettre un message. Lorsque vous vivrez une période d'incertitude ou de questionnement, les Anges s'organiseront toujours pour vous donner le message adéquat pour que vous puissiez prendre de bonnes décisions. Néanmoins, il faut être à l'écoute de ces messages qui viendront à vous.

• À votre grande surprise, quelqu'un vous fera un aveu ou une confidence qui vous soulagera puisqu'elle répondra à plusieurs de vos questions. Votre confident ne cherche que votre bonheur, c'est pourquoi il se confiera à vous et il répondra à toutes vos questions.

• En *mars*, méfiez-vous d'une femme malintentionnée. Celle-ci causera un ennui. Ne vous impliquez pas dans ses problèmes et évitez les commentaires désobligeants!

• Deux mauvaises nouvelles dérangeront les mois de *mars* et *avril*. Il peut s'agir de la maladie d'un proche féminin.

• La Loi devra régler une séparation amoureuse. La garde des enfants, la pension alimentaire et le partage des biens seront des sujets explosifs pour ce couple. Ceux-ci ne parviendront pas à s'entendre. Cette situation sera pénible pour les enfants. Cette bataille juridique pourrait durer plus de trois ans. Il serait important pour ces personnes d'axer leur priorité sur le bien-être de leurs enfants et non sur leur propre personne!

• Au cours des périodes printanière et estivale, plusieurs seront en forme pour vaincre tous les obstacles qui se présenteront sur leur route. Rien ne vous déstabilisera et ne vous fera changer d'idée. Vous avancerez confiant vers un avenir plus prometteur et plus équilibré. Vous savez ce que vous voulez et vous ferez votre possible pour l'atteindre!

• Certains auront des ennuis mécaniques. Ils devront se rendre au garage. Vous prendrez une décision. Il y a de fortes chances que vous décidiez de changer votre véhicule pour un modèle plus récent. Alors ne soyez pas surpris de magasiner une nouvelle voiture.

- En **avril**, certains souffriront d'anxiété. D'autres d'insomnie. Lors de cette période, il serait important de méditer et de vous reposer. Vos états d'âmes seront à fleur de peau. Il sera primordial de lâcher prise sur certaines problématiques et de vous éloigner des personnes négatives.

- En **avril**, vous vivrez trois événements qui dérangeront votre routine quotidienne. Toutefois, en **mai**, vous parviendrez à régler ces situations avec force et dynamisme. Ne soyez pas surpris de faire taire une mauvaise langue et de la remettre à sa place!

- Vous serez très lunatique au cours des périodes printanière et estivale. Ceci causera de petits incidents parfois farfelus et parfois sérieux.

- Au cours de l'année, l'un de vos défunts vous enverra un signe évident. Ne soyez pas surpris de voir régulièrement un chiffre en particulier et de vous réveiller à une heure précise.

- En **mai**, si vous devez confrontez une personne dont le signe du zodiaque est Lion ou Vierge, vous gagnerez votre point de vue.

- **Juin** sera une période favorable pour celle qui désire enfanter. Ce sera également une période pour faire de bonnes rencontres.

- Plusieurs travailleront dans leur jardin. Vos fleurs seront magnifiques et vos légumes seront croustillants et savoureux.

- La période estivale sera importante pour certains agriculteurs. Ceux-ci développeront une nouvelle méthode qui leur sera bénéfique. Certains parleront de faire l'achat d'une machinerie. Vous ne serez pas déçu de votre transaction puisque cette machinerie donnera les résultats escomptés.

- Plusieurs recevront des petits cadeaux agréables au cours de **juin**. Les gens récompensent votre aide précieuse que vous leur avez apporté au cours des derniers mois.

- En **août**, un proche vous suppliera de l'aider. Il peut s'agir d'une aide financière ou autre. Cette personne tient vraiment à recevoir une réponse affirmative de votre part. Toutefois, vous hésiterez avant de l'aider.

- En *septembre*, certains iront cueillir des pommes dans un verger. Vous trouverez vos pommes succulentes! Quelques-uns s'amuseront à faire de bonnes confitures!

- Quelques-uns signeront deux papiers importants au cours de *septembre*. Vous serez heureux de la signature de ces papiers.

- Certains planifieront un voyage dans un pays étranger. D'autres iront visiter un désert. Quelques-uns préféreront se prélasser près de la mer. Ils opteront pour un forfait tout inclus. Bref, vous vous reposerez énormément lors de ce voyage. Vous reviendrez à la maison en pleine forme pour amorcer vos idées nouvelles surgies dans votre esprit lors de vos moments de détente.

- Certains recevront un diplôme, un prix honorifique, un trophée ou autre. Vous devrez assister à un gala pour recevoir le prix qui vous sera décerné. Votre prestance fera tout un effet aux gens de la salle.

- Plusieurs rehausseront la valeur de leur propriété. Ils rénoveront et embelliront certaines pièces de leur demeure. D'autres parleront de déménagement dans un condo luxueux. Certains feront l'achat d'une nouvelle propriété. Vous adorerez cette nouvelle propriété. Les énergies seront excellentes!

- Au cours de la période automnale, vous serez invité à assister à une dégustation de vin et fromage. Allez-y, vous ferez de belles rencontres et vous aurez de belles discussions.

- En *août*, surveillez les feux, les plats chauds et le barbecue. Certains risquent de se brûler. Vous serez obligé d'appliquer une pommade pour calmer et soulager la douleur de la brûlure.

- En *septembre*, surveillez votre environnement. Votre négligence causera des ennuis. Certains seront obligés de porter un plâtre. D'autres auront la cheville enflée. Cela dit, vous utiliserez des béquilles pour vous déplacer.

- En *novembre*, plusieurs fêteront l'halloween. Certains assisteront également à une soirée disco. Vous aurez un plaisir fou à vous trouver une tenue vestimentaire de cette époque. Une superbe soirée à prévoir! Quelques-uns gagneront un prix pour leur costume!

- En **novembre**, profitez-en pour acheter une loterie. Lors d'un déplacement dans une ville étrangère, achetez un billet. De plus, les loteries instantanées vous réserveront de petites surprises!

- En **décembre**, vous, ou un proche, devrez surveiller les chaussées glissantes. Il y a risque d'accrochage. Assurez-vous d'avoir de bons pneus d'hiver. Bref, soyez toujours vigilant sur la route, surtout lors de tempêtes. Certains risquent de se retrouver devant des obstacles. Votre vigilance permettra de contourner ces obstacles, alors, soyez prudent!

PARTIE IV

Les Trônes

(11 juin au 22 juillet)

Chapitre XX

L'année 2016 des Trônes

Tous vos efforts seront récompensés !

L'année de la conscience agira favorablement dans votre vie. Plusieurs réaliseront qu'il est temps de se prendre en main et de passer à l'action. Vous mettrez à profit vos idées, vos projets et vos rêves. Votre envie d'améliorer votre vie sera tellement intense que vous y mettrez tous les efforts pertinents afin d'apporter des modifications nécessaires pour embellir vos journées quotidiennes. Vous êtes maintenant conscient que vous être le maître de votre destinée et que vous possédez toutes les qualités pour améliorer et réussir votre vie.

Bref, vous rêvez d'une vie meilleure? Bâtissez-là ! Vous souhaitez avoir un compte bancaire fructueux? Économisez votre argent ! Vous désirez un travail rémunérateur? Cherchez-le ! Cette année, tous les efforts que vous apporterez pour améliorer votre vie obtiendront de bons résultats. Il ne tient qu'à vous d'amorcer le premier pas et le reste s'ensuivra.

Certains événements de l'année 2015 ont ralenti plusieurs Trônes. Vous avez dû mettre de côté certains de vos rêves et projets. Cela n'a pas été facile pour vous. Vous avez vécu trop de problématiques pour pouvoir mettre à profit vos idées. De plus, il y a eu plusieurs situations où vous avez été obligés de prendre soin des autres et non de vous. La majeure partie de votre année a été consacrée aux autres. Si un prix vous était destiné, vous auriez remporté le trophée du sauveur! Telle fût votre mission l'an passé. Celle de sauver vos proches. Vous en avez mis des efforts pour aider vos proches à réaliser leurs rêves, à obtenir de bons résultats lors d'actions, à se sortir d'impasse, etc... Sans oublier évidemment votre rôle d'infirmier! Quelques-uns ont dû prendre soin de leurs proches. Leur état de santé exigeait votre présence. Plusieurs proches ont été malades et vous en avez pris soin! Vous étiez inquiet au sujet de leur santé. Cela a souvent dérangé vos nuits de sommeil. Bref, vous en avez mis des heures à prendre soin des autres. À un point tel que vous avez mis de côté votre vie pour sauver celles des autres. En 2016, vous avez maintenant envie de prendre soin de vous. Passer le premier au lieu du dernier. Cela ne veut pas dire que vous ne prendrez plus soin des autres. Toutefois, vous équilibrerez votre horaire du temps. Vous l'aménagerez davantage en fonction de vos besoins et vous consacrerez vos temps libre aux autres. Telle sera votre devise en 2016!

Cela dit, au cours de l'année 2016, tout viendra à vous : des offres, des propositions et des possibilités presque féériques. Si vous sautez sur les occasions qui se présenteront sur votre route, vous ne serez pas déçus et vous adorerez votre année. Même la fatigue ne pourra vous arrêter tellement vous serez déterminés à réussir votre année et à réaliser tous les buts que vous vous fixerez. Vous bougerez beaucoup en 2016, vous ne resterez pas en place une minute. Cela sera étourdissant pour votre entourage, néanmoins, vous serez satisfait et heureux de vos actions. De plus, attendez-vous à obtenir deux cadeaux inespérés. Il peut s'agir d'un rêve qui se réalise, d'une somme d'argent qui vous tombe du ciel, de la réussite d'un projet. Bref, la Providence est avec vous et celle-ci vous réserve deux magnifiques surprises qui feront palpiter votre cœur de bonheur!

Il est évident qu'il y aura des mois difficiles; à certains moments, vous serez envahi par la fatigue, le découragement et l'incertitude. Cela jouera sur votre humeur. Vous serez parfois désagréable! Il n'est pas facile de refuser et de dire *non* à vos proches. Vous qui, généralement, faites tout pour leur plaire! Cela n'est pas sans vous déranger émotionnellement. Toutefois, vous êtes conscient que si vous commencez à leur dire oui à chaque fois, vous agirez comme l'an passé. Cela veut dire de laisser de côté vos rêves pour aider les autres à réaliser leurs rêves. Ce n'est pas ce que vous souhaitez! Vous vous êtes promis de prendre soin de vous! Alors, tenez votre promesse! Cela sera bénéfique pour votre moral et vos états d'âme! Si vous éprouvez de la difficulté à refuser les demandes des autres, n'hésitez pas à réclamer de l'aide auprès de l'Ange gouverneur. Celui-ci rehaussera votre détermination. Cela vous permettra de continuer votre route vers le chemin de vos rêves. L'Ange gouverneur vous donnera l'énergie nécessaire pour respecter vos buts, les réaliser et les réussir.

Les personnes ayant une attitude négative vivront plusieurs désagréments et déceptions. Elles ne verront pas les opportunités venir vers elles. Elles seront trop absorbées par leurs idées noires et dévastatrices. Elles seront envahies par la jalousie, la critique et l'hypocrisie. Leur attitude provoquera des tempêtes autour d'elles. Plusieurs leur tourneront le dos par peur des représailles qu'elles peuvent leur causer. Elles créeront des problèmes et elles seront incapables d'admettre qu'elles sont la cause de tous ces ennuis. Certains préféreront jouer à la victime au lieu de se redresser et de se prendre en main. Rien ne sert de vous appuyer sur votre sort! Tout ce que vous vivrez, c'est de votre faute puisque vous l'avez provoqué. Au lieu de pleurer sur votre sort, relevez vos manches et réparez les pots brisés par votre attitude. Demandez pardon, s'il le faut! Ne laissez pas les situations s'envenimer davantage. Voyez-y avant de perdre des personnes chères à vos yeux! Ces personnes vous aiment et elles vous pardonneront!

Cela dit, si vous voulez améliorer votre vie et profiter des situations prolifiques de l'année 2016, changez votre attitude, réglez vos problématiques et réparez vos erreurs. Vous verrez que cela vaut la peine. Au lieu de vivre de la dualité, vous vivrez des événements agréables qui vous permettront d'améliorer votre vie et d'être heureux! De plus, si vous ne voulez plus apporter votre aide à vos proches, soyez franc avec eux! Arrêtez de les critiquer et de chialer! Dites-leur tout simplement que vous avez besoin de vous reposer et de reprendre contact avec votre intérieur, votre vie, vos rêves et vos objectifs. Ainsi, vous pourriez penser aux actions à entreprendre pour réaliser vos rêves. Bref, apportez un peu plus de dynamisme et de positivisme dans votre vie. Cela agira favorablement sur votre attitude. Toutefois, si vous ne faites rien pour améliorer votre sort, vous devez en subir les conséquences !

Aperçu des mois de l'année des Trônes

Au cours de l'année 2016, **vos mois favorables** seront *février, mars, avril, mai, août, septembre, octobre, novembre* et décembre.

Les **mois chanceux** seront *février, mai, août, septembre, novembre* et décembre.

Les **mois non favorables** seront *janvier* et *juin*.

Votre **mois ambivalent** sera *juillet.*

Voici un bref aperçu des événements qui surviendront au cours des mois de l'année pour les Trônes

Vous amorcerez votre nouvelle année avec quelques contrariétés. Certains seront malades. Une grippe virale les obligera à garder le lit pendant quelques jours. Au lieu de maugréer, prenez le temps de vous soigner ! En agissant ainsi, vous reprendrez la forme plus rapidement et vous pourrez vaquer à vos tâches habituelles.

De plus, il y aura trois situations qui requerront votre attention immédiate. Il peut s'agir d'un enfant, d'un problème relié au passé ou d'une décision à prendre. Cela vous tracassera. À partir du *9 janvier*, tout peut vous arriver. Vous aurez l'impression de vivre dans les montagnes russes. Cela vous ralentira énormément dans vos tâches quotidiennes et dans vos actions. Plusieurs seront découragés par l'ampleur de certaines situations. Le mieux à faire est de prendre une journée à la fois et de régler les problèmes un à un.

De plus, certains réaliseront qu'ils ont dépassé leur budget avec les achats de Noël. Lorsqu'ils recevront leur état de compte, ils seront inquiets. Parviendront-ils à tout payer avant la date d'échéance ? Telle sera leur peur. Il est évident que vos tourments vous empêcheront d'avoir de bonnes nuits de sommeil. Si vous êtes capable de méditer, faites-le. Cela sera bénéfique et votre mental se portera mieux, ce qui vous permettra de trouver de bonnes solutions pour régler vos problématiques.

À partir du **2 février jusqu'au 28 mai**, vous entrez dans une période prolifique. Tous vos efforts seront récompensés. Toutes vos actions seront bénéfiques et elles changeront favorablement votre vie. Attendez-vous à recevoir de bonnes nouvelles, à réaliser des rêves, à réussir des projets et à obtenir de bons résultats lors de vos actions. Tout viendra à vous comme par enchantement. Tout vous réussira et vous en serez très heureux. Cela vous encouragera à continuer dans la même direction! De plus, la Providence sera avec vous. Profitez-en pour acheter des billets de loterie. Certains gagneront de petites sommes d'argent. En *février*, achetez un billet lors d'une sortie à l'extérieur de la ville. Cela sera bénéfique. Le chiffre « 2 » sera chanceux. Ajoutez-le à votre combinaison de chiffres. Au cours de ce mois, plusieurs auront le privilège de régler deux problématiques et de réussir deux projets. Ce sera également une période favorable pour toutes transactions. Certains signeront un contrat qui leur apportera satisfaction. Il peut s'agir d'un achat ou d'une vente de propriété. Bref, grâce à leur détermination et leurs actions, plusieurs atteindront un bel équilibre!

Cela dit, sur une note préventive, surveillez les plats chauds. Certains pourraient se brûler. D'autres éprouveront une douleur à l'épaule. Soyez vigilant lors de vos tâches habituelles. Si vous devez soulever des objets lourds, n'hésitez pas à réclamer de l'aide auprès de vos proches.

En *mars*, vous fêterez un événement! Il peut s'agir de la réussite d'un projet, d'une augmentation de salaire, d'un nouvel emploi, d'une réconciliation, etc…Ce sera également un mois très actif. Vous bougerez beaucoup et vous ferez plusieurs sorties. Vous passerez du temps de qualité avec vos proches. Attendez-vous à des rires à profusion et du plaisir lors de vos rencontres. Le tout se poursuivra jusqu'en *avril*. Tout ce que vous entreprendrez au cours d'*avril* vous apportera de la satisfaction. Certains penseront à changer leur véhicule. D'autres feront un déplacement agréable. Vous irez visiter un lieu rêvé! Les célibataires pourraient faire une rencontre importante. Il peut s'agir de leur amour idéal! Cette rencontre fera palpiter leur cœur de joie!

Plusieurs seront animés par des « coups de foudre » qui risquent d'être dispendieux ! Vous améliorerez les pièces de votre maison. Certains feront l'achat de meubles. D'autres rénoveront certaines pièces. Vous enjoliverez vos fenêtres avec de beaux tissus. Vous peindrez vos pièces. Vous choisirez vos couleurs ! Bref, vous serez dans la frénésie d'améliorer l'aspect de votre demeure. Des idées, vous en aurez pleinement ! Tel un enfant, vous vous amuserez à changer votre décor. Vous serez satisfait et vous inviterez vos proches à venir voir le nouveau *look* de votre maison.

Cela dit, vous obtiendrez vos récompenses au cours de mai pour tout ce que vous aurez entrepris, décidé et travaillé depuis les derniers mois. *Mai* sera un mois de prédilection. Vous vivrez plusieurs événements bénéfiques lors de ce mois. La Providence sera avec vous et elle vous réserve de belles surprises. Profitez-en pour jouer à la loterie. Achetez un billet avec votre partenaire. Cela sera chanceux ! Demandez-lui de choisir ses chiffres et combinez-les avec vos chiffres. Toutefois, assurez-vous que le chiffre « 8 » soit dans votre combinaison. Ce sera un chiffre chanceux. Plusieurs pourraient gagner toutes sortes de prix. Remplissez des coupons et participez à des tirages. Certains gagneront un forfait de vacances. D'autres peuvent gagner un motorisé. Quelques-uns gagneront une emplette d'épicerie. Certains gagneront des billets pour participer à un spectacle ou un souper gastronomique, etc.

Lors de cette période, vous adorerez voyager. Vous serez heureux et cela se verra. Vous sortirez souvent en amoureux avec votre partenaire. Vous ferez également des sorties familiales. Toutes vos sorties rehausseront votre énergie. Vous serez en pleine forme. Ce qui vous donnera l'envie de tout faire en même temps et de tout réussir ! Rien ni personne ne dérangera vos actions. Vous savez ce que vous voulez et vous ferez votre possible pour tout obtenir. Vous serez également très intuitif lors de *mai*. Vous serez au bon endroit au bon moment et avec les bonnes personnes.

Votre mois de *juin* sera différent. Vous rencontrerez une difficulté qui vous obligera à y voir rapidement. Néanmoins, vous serez en force pour le régler. Vous serez très déçu et peiné de l'attitude d'un proche. Plusieurs vivront une période de huit jours intenses. Attendez-vous à verser des larmes, à être désemparé par un événement, à faire de l'insomnie, etc. Ces huit jours vous sembleront une éternité ! Lors de cette période, n'hésitez pas à réclamer de l'aide, si vous en éprouvez le besoin. Vos proches sauront bien vous consoler.

Sur une note préventive, ayez de bonnes chaussures lors de randonnées pédestres. Certains pourraient se blesser à la cheville. De plus, ne vous promenez pas pieds nus. Vous éviterez de vous blesser inutilement! Ceux qui négligeront cet aspect devront consulter leur médecin.

En *juillet*, plusieurs éclairciront des malentendus. Vous dialoguerez profondément avec les personnes concernées. Vous réglerez astucieusement vos problématiques et vous vaquerez plus rapidement à vos tâches habituelles. De plus, plusieurs appréhenderont leur anniversaire de naissance. Est-ce le fait de vieillir qui vous dérange autant? Plusieurs planifieront une sortie à l'extérieur de la ville pour ne pas être obligés de rester à la maison. D'autres critiqueront leurs rides! Quelques-uns fuiront les accolades! Malgré tout, plusieurs seront fêtés et passeront une magnifique journée! Leur appréhension du matin s'estompera au cours de la journée lorsqu'ils rencontreront leurs proches et lorsqu'ils développeront leurs cadeaux. Ils réaliseront que leurs proches les aiment, peu qu'ils importe les rides et l'âge! L'important est de vous voir heureux! Donc, vous changerez votre attitude et vous profiterez au maximum de votre journée!

Lors de la période estivale, c'est le mois d'*août* qui vous plaira davantage! Plusieurs prendront leurs vacances lors de ce mois. Vous bougerez beaucoup et vous vous amuserez énormément. Vous assisterez à des soirées agréables. Vous rencontrerez de bonnes personnes. Vous aurez de belles discussions. Vos actions seront profitables. Votre regard sur l'avenir est prometteur. Vous êtes en contrôle avec votre vie. Plus que jamais, vous savez ce que vous désirez et vous ferez en sorte de l'obtenir!

De plus, un problème qui vous tracassait depuis longtemps se résoudra à votre grand soulagement. Une solution arrivera comme par enchantement et réglera ce problème. Vous serez très heureux de la tournure des événements. Plusieurs se sentiront soulagés et libérés lorsque le tout sera réglé.

Du *7 août jusqu'à la fin décembre*, vous vivrez plusieurs situations prolifiques qui amélioreront votre routine quotidienne. Plusieurs verront deux de leurs souhaits se réaliser à leur grand étonnement. Vous sauterez de joie et vous n'arrêterez pas d'en parler tellement vous serez surpris et heureux de ces magnifiques réalisations. Les Anges ont entendu vos prières ! N'oubliez pas de leur dire « *merci* ». De plus, lors de cette période, profitez-en pour jouer à la loterie. Achetez des billets en groupe. Achetez également une loterie avec votre partenaire amoureux. Les billets que vous recevrez en cadeau seront bénéfiques. Quelques-uns gagneront de belles sommes d'argent grâce aux billets reçus en cadeau. De plus, les loteries instantanées seront favorables !

Avant que l'année 2016 se termine, vous chasserez tout ce qui nuit à votre bonheur. Vous analyserez votre vie et vous ferez des choix. Donc, vous amorcerez l'année 2017 sous un angle différent et avec une vision différente. Votre détermination à vivre dans la paix, la joie et l'harmonie vous amèneront à faire un grand ménage dans vos habitudes de vie. Cela ne sera pas évident ! Toutefois, vous y parviendrez avec succès. Lorsque vous amorcerez votre nouvelle année, vous serez très fier de vos décisions, de vos choix et de vos actions ! Vous serez encouragé et déterminé à réussir votre année et à réaliser vos rêves les plus fous !

Conseil angélique des Anges Trônes : *Chers enfants, avoir des rêves, c'est vivre sa vie. Passer à l'action, c'est réussir sa vie. Priez-nous et nous vous aiderons à réussir votre plan de vie. De plus, notre énergie vous permettra de savourer les événements prolifiques de la vie. Cette année, plusieurs auront le privilège de réaliser leurs rêves les plus fous, d'obtenir de bons résultats lors d'actions et de réussir les buts fixés. Il faut donc profitez au maximum des journées agréables de votre année 2016 ! Toutes ces belles énergies qui viendront à vous rehausseront votre confiance, votre fierté et votre joie de vivre. N'oubliez pas que l'avenir vous appartient, il ne tient qu'à vous de choisir la bonne voie. Celle de la réussite, de l'équilibre, de la sérénité et du bonheur ! D'ailleurs, vous possédez toutes les qualités pour vous diriger vers ce chemin. Votre bonheur est entre vos mains et nous le protégerons sous nos ailes ! Tout au long de l'année, nous serons présents avec vous. Pour annoncer notre présence, nous vous ferons signe ! Nous vous enverrons régulièrement une pièce de 25 sous que vous trouverez partout ! Ceci représente notre présence auprès de vous. De plus, ce signe vous*

*indique que nous avons écouté vos demandes et travaillons de concert
avec les Anges gouverneurs pour vous les accorder!*

Les événements prolifiques de l'année 2016

* La Providence vous suivra tout au long de l'année. Celle-ci vous réserve de belles surprises. Attendez-vous à vivre plusieurs événements qui vous émerveilleront. Deux de vos désirs se réaliseront à votre grand étonnement. Vous serez envahi par la joie de vivre, l'abondance, l'euphorie et la béatitude. Vous plongerez dans le bonheur. Lorsqu'il y aura des moments plus tendus, vous serez apte à tout régler pour retrouver votre joie de vivre et vous y parviendrez avec ténacité!

* À la suite d'un événement, certains recevront un honneur, un diplôme, un trophée ou une note d'appréciation. Vous serez très fier de vous. En recevant cet honneur, vous réaliserez l'importance de votre geste. Ce qui vous encouragera à continuer de créer, de bâtir et d'apporter votre aide.

* Au cours de l'année, ne soyez pas surpris de vivre deux événements à la fois. Lorsqu'une nouvelle arrivera, une autre suivra. Lorsqu'un billet de loterie sera gagnant, un deuxième suivra. Lorsqu'un problème surviendra, un autre arrivera! Tels seront les événements marquants de votre année 2016! Ce sera tout ou rien!

* Plusieurs auront le privilège de signer de deux à cinq contrats importants. L'un de ces contrats vous permettra de retrouver un bel équilibre. Vous récolterez finalement les fruits de vos efforts. À chaque fois que vous apposerez votre signature sur le contrat, un brin de fierté et de joie vous envahira.

* Malgré les changements nécessaires qui devront s'opérer dans votre vie, vous sortirez souvent gagnant de vos batailles. Vous serez grandement satisfait de tout ce que vous entreprendrez et déciderez. Vous ferez tout en votre pouvoir pour améliorer votre vie. Vous irez chercher toutes les ressources possibles pour vous aider à voir clair et

à bien prendre vos décisions. Vous trouverez la meilleure façon pour régler le tout avec satisfaction. Généralement, vous parviendrez à tout entreprendre sans réclamer de l'aide. Toutefois, il y aura toujours de l'aide disponible si vous en avez vraiment besoin. L'année 2016 sera votre année de prédilection et vous saurez en profiter au maximum! Rien ni personne ne vous fera changer d'idée lors de vos actions. Plus que jamais, vous savez ce que vous voulez et vous ferez votre possible pour tout obtenir!

* Soyez toujours à l'écoute de votre environnement. Plusieurs auront le privilège de recevoir des messages provenant de personnes importantes. Par leurs paroles et gestes, ces personnes pourraient déclencher des actions très prolifiques, ce qui vous aidera à réaliser de grands rêves, des petits désirs, etc.

Les événements exigeant de la prudence

* Plusieurs situations requerront votre attention immédiate. Vous bougerez beaucoup et vous serez très actif, productif et créatif. Vous ne laisserez rien en suspens et vous vous organiserez pour terminer ce que vous amorcerez. Il y aura des journées où vous aurez à peine le temps de relaxer. Donc, il serait important lors de ces journées d'être plus attentif à votre environnement. Des blessures insignifiantes pourraient ainsi être évitées. Quelques-uns seront obligés de porter un plâtre ou un pansement à cause de leur négligence. De plus, certains pourraient se blesser à la cheville lors d'un exercice quelconque. Assurez-vous de porter des chaussures adéquates lorsque vous faites du sport. Faites toujours des exercices de réchauffement avant chaque activité. Cela sera bénéfique!

* Surveillez également votre santé. Ne négligez pas les alarmes de votre corps. Si une douleur persiste, consultez votre médecin. Si vous négligez trop, vous vous retrouverez avec des ennuis de santé qui pourraient entraîner la prise de médicaments ou une intervention chirurgicale.

* Essayez d'être moins exigeant envers vous-même. N'oubliez pas que vous êtes un être humain et que vous avez droit à l'erreur.

D'ailleurs, on apprend toujours de ses erreurs. L'important est d'en être conscient.

* N'essayez pas de diriger la vie des autres ni de les sauver! Chaque personne est différente et chacune voit la vie différemment! Avant de juger les actions de vos proches, apprenez à vous taire et à lâcher prise sur certaines situations. Cela vous sera favorable! De plus, réglez vos problématiques au lieu de commenter les actions de vos proches pour améliorer leur vie. Sinon, votre santé mentale et émotionnelle en écopera! À quoi bon vous rendre malade pour les autres! Pensez-y! Cela ne vaut pas la peine! Donc, cette année, sauvez votre âme et prenez soin de vous au lieu d'essayer de mener et de sauver la vie des autres! Passez en premier! Cela sera à votre avantage!

* Prenez toujours votre temps avant de vous diriger vers de nouvelles avenues et de faire des choix. Assurez-vous que c'est exactement ce que vous recherchez ou voulez. Sinon, vous risquez d'être déçu. Ne vous découragez pas s'il y a des retards. Lorsque vous obtiendrez ce que vous souhaitez, vous réaliserez que l'attente en valait la peine!

Chapitre XXI

Informations supplémentaires propres à chacun des Anges Trônes

Les Trônes et la chance

Tel que l'an passé, votre chance sera **excellente,** voire inouïe! La porte de la Providence s'ouvre à vous et elle vous réserve de belles surprises. Plusieurs événements prolifiques surviendront et toucheront favorablement plusieurs aspects de votre vie. Votre chance sera telle une boîte à surprise! Vous ignorez le contenu intérieur, cependant vous êtes tout excité de le découvrir, sachant qu'une surprise vous y attend! Cela dit, si vous profitez de chaque occasion qui se présentera à vous, vous passerez une merveilleuse année. Vous serez gâté par la Providence. Des cadeaux fuseront de toutes parts et vous en serez comblé. Il peut s'agir de petits cadeaux comme des cadeaux inespérés! Toutefois, qu'importe le cadeau, vous l'accueillerez toujours à bras ouvert! Bref, tout tournera en votre faveur. Cela vous permettra de réaliser plusieurs projets et de régler plusieurs situations problématiques.

Tous les Trônes seront avantagés par la Providence. Toutefois, les enfants de **Lauviah II**, de **Caliel**, de **Leuviah** et de **Melahel** seront les plus chanceux parmi les enfants Trônes.

Au cours de l'année 2016, les trois chiffres chanceux des enfants Trônes seront **2**, **18** et **21**. Le chiffre « **18** » est excellent. Vous pourriez vivre plusieurs événements marqués de ce numéro. De plus, les Anges peuvent vous montrer régulièrement ce chiffre. Par ce signe, les Anges Trônes vous annonce leur présence. Profitez-en également pour vous procurer une loterie. Votre journée de chance est le **samedi**. Vos mois de chance pour acheter des loteries seront **février, mai, août, septembre, novembre** et **décembre**. Plusieurs situations bénéfiques surviendront lors de ces mois de chance.

Cette année, achetez des loteries seul ou avec votre partenaire amoureux ou un ami! De plus, les loteries instantanées vous réservent de petites surprises monétaires. Conservez une attitude positive face à la vie et tout viendra à vous comme par enchantement. Vous n'aurez qu'à formuler un vœu pour le voir se réaliser! Vous n'aurez qu'à entreprendre une action pour la voir fructifier! Vous serez en mesure de réaliser instantanément vos idées. Vous aurez tous les atouts et les outils essentiels pour entreprendre des projets et les réussir. Telle sera votre chance au cours de l'année 2016. Profitez-en car tout est éphémère.

De plus, n'oubliez pas de prendre en considération le chiffre en gras relié à votre Ange. Ce chiffre représente également un chiffre chanceux pour vous. Il serait important de l'ajouter à votre combinaison de chiffres. Cela sera favorable. Toutefois, votre Ange peut également utiliser ce chiffre pour vous annoncer sa présence auprès de vous. Si vous voyez continuellement ce chiffre, cela indique que votre Ange est auprès de vous. Profitez-en pour lui parler et lui demander de l'aide! Cela peut également signifier de prier l'Ange gouverneur. Vous avez possiblement besoin de sa Lumière pour traverser l'une de vos épreuves, pour prendre une décision, pour régler une problématique et autre.

Conseil angélique : *Si vous trouvez une pièce d'un dollar, si une personne vous remet une fleur blanche ou si vous voyez un bracelet or en forme de serpent, achetez un billet de loterie puisque ces trois symboles représentent votre chance.*

Lauviah II : 10, 25 et 30. Le chiffre « **10** » est votre chiffre chanceux. Cette année, vous serez favorisé par la chance. Profitez-en au maximum puisque tout est éphémère. Plusieurs situations se régleront par enchantement ! Vous serez très fier de tout ce qui se produira au cours de l'année. Certains auront la chance de gagner plusieurs petits concours de circonstance. Quelques-uns pourraient gagner une télévision, un meuble en bois massif, un montant forfaitaire pour rénover l'une des pièces de la maison et autres. La chance sera imprévisible sur le contenu des cadeaux qu'elle vous offrira ! Néanmoins, elle vous surprendra régulièrement !

Jouez seul puisque la chance vous appartient ! Toutefois, si vous achetez un billet avec les membres de votre famille. Cela sera très chanceux ! Lors d'une soirée agréable avec vos proches, profitez-en pour acheter un billet de groupe ! Vous pouvez également vous joindre à des groupes. Les groupes de trois, de cinq et de dix personnes vous seront favorables. Si vous connaissez un homme barbu aux cheveux grisonnants, achetez un billet avec lui. Cela sera bénéfique.

Cette année, plusieurs amélioreront leur vie. Certains auront de belles promotions qui les aideront à remonter leur situation financière. D'autres auront des résultats satisfaisants dans l'élaboration de leurs tâches. Vous serez régulièrement inondé par de belles opportunités qui vous permettront de retrouver la joie de vivre et un bel équilibre. Telle sera votre chance au cours de 2016 et vous saurez bien en tirer profit. Cela fait tellement longtemps que vous attendiez après ce moment magique ! Vous n'hésiterez donc pas à avancer lorsqu'une situation vous interpellera !

Caliel : 2, 22 et 36. Le chiffre « **2** » est votre chiffre chanceux. N'oubliez pas que la chance est de votre côté! Attendez-vous donc à recevoir de belles surprises qui toucheront plusieurs aspects de votre vie. Vous serez heureux de tout ce qui se produira durant votre année. Vous réaliserez que tous vos efforts seront bien récompensés. Cela vous encouragera à continuer à travailler ardemment pour obtenir de bons résultats et réaliser vos rêves.

Jouez seul, cela sera bénéfique! Si vous désirez participer à un groupe, optez pour des groupes de deux ou de quatre personnes. Si vous connaissez un coiffeur, un barbier, un ébéniste, un ouvrier, un horloger ou un bijoutier; achetez un billet avec eux. Si vous voyez un homme aux yeux bruns portant un tablier, tel un chef cuisinier, c'est un signe de chance! Achetez un billet de loterie dans la même journée que vous verrez ce signe!

En 2016, la chance se fera également sentir dans votre vie personnelle et professionnelle. Plusieurs amélioreront leur vie en réglant des problèmes, en ayant des conversations importantes, en trouvant de bonnes solutions et en obtenant de bons résultats sur chaque action qu'ils entreprendront. De plus, certains vivront des changements bénéfiques sur le plan professionnel qui leur apporteront de la sécurité. Bref, grâce aux changements, plusieurs retrouveront la paix, l'équilibre, la sérénité et la joie de vivre.

Leuviah : 10, 15 et 30. Le chiffre « **10** » est votre chiffre chanceux. La Providence est à vos côtés, profitez-en pour jouer à la loterie, pour régler vos problèmes, pour entamer des conversations, pour faire vos choix, pour faire vos transactions et pour réaliser vos rêves. Bref, attendez-vous à recevoir plusieurs petites surprises qui vous rendront heureux. Cela fera du bien à votre moral!

Cette année, fiez-vous à votre instinct. Vous avez la main chanceuse. Donc, prenez le temps de choisir vos numéros et vos billets de loterie. Les loteries instantanées vous seront très favorables. Jouez seul puisque la chance est avec vous. Les groupes de deux, de quatre ou de six personnes peuvent aussi être bénéfiques. Si vous connaissez une femme aux cheveux auburn ondulés, achetez un billet avec elle. Si vous connaissez une personne dont le signe du zodiaque est Bélier ou Taureau, achetez un billet avec elle. Vous pouvez également acheter un billet avec un collègue de travail. De plus, plusieurs auront le privilège de trouver des pièces de monnaie. Insérez-les dans votre pot d'abondance[1]. Lorsque votre instinct vous indiquera d'acheter une loterie, achetez-la.

Cette année, la chance se fera sentir dans vos actions. Vous envisagez un avenir plus équilibré et serein. Vous aurez la chance de réaliser plusieurs de vos projets et vous en serez très fier. Tout ce que vous entreprendrez vous apportera de belles satisfactions personnelles. L'année 2016 annonce la fin de vos difficultés. Vous vous prenez en main et vous réglez toutes les situations qui vous dérangent. À chaque problème, vous trouverez une solution. À chaque question, vous trouverez une réponse. Vous êtes conscient que l'avenir vous appartient et vous ferez votre possible pour le rendre heureux, fructueux et équilibré. Telle sera votre détermination au cours de 2016 !

Pahaliah : 7, 34 et 43. Le « 7 » est votre chiffre chanceux. La Providence vous surprendra ! Vous aurez de la difficulté à le croire ! Toutefois, vous serez toujours satisfaits des cadeaux qu'elle vous réserve. Il peut s'agir de sommes d'argent comme des cadeaux utiles. De toute façon, vous serez heureux d'accueillir ces surprises inattendues. Profitez-en également pour participer à des concours de circonstance. Cela sera chanceux. Vous pourriez gagner toutes sortes de prix agréables !

Cette année, vous serez davantage chanceux si vous jouez en groupe. Les groupes qui favoriseront votre chance seront les groupes de deux, de quatre et de sept personnes. Si vous connaissez un avocat, un juge, un policier, un éboueur ou un homme qui travaille dans le métal ou le recyclage, achetez un billet avec eux. Cela vous portera chance. Toutefois, assurez-vous de placer immédiatement le billet dans un lieu sûr. Certains pourraient accidentellement jeter à la poubelle leurs billets ou les égarer !

Cette année, la chance se fera davantage sentir au niveau de vos actions et des décisions que vous prendrez pour améliorer votre vie. Vous aurez le privilège de trouver des solutions pour régler vos problèmes, de lâcher prise sur des situations insolubles et de démasquer les personnes malintentionnées. Vous utiliserez plusieurs stratagèmes pour parvenir à vos

---

1.   Soins Angéliques – Les Anges de l'abondance – Confection du pot d'abondance, page 33.

buts et vous y parviendrez! Cette attitude vous permettra de prendre le contrôle de votre vie et de ramener l'harmonie dans votre domicile. Certains pourraient également gagner des causes judiciaires, gouvernementales ou autres. Il est évident qu'il y aura beaucoup d'action en 2016. Néanmoins, vous ne regretterez rien puisque les résultats avantageront continuellement votre quotidien.

Nelchaël : 11, 15 et 33. Le chiffre « **11** » est votre chiffre chanceux. La Providence est à vos côtés, profitez-en au maximum! Achetez des billets de loterie. Réglez vos problématiques. Améliorez votre vie. Fixez-vous des buts. Réalisez vos rêves, etc. Bref, attendez-vous à vivre des moments riches et intenses. Cela vous fera du bien! On verra souvent le sourire sur vos lèvres. La bonne humeur vous envahira régulièrement! Cela sera plaisant de vous voir ainsi!

Cette année, fiez-vous à votre instinct. Vous avez la main chanceuse. Prenez donc le temps de choisir vos numéros et vos billets de loterie. Les loteries instantanées vous seront très favorables. Jouez seul puisque la chance est avec vous. Toutefois, si vous voulez participer à des groupes, les groupes de deux, de trois ou de six personnes vous seront bénéfiques. Si vous connaissez une femme aux cheveux blonds, aux yeux bleus, qui se maquille régulièrement, achetez un billet avec elle. Si vous connaissez une personne dont le signe du zodiaque est Verseau ou Poissons, achetez un billet avec elle.

En 2016, votre chance se fera davantage sentir dans vos choix et décisions. Plus que jamais vous savez ce que vous voulez et vous ferez votre possible pour l'obtenir. Votre grande détermination apportera du succès. Vous parviendrez à régler plusieurs problèmes, ce qui allégera vos épaules et apaisera vos angoisses. Vous travaillerez ardemment pour retrouver l'harmonie, la paix intérieure, la sérénité et vous y parviendrez au prix de grands efforts. Néanmoins, vous serez satisfait de vos actions. Vous retrouverez rapidement votre équilibre et votre joie de vivre. Cela vous permettra de continuer à améliorer votre vie. Plusieurs tourneront la page du passé pour s'aventurer vers un avenir plus prometteur et serein. Vous profiterez davantage de la vie. Vous savourerez les événements agréables qui s'offriront à vous. Vous vivrez un jour à la fois. Vous continuerez de construire un avenir meilleur! Telle sera votre devise de 2016!

Yeiayel : 5, 10 et 44. Le chiffre « **5** » est votre chiffre chanceux. La chance vous sourit et vous saurez bien en profiter. Tout ce que vous entreprendrez et vous déciderez apportera de la satisfaction. Cela vous encouragera à continuer dans la même direction. Vous serez souvent au bon endroit, avec les bonnes personnes. Cela vous avantagera dans plusieurs aspects de votre vie. Vous serez vif d'esprit. Lorsqu'une opportunité s'offrira à vous, vous la saisirez rapidement ! Rien ne vous passera sous le nez ! Vous en profiterez des bonnes transactions aux bons moments. En agissant ainsi, vous deviendrez un gagnant et vous en serez très fier !

Jouez seul, cela sera bénéfique ! Si vous désirez participer à un groupe, optez pour des groupes de deux, de trois ou de cinq personnes. Achetez un billet avec un membre de la famille. Cela sera bénéfique. Si vous connaissez un homme aux cheveux et aux yeux foncés, achetez un billet avec lui. Si vous connaissez un musicien, un violoniste, un barman, un sommelier, achetez des billets avec eux.

Cette année, la chance se fera sentir au niveau de vos transactions et de vos actions. Plusieurs amélioreront leur vie. Quelques-uns signeront des papiers importants qui leur apporteront satisfaction. Certains auront de belles promotions. D'autres auront de bons résultats dans l'élaboration de leurs tâches. De plus, certains mettrons un terme à leurs fantômes existants ou reliés à leur passé. D'autres auront la chance de recouvrer la santé et de retrouver leur énergie d'autrefois. Telle sera votre chance en 2016 !

Melahel : 6, 24 et 44. Le chiffre « **6** » est votre chiffre chanceux. N'oubliez pas que la Providence est avec vous ! Vous êtes l'un des enfants Trônes favorisés par la chance. Certains recevront d'un à six cadeaux providentiels qui les feront sauter de joie !

Jouez seul, cela sera favorable. Achetez également des billets de loteries instantanées. Si vous recevez des billets de loterie en cadeau. Si vous voulez joindre un groupe, les groupes de deux, de trois ou de six personnes vous seront favorables. Si vous connaissez un homme barbu dont le signe du zodiaque est Bélier ou Taureau, achetez un billet avec lui. Si vous connaissez également un banquier, un comptable, un militaire ou un écuyer, achetez un billet avec eux. Ceux-ci apporteront de la chance !

En 2016, la chance se fera également sentir dans vos actions pour régler vos problématiques qui vous retiennent prisonnier et qui rendent votre vie misérable. À chaque problème, vous trouverez une solution et vous le réglerez instantanément. À chaque question, vous trouverez une réponse et vous prendrez les mesures nécessaires pour régler le tout à votre entière satisfaction. Vous savez ce que vous voulez et vous ferez ce qu'il faut pour tout atteindre. Votre détermination et votre courage vous permettront d'obtenir des résultats extraordinaires. De plus, toute aide que vous apporterez aux autres vous sera doublement récompensée. Vos proches vous aiment et ils vous le démontreront par de belles attentions à votre égard. Pour plusieurs, un nouveau cycle s'amorce pour eux, meilleur et à la hauteur de leurs attentes !

Haheuiah : 1, 2 et 18. Le chiffre « **2** » est votre chiffre chanceux. N'oubliez pas que la Providence est de votre côté. Profitez-en donc pour améliorer certains aspects de votre vie qui vous dérangent. Cela fait longtemps que vous attendiez ce moment. Ne le laissez pas passer sous votre nez. Lorsqu'une situation vous interpelle, saisissez-la immédiatement. Grâce aux opportunités, vous verrez des problématiques s'envoler et disparaître, des rêves se concrétiser, des projets s'amorcer et des idées se construire. Tels seront les effets bénéfiques de la Providence. Profitez-en puisque tout est éphémère et rapide !

En 2016, misez davantage sur les loteries instantanées que sur les autres loteries. Vous serez également chanceux si vous jouez en groupe. Les groupes de deux, de trois et de quatre personnes vous seront favorables. Pour les groupes de deux personnes, jouez avec votre partenaire amoureux ou l'un de vos meilleurs amis. Demandez-leur de choisir leurs chiffres et combinez-les avec vos chiffres. Si vous connaissez un fermier, un paysagiste ou un fleuriste, achetez un billet avec eux.

Cette année, la chance vous accompagnera aussi pour faire le point sur certains événements de votre vie. Vous obtiendrez des réponses et des solutions pour régler vos problèmes. Vous parviendrez à lâcher prise sur des situations irrécupérables. Vous retrouverez votre équilibre grâce à vos décisions. Plusieurs analyseront leur vie. À la suite de leur analyse, ils se fixeront des buts et chercheront à les atteindre. Leur grande détermination à réussir leurs objectifs leur apportera de la satisfaction et de bons résultats. Cela les encouragera à travailler ardemment pour atteindre leurs buts et réussir leur vie. Telle sera leur priorité au cours de 2016!

Les Trônes et la santé

La santé des enfants Trônes variera de **bonne** à **excellente**. Plusieurs réaliseront qu'il est temps de prendre soin d'eux. Depuis quelques années, ils ont négligé cet aspect de leur vie, ce qui leur a occasionné des ennuis de toutes sortes. L'an dernier, vous n'avez pas été épargné par les douleurs lancinantes et les problèmes de santé. Certains ont dû subir une intervention chirurgicale. D'autres ont été obligés de prendre un repos forcé. Quelques-uns ont été obligés de prendre des médicaments pour soulager leur douleur. Pour plusieurs, leur médecin les a obligés à surveiller attentivement leur santé pour contrer la maladie et éviter de graves ennuis. Tous ces événements vous ont réveillé. Vous avez pris conscience de l'importance de conserver une bonne santé. Donc, en 2016, vous adopterez de bonnes habitudes de vie qui auront un effet bénéfique sur votre santé. Votre santé vous préoccupera énormément. Vous ne voulez plus vivre dans la maladie, c'est pourquoi vous ferez attention à vous. Lorsqu'un malaise ou une douleur vous envahira, vous consulterez immédiatement votre médecin. Vous avez envie d'être en forme pour entreprendre tous vos projets, donc, vous surveillerez votre santé! Vous ferez tout pour la recouvrer et retrouver la forme. Votre négligence se transformera en vigilance. Cela aura un effet bénéfique sur votre santé. Vous réaliserez rapidement que la négligence attire des problèmes. Vous serez donc alerte. Cela dit, les personnes malades devront doubler de prudence et écoutez sagement les conseils de leur médecin, ainsi ils éviteront des ennuis de toutes sortes. Sinon, certains se retrouveront à l'hôpital pour y subir des traitements ou une intervention chirurgicale.

Il y aura des parties du corps vulnérables à ne pas négliger. Surveillez vos chevilles. Assurez-vous de toujours porter des chaussures adéquates lorsque vous pratiquez une activité physique. De plus, les allergies en dérangeront plusieurs. Le nez et les yeux couleront souvent. Quelques-uns seront obligés de prendre des antibiotiques pour guérir les infections causés par les allergies. Certains asthmatiques devront utiliser leur inhalateur. Surveillez également l'estomac et les intestins. Ce sont des parties sujettes à causer quelques ennuis si vous les négliger. Bref, si vous prenez soin de vous, vous passerez une excellente année, et ce, sans douleur, ni tracas, ni médecin, ni médicament !

Sur une note préventive, voici les parties vulnérables à surveiller plus attentivement et les faiblesses du corps en ce qui concerne chacun des enfants Trônes.

Lauviah II : plusieurs se préoccuperont de leur santé. Ils seront très prudents et ils feront attention à eux. Quelques-uns changeront leur alimentation. D'autres feront des exercices. Ils chercheront à atteindre un poids santé et à retrouver la forme physique.

Toutefois, il y aura des exceptions. Certains se plaindront de douleurs ici et là qui les obligeront à prendre un médicament. D'autres iront consulter leur médecin pour qu'ils découvrent l'origine de leurs maux. Certains hommes auront des ennuis avec leur prostate, ce qui nécessitera l'intervention du médecin. Quelques-uns auront des ennuis avec leurs intestins. Les cardiaques devront redoubler de prudence et écouter sagement les conseils de leur médecin. Ainsi, ils éviteront des ennuis de toutes sortes. De plus, lors de la période des allergies, certains devront prendre un médicament pour les soulager.

Caliel : quelques-uns seront obligés de prendre deux médicaments pour une raison médicale. Plusieurs se plaindront de maux d'estomac et de maux de ventre. Il y a de fortes chances que ce soit causé par des problèmes intestinaux. Ceux qui souffriront du côlon irritable devront changer leurs habitudes alimentaires. D'autres devront éviter le gluten et le bannir de leur alimentation.

Certains se plaindront de douleurs musculaires qui les obligeront à prendre un médicament ou à faire un exercice de physiothérapie pour soulager leur douleur. Il peut s'agir de fibromyalgie ou d'entorse lombaire. Le médecin sera en mesure de bien les soigner pour que la douleur s'atténue et cesse. Les personnes cardiaques devront suivre les conseils de leur médecin. Il en est de même pour ceux qui ont un taux de cholestérol trop élevé ou qui souffre du diabète.

Au cours de l'année, soyez toujours vigilant lorsque vous entamez des tâches inhabituelles. Certains pourraient se blesser. Quelques-uns auront une main enflée à cause d'un coup de marteau! D'autres se blesseront à la cheville ou au pied. Ne marchez pas pieds nus. Vous pourriez marcher sur un morceau de vitre ou un clou. Assurez-vous d'avoir des diachylons et une trousse de premiers soins dans votre pharmacie. D'autres pourraient se plaindre d'une tendinite. Il est évident que cela les ralentira dans leurs activités physiques. Soyez attentif à votre environnement et écoutez les signaux de votre corps!

Leuviah : plusieurs prendront un médicament pour soulager leurs douleurs. D'autres opteront pour un produit naturel pour rehausser leur énergie. La gorge et les poumons seront des parties vulnérables. Plusieurs se plaindront de laryngites et de maux de gorge. Certains utiliseront un inhalateur pour dilater leurs poumons. D'autres prendront des pastilles contre la toux. Quelques-uns prendront des antihistaminiques lors de la période des allergies! Durant la période froide, les fumeurs et les asthmatiques devront redoubler de prudence pour éviter une pneumonie.

La glande thyroïde sera également une partie fragile; certains seront suivis méticuleusement par leur médecin. Certaines femmes auront des ennuis avec les organes génitaux. D'autres devront passer une mammographie. Quelques-unes devront subir une intervention chirurgicale. Certains développeront des tolérances alimentaires. Ils seront obligés de changer leurs habitudes alimentaires, sinon leur système digestif en souffrira! En 2016, il serait important d'écouter sagement les conseils du médecin qui vous soignera. Ainsi, vous recouvrerez plus rapidement la santé!

Pahaliah : plusieurs iront voir leur médecin pour des problèmes de toutes sortes. Celui-ci vous fera passer plusieurs examens pour déceler la cause de vos malaises. Si vous écoutez sagement ces recommandations, il vous sera permis de vaquer rapidement à vos tâches quotidiennes. Si vous refusez de vous plier à ses exigences, votre état de santé se détériorera et il vous sera beaucoup plus difficile de remonter la pente par la suite.

Il y aura également des faiblesses au niveau du cou, du dos, des épaules et des chevilles. Les sportifs devront faire des exercices de réchauffement avant chaque entraînement pour éviter de graves blessures. Il faudra aussi surveiller votre alimentation. Certains auront des problèmes avec leur système digestif.

Ceux-ci n'auront pas le choix d'apporter quelques changements à leur menu. Pour éviter la maladie, respectez la limite de vos capacités! Sinon, vous serez obligé de prendre un repos forcé. Mieux vaut prévenir que guérir! À vous de décider, ce qui vous convient le mieux!

Nelchaël : la santé mentale sera fragile. Vous verserez souvent des larmes de fatigue et d'épuisement. Il serait important de prendre soin de vous, d'avoir de bonnes nuits de sommeil et une alimentation saine. Respectez la limite de vos capacités, vous éviterez des ennuis de toutes sortes. Plusieurs se plaindront également de maux de ventre intense. Il peut s'agir des intestins, des organes génitaux ou d'une hernie. Vous serez obligé de consulter votre médecin. Celui-ci vous fera des examens approfondis pour découvrir les raisons de vos maux. À la suite d'un diagnostic, il vous soignera en conséquence.

En ce qui concerne les alcooliques, un spécialiste vous obligera à cesser votre consommation. Ce sera un avertissement à prendre au sérieux, surtout si vous avez envie de vivre vieux et en santé!

De plus, certaines femmes subiront une intervention chirurgicale. Il faudra prendre le temps nécessaire pour remonter la pente et respecter les recommandations de votre médecin. Sinon, votre convalescence sera longue. Surveillez également les objets tranchants. Certains subiront des blessures nécessitant un pansement. Assurez-vous d'avoir une trousse de premiers soins dans votre pharmacie. Cela vous sera salutaire!

Yeiayel : plusieurs se plaindront de douleurs musculaires. Le dos, le cou, le genou et une épaule seront la source de vos douleurs. Certains iront consulter un spécialiste. Celui-ci fera mille 'et un examens. Il parviendra à trouver la source de vos problèmes. À la suite de ce diagnostic, vous apporterez des changements dans vos habitudes de vie. De toute façon, vous n'aurez pas le choix. Néanmoins, ces changements vous seront salutaires et vous retrouverez rapidement la forme par la suite.

Cette année, certains hommes auront des ennuis avec leur prostate. Cela nécessitera l'intervention du médecin. Quelques-uns auront des ennuis avec leurs organes génitaux. Les cardiaques devront redoubler de prudence et écouter sagement les conseils de leur médecin. De plus, la vessie et les intestins seront des parties vulnérables. Certains risquent de faire des infections ou auront quelques ennuis qui nécessiteront des examens approfondis. Il faudra aussi surveiller le cholestérol et l'hypertension. Si vous voulez recouvrez la santé, il serait important d'écouter les recommandations du médecin qui vous soignera. Sinon, votre état de santé se détériorera et il sera beaucoup plus difficile pour vous de remonter la pente et de vous en sortir!

Melahel : certains devront prendre d'un à six médicaments pour soulager une douleur quelconque. D'autres devront surveiller leur alimentation à cause d'un gain de poids, de problèmes d'estomac et intestinaux. Certains réaliseront que leur ballonnement au ventre est dû au gluten. Ils devront y aller en douceur avec les produits à haute teneur en gluten. D'autres auront de la difficulté à digérer certains aliments riches en lactose. Quelques-uns essayeront des produits naturels. D'autres intégreront davantage les aliments et les jus verts dans leur alimentation. Cela les aidera à rétablir leur métabolisme.

Certains se plaindront de maux musculaires au niveau des bras, des genoux ou des poignets. Il peut s'agir du canal carpien qui nécessitera une chirurgie. Plusieurs devront consulter un médecin, un physiothérapeute ou un chiropraticien pour soulager leurs douleurs. Ne négligez pas les alarmes de votre corps! Respectez la limite de vos capacités. En agissant ainsi, vous serez moins enclin à la maladie.

Haheuiah : lors de la période des allergies, plusieurs seront obligés de prendre des antihistaminiques et un inhalateur pour parvenir à passer d'agréables journées et nuits. Les allergies risquent d'en faire souffrir quelques-uns! La peau sera également fragile, quelques-uns auront des rougeurs près du nez ou des feux sauvages sur les lèvres. Ils seront obligés d'appliquer une crème médicamentée. De plus, lors de journées ensoleillées, assurez-vous d'appliquer une crème solaire. Vous éviterez des brûlures par les rayons de soleil. En appliquant une bonne crème, vous serez moins enclin au cancer de la peau. Au cours des périodes automnale et hivernale, plusieurs souffriront de maladies virales qui les amèneront à garder le lit de 24 à 72 heures. Assurez-vous de toujours bien laver vos mains et évitez les endroits contaminés par des virus!

Certains se plaindront également de douleurs physiques causées par un mouvement répétitif. Vous consulterez un physiothérapeute pour régler votre problème. Les personnes alcooliques devront surveiller leur consommation si elles veulent éviter un problème de santé. Une perte de conscience les obligera à demeurer à l'hôpital pendant quelques jours.

Cette année, plusieurs prendront un produit naturel pour renforcer leur système immunitaire. D'autres prendront un médicament pour soulager un problème de santé. Votre santé vous préoccupera beaucoup et lorsqu'un malaise ou une douleur vous envahira, vous consulterez immédiatement votre médecin. Cela dit, soyez toujours attentif à votre environnement et écoutez les signaux de votre corps !

Les Trônes et l'amour

Plusieurs couples travailleront ardemment pour retrouver leur équilibre amoureux. Votre bonheur sera votre priorité. Vous ferez tout votre possible pour l'atteindre. Vous aurez de bons dialogues avec votre partenaire qui vous permettront de mieux comprendre vos intentions et vos états d'âmes. Vous ferez le point sur plusieurs situations qui dérangent votre union. Vous et votre partenaire serez prêts à améliorer la situation. Vous apporterez tous les changements nécessaires pour retrouver votre bonheur conjugal. Il est évident que vous aurez des sacrifices à faire, néanmoins, cela en vaudra la peine. L'amour renaît et plusieurs réaliseront qu'ils sont heureux avec la personne qui partage leur vie. Vous placerez la confiance et le respect en premier.

Au cours de l'année, il y aura plusieurs journées qui favoriseront votre vie conjugale. Attendez-vous à faire des sorties mémorables avec votre partenaire. Les discussions seront divertissantes. L'harmonie et l'amour seront présents et cela se reflétera autour de vous. Profitez pleinement de ces moments opportuns qui vous rapprocheront davantage de votre partenaire. Cela vous sera bénéfique. Lors de ces moments, certains couples en difficulté parviendront à trouver un terrain d'entente ou des solutions miracles pour que l'harmonie revienne dans leur foyer. Ces journées bénéfiques auront lieu lors des mois de *février, mars, avril, mai, août, octobre* et décembre.

Après avoir vécu une période difficile en *janvier*, plusieurs couples changeront leur attitude dès février. Du *2 février au 28 mai*, à la suite de conversations et de changements, attendez-vous à vivre une période plus sereine et harmonieuse avec votre partenaire. Il y aura de belles sorties en amoureux. Vous aurez des dialogues intéressants. Votre partenaire sera compréhensif et attentif à vos besoins. Vous formerez une belle équipe! Vous passerez du bon temps en sa compagnie. Lors de vos moments intimes, vous parlerez de projets et de voyages. Vous planifierez des activités et des sorties familiales. Bref, plusieurs situations agréables viendront agrémenter votre année 2016.

En *février*, certains couples feront deux déplacements agréables. Il peut s'agir également d'un voyage amoureux. L'union retrouve son équilibre et cela agira favorablement dans leur foyer. En *mars, avril et mai*, certains couples en difficulté se réconcilieront. D'autres fêteront un événement quelconque. Quelques-uns planifieront un voyage. Certains iront marchander une nouvelle voiture. Bref, vous vivrez plusieurs situations agréables qui vous rapprocheront davantage de votre partenaire. Vous vous promènerez main dans la main et le sourire aux lèvres! Ces moments vous feront comprendre la raison pour laquelle vous aimez autant votre partenaire.

Après avoir vécu quelques dualités causées par un proche ou par le travail, l'harmonie reviendra sous votre toit à partir du *7 août*. Vous ferez un déplacement agréable avec votre partenaire. Lors de cette période, profitez-en pour acheter une loterie avec votre amoureux. Vous formerez une équipe gagnante. Demandez à votre partenaire de choisir ses chiffres et combinez-les aux vôtres! La journée du jeudi sera bénéfique ainsi que le chiffre « 7 ». Assurez-vous de l'inclure dans votre combinaison de chiffres. Lors de cette période, vous prendrez une décision qui favorisera votre union. Tous les deux irez dans la même direction. Attendez-vous également à faire plusieurs activités familiales. Vous aurez du plaisir lors de ces activités. Vous inviterez régulièrement vos proches à venir déguster vos plats cuisinés de la journée! De belles discussions auront lieu lors de vos dégustations. En *octobre*, vous vous promenez main dans la main et vous planifiez la journée de l'Halloween et le temps des Fêtes! Vous finirez l'année en beauté! Pour plusieurs, le mois de *décembre* réserve de belles surprises et des mots tendres. Votre partenaire vous surprendra avec des mots, des gestes et des cadeaux inattendus et imprévisibles!

Il est évident qu'il y aura des périodes compliquées. Si vous y voyez rapidement, vous réglerez facilement vos problématiques et le tout redeviendra à la normale. Toutefois, si vous négligez vos problèmes et que vous boudez, cela vous ne sera pas favorable et ça risque de nuire à votre relation.

Voici ce qui pourrait déranger l'harmonie conjugale : il y aura deux situations qui dérangeront temporairement votre relation avec votre partenaire. La première concerne votre désir de vouloir changer votre personnalité. Certains opteront pour une chirurgie plastique pour remodeler le nez, le visage, les seins, etc…Il est évident qu'il y a des coûts rattachés à ce changement. Cela peut amener quelques frictions avec votre partenaire. La deuxième concerne les proches qui ne se mêlent pas de leurs affaires et qui viennent fouiner dans votre vie privé! Ces personnes apporteront des conflits avec votre partenaire. Essayez de ne pas trop vous laisser influencer par vos proches. N'oubliez pas que vous êtes celui qui vit avec votre partenaire. Vous le connaissez mieux que quiconque. Donc, si son attitude est dérangeante, c'est à vous d'y voir et de lui en parler. Ce n'est pas aux autres de dire quoi faire ni de juger les décisions que votre partenaire effectuera pour améliorer votre union. Vous travaillerez pour votre bien-être. Vous chercherez les meilleures solutions pour parvenir à trouver un terrain d'entente. Donc, ne laissez quiconque venir entraver votre façon de régler vos problématiques. Seuls vous et votre partenaire savez comment faire pour retrouver le chemin de l'équilibre et du bonheur conjugal.

Les mois susceptibles d'apporter quelques contrariétés seront *janvier*, *juin*, *juillet*, *septembre* et *novembre*. Au cours de *janvier*, attendez-vous à plusieurs arguments avec votre partenaire. Un rien vous fera exploser! La fatigue causée par le temps des fêtes se fera vivement ressentir au cours de ce mois. Il y aura de la friction dans l'air! Néanmoins, le tout se replacera dès *février*!

Le mois de *juin* sera très pénible et éprouvant pour plusieurs couples. Certains seront déçus du comportement de leur partenaire. Cela risque d'apporter quelques contrariétés dans le couple. Attendez-vous à des dialogues profonds et animés avec votre partenaire. Vous devez surmonter une problématique. Vous possédez toutes les qualités pour parvenir à trouver un terrain d'entente et retrouver votre harmonie conjugale. Les couples en difficultés devront faire face à une épreuve éprouvante. L'un des partenaires veut quitter le domicile familial. Cela n'est pas sans vous faire verser des larmes.

De plus, lors de *juin* et *juillet*, si votre partenaire oublie la date de votre anniversaire de naissance, s'il oublie de vous inviter au restaurant, au lieu de le bouder, de le critiquer, dites-lui tout simplement que vous êtes déçu, que vous avez de la peine, que vous aimeriez sortir et faire la fête avec lui ! Votre partenaire se repentira et il vous donnera la lune pour se faire pardonner ! Toutefois, si vous criez après lui, vous n'obtiendrez rien et vous n'aurez aucun cadeau ! Finalement, pour ne pas être déçu, organisez votre fête et invitez vos proches ! Ainsi, votre partenaire n'oubliera pas la journée de votre anniversaire et vous serez heureux !

Pour ce qui est de *septembre*, la rentrée des classes, la routine de l'automne et un changement au travail apporteront quelques nuits blanches et quelques tracas à certains couples. Vous serez vulnérables et susceptibles. Cela provoquera quelques petites frictions. Néanmoins, rien de grave. De bonnes nuits de sommeil feront toute la différence ! Vous perdrez moins patience avec les exigences du partenaire ! En *novembre*, certains couples auront des arguments au sujet de l'argent, d'un enfant et du budget de Noël !

Les couples en difficulté

Vous amorcerez votre année en solitaire. Il y a eu plusieurs situations problématiques qui ont dérangé votre harmonie conjugale et qui vous ont éloigné de votre partenaire. Au cours de l'année, vous serez en période de réflexion. Plusieurs questions existentielles seront élaborées et analysées. « Est-ce que je continue la relation ou pas ? Est-ce que je fais les premiers pas pour réparer les pots brisés ? Suis-je toujours amoureux de mon partenaire ? Est-ce que je dois faire les sacrifices exigés pour retrouver le bonheur ? » Toutes ces questions vous tracasseront. Vous serez émotionnellement perturbé pendant quelques semaines. Il y aura des journées agréables où tout semble aller bien et d'autres journées où tout semble s'écrouler. Après une période d'incertitude, vous amorcerez des dialogues importants. Certains couples apporteront des changements qui favoriseront leur union. D'autres préféreront quitter le domicile familial au lieu de réparer les pots brisés et de faire les sacrifices essentiels pour la survie de leur union. Les périodes hivernales et estivales seront importantes pour les couples en difficulté. Ces périodes apporteront la réponse à leur questionnement. S'ils parviennent à traverser ces périodes difficiles, ils sauveront leur union. Sinon, une séparation s'ensuivra.

Les Trônes submergés par la négativité

Les Trônes négatifs argumenteront tout le temps sur des banalités. Vous bouderez continuellement vos proches. Vous les critiquerez réguliè-rement. Rien ne vous plaira. Au lieu de vous amuser et de sortir en famille, vous chercherez la solitude. Vous préférerez regarder vos émissions préférées, jouer à des jeux vidéo, fureter sur le net au lieu de passer du temps avec votre famille. Il est évident qu'en agissant ainsi, vous désappointerez vos proches.

De plus, au lieu de crier après votre partenaire, essayez de discuter avec lui de façon calme et sereine. Ainsi, vous capterez davantage son at-tention. Si vous criez, votre partenaire fera la sourde oreille, et avec raison ! Également, si vous faites des dépenses et que vous les cacher à votre par-tenaire, attendez-vous à le faire exploser lorsqu'il le découvrira ! Rien pour agrémenter l'ambiance et vous rapprochez de votre partenaire !

Si vous tenez vraiment à votre relation, agissez différemment. Sinon, certains subiront une séparation avant que l'année se termine ! Si cela arrive, ne cherchez pas la pitié ni la compassion des gens, ceux-ci savent parfaitement que vous êtes le seul responsable de cet échec ! Vous n'aurez donc pas leur appui !

Les Trônes célibataires

Plusieurs célibataires auront la chance de rencontrer le grand amour. Une union basée sur le respect, la loyauté et l'amour. Cette personne vous ouvrira la porte de son cœur. Un beau bonheur vous attend. Les Anges ont entendu vos prières et ils vous accordent ce désir auquel vous tenez tant : l'amour de votre vie !

Les mois les plus propices pour faire une rencontre seront ***mars***, ***avril***, ***mai***, ***août***, ***octobre*** et ***décembre***. La journée du mardi et du samedi seront également profitables pour cette nouvelle rencontre.

Lorsque vous ferez la rencontre de cette perle rare, vous serez charmé par sa personnalité, sa joie de vivre et son rire éclatant. Lors de la première rencontre, vous prendrez un verre ensemble et vous discuterez de sujets divertissants et agréables. Cette personne aura tendance à se frotter les mains. Vous trouverez ce geste mignon. De plus, lors de la conversation, il vous parlera d'un lieu qu'il aimerait visiter. Vous discuterez énormément de ce lieu. Cet être parlera également de sa couleur préféré : le vert ! Sinon, il portera cette couleur dans sa tenue vestimentaire.

Vous pourriez faire sa rencontre près de l'eau, à un mariage, à un anniversaire de naissance, à un spectacle, par le biais d'un ami ou d'un collègue de travail. Certains pourraient aussi le rencontrer lors d'une promenade à pied. À la deuxième rencontre, vous réaliserez que vous êtes bien ensemble, votre vision de la vie est similaire. Vous chercherez donc à continuer la relation.

Les célibataires submergés par la négativité

Plusieurs célibataires seront déplaisants, froids et distants envers les nouvelles connaissances. Cela ne les aidera pas à les conquérir. Ils auront de la difficulté à engager la conversation. Lorsqu'ils le feront, ils ne diront rien d'intéressant. Cela découragera énormément les personnes autour. Si vous ne changez pas votre attitude, il y a de fortes chances que vous demeuriez célibataire encore cette année !

De plus, laissez vos problèmes à part. Lors d'une première rencontre, parlez de sujets intéressants et non de vos problématiques. Ainsi, vous ne ferez pas fuir la nouvelle connaissance dès la première rencontre. Si vous avez des problèmes, consultez un psychologue, celui-ci sera en mesure de vous aider, c'est son expertise ! Profitez donc de vos nouvelles rencontres pour vous changer les idées et faire des activités intéressantes au lieu de les employer pour raconter vos problèmes.

Les Trônes et le travail

L'année de la conscience jouera favorablement dans la vie professionnelle des travailleurs Trônes. Grâce à votre façon de voir la vie. Vous ferez place à l'amélioration. Vos paroles seront affirmatives, directes, claires et précises. Cela vous aidera lors d'entrevues et lors d'entretiens avec vos supérieurs. En 2016, attendez-vous à vivre plusieurs changements qui amélioreront la qualité et l'ambiance à votre lieu de travail. Certains auront le privilège de signer des contrats importants. D'autres obtiendront un emploi de rêve. Quelques-uns recevront une offre alléchante impossible à refuser.

Certains feront la rencontre d'un homme important qui leur permettra de réaliser l'un de leurs projets ou qui les aidera dans une situation problématique. Il est évident qu'il y aura de l'amélioration, peu importe les décisions qui seront prises. Les problèmes se résoudront à votre avantage.

Dès *février*, plusieurs retrouveront leur équilibre. D'autres feront la signature d'un contrat alléchant. Quelques-uns, à la suite d'un déplacement, prendront une décision importante qui aura un impact majeur dans leur situation professionnelle. Tous ceux qui œuvrent dans le domaine de la vente seront ébahis par leur chiffre d'affaires ou par les offres qui viendront à eux. Plusieurs travailleurs ont envie d'améliorer leur situation professionnelle et ils agiront en conséquence. Le tout se poursuivra jusqu'à la fin *mai*. Lors de *juillet*, plusieurs mettront un terme à une situation problématique. Vous éclaircirez un malentendu et vous ferez le point sur certaines situations qui vous dérangent. Vous ne mâcherez pas vos mots; néanmoins, vous réglerez astucieusement les problématiques qui nuisent et qui vous empêchent de performer au maximum!

À partir du *1ᵉʳ août*, plusieurs travailleurs se dirigeront aux endroits prolifiques. Tout ira à merveille. Vos décisions seront à la hauteur de vos attentes. Plusieurs recevront de bonnes nouvelles qui les soulageront. Votre situation sera satisfaisante. Pour certains, un contrat sera renouvelé. D'autres réussiront une entrevue. Un nouveau travail en comblera plusieurs. Tous ceux qui ont travaillé assidûment et ardemment recevront de belles récompenses. Il y aura augmentation de salaire. Quelques-uns retourneront aux études pour parfaire davantage leurs connaissances. Cela dit, vous miserez sur la réussite et la satisfaction! Votre détermination comblera ce désir!

Malgré tout, certains mois ne vous seront pas favorables. Il serait important de réfléchir avant d'agir et de prendre des décisions à la hâtive. Évitez également les discussions inutiles et les commérages. Ne vous impliquez pas dans les problèmes d'autrui. Cela vous sera salutaire et bénéfique! Ces mois sont *janvier, juin et novembre*.

En *janvier*, vous vivrez quelques contrariétés. Une nouvelle vous tracassera énormément. En *juin et novembre*, certains penseront à quitter leur emploi. D'autres le feront. Quelques-uns devront recommencer un projet qui allait bien. Cela est dû au départ de l'un de leurs collègues ou d'un changement d'idée de la part des autorités. Néanmoins, malgré les obstacles, il y aura toujours une personne qui saura vous réconforter et vous aider pour que vous puissiez mieux attaquer vos tâches obligatoires et les terminer tel que convenu.

Les travailleurs Trônes submergés par la négativité

Votre attitude désobligeante éloignera de vous la possibilité de faire des changements qui vous seraient favorables. Personne ne veut travailler avec vous et tous vous évitent. Votre attitude négative et vos critiques continuelles les dérangent énormément. Les gens préfèrent s'éloigner de vous au lieu de vous venir en aide. Il est évident que cela aura un impact lors de vos entrevues. À moins que vous ne changez complètement de lieu de travail ou d'attitude! Si vous partez à la recherche d'un nouvel emploi, vos références pourraient vous nuire. Votre ancien employeur ne parlera pas nécessairement en votre faveur! Si vous avez le désir de changer d'emploi, avant de quitter, améliorez votre attitude. Devenez disponible et prêt à aider vos coéquipiers sans argumenter sur la méthode employée. En agissant ainsi, vos collègues s'approcheront tout doucement et leur confiance reviendra. Cela aura un impact favorable sur vos références. Toutefois, si vous n'améliorez pas votre attitude, ne vous attendez à aucune amélioration à votre lieu de travail, à moins de changer complètement d'endroit. Mais vous ne pourrez pas leur donner de références! Cela vous nuira énormément!

Chapitre XXII

Événements à surveiller durant l'année 2016

- En 2016, il serait important de saisir toutes les chances qui viendront vers vous. Certains verront d'une à cinq possibilités venir à eux et chambarder favorablement leur vie. Ne laissez pas passer ces chances uniques puisque celles-ci changeront favorablement votre vie.

- Plusieurs verront deux de leurs souhaits se réaliser à leur grand étonnement. Vous sauterez de joie et vous n'arrêterez pas d'en parler tellement vous serez surpris et heureux de ces magnifiques réalisations. Les Anges ont entendu vos prières! N'oubliez pas de leur dire « merci ».

- Plusieurs prendront leur vie en main et avanceront fièrement vers des buts qu'ils se sont fixés. De belles réussites les attendent. Lorsque l'année sera terminée, vous serez fier de vos actions et des résultats obtenus!

- Certains se plaindront de maux musculaires, de maux de tête, de migraines, de sinusites, de maux de gorge, de laryngites, de maux d'oreilles ou de dents. Plusieurs auront de la fièvre qui les obligera à garder le lit pendant 48 heures. Certains prendront un médicament.

De plus, le nez coulera souvent, assurez-vous d'avoir des mouchoirs avec vous.

- Vous, ou un proche, vous plaindrez de douleur au dos ou au genou. Certains auront un torticolis. Vous consulterez un spécialiste pour que celui-ci soulage votre douleur. Il serait important de couvrir votre cou lors de journées plus froides, ainsi vous éviterez une douleur musculaire. D'autres seront obligés de subir une intervention chirurgicale à leur genou.

- Vous, ou un proche, souffrez d'anxiété. Vous prendrez quelques jours de congé pour vous reposer et pour faire le vide. Certains devront prendre un médicament pour soulager leur anxiété.

- Il faudra également surveiller les objets tranchants. Certains risquent de se blesser et de se couper. Assurez-vous à avoir une trousse de premiers soins dans votre pharmacie.

- Vous, ou une femme de votre entourage, subirez une hystérectomie. À la suite de cette intervention chirurgicale, vous aurez besoin de vingt à trente jours de repos pour recouvrer la santé. Il serait important de respecter les consignes de votre médecin. Ainsi, vous éviterez de faire une rechute.

- Certains iront visiter une personne à l'hôpital ou ils accompagneront une personne à l'hôpital sur une base régulière. Cette situation vous épuisera énormément. Malgré tout, vous serez heureux d'apporter de l'aide à cette personne malade. Vous serez son Ange et celle-ci appréciera énormément votre grande bonté et générosité à son égard. Vous aurez de belles discussions qui vous rapprocheront davantage. Vous solidifierez le lien qui vous unissait.

- En *janvier*, vous pourriez vivre d'une à cinq situations qui vous dérangeront et vous frustreront. Certains vivront une période difficile sur le plan amoureux. D'autres devront surveiller les virus, sinon ils seront obligés de garder le lit pendant une période de cinq à sept jours. Il faudra également surveiller la surconsommation d'alcool. Cela risque de vous occasionner des problèmes de toutes sortes. Ne prenez pas le volant si votre taux d'alcool est élevé. Sinon, vous aurez des ennuis.

- Plusieurs se plaindront de migraines, de sinusites et d'insomnie au cours de *janvier*. Quelques-uns seront tracassés par certains événements du passé. Le repos vous sera recommandé.

- Plusieurs couples fermeront la porte d'un passé et entameront une nouvelle vie sur des bases plus solides et sereines. Cela ne veut pas dire qu'ils changeront de partenaire, au contraire, ces couples amélioreront leur vie amoureuse pour que leur union soit basée sur le respect, l'amour et l'harmonie. De nombreux sujets seront abordés et vous trouverez de bonnes solutions pour que votre vie amoureuse reflète le bonheur, l'équilibre et la joie quevous souhaitez vivre dans votre foyer !

- Du *2 février au 28 mai*, plusieurs vivront une période agréable avec leur partenaire. Il y aura de belles sorties en amoureux. Vous aurez des dialogues intéressants. Votre partenaire sera compréhensif et attentif à vos besoins. Vous parlerez de projets et de voyages. Vous passerez du bon temps en sa compagnie. Certains planifieront l'itinéraire d'un voyage ou d'une activité familiale. D'autres s'amuseront en famille. Bref, plusieurs situations agréables surviendront. Cela rehaussera l'ambiance au foyer. Il en sera de même pour les mois *d'août, d'octobre* et *de décembre*.

- Vous, ou un proche, aurez une discussion importante avec le partenaire à cause d'un enfant, d'une sortie, d'un travail ou de votre situation financière. L'atmosphère sera tendue pendant quelques jours. Toutefois, tout redeviendra normal lorsque les partenaires auront trouvé un terrain d'entente.

- Lors de la période estivale, votre humeur sera changeante et provoquera des désagréments au sein de votre relation. Il serait important de prendre quelques minutes et d'avoir une conversation franche avec votre partenaire. Avouez-lui votre fatigue et votre besoin de vous reposer et de faire le vide. Avouez-lui également votre désir d'être soutenu dans ce que vous vivez. Réclamez-lui de l'aide. Si vous ne dites rien, votre partenaire aura de la difficulté à vous suivre et à comprendre vos états d'âme. Si vous êtes trop fatigué pour aborder un sujet délicat, demandez-lui d'attendre le moment propice. Lors de cette période, il serait important pour votre couple d'exprimer vos émotions du moment. Ainsi, vous pourriez mieux comprendre vos besoins mutuels!

- En *janvier*, il y aura beaucoup d'agitation au sein de votre foyer, à un point tel que vous chercherez la solitude lors de vos temps de répit. Faites de la lecture, écoutez de la musique de détente, cela vous fera du bien moralement et mentalement!

- Les mois de *janvier* et *juin* seront éprouvants pour les couples en difficulté. Plusieurs penseront à abandonner leur partenaire. D'autres se déchireront avec des paroles dévastatrices. Si vous parvenez à passer à travers de ces mois, tout redeviendra normal. Cependant, il sera primordial de dialoguer avec votre partenaire pour pouvoir régler vos conflits et lui faire comprendre vos états d'âme. Si vous prenez le temps de dialoguer, vous trouverez une bonne solution et vous éviterez la séparation.

- Lors de la période estivale, vous serez atterré par les paroles de votre conjoint ou d'un ami. Cet être ne mâchera pas ses mots. Vous serez déçu de son attitude envers vous. Toutefois, cette personne viendra vers vous et il vous suppliera de lui pardonner. Il réalisera le mal qu'il vous a fait et il sera très peiné. Sa demande sera sincère. Il ne tiendra qu'à vous de lui pardonner et de tourner la page.

- Au cours de l'année, plusieurs célibataires seront sexuellement très actifs. Vous aurez de la difficulté à résister au charme de vos nouvelles rencontres. Toutefois, lorsque vous ferez la rencontre de votre amour idéal, tout peut changer! Vous axerez vos énergies et pulsations sexuelles vers cet amour. Votre cœur palpitera lorsque vous serez en sa présence! Vous réaliserez rapidement que vous éprouvez des sentiments autres que sexuels pour cette personne. Cela vous rendra très attentif à son égard. Vous serez charmeur, enjoué et heureux d'avoir fait sa connaissance. Vous chercherez également à lui faire une place dans votre cœur et dans votre maison!

- Vous vivrez quelques frustrations au niveau du travail. Plusieurs collègues de travail seront malades, ce qui ralentira certaines de vos tâches. Vous risquez de faire votre travail et celui de vos collègues pour que les dates d'échéance soient respectées, ce qui vous épuisera et vous frustrera. Quelques-uns seront obligés de prendre quelques jours de congé de maladie. À leur retour, ils auront deux fois plus de travail devront mettre les bouchées doubles pour rattraper leur retard.

• Lors de la période estivale, l'ambiance au travail ne sera pas toujours agréable à cause d'un manque de personnel et de la fatigue des gens. Il y aura également des commérages et des situations négatives qui seront dérangeantes et qui entraîneront des discussions et des irritations. Plusieurs seront fatigués et épuisés d'entendre les gens se plaindre pour toutes sortes de raisons. Il serait sage pour vous de ne pas vous laisser influencer par cette énergie négative. Faites votre travail et ne vous mêlez pas du reste. Ainsi, vous serez moins affecté par les événements négatifs qui se produiront.

• Lors de la période automnale, vous serez débordé au travail et vous n'aurez aucune minute de répit. Vous serez accablé par toutes sortes de tâches. Vous ne saurez plus où donner de la tête. Vous trouverez vos journées très longues et pénibles. Certains quitteront un emploi à cause de l'ambiance. Certains auront le privilège de retourner à un ancien travail. D'autres commenceront un nouveau travail qui risque de les épuiser.

• En 2016, certaines journées seront parfois difficiles et compliquées. Votre humeur sera changeante. Vous vivrez une période d'insatisfaction et de surmenage. Cela peut durer de 24 à 72 heures. Ensuite, tout entrera dans l'ordre!

• En *février*, certains signeront de deux à trois papiers importants. Ces papiers mettront un terme à vos doutes et inquiétudes.

• Le mois de *février* sera également un mois propice pour vendre ou acheter une propriété, une voiture ou un immeuble à logements.

• Ne laissez aucune chandelle allumée au cours de *février* et **mars**. Certains pourraient provoquer un petit incendie.

• Si vous décidez de changer la couleur de vos cheveux. Assurez-vous de l'efficacité de votre coiffeur. Ceux qui iront consulter un nouveau styliste, soyez prudent avec la nouveauté. Vous risquez d'être déçu de ses compétences. Certains peuvent se faire irriter le cuir chevelu par un produit chimique. Vous serez obligé de subir quelques traitements pour réduire l'inflammation.

- En *février*, vous, ou un proche, signerez des papiers à la banque. Il peut s'agir d'un emprunt, d'un REER, d'un placement, etc…

- En *mars*, ce sera le mois du pardon, de la réconciliation et de la célébration. Plusieurs événements agréables surviendront au cours de ce mois. Du *9 au 19 mars*, il y aura de l'action dans l'air. Attendez-vous à recevoir plusieurs nouvelles.

- En *avril*, vous serez charmé par plusieurs événements. Trois bonnes nouvelles viendront agrémenter avril. Vous serez heureux de ces nouvelles. Ce qui vous encouragera à continuer à créer et bâtir votre avenir.

- *Avril* et *mai* seront des mois bénéfiques pour rencontrer des gens importants. Ces personnes vous aideront à réaliser vos rêves, projets et idées. Ils vous aideront également à régler vos problématiques. De plus, les personnes célibataires pourraient faire la rencontre de leur partenaire idéal lors de cette période. Acceptez les offres de sorties. Lors d'une soirée, une personne vous charmera et fera palpiter votre cœur de désir !

- Certains penseront à changer leur voiture au cours d'*avril*. Ils iront marchander un nouveau véhicule. Sinon, ils se renseigneront au sujet d'un nouveau véhicule.

- En *avril*, quelques-uns peaufineront leur bicyclette. D'autres iront marchander pour en acheter une! L'envie de vous balader en bicyclette sera très forte en 2016! Vous ajouterez cette activité à votre agenda !

- En *mai*, plusieurs couples partiront en voyage. Vous planifierez un itinéraire et vous le respecterez. Il peut s'agir d'un week-end en amoureux ou en famille. Vous adorerez le temps que vous passerez avec votre partenaire. De plus, profitez-en pour acheter une loterie avec votre partenaire.

- En *juin*, certains abandonneront un projet, un travail, un domicile… Ceux-ci s'orienteront vers une nouvelle direction. Vous laisserez tout tomber et vous partirez à zéro !

- En *juin*, plusieurs seront fatigués et malades. Vos deux derniers mois ne furent pas de tout repos et votre corps réclame un temps d'arrêt. Il serait important de prendre une journée à la fois et de vous respecter. Relaxez en pyjama, si cela vous fait du bien ! Prenez du temps pour vous. Les activités familiales vous seront bénéfiques, si, évidemment, vous n'avez pas à les organiser ! Sinon, ne vous gênez pas pour demander de l'aide. De toute façon, il y aura toujours une bonne personne à vos côtés qui cherchera à vous aider.

- En *juillet*, il y aura de deux à six événements qui surviendront pour que vous puissiez éclaircir certains malentendus. Vous serez satisfaits des résultats.

- En *juillet*, plusieurs situations requerront votre attention immédiate. Vous travaillerez ardemment lors de cette période pour essayer de tout régler en même temps. Il faudra tout de même vous respecter, sinon, la fatigue et le découragement vous envahiront et vous ralentiront dans vos tâches quotidiennes. Plusieurs personnes ont besoin de votre aide et de votre support. Vous aiderez beaucoup vos proches lors de cette période.

- En *juillet* et *août*, certains assisteront à des concerts de musique. D'autres feront des activités de plein air. Il y aura des pique-niques, des feux de camp, des promenades dans le bois, des promenades en bateau, en motomarine. Plusieurs profiteront de la saison estivale. Cela leur sera bénéfique mentalement et physiquement.

- L'une de vos idées connaîtra de meilleurs résultats que ce que vous aviez imaginé. Vous en serez très ravis !

- La rencontre d'une personne piquera votre curiosité. Vous chercherez à savoir ce que cette personne vous veut et ce qu'elle est venue faire dans votre vie. À la suite d'un événement, vous trouverez votre réponse.

- Certains iront faire du magasinage avec des proches. Vous passerez des heures de plaisir à vous choisir de belles tenues vestimentaires. Vous dépasserez votre budget !

- Malgré un mauvais rhume ou une laryngite, vous passerez un merveilleux Noël en compagnie de votre famille. Des rires et de la joie vous attendent. Certains recevront une bonne nouvelle ou un cadeau très significatif en *décembre*. Ce cadeau vous remplira de joie !

- Certains seront victimes d'un mensonge qui les dérangera énormément. Vous chercherez à connaître la raison pour laquelle on vous a conté ce mensonge. À la suite d'une discussion, vous clarifierez la situation. Plusieurs auront de nombreuses possibilités pour régler leurs problèmes. Il ne tiendra qu'à eux d'en profiter. Certains parviendront à régler de deux à quatre problèmes qui dérangeaient leur quotidien. Votre grande détermination vous permettra de trouver de bonnes solutions. Vous confronterez toutes les personnes et les situations problématiques, et vous réglerez le tout à votre entière satisfaction.

- En *janvier, juin* et *juillet*, faites attention aux personnes malintentionnées. Éloignez-vous en et n'essayez pas de les changer. Cela est impossible. Elles aiment la discorde et feront tout pour la provoquer. Donc, éloignez-vous et évitez les dialogues provocants avec eux!

- En *octobre*, vous assisterez ou planifierez une fête d'Halloween. Attendez-vous à du plaisir lors de cette soirée! Vous retomberez en enfance!

- En 2016, surveillez vos paroles. Ce sera votre faiblesse. Il serait sage de réfléchir avant de parler. Certains pourraient blesser des personnes par leur promptitude. De plus, évitez de parler en mal des gens. Certaines personnes pourraient ébruiter vos commentaires. Il est évident que cela vous occasionnera des moments tendus et vous devrez répondre aux accusations que vous porteront les gens.

- Au début de l'année scolaire, un jeune garçon sera impliqué dans une bataille à l'école. Cela causera tout un émoi pour les parents. Il serait important d'aller au fond de l'histoire. Cet enfant peut être victime d'intimidation.

- Tous ceux qui recevront pour le temps des Fêtes en profiteront pour décorer leur maison. Votre décoration sera féérique. Vous serez très fier de votre initiative.

- Vous vivrez de belles passions au cours de votre période hivernale. Que ce soit en amour, au travail, dans les loisirs, etc, vous serez passionné par tout ce que vous entreprendrez. Cependant, certains seront aussi passionnés par de belles tenues vestimentaires et par de jolis meubles, ce qui risque de vous faire dépenser de l'argent. Malgré tout, vous n'aurez aucun regret puisque vous aurez écouté la voix de votre cœur et non celle de la raison!

- Certains se réconcilieront avec un proche. Grâce à l'aide d'une femme, vous parviendrez à régler vos différends avec ce proche. Par la suite, le tout redeviendra normal, ce qui vous soulagera.

- Les périodes estivale et automnale seront favorables pour celles qui désirent enfanter. De plus, attendez-vous à entendre parler de fertilité lors de cette période. De deux à cinq personnes peuvent vous annoncer une grossesse. L'une de ces grossesses vous surprendra. Il peut s'agir d'une grossesse accidentelle!

- Vous mettrez fin à une période d'ennuis grâce à l'intervention d'une personne de confiance. Cette personne vous aidera et vous guidera dans vos choix. Ses recommandations seront appliquées et vous réaliserez que cela en valait la peine. Grâce à cette aide, vous parviendrez à régler un problème ardu qui dérangeait votre quiétude et votre équilibre. Vous serez très soulagé par la suite! Un fardeau sur vos épaules sera enlevé, ce qui vous permettra de vaquer à vos tâches l'esprit en paix! Bref, après la pluie, le beau temps! Cela amènera un sourire sur vos lèvres et la sérénité dans votre cœur!

- Un enfant aura des ennuis avec les amygdales. Une chirurgie sera à prévoir!

- Il y aura, dans votre entourage, de deux à quatre personnes malades. Elles peuvent être atteintes de maladies sérieuses. Vous apporterez énormément votre soutien à l'une d'elles. Vos mots l'encourageront à vaincre sa maladie, à se faire soigner et à passer au travers de cette dure épreuve de la vie!

- Vous, ou un proche, devrez présenter de bonnes preuves pour vous libérer d'un ennui. Si vous parvenez à le faire, vous gagnerez votre point et le tout tournera en votre faveur.

- En ***août***, tout ce que vous entreprendrez vous apportera satisfaction. De plus, certains feront un choix important. Ce choix apportera un changement majeur dans leur quotidien. Néanmoins, ils seront satisfaits.

- En *août* et *septembre*, vous serez en contrôle sur les événements qui surviendront dans votre vie. Rien ne viendra vous perturber. Plus que jamais, vous prenez position et vous avancez judicieusement pour atteindre vos buts. Cela vous faudra l'étoile du gagnant!

- Vous, ou un proche, réclamerez une aide financière. Vous vivrez une bataille financière. Un cadeau d'un proche soulagera votre bataille. Vous serez heureux de ce cadeau. Des larmes de soulagement seront versées!

- Plusieurs recevront des marques d'affection et de tendresse. Vous passerez toujours du bon temps en famille. Vous serez heureux de vous retrouver lors de périodes festives. Vous réaliserez l'importance qu'occupe votre famille dans votre vie et vous dans la leur!

- Ceux qui choisiront les mois de *septembre* ou d'*octobre* pour se marier auront une somptueuse journée. Il leur est prédit un magnifique bonheur avec leur partenaire.

- Lors de journées pluvieuses, soyez toujours vigilant sur la route. Ainsi, vous éviterez des incidents fâcheux.

- Vous, ou un proche, serez victime de jalousie. Faites attention à ce sentiment néfaste. Il ne peut que nuire.

- Vous, ou un proche, vous blesserez avec un morceau de vitre, une fourchette, un couteau ou un marteau. Soyez toujours vigilant et regardez où vous marchez. De plus, ne marchez pas les pieds nus.

- Lors de votre anniversaire de naissance, certains seront déçus de l'attitude du partenaire, d'un proche ou d'un invité.

- Certains seront obligés d'organiser la journée de leur anniversaire de naissance. Vous inviterez vos proches à fêter l'événement avec vous! Cela sera important pour vous! D'autres iront fêter leur anniversaire de naissance à l'extérieur de la ville.

- Plusieurs parents réaliseront que la rentrée scolaire leur coûtera très cher. Surveillez vos dépenses au cours de l'été. Sinon, vous aurez de la difficulté à joindre les deux bouts lors de la rentrée.

- Un enfant perd tous ses objets, ce qui obligera ses parents à acheter en double.

- Lors de la période automnale, plusieurs rénoveront quelques pièces de la maison. D'autres feront un grand ménage et se débarrasseront de tous les articles qui n'ont pas servi depuis quelques années.

PARTIE V

Les Dominations

(23 juillet au 2 septembre)

Chapitre XXIII

L'année 2016 des Dominations

Explorez les avenues.
Vous avez besoin d'aventures
rocambolesques et palpitantes !

L'année de la conscience fera réaliser à plusieurs Dominations que leur vie routinière a besoin d'artifices, d'intrigues captivantes et passionnantes. Bref, l'envie de vivre, de rire et de s'amuser sera à la hausse. Vous agirez comme une personne âgée qui réalise que son avenir est écourté et qu'elle veut le vivre à son maximum ! Cela fait trop longtemps que vous êtes routinier. Cette année, plus que jamais, vous avez un urgent besoin d'explorer des avenues inconnues et d'écouter la voix de votre intuition. Il est évident que ces avenues vous amèneront à vivre des aventures rocambolesques et palpitantes, parfois décevantes. Néanmoins, vous savourerez pleinement chacun de vos événements. Cela aura un impact favorable sur votre santé mentale. Chaque chemin que vous emprunterez vous réservera des surprises. Vous ne serez jamais à quoi vous attendre. Toutefois, votre attitude positive attirera vers vous de belles grâces! De plus, vos proches vous appuieront dans vos rêves, vos buts et dans les démarches que vous entreprendrez pour réussir vos projets et autres.

L'année 2016, vous permettra donc d'exposer vos idées et de les concrétiser. Vous réglerez également vos problèmes avec détermination, courage et ténacité! Lorsqu'un événement surviendra, vous réfléchirez profondément à la façon appropriée de le régler. Lorsque vous aurez tiré votre conclusion, vous agirez en conséquence et vous passerez à l'action. Cela fera de vous un gagnant! Vous avez besoin plus que jamais de changer votre façon de voir la vie. Cette année, vous ne chercherez pas à jouer à la victime, mais bien au vainqueur. Vous ne chercherez pas la routine, mais bien la diversité! Vous avancerez sans cesse et vous serez encouragé à continuer dans cette même énergie. Vous n'aurez aucun regret ni aucune hésitation. Votre ardent désir de retrouver la joie de vivre, la paix et une belle qualité de vie vous conduira sur plusieurs sentiers que vous serez impatient d'emprunter pour améliorer votre vie. Tout ce qui vous passera par la tête, vous risquez de le faire. Advenant une erreur de votre part, au lieu de vous décourager, vous prendrez la situation en main et vous la transformerez pour qu'elle reflète mieux vos besoins. Vous viserez la réussite au lieu de la défaite. Vous miserez sur vos forces au lieu de vos faiblesses. Vous serez comme un adolescent qui part à l'aventure sans but précis, mais sachant que ces nouvelles expériences lui apporteront énormément sur le plan personnel. Telle sera votre façon de gérer votre vie en 2016.

Cette attitude vous sera salutaire et elle vous apportera du succès, de la joie et de la satisfaction. Votre soif de connaître vous amènera à plusieurs endroits et elle vous permettra de vous adapter rapidement aux changements. La confiance règnera en maître et vous irez droit au but. Cela fait trop longtemps que vous avez été inerte et à la merci de tout le monde. Cette année, personne ne pourra vous arrêter. Votre détermination et votre volonté vous conduiront au succès et vous en serez très fier.

En 2016, vous passerez en premier et vous améliorerez tous les aspects de votre vie. Vous aurez de belles discussions et les gens vous respecteront. Ils n'auront pas le choix puisque s'ils ne respectent pas vos choix et vos décisions, vous leur tournerez le dos. Vous vous entourerez de bonnes personnes et vous laisserez tomber les gens qui causent des problèmes.

Il est évident qu'il y aura des mois difficiles, vous voulez tellement améliorer votre vie que vous dépasserez souvent la limite de vos capacités. Cela amènera quelques fois de grandes fatigues physiques et parfois morales. De plus, certains chemins ne s'avéreront pas aussi pragmatique et effectif comme vous l'aurez souhaité. Il n'est pas évident d'emprunter de nouvelles routes puisqu'on ne sait jamais à quoi s'attendre ! Toutefois, vous parviendrez toujours à trouver une issue, une solution et un chemin plus apte à vous apporter la réalisation de vos buts ! Lors de période plus compliquée, n'hésitez pas à réclamer l'aide de l'Ange gouverneur. Celui-ci rehaussera votre moral et il vous permettra de continuer votre route vers le chemin du succès.

Les personnes ayant une attitude négative seront solitaires et routinières. Elles seront également envahies par des sentiments de frustration et d'insatisfaction. Elles chercheront à tout obtenir, et lorsqu'on le leur refusera, elles se mettront à critiquer. Les Dominations pessimistes ne se gêneront pas pour clamer tout haut qu'elles ont tout donné à leurs proches et que ceux-ci ne font rien pour elles. À vous entendre, on jurerait que vous êtes victime de personnes malintentionnées, et pourtant, ce sera tout le contraire !

Premièrement, si vous donnez avec le cœur, vous n'êtes pas supposé attendre quoi que ce soit venant de ces personnes. Si vous donnez en cherchant à obtenir davantage en retour, alors, vous n'avez qu'à le mentionner aux personnes. Deuxièmement, votre vie vous appartient. Vous voulez l'améliorer ? Faites donc les sacrifices nécessaires pour le faire. Les autres ne peuvent pas prendre de décision à votre place, comme ils ne peuvent pas faire les changements à votre place. De plus, changez votre perception de la vie. Penser que tout le monde vous doit quelque chose puisque vous leur avez apporté du soutien ou autres n'est guère gratifiant. Vos proches ont apprécié votre aide. Toutefois, ils ne sont pas obligés de tout faire pour vous. Ce n'est pas parce que vous leur avez apporté de l'aide qu'ils doivent être à votre merci. Il ne faut pas oublier que vos exigences ne sont pas tout à fait les mêmes. De plus, il n'est jamais agréable de se faire rappeler telle ou telle situation. Mettez-vous à leur place! C'est la raison pour laquelle vos proches vous fuiront. Vous n'aurez jamais une bonne parole à leur dire. Cette attitude négative ne vous sera pas bénéfique puisque vos proches s'éloigneront de vous. Ceux-ci seront fatigués de vous entendre vous plaindre pour des futilités.

En 2016, vous aimeriez améliorer votre vie? Arrêtez de penser que tout le monde vous en veut! Arrêtez de vous apitoyer sur votre sort! Arrêtez de critiquer le comportement des autres. Regardez-vous avant de juger votre prochain. Arrêtez de vous plaindre continuellement et agissez! Si vous désirez changer votre routine, agissez en conséquence au lieu de chialer! D'ailleurs, plus vous critiquerez, moins les problèmes se régleront. Au contraire, d'autres s'en ajouteront et vos tracas grandiront!

Si vous parvenez à réaliser que votre attitude négative dérange votre quotidien, vous ferez un premier pas constructif sur le chemin de la liberté et de la sérénité. Si vous prenez votre vie en main et que vous changez votre attitude, de belles opportunités arriveront vers vous. Vous retrouverez rapidement votre joie de vivre et vos proches en seront très heureux! Ceux-ci se feront un devoir de vous prêter main forte si vous leur en faites gentiment la demande. Soyez moins exigeant et vous verrez que vos proches feront des pieds et des mains pour vous rendre heureux et vous donner toute l'aide nécessaire pour réaliser vos projets!

Aperçu des mois de l'année des Dominations

Au cours de l'année 2016, **vos mois favorables** seront *avril, juillet, août, septembre, octobre, novembre* et décembre.

Les **mois chanceux** seront *avril, juillet* et *août*.

Les **mois non favorables** seront *janvier* et *mars*.

Les **mois ambivalent** seront : *février, mai* et *juin*.

Voici un bref aperçu des événements qui surviendront au cours des mois de l'année pour les Dominations

Vous amorcerez votre nouvelle année avec une grande fatigue et du découragement. Plusieurs situations vous ont obligé à courir ici et là, en plus des emplettes de Noël. Vous avez dû prendre des décisions qui n'ont pas été faciles. Cela a causé quelques tracas. Vous n'avez donc pas eu beaucoup de répit ni de temps d'arrêt lors de vos derniers mois et votre corps réclame du repos. Certains seront malades. Une grippe virale les obligera à prendre quelques jours de congé. Il serait important de vous respecter et de vous reposer ! Si vous négligez les signaux de votre corps, vous risquez de trouver le mois de *janvier* pénible et long.

Du *6 au 22 mars*, tout peut vous arriver, d'où l'importance de vous reposer et de vivre une journée à la fois. Certains jours, c'est à peine si vous serez en mesure d'accomplir vos tâches tellement vous serez épuisé et découragé par certaines situations. Tout peut y passer : le travail, la maison, les enfants, la santé des proches, le manque d'argent, etc. Quelques-uns seront nostalgiques. Certains souvenirs de leurs défunts seront toujours gravés dans leur mémoire et leur feront verser des larmes. D'autres seront préoccupés par des problématiques, etc. Bref, tout vous préoccupera et vous tracassera.

Malgré tout, plusieurs éclairciront des malentendus. Attendez-vous à régler deux problématiques, et ce, à votre grand soulagement. Vous confronterez également une personne mensongère. Vous lui ferez comprendre rapidement votre déception à son égard. Certains mercredis ne seront pas favorables. Plusieurs problématiques ou mauvaises nouvelles pourraient survenir lors de cette journée. Quelques-uns seront obligés de consulter un médecin causé par une infection. Quelques-uns se plaindront de maux de gorge ou d'une extinction de la voix. D'autres auront de la fièvre pendant 24 à 48 heures. Ils seront obligés de garder le lit. Lors de cette période, surveillez également les plats chauds, les chandelles allumées et les objets coupants. Certains pourraient se blesser. Assurez-vous d'avoir des diachylons et une trousse de sécurité dans votre pharmacie !

De plus, n'ébruitez aucun message, si vous n'êtes pas certain de sa provenance. Ainsi, vous éviterez des ennuis désagréables. Plusieurs commérages surviendront lors de *mars*. Assurez-vous de ne pas vous impliquer dans les histoires des autres, surtout si un adolescent est impliqué dans l'une des histoires. Cela sera mieux pour vous !

Pour résumé, lors de cette période, vous aurez besoin de solitude, de relaxer et de penser à des situations positives. Certaines journées ne seront pas toujours faciles. Si vous parvenez à respecter la limite de vos capacités, vous reprendrez vos forces rapidement. Écoutez donc votre corps, reposez-vous et vivez une journée à la fois ! Cela sera essentiel pour votre santé mentale !

Lorsqu'*avril* arrivera, le vent changera de direction et viendra favoriser votre mois. Ce sera un mois bénéfique pour plusieurs. Profitez-en pour jouer à la loterie. Participez à des groupes. Cela sera favorable. Les groupes de trois, de six ou de dix personnes seront prolifiques ! En ce qui concerne les groupes de trois et de six personnes, assurez-vous d'être trois personnes du même sexe. Le lundi sera une journée chanceuse et le chiffre « 10 » sera favorable. Incluez-le dans votre combinaison de chiffres. De plus, si vous connaissez une personne dont le signe du zodiaque est Capricorne, profitez-en pour acheter une loterie avec elle. Si vous connaissez une personne qui aime les tricots, achetez également un billet de loterie avec elle.

Lors d'*avril*, plusieurs situations divertissantes agrémenteront vos journées. Certains fêteront un événement en famille. Vous passerez une magnifique journée. D'autres obtiendront une promotion. Vous récolterez tous les bienfaits de vos efforts. Attendez-vous à recevoir de deux à quatre surprises qui vous rendront très heureux ! De plus, certains auront l'occasion de mettre un terme à une situation dérangeante. Vous serez satisfait de vos actions, de vos choix et de vos décisions. Tout entrera dans l'ordre par la suite et vous en serez heureux !

Lors de *mai* et *juin*, vous serez toujours dans une période d'actions et de décisions. Tout ce que vous avez négligé depuis le début de l'année, vous chercherez à le régler lors de ces deux mois. Vous travaillerez ardemment pour mettre de l'ordre dans votre vie et vous y parviendrez. Vos paroles seront directes et franches. Néanmoins, vous ferez taire les mauvaises langues et vous leur ferez comprendre qu'ils doivent changer leur attitude s'ils veulent conserver votre amitié.

De plus, attendez-vous à apporter des changements dans votre routine hebdomadaire. Cela aura un impact favorable sur votre mental. Un fardeau sera enlevé de vos épaules et vous en serez très fier. Vous êtes tanné de vous faire manipuler par certains proches et vous y mettrez un terme. Plus que jamais vous avez envie de penser à vous et de décider pour votre bonheur et non pour le bonheur des autres. En agissant ainsi, vous vous sentirez moins étouffé par certaines personnes ou situations. Cela vous encouragera à bâtir de nouveaux projets, et ce, pour le bien de votre santé mentale. Cela fait trop longtemps que vous avez besoin de mettre à profit vos talents, vos dons, vos idées, vos projets et autres. Vous le réaliserez au cours de ces deux mois. Dès le *1er juillet*, vous amorcerez un pas important vers l'amélioration de votre vie. Vous finirez l'année en beauté! Tous les buts que vous vous fixerez, vous les atteindrez d'ici la fin de l'année. Vous regarderez donc votre avenir d'un regard prometteur. Vous savez ce que vous voulez et vous irez le chercher! Toutes vos actions chambarderont favorablement votre vie. Cela vous permettra d'amorcer l'année 2017 avec enthousiasme et la tête remplie de bonnes idées. Cela ne prendra pas de temps pour que vous les mettiez en exécution!

Cela dit, du *1er juillet au 23 août*, profitez-en pour jouer à la loterie. La Providence sera à vos côtés. Les billets que vous recevrez en cadeau seront chanceux! La journée du mardi sera également chanceuse. Achetez vos billets lors de cette journée. Attendez-vous à de bonnes nouvelles lors de cette journée! De plus, le chiffre « 3 » sera favorable. Assurez-vous de l'inclure dans votre combinaison de chiffres. Si vous connaissez une personne dont le signe du zodiaque est Poissons, achetez une loterie avec elle. Cela sera prolifique! Si vous connaissez un ouvrier ou un charpentier, achetez également un billet avec lui.

Lors de cette période, plusieurs recevront trois cadeaux bénéfiques. Il peut s'agir d'une bonne nouvelle au travail, de la guérison d'un proche, de la rencontre de votre amour idéal ou d'une nouvelle extraordinaire. Un cadeau du ciel! Quelques-uns auront le privilège de voir un Ange illuminer une pièce de la maison. À la suite d'une demande, l'une de vos pièces s'illuminera d'une lumière indescriptible! Ce sera la présence d'un Ange. L'une de vos lumières pourrait clignoter! Ce sera le signe que vous fera l'Ange qui vous visitera. L'apparition de cet Ange annonce un temps nouveau pour vous. Des changements sont à prévoir et ceux-ci chambarderont favorablement votre vie.

La période estivale causera quelques éternuements causés par les allergies. Certains prendront des antihistaminiques ou un inhalateur pour se soulager! Malgré tout, vous parviendrez à passer de bonnes nuits!

En *septembre*, certains signeront un papier important. D'autres signeront des papiers pour la vente ou l'achat d'une propriété. Tout ce que vous chercherez à savoir, vous l'apprendrez en *septembre*. Ce sera également une période favorable pour amorcer de nouvelles activités. Tout vous réussira bien lors de ce mois. Certains retourneront aux études pour mieux approfondir leurs connaissances. Ils seront ravis de leurs décisions. Une belle réussite les attend! Quelques-uns feront la rencontre d'un homme important qui réglera un conflit ou qui vous donnera une information utile pour entreprendre un changement. Cette rencontre sera favorable et elle vous permettra d'améliorer votre vie. Le tout se poursuivra en *octobre*. Attendez-vous à vivre de bons moments avec vos proches. Ce sera également une période favorable sur le plan professionnel. Certains obtiendront une promotion. D'autres changeront de travail. Quelques-uns signeront un contrat alléchant. Cette période vous appartient. Tout ce que vous entreprendrez vous apportera de bons résultats.

Dès le *1er novembre*, vous serez en mesure de réaliser que votre vie tend à s'améliorer. Cela vous encouragera à continuer dans la même direction. Plusieurs personnes mettront un terme à des difficultés du passé. Vous réglerez le tout et vous fermerez la page définitivement. Vous reprendrez davantage goût à la vie. Vous réaliserez que ces décisions auraient dû se faire depuis longtemps! Ces décisions importantes finiront bien votre année. Au cours de *décembre*, vous bougerez beaucoup. Votre vie amoureuse sera à la hausse. Attendez-vous à faire un déplacement agréable avec votre partenaire. Vous pourriez visiter de la famille éloignée. Vous adorerez votre voyage. Vous passerez beaucoup de temps avec vos proches. Cela rehaussera vos énergies. De plus, attendez-vous à planifier des activités avec eux. Certains iront au cinéma, au restaurant. Quelques-uns feront de la motoneige. D'autres déambuleront sur les pentes de ski. Bref, vous êtes heureux et cela se voit!

Toutefois, soyez vigilant lors d'activités. Si cela fait longtemps que vous n'avez pas fait d'activités, allez-y doucement. Certains pourraient se blesser au dos ou à la jambe. Vous serez obligé de porter un corset orthopédique ou un plâtre jusqu'à ce que la blessure soit complètement guérie !

Conseil angélique des Anges Dominations : *Lorsqu'on prend le temps de réparer ses erreurs, on améliore sa vie. Lorsqu'on prend le temps de rêver à ses projets, on se nourrit. Lorsqu'on est conscient qu'un jour nouveau se lève à tous les matins, on est vivant. Lorsqu'on prend le temps de regarder la vie avec un œil pétillant, on est productif. Lorsqu'on emprunte des chemins nouveaux, on évolue. Lorsque vous atteignez cette plénitude, vous êtes apte à surmonter tous les défis qui se présenteront sur votre route. Vous serez également conscient que vous possédez l'énergie pour aller de l'avant et la détermination de ne jamais abandonner. Donc, vous vivez et bâtissez votre avenir ! Vous accomplissez votre plan de vie ! Vous êtes maintenant maître de votre destin ! Cette année, nous serons à vos côtés et nous ferons un signe. Lorsqu'une lumière ou un lampadaire clignotera sur votre passage, ce sera un clin d'œil de notre part !*

Les événements prolifiques de l'année 2016

* La Providence favorisera plusieurs aspects de votre vie. Elle rayonnera sur votre vie amoureuse. Elle fructifiera votre vie financière. Elle améliorera votre vie professionnelle. Elle guérira vos maux et elle rehaussera vos énergies. Attendez-vous à vivre des événements riches, agréables et remplis d'espoir ! Tous ces événements vous feront prendre conscience que votre vie s'améliore et que vous suivez bien le cours des événements. Vous reprenez votre pouvoir et vous reprenez goût à la vie ! Cela aura un impact favorable dans vos actions, idées et projets d'avenir.

* Puisque la Providence agira favorablement dans votre vie amoureuse. Attendez-vous à vivre plusieurs situations agréables qui la rehausseront. Certains couples se réconcilieront. D'autres uniront leur destinée par un mariage ou par la venue d'un enfant. Vous vivrez plusieurs événements qui vous feront prendre conscience que votre couple est important et que votre partenaire occupe une place importante dans votre cœur!

* Ce sera également une année prolifique pour les célibataires. Plusieurs rencontreront leur grand amour! Le bonheur se lira sur leur visage. Vous réaliserez que les Anges ont entendus votre demande et qu'il vous fait ce cadeau si chèrement rêvé et souhaité!

* Au cours de l'année, quatre nouvelles personnes s'ajouteront à votre liste de connaissances. Ces personnes vous offriront leur appui dans quelques-unes de vos démarches. Leurs conseils seront judicieux, et leur aide précieuse. Ces personnes possèdent toutes les qualités requises pour vous aider dans vos situations problématiques et dans la réalisation de vos projets. Elles arriveront toujours au moment opportun. Vous apprécierez énormément l'aide que vous apporteront ces personnes. À vos yeux, elles seront vos petits Anges gardiens.

* Tous ceux qui possèdent un talent quelconque auront le privilège de le mettre à profit. De belles opportunités viendront vers vous et elles vous permettront d'exposer ou d'exploiter ce talent, et ce, à votre grande joie. Vous avez tellement travaillé fort pour atteindre ce but, vous mériterez ce succès!

* Tous ceux qui ont eu des problèmes financiers auront la chance de se replacer au cours de l'année. Certaines situations vous seront bénéfiques et elles vous aideront à remonter la pente financièrement. Néanmoins, il faudra être discipliné et éviter les dépenses inutiles. En agissant ainsi, vous reprendrez votre situation financière en main et vous serez très fier de vous par la suite!

Les événements exigeant de la prudence

* Sur une note préventive, surveillez vos états d'âmes. Plusieurs seront envahis par la nostalgie du passé. Celle-ci vous fera verser des larmes

et elle dérangera vos émotions pendant quelques jours. Il est vrai qu'il n'est pas facile d'oublier une personne que l'on a beaucoup aimée. Il n'est jamais facile de se relever de la perte d'un être cher. Que ce soit par le décès, la séparation ou la maladie. Ce sont de dures épreuves. Lorsque la nostalgie vous démoralisera et vous envahira, assurez-vous de faire des activités agréables. Ainsi, vous serez moins enclin à la dépression. Donc, vous pourriez remonter la pente plus facilement et passer à une autre étape de votre vie. Si vous vous laissez envahir par la nostalgie, vous vivrez des moments émotionnels très pénibles. Cela vous ralentira dans vos tâches quotidiennes. De plus, cela vous empêchera également de voir les opportunités qui s'offrent à vous pour améliorer votre vie. Vous serez trop absorbé par la nostalgie. Vous vivrez dans le passé au lieu d'avancer vers votre avenir. Cela risque de retarder plusieurs situations importantes de votre vie. Vous avez des rêves? Vous souhaitez les voir se réaliser? Alors, faites un pas dans cette direction. Agissez, vivez et créez. Cela sera favorable et nécessaire pour votre bien-être.

* Surveillez également la vitesse. Ne conduisez pas votre véhicule en état d'ébriété et respectez régulièrement les consignes de sécurité. Ainsi, vous éviterez de fâcheux ennuis. Quelques-uns pourraient avoir des ennuis avec la Loi causés par leur négligence. Ils seront obligés de réclamer l'aide d'un avocat pour les tirer de leur problème. Votre négligence risque d'être dispendieuse! Voyez-y avant qu'il ne soit trop tard!

* Évitez les personnes à problèmes et les potins. Sinon, vous serez impliqué dans une situation problématique dont vous aurez de la difficulté à vous libérer. Cela vous épuisera et peut même vous rendre malade. Certaines personnes chercheront à vous induire en erreur, il faut les surveiller. Vous êtes généralement très alerte vis-à-vis ce genre de scénarios. Toutefois, vous serez tellement occupé à réaliser vos projets que vous ne porterez pas nécessairement attention à de telles personnes et vous risquez de tomber dans leur piège. Vous serez atteint sur le plan émotionnel et déçu de ne pas avoir évité ces situations.

* Les joueurs compulsifs, les toxicomanes et les alcooliques devront surveiller leur faiblesse. Plusieurs risquent de tout perdre à cause

de leur problème. Vous pourriez perdre votre famille, votre argent, votre travail et autres. Ne laissez pas votre problème venir détruire votre vie. Prenez-vous en main et réclamez de l'aide. Sinon, vous souffrirez énormément au cours de l'année.

* Plusieurs personnes négligentes devront consulter leur médecin. Attendez-vous à passer plusieurs examens pour déceler l'origine et la cause de vos maux. Si vous voulez recouvrer la santé, il serait important d'écouter les recommandations de votre médecin.

Chapitre XXIV

Informations supplémentaires propres à chacun des Anges Dominations

Les Dominations et la chance

En 2016, la chance des Dominations sera **bonne**. Attendez-vous à recevoir des cadeaux providentiels qui vous apporteront de grandes joies. Deux de vos rêves se réaliseront au cours de l'année. De plus, vous vous retrouverez souvent au bon endroit et avec les bonnes personnes. Cela vous favorisera dans plusieurs aspects de votre vie.

Cette année, vous travaillerez ardemment mais vous serez toujours satisfait de vos actions puisque de belles récompenses viendront à vous. Cela dit, vous vous gâterez. Plusieurs seront animés par des coups de foudre et ils se permettront ces désirs instantanés. Que ce soit un vête-ment, un mobilier, un voyage ou autre, vous achèterez et vous n'aurez aucun regret. Telle sera votre chance en 2016! Celle de vous gâter! Vous n'attendrez pas après la Providence, vous agirez lorsque l'envie vous prendra et vous n'aurez aucun regret. Vous serez fiers de vous, de vos achats, de vos choix et de vos actions. Grâce aux changements que vous apporterez dans votre vie, vous améliorez vos conditions. Vous retrouverez un bel équilibre et vous savourerez chaque événement agréable qui se produira au cours de l'année. C'est tout ce que vous souhaitez et vous le vivrez intensément ! Tels seront les bienfaits de la Providence en 2016 !

Les enfants de **Seheiah**, de **Reiyiel,** de **Lecabel** et de **Vasariah** seront les plus chanceux parmi leur Chœur. Ces êtres peuvent obtenir régulièrement des gains. Il peut s'agir de sommes considérables ou moindres ou de gains dans un domaine autre que celui de la loterie. Il serait donc important pour eux de choisir eux-mêmes leurs billets de loterie et leur combinaison de chiffres.

En 2016, les trois chiffres chanceux des enfants Dominations seront **6**, **28** et **37**. Le chiffre « **6** » est un excellent chiffre. Vous pourriez vivre plusieurs événements marqués de ce chiffre. De plus, les Anges peuvent vous montrer régulièrement ce chiffre. Par ce signe, les Anges Dominations vous annonce leur présence. Profitez-en également pour vous procurer une loterie. Votre journée de chance sera le **dimanche**. Vos mois de chance seront **avril, juillet** et **août**. Ces trois mois vous avantageront dans plusieurs aspects de votre vie. Lorsqu'une opportunité s'offrira à vous, profitez-en immédiatement !

Participez à des groupes. Cela sera doublement chanceux pour vous. Les groupes de quatre favoriseront votre chance. Plusieurs gagneront des sommes d'argent grâce à des groupes. De plus, n'oubliez pas de prendre en considération le chiffre en gras relié à votre Ange. Ce chiffre représente également un chiffre chanceux pour vous. Votre Ange peut également utiliser ce chiffre pour vous annoncer sa présence auprès de vous. Cela peut également signifier de prier l'Ange gouverneur. Vous avez possiblement besoin de sa Lumière pour traverser l'une de vos épreuves, pour prendre une décision, pour régler une problématique et autre.

> **Conseil angélique :** *Si vous voyez des jumeaux identiques de sexe masculin, si vous voyez des chrysanthèmes, si vous voyez une personne avec les deux mains sur sa taille ou si vous voyez une personne avec les bras croisés, achetez un billet de loterie puisque ces symboles représentent votre chance.*

Nith-Haiah : 2, 7 et 30. Le chiffre « 7 » est votre chiffre de prédilection! Cette année, la chance vous surprendra! Vous pouvez gagner toutes sortes de cadeaux agréables. Certains pourraient gagner un souper gastronomique, un séjour dans une auberge luxueuse etc. Vous ne gagnerez pas nécessairement de l'argent, mais vous serez toujours satisfait des cadeaux qui viendront à vous. De toute façon, qu'importe ce que vous gagnerez, vous l'accueillerez toujours à bras ouverts! Participez donc à des concours.

Les loteries instantanées vous apporteront également de la chance. Lors d'un déplacement à l'extérieur de la ville, profitez-en pour vous acheter des billets de loterie. Si vous désirez participer à des groupes, les groupes de deux, de trois et de quatre personnes vous seront bénéfiques. Si vous connaissez une personne dont le signe du zodiaque est Bélier, Sagittaire ou Taureau, achetez un billet avec elle. Cela sera chanceux!

Cette année, la chance se fera davantage sentir au niveau de vos actions. Vous trouverez de bonnes solutions pour régler vos problèmes. Vous lâcherez prise sur des situations insolubles. Vous démasquerez les personnes malintentionnées. Vous réglerez vos problèmes avec détermination! Vous serez ferme et direct dans vos propos. La satisfaction vous animera tout au cours de l'année. Tout ce que vous entreprendrez obtiendra de bons résultats. Vous serez fiers de vous et de vos actions. Vous retrouverez votre harmonie, votre équilibre et la paix dans votre cœur! Certains auront la chance de marchander une voiture rêvée à un prix conforme à leur budget. Vous serez satisfait de votre trouvaille! Telle sera votre chance cette année! Soit d'obtenir ce que vous désirez à des prix d'aubaines!

Haaiah : 3, 6 et 18. Le chiffre « **18** » est votre chiffre de prédilection. Cette année, jouez modérément. Toutefois, lorsque la chance frappera à votre porte, elle vous surprendra à un point tel que vous aurez de la difficulté à y croire ! Tout peut vous arriver ! De toute façon, qu'importe ce que vous gagnerez, vous l'accueillerez toujours à bras ouverts !

Participez à des groupes. Cela sera favorable. Les groupes de deux, de trois, de quatre ou de six personnes seront prédisposés à vous apporter de la chance. Si vous connaissez une femme aux cheveux et aux yeux pâles, achetez un billet avec elle. Demandez-lui de choisir ses chiffres et combinez-les aux vôtres. Vous pourriez détenir une combinaison gagnante ! Si vous connaissez une personne dont le signe du zodiaque est Cancer ou Poissons, achetez également un billet avec elle. Cela sera bénéfique ! Lors de vos mois de chance, la journée du mardi et les journées de pleine lune seront favorables. Achetez vos billets lors de ces périodes. Cela sera chanceux !

Cette année, votre chance se fera davantage sentir au niveau de votre santé mentale, votre vie personnelle et professionnelle. Plusieurs auront la chance de régler des problèmes de longue date qui les accaparent et qui les empêchent d'être heureux. Lorsque ces situations seront réglées, vous serez heureux. Plusieurs amorceront des changements qui auront un impact favorable dans leur vie. Ils retrouveront un bel équilibre et la joie de vivre ! Vous reprenez goût à la vie. Cela vous permettra de savourer les moments agréables que vous offrira la vie. Bref, vous savez ce que vous voulez et vous ferez tout votre possible pour atteindre et réussir vos buts. Attendez-vous également à obtenir un gain dans une cause gouvernementale, juridique, professionnelle ou affective. Ce gain enlèvera un fardeau sur vos épaules.

Yerathel : 2, 20 et 22. Le chiffre « **2** » est votre chiffre de prédilection. N'oubliez pas que la Providence vous réservera quelques surprises. Celle-ci enverra sur votre route de belles possibilités pour atteindre plusieurs de vos objectifs. Profitez-en au maximum puisque tout est éphémère.

Que vous jouiez en groupe ou seul, cela n'a pas d'importance. Fiezvous à votre instinct ! Vous ne serez pas déçu ! Si vous désirez participer à un groupe, participez-y ! Si vous désirez acheter seul des loteries, faitesle ! Priorisez également les loteries instantanées. Cela sera favorable ! Lors d'un déplacement dans une ville étrangère, profitez-en pour acheter un billet de loterie. Si vous désirez participer à un groupe, les groupes de deux et de quatre personnes seront prédisposés à attirer la chance vers vous! Si vous connaissez un pompier, un agent d'immeubles ou un coiffeur, achetez un billet avec eux.

Cette année, vous améliorerez votre vie en y apportant des changements bénéfiques. Vous retrouverez votre équilibre, la forme et la joie de vivre. Vous éloignerez les situations insolubles et les personnes problématiques. Vous voulez vivre une année exempte de problèmes. Il est évident que vous vivrez quelques situations problématiques. Néanmoins, vous les réglerez rapidement pour que la paix et l'harmonie habitent régulièrement votre demeure. Certains auront également la chance de signer un contrat important. Lors de la signature de ce contrat, vous sauterez de joie! Ceux qui marchandent pour trouver la maison de leurs rêves, la trouveront au cours de l'année. Ceux qui désirent vendre leur propriété, pourront le faire également cette année.

Seheiah : 6, 7 et 33. Le chiffre « **6** » est votre chiffre de prédilection. Au cours de l'année, la Providence vous réserve de belles récompenses. Vous récolterez tous les bienfaits de vos efforts. Profitez-en au maximum! Continuez également à mettre autant d'efforts dans vos actions.

En ce qui vous concerne, il serait préférable de participer à des groupes que de jouer seul. Plusieurs pourraient gagner des sommes extraordinaires grâce à des groupes. Les groupes de deux, de quatre, de six et de sept personnes vous seront favorables. Jouez également avec vos collègues de travail. Cela pourrait être chanceux! Si vous connaissez une personne dont le signe du zodiaque est Bélier ou Capricorne, achetez un billet avec elle. Toutefois, si vous avez envie de jouer seul, choisissez votre billet et votre combinaison de chiffres.

La Providence vous servira bien au cours de l'année. Certains obtiendront une promotion ou un emploi de rêve. D'autres réussiront un examen important. Certains signeront des papiers importants. Qu'importe ce qui se produira, il y aura toujours une bonne nouvelle au moment opportun. Cela rendra votre année agréable. Tout ce que vous déciderez ou entreprendrez, vous apportera satisfaction. Tout tournera en votre faveur. Lorsqu'arrivera un problème, un échec ou une déception, au lieu de vous découragez, vous relèverez vos manches et vous trouverez rapidement la meilleure solution. Vous l'appliquerez instantanément et vous réglerez le tout à votre entière satisfaction. Cela dit, cette année, vous avez la chance de bien mener à terme vos projets, vos idées, vos buts et vous en profiterez grâce aux événements favorables que vous offrira la Providence. Vous vous retrouverez souvent au bon endroit. Cela vous favorisera dans plusieurs domaines. Ce sera différent des années précédentes. Vous en serez conscient. Donc, vous en profiterez au maximum !

Reiyiel : 3, 17 et 30. Le chiffre « **3** » sera votre chiffre de prédilection. N'oubliez pas que la Providence vous réservera de belles surprises. Profitez-en pour jouer à la loterie, pour régler vos problèmes, pour entamer des conversations, pour faire vos choix, pour faire vos transactions et pour réaliser vos rêves.

Jouez seul ! Priorisez les loteries instantanées. Cela sera favorable. Si vous participez à un groupe, les groupes de deux, de trois, de quatre ou de cinq personnes vous seront favorables. Lors d'une randonnée champêtre, profitez-en pour acheter un billet. Ce pourrait être bénéfique et chanceux ! Si une personne aux cheveux blonds roux vous remet un billet en cadeau ou vous offre la possibilité d'acheter un billet avec elle, acceptez. Si vous connaissez une personne dont le signe du zodiaque est Cancer ou Balance, achetez un billet avec elle. Si vous connaissez une fleuriste ou une coiffeuse, achetez également un billet avec elle. Ces personnes attireront la chance vers vous !

Cette année, trois bonnes nouvelles viendront agrémenter votre année. Plusieurs se trouveront au bon moment, au bon endroit et avec les bonnes personnes. Cela leur permettra d'amorcer des actions bénéfiques qui auront un impact favorable dans leur vie quotidienne. Plusieurs retrouveront leur joie de vivre grâce aux actions qu'ils entreprendront. Cela les encouragera à continuer à travailler ardemment sachant que les résultats seront à la hauteur de leurs attentes ! Bref, tout ce que vous entreprendrez sera couronné de succès. Vous vivrez plusieurs événements agréables qui chambarderont favorablement votre vie et vous en serez très heureux ! Il y a longtemps que vous attendiez ce moment, à vous d'en profiter pleinement ! De plus, ceux qui recherchent une maison à la campagne ou un chalet près d'un lac ou d'un ruisseau le trouveront au cours de l'année. Ce sera également une année favorable pour celles qui désire enfanter ou adopter un enfant.

Omaël : 7, 25 et 31. Le chiffre « 7 » est votre chiffre de prédilection. La chance étant moyenne, gâtez-vous au lieu d'acheter des loteries. Cela vous sera favorable et vous remontera le moral !

En ce qui vous concerne, il serait préférable de participer à des groupes que de jouer seul. Plusieurs pourraient gagner des sommes agréables grâce à des groupes. Les groupes de trois, de quatre, de six ou sept personnes vous seront bénéfiques. Jouez avec des collègues de travail. Cela sera chanceux ! Si vous connaissez un ouvrier, achetez également une loterie avec lui.

En 2016, votre chance se fera davantage sentir au niveau de votre vie personnelle. Vous vous prendrez en main et vous vaincrez vos ennemis intérieurs et extérieurs. Vous mettrez fin à plusieurs situations problématiques qui dérangent votre quotidien. Plusieurs retrouveront leur équilibre, la paix et la joie de vivre à la suite de changements importants dans leurs habitudes de vie. Vous travaillerez ardemment et vous mettrez beaucoup d'efforts pour atteindre vos buts. Il y aura des journées moins faciles, mais vous serez tenace, déterminé à être heureux et désireux de connaître la joie de vivre ! Vous passerez à l'action et vous en serez fier ! Vous vivrez de trois à sept situations agréables qui vous permettront de changer d'opinion face à la vie. Vous réaliserez également l'importance de conserver une attitude positive face à certaines personnes et situations. Cela vous servira bien ! Grâce à cette attitude gagnante, vous traverserez avec ténacité et détermination vos épreuves et vous parviendrez à les régler au lieu de stagner !

Lecabel : 3, 5 et 30. Le chiffre « 5 » est votre chiffre de prédilection. Vous serez favorisé par la chance. Profitez-en pour jouer à la loterie, pour amorcer des projets, pour régler vos problèmes, pour faire des transactions et pour améliorer votre situation financière. Contrairement à votre groupe, votre chance sera excellente, voire inouïe. Elle sera occasionnelle mais elle vous fera sauter de joie ! Certains pourraient même gagner un gros montant d'argent ! Tous les billets que vous recevrez en cadeau s'avéreront très chanceux et ils pourraient vous apporter des gains.

Cela dit, puisque la Providence vous sourit, jouez seul! Choisissez vos billets et votre combinaison de chiffres. Cela sera favorable! Priorisez également les loteries instantanées. Certains pourraient gagner de belles sommes d'argent grâce à ce genre de loterie. Lors d'un déplacement dans une région autre que la vôtre, profitez-en pour acheter un billet de loterie. Si vous désirez participer à un groupe, les groupes de deux, de trois et de quatre personnes seront bénéfiques. Si vous connaissez un homme aux cheveux bruns portant une barbe, achetez un billet avec lui. Si vous connaissez une personne dont le signe du zodiaque est Bélier ou Taureau, achetez également des billets avec elle. Celle-ci vous apportera de la chance! Si vous connaissez une personne qui travaille dans le domaine des finances, achetez un billet avec elle.

Cette année, votre chance se fera davantage sentir au niveau de votre vie financière et professionnelle. Plusieurs se prendront en main et apporteront tous les changements nécessaires pour améliorer leur vie. De plus, plusieurs auront la possibilité de signer de deux à trois contrats qui les avantageront. Bref, tout ce que vous entreprendrez ou déciderez sera couronné de succès. Vous serez fier de vous et de tout ce que vous réaliserez au cours de l'année. Vous travaillerez ardemment, néanmoins, les résultats seront satisfaisants. Vous obtiendrez mieux de ce que vous aviez espéré! Grâce à vos actions, les soucis disparaîtront par enchantement et vous en serez très heureux! Cela vous permettra d'axer vos énergies vers des situations prolifiques et bénéfiques. Bref, vers la réussite de votre bonheur.

Vasariah : 1, 6 et 26. Le chiffre « **1** » est votre chiffre de prédilection. Vous serez favorisé par la Providence. Celle-ci arrivera à l'improviste et vous surprendra à chaque fois! Profitez-en donc pour amorcer tout ce qui vous passe par la tête! Jouez à la loterie! Réglez vos problématiques. Faites des transactions agréables. Améliorez votre situation financière! Contrairement à votre groupe, votre chance sera excellente, voire inouïe. Certains pourraient même gagner un gros montant d'argent! Tous les billets que vous recevrez en cadeau s'avéreront très chanceux et ils pourraient vous apporter des gains.

Jouez seul! Choisissez vos billets et votre combinaison de chiffres. Cela sera favorable! Priorisez également les loteries instantanées. Certains pourraient gagner de belles sommes d'argent grâce à ce genre de loteries. Lors d'un déplacement dans une région autre que la vôtre, profitez-en pour acheter un billet de loterie. Cela sera chanceux ! Si vous désirez participer à un groupe, les groupes de deux, de quatre et de six personnes seront bénéfiques. Si vous connaissez un homme barbu aux cheveux roux, achetez un billet avec lui. Si vous connaissez une personne dont le signe du zodiaque est Bélier ou Sagittaire, achetez également des billets avec elle. Si vous connaissez un pompier ou un ramoneur de cheminée, achetez également un billet avec eux. Cela sera chanceux !

Cette année, la chance se fera davantage sentir dans vos actions. Vous envisagez un avenir plus équilibré et serein. Vous aurez la chance de réaliser plusieurs de vos projets et vous en serez très fier. Tout ce que vous entreprendrez vous apportera de belles satisfactions personnelles. L'année 2016 annonce la fin de vos difficultés. Vous vous prenez en main et vous réglez toutes les situations qui vous dérangent. À chaque problème, vous trouverez une solution. À chaque question, vous trouverez une réponse. Plusieurs retrouveront l'énergie d'autrefois, leur entrain et leur joie de vivre. Vous regarderez droit devant avec la tête remplie d'idées pour votre futur. Rien ni personne ne viendra changer votre nouvelle vision de la vie ! Telle sera votre force cette année ! De plus, vous vous retrouverez souvent au bon endroit, avec les bonnes personnes. Plus que jamais, vous êtes en contrôle avec votre vie et vous en êtes très fier !

Les Dominations et la santé

Généralement, la santé des Dominations variera de **bonne à excellente.** Plusieurs adopteront de bonnes habitudes de vie qui auront un effet bénéfique sur leur santé. Votre santé vous préoccupera beaucoup et vous chercherez à l'améliorer. Certains feront attention à leur alimentation. D'autres prendront des produits naturels. Quelques-uns feront des marches ou des exercices pour conserver la forme. D'autres feront de la méditation, du yoga ou une autre technique pour relaxer. Vous ne surpasserez pas la limite de vos capacités. Vous aurez de bonnes nuits de sommeil. Cette ligne de conduite vous servira à merveille.

De plus, lorsqu'un malaise ou une douleur vous envahira, vous consulterez votre médecin. Plus que jamais vous avez envie d'être en forme pour entreprendre tous vos projets, donc, vous surveillerez de près votre santé! Vous ferez tout pour la recouvrer et retrouver la forme physique et mentale.

Toutefois, ceux qui négligeront leur santé vivront plusieurs ennuis qui requerront l'aide d'un médecin. Leur partie vulnérable sera la santé mentale. Plusieurs se décourageront, s'épuiseront et se déprimeront facilement. Vous prendrez toutes sortes de médicaments pour essayer de vous en sortir. Cela ne vous sera pas nécessairement bénéfique. Il serait important de consulter votre médecin avant de prendre des produits en vente libre. En consultant un spécialiste, celui-ci sera en mesure de vous indiquer le meilleur remède pour vous. En suivant ses directives, en peu de temps vous recouvrerez la santé. Toutefois, si vous essayez toutes sortes de produits, cela pourrait vous nuire et entraîner des problèmes majeurs.

De plus, quelques-uns auront de la douleur aux hanches et au bassin. Ce sera une douleur lancinante qui vous obligera à consulter un spécialiste. Les personnes âgées devront être prudentes dans les marches d'escalier. Ainsi, ils éviteront une chute qui pourrait leur occasionner des ennuis avec les hanches. L'estomac sera une partie vulnérable. Vous serez souvent victime d'indigestion et de maux d'estomac.

Les personnes malades et les cardiaques devraient également prendre soin d'eux. Si votre médecin vous prescrit un médicament ou du repos, écoutez-le, vous en avez besoin! Si vous faites le contraire, vous vivrez des ennuis qui vous obligeront à visiter l'hôpital. D'autres subiront une intervention chirurgicale. Si vous voulez éviter l'hôpital ou des restrictions sévères, écoutez sagement votre médecin.

Sur une note préventive, voici les parties vulnérables à surveiller plus attentivement et les faiblesses du corps en ce qui concerne chacun des enfants Dominations

Nith-Haiah: votre santé sera imprévisible. Certains peuvent tomber malade sans avertissement. Il serait important de respecter la limite de vos capacités et de vous reposer lorsque le corps réclame du repos. Sinon, tout peut vous arriver au cours de l'année. Plusieurs se plaindront de maux musculaires et de douleurs lancinantes qui les obligeront à consulter leur médecin. Certains devront prendre un médicament. D'autres iront consulter un physiothérapeute. Quelques-uns subiront une intervention chirurgicale pour régler leur problème. Il peut s'agir du canal carpien, d'un disque lombaire ou autre. Il faudra également surveiller le système digestif, le cœur, le pancréas, le foie et les intestins. Ce seront des parties à ne pas négliger. Consultez votre médecin si une douleur persiste.

Au cours de l'année, plusieurs pourraient subir d'une à trois interventions chirurgicales imprévues. Le repos vous sera prescrit ainsi que des recommandations précises en vue de vous rétablir rapidement. Si vous prenez soin de vous et que vous écoutez votre corps, vous recouvrerez rapidement la santé et vous serez en pleine forme pour vaquer à vos tâches habituelles. Si vous faites le contraire, vous vivrez plusieurs contrariétés.

Haaiah : tous ceux qui ont négligé leur santé seront confrontés à un problème important qui les angoissera. Plusieurs souffriront de dépression et de fatigue chronique qui nécessiteront un traitement. D'autres auront des ennuis avec la glande thyroïde qui nécessitera l'intervention du médecin. La nuque, le cou et la gorge seront également des parties à surveiller. Certains souffriront de torticolis ou de douleurs au cou. Couvrez-vous bien lors de journées plus froides.

Plusieurs alcooliques et toxicomanes auront de graves ennuis de santé à cause de leur problème de consommation. Même les fumeurs devront surveiller leur consommation de cigarettes puisque la gorge et les poumons seront sensibles. Les cardiaques et les diabétiques devront également redoubler de prudence et respecter les recommandations de leur médecin. Certains iront passer quelques jours à l'hôpital pour subir des traitements ou une intervention chirurgicale.

Après avoir vécu une période difficile avec leur santé, plusieurs changeront leurs habitudes de vie. Ils feront des changements importants pour améliorer leur état de santé. Cette décision leur sera bénéfique et leur permettra de retrouver une meilleure qualité de vie!

Yerathel : certains se plaindront de maux musculaires, de fatigue aux jambes, aux hanches, à l'épaule ou de douleur au dos. Certains seront obligés de prendre un médicament pour soulager leurs douleurs. D'autres consulteront un physiothérapeute ou un chiropraticien. Quelques-uns adopteront la natation. Ils feront des exercices dans l'eau qui atténueront leur douleur. Certains se plaindront d'indigestion. Ils souffriront d'acidité. Ils devront surveiller les aliments épicés. Quelques-uns seront obligés de prendre un médicament pour soulager le brûlement d'estomac. La peau sera également fragile. Certains peuvent se plaindre de feux sauvages près des lèvres. Le nez sera également rouge. Il peut s'agir de rosacée. D'autres auront la peau sèche et les mains gercées. Vous n'aurez pas le choix d'utiliser une bonne crème pour atténuer la sècheresse et les gerçures sur votre peau. Surveillez également les rayons de soleil. Assurez-vous d'utiliser une crème solaire qui saura bien protéger votre peau. Soyez également vigilant avec les plats chauds. Certains pourraient se brûler. Assurez-vous d'avoir une trousse de premiers soins dans votre pharmacie.

Seheiah : ne soulever aucun objet du bout de vos bras. Vous risquez de vous blesser. Cette blessure pourrait vous occasionner un arrêt de travail obligatoire pendant quelques semaines. Cela affectera votre moral. Soyez donc prudent et vigilant avec les objets lourds. Réclamez de l'aide auprès de vos proches. Cela sera profitable et bénéfique pour votre santé physique ! Cela dit, plusieurs seront lunatiques et ils se blesseront. Il serait important d'avoir une trousse de premiers soins dans votre pharmacie ! Vous en aurez besoin pour nettoyer et couvrir les plaies causées par votre négligence.

Il faudra également surveiller le feu. Certains se feront des petites brûlures par manque d'attention. Surveillez aussi les rayons du soleil. Assurez-vous d'utiliser une crème solaire avant chaque sortie. D'autres se plaindront de feux sauvages qui nécessiteront un soin particulier. La mauvaise alimentation causera quelques brûlures au niveau de l'estomac. Certains prendront un médicament pour soulager leur problème. D'autres changeront leur habitude alimentaire. Cela aura un effet bénéfique ! En agissant ainsi, ils élimineront la prise de médicaments.

Quelques-uns auront des ennuis avec le cuir chevelu. Ils souffriront d'eczéma. Un dermatologue les soignera. De plus, soyez toujours vigilant lors de randonnées pédestres et chaussez-vous bien. Ainsi, vous éviterez de vous blesser. Si vous ne faites pas attention, certains porteront un plâtre avant que l'année se termine !

Reiyiel : lors de la période des allergies, plusieurs seront obligés de prendre un antihistaminique pour parvenir à passer d'agréables journées et nuits. D'autres utiliseront un inhalateur. Les allergies risquent d'en faire souffrir quelques-uns ! La peau sera également fragile. Certains auront des feux sauvages. D'autres auront des rougeurs sur la peau. Ils devront consulter un dermatologue pour déceler les raisons de ces rougeurs. Quelques-uns auront la peau sèche et devront appliquer une crème pour adoucir leur peau. Assurez-vous également d'appliquer une crème solaire lors de journées ensoleillées. Bref, pour l'élasticité et la santé de votre peau, évitez les rayons de soleil ! Cela sera à votre avantage !

De plus, plusieurs femmes auront des ennuis avec les organes génitaux. Certaines devront subir une hystérectomie. Quelques-unes devront subir une mammographie. Les femmes fumeuses pourraient avoir toutes sortes d'ennuis avec leur corps. Il serait important pour elles de modérer ou mieux de cesser de fumer. D'ailleurs, votre médecin vous le recommandera.

Certains hommes auront des ennuis avec la prostate. Ils devront prendre un médicament pour soulager leur douleur. Les intestins seront également à surveiller. Certains souffriront du syndrome du côlon irritable et devront changer leurs habitudes alimentaires pour améliorer leur état de santé. La vessie et l'urètre seront également des parties fragiles et vulnérables. Certains auront des infections urinaires. Au cours de l'année, plusieurs souffriront de maladies virales qui les amèneront à garder le lit de 24 à 72 heures. Lors de ces périodes, il serait important de vous reposer et de prendre le temps nécessaire pour recouvrer la santé. Ce sera obligatoire et profitable.

Omaël : il faudra surveiller les objets tranchants. Plusieurs risquent de se blesser. Les diachylons et les pansements vous suivront au cours de l'année. Assurez-vous d'en avoir dans votre pharmacie ainsi qu'une trousse de premiers soins ! Cette année, plusieurs se plaindront de douleurs ici et là. Ces douleurs vous épuiseront mentalement et physiquement. Vous serez tellement angoissé par votre état de santé que vous souffrirez d'insomnie et serez totalement épuisé. Le repos sera recommandé.

Si vous voulez éviter de graves ennuis, soyez à l'écoute de vos alarmes. Plusieurs seront obligés de prendre un médicament pour régler leur problème. Prenez-le, vous en avez besoin! Ce sera également une année difficile pour les cardiaques et les diabétiques qui négligent leur état de santé. Si vous jouez avec le feu, votre santé en écopera et il sera trop tard pour remédier à la situation. Si vous ne voulez pas être hospitalisé ni en arrêt de travail, prenez soin de vous!

Au cours de l'année, certains iront passer quelques jours à l'hôpital pour y subir des traitements. D'autres subiront une intervention chirurgicale pour améliorer leur état de santé. Cela dit, si vous négligez votre santé, vous ferez face à un problème majeur. Prenez soin de vous, respectez la limite de vos capacités et écoutez les signaux de votre corps.

Lecabel : plusieurs prendront un médicament pour soulager leurs douleurs. D'autres opteront pour un produit naturel pour rehausser leur énergie. La gorge et les poumons seront des parties vulnérables. Plusieurs se plaindront de laryngites et de maux de gorge. Certains utiliseront un inhalateur pour dilater leurs poumons. D'autres prendront des pastilles contre la toux. Durant la période froide, les fumeurs et les asthmatiques devront redoubler de prudence pour éviter une pneumonie.

La glande thyroïde sera également une partie fragile, certains seront suivis méticuleusement par leur médecin. Certains hommes auront des ennuis avec les organes génitaux. D'autres devront passer une colonoscopie. Quelques-uns devront subir une intervention chirurgicale. Certains développeront des tolérances alimentaires. Ils seront obligés de changer leurs habitudes alimentaires, sinon leur système digestif en souffrira ainsi que leurs intestins!

En 2016, il serait important d'écouter sagement les conseils du médecin qui vous soignera. Ainsi, vous recouvrerez plus rapidement la santé! À la suite d'un entretien médical, certains réaliseront l'importance de conserver une bonne santé. Ils ajouteront donc des exercices et une bonne habitude alimentaire à leur horaire. Leur santé les préoccupera beaucoup et ils feront tout pour retrouver la forme!

Vasariah : plusieurs prendront un médicament pour soulager leurs douleurs. Certains se plaindront de douleurs au bras, au coude ou au poignet. Il peut s'agir du tunnel carpien ou une douleur causée par un mouvement répétitif. Quelques-uns seront obligés de consulter un physiothérapeute pour soulager leur douleur. D'autres subiront une intervention chirurgicale pour régler la situation. La tête et la santé mentale seront des parties vulnérables. Certains se plaindront de migraines atroces. D'autres feront de l'insomnie. Quelques-uns seront en manque d'énergie. Vous avez tellement négligé votre santé ces dernières années que votre corps est épuisé! Ce sera pénible de compléter vos journées. Le fait de ne pas avoir respecté la limite de vos capacités a endommagé votre santé. Vous n'aurez pas le choix d'écouter sagement les recommandations du médecin pour retrouver la santé. Certains opteront pour un produit naturel pour rehausser leur énergie. Vous avez besoin de relaxer et de lâcher prise sur certaines situations. Votre médecin sera très clair avec vous! Vous ne pouvez plus continuer de la sorte, sinon il sera obligé de vous prescrire un arrêt de travail obligatoire, et ce, pour une période d'un an ou plus. Si vous tombez, il sera beaucoup plus pénible de remonter la pente. C'est ce que veut éviter votre médecin. Alors, écoutez-le!

Cette année, il serait important d'écouter les signaux de votre corps, ainsi vous éviterez de graves ennuis. Ceux qui auront négligé leur santé seront confrontés à un problème important qui les angoissera. La meilleure façon de vous en sortir est d'écouter les conseils de votre médecin et de commencer à prendre soin de vous. Faites-vous ce cadeau!

Les Dominations et l'amour

Attendez-vous à vivre des événements bénéfiques qui vous permettront de retrouver le chemin du bonheur. Plusieurs couples se prendront en main. Ils analyseront profondément leur vie amoureuse. Plusieurs questions seront élaborées. « Suis-je encore amoureux de mon partenaire? Suis-je heureux dans ma relation? Est-ce l'habitude ou la peur de me retrouver seul qui me lie à mon partenaire? » Ces questions existentielles seront analysées profondément par les Dominations. Les réponses les aideront à prendre de bonnes décisions. Cela ne veut pas dire qu'ils quitteront leur partenaire. Cette analyse leur permettra de mieux se situer face à leur relation. À la suite de cette analyse, le soleil luira de nouveau dans leur demeure. De plus, cette analyse fera réfléchir le couple. Plusieurs réaliseront qu'ils s'aiment toujours mais qu'ils ont oubliés de nourrir leur relation. Ils ne tarderont pas à le faire puisque ni l'un ni l'autre ne veut se séparer. Ils feront donc attention à leur relation en la priorisant.

En 2016, ils seront bien servis puisqu'il y aura plusieurs journées qui favoriseront leur vie conjugale. Vous ferez des sorties agréables avec votre partenaire. Vous passerez beaucoup de temps ensemble. Les discussions seront divertissantes. L'harmonie et l'amour seront présents et cela se reflétera autour de vous. Profitez pleinement de ces moments opportuns qui vous rapprocheront davantage de votre partenaire. Cela vous sera bénéfique. Lors de ces moments, vous réaliserez que cela a valu la peine de prioriser votre relation. Vous ne serez pas déçu! De plus, certains couples en difficulté parviendront à trouver des solutions miracles pour que l'harmonie revienne dans leur foyer. Ces journées bénéfiques auront lieu lors des mois d'*avril, de juillet, d'août, de septembre, d'octobre, de novembre* et *de décembre.*

Votre analyse s'amorcera dès *janvier* et elle se terminera vers la fin *mars*. Plusieurs chercheront la solitude pour mieux analyser leur relation. Plusieurs questions existentielles seront posées et analysées lors de cette période. Cela dérangera temporairement votre relation. Des larmes seront versées. Il y aura également des regrets. Tout y passera. Lorsqu'*avril* arrivera, il annoncera un temps nouveau. Vous opterez pour des changements. Vous réaliserez qu'il y a un lien solide qui vous unit à votre partenaire et vous tenez toujours à ce lien. *Dès le 10 avril*, la vie tend à s'améliorer. Ce qui aura un impact favorable sur vos états d'âme! Lors de ce mois, vous aurez plusieurs conversations intéressantes et divertissantes avec votre partenaire. Vous irez visiter un lieu rêvé. Il y aura également deux événements qui vous rapprocheront. Quelques-uns feront un souper à la chandelle. D'autres iront marchander un meuble, etc. Votre vie intime sera à la hausse. Il y aura de l'électricité magique dans l'air! Cela vous rendra heureux!

Lors de ce mois, profitez-en également pour acheter une loterie avec votre partenaire. Cela sera chanceux. Demandez-lui de choisir ses chiffres préférés et combinez-les aux vôtres. Vous détiendrez une bonne combinaison! Certains pourraient gagner des montants assez considérables. De plus, la journée du lundi vous apportera toujours de bonnes nouvelles. N'hésitez pas à acheter votre loterie lors de cette journée. Le chiffre « 10 » sera également un bon chiffre pour vous! Assurez-vous de l'inclure dans votre combinaison.

Après avoir surmonté quelques difficultés, le soleil entrera de nouveau dans votre demeure en *juillet* et y restera jusqu'à la fin de l'année! Lors de cette période, vous vivrez plusieurs situations agréables qui vous feront réaliser l'importance de votre union. Plusieurs réaliseront que leur partenaire est l'amour de leur vie. Votre amour est profond et durable. Lors de cette période, vous vous consacrez du temps puisque vous réaliserez que c'est important pour la survie et le bien-être de votre couple. Votre partenaire vous aime et il vous surprendra avec des fleurs, des petits cadeaux, des petites gâteries et des petits mots doux. Il fera en sorte que votre regard soit posé continuellement sur lui. Il fera tout pour faire palpiter votre cœur de joie et d'amour! Celui-ci vous fera une proposition dont vous ne pourrez pas refuser. Il peut s'agir d'un voyage, d'un week-end en amoureux, d'une somme d'argent pour vous aider dans vos finances ou pour vous acheter une tenue vestimentaire rêvée! Il peut s'agir également de rénover votre demeure ou de la vendre pour vous trouver un nouveau nid d'amour. Vous serez enchanté de la situation que vous proposera votre partenaire et vous l'accepterez avec joie!

En *juillet et août*, profitez-en également pour acheter une loterie avec votre partenaire. Le chiffre « 3 » sera chanceux! Assurez-vous de l'inclure dans votre combinaison. Priorisez les loteries instantanées. Cela sera bénéfique. Participez également à des concours. Certains pourraient avoir la surprise de leur vie en gagnant un prix gigantesque! Quelques-uns fêteront la fête du Canada. D'autres fêteront leur anniversaire de naissance! Vous pouvez fêter votre anniversaire à l'extérieur de votre ville. Vous adorerez l'endroit! Certains planifieront de belles vacances. D'autres amorceront de la rénovation dans leur demeure. Plusieurs événements vous amèneront à être souvent aux côtés de votre partenaire et vous en serez heureux.

Lors de cette période, attendez-vous à trois sorties mémorables avec votre partenaire. Vous aurez un plaisir fou ensemble! Vous soutiendrez également votre partenaire dans ses tâches quotidiennes. Vous l'aiderez! De plus, vous prendrez soin de lui. Votre partenaire pourrait être au lit pendant une période de 24 à 48 heures à cause d'un rhume, d'une tendinite ou d'autres problèmes temporaires. Vous gâterez votre partenaire et celui-ci en sera très heureux!

En ***septembre***, vous aurez de bons dialogues et vous éclaircirez quelques malentendus. Certains signeront un papier important. Il peut s'agir d'une transaction, d'une entente, d'un testament, d'un achat, d'une vente et autre. Vous serez satisfait et heureux de tout ce qui se produira. Vous envisagez un avenir plus serein et agréable avec votre partenaire. Vous solidifiez vos bases en y intégrant des activités familiales, du temps intime, des dialogues divertissants, etc. Le tout se poursuivra jusqu'à la fin de l'année! Certains couples se lanceront en affaires. D'autres partiront en vacances. Quelques-uns planifieront le temps des Fêtes. Ils iront faire du magasinage. De plus, attendez-vous à faire huit sorties agréables avec votre partenaire. Vous êtes heureux et cela se voit. Avant que l'année se termine, certains couples adopteront un animal de compagnie. Vous irez à la recherche de cet animal et vous le choisirez mutuellement!

Il est évident qu'il y aura des périodes compliquées. Toutefois, vos dialogues vous aideront à rétablir l'harmonie entre vous. Cette année, vous ne laisserez pas les problématiques venir envenimer votre relation. Vous y verrez instantanément. Cela sera bénéfique pour la survie de votre couple.

Voici ce qui pourrait déranger l'harmonie conjugale : lorsque vous serez dans votre période de questionnement. Il est évident que cela dérangera énormément votre relation. Toutefois, tout reviendra à la normale. Toutefois, les couples qui réaliseront qu'ils n'ont plus rien en commun devront prendre une décision importante qui les paralysera temporairement; néanmoins, ils réaliseront que c'est le mieux à faire pour l'instant!

Les couples en difficulté

Les couples en difficulté auront plusieurs défis de taille à surmonter. Vous serez tracassés par toutes sortes d'événements douloureux du passé. Vous avez de la difficulté à oublier certains moments pénibles que vous avez vécus. Cela vous amènera à réfléchir. Vous vous poserez également plusieurs questions au sujet de votre relation. Vous affronterez toutes sortes d'émotions lors de cette période de questionnement. Vous aurez beaucoup de difficultés à prendre des décisions. Vous serez angoissés par l'idée de faire une erreur. Certains demanderont l'avis des gens autour. Toutefois, il serait important de ne pas vous laisser influencer par les autres. Vous pouvez demander leur avis, néanmoins, la décision finale vous appartient!

Cela dit, si vous voulez partir, faites-le! Si vous n'êtes pas certain, réfléchissez longuement et repoussez votre départ à une date ultérieure. Si vous êtes dans le doute, c'est qu'il y a encore des sentiments en cause. Donnez-vous du temps pour bien analyser vos émotions et pour bien prendre vos décisions. Ainsi, vous ne serez pas déçu de la tournure des événements par la suite!

Les périodes les plus compliquées seront *janvier, février, mars, mai* et *juin*. Lors de ces mois, plusieurs couples devront faire face à des situations problématiques. Essayez de ne pas crier. Vous ne réglerez rien de cette façon! À la suite d'analyse existentielle, certains couples décideront de mettre un terme à leur relation. D'autres se donneront une autre chance de réparer les pots brisés. Néanmoins, ils devront fermer la porte du passé et cesser de se remémorer des événements pénibles qu'ils ont vécus. Tournez la page, faites-vous confiance et avancez mutuellement vers un avenir plus équilibré. En agissant ainsi, vous sauverez votre union!

En *janvier*, plusieurs couples seront distants. Cela ne les aidera pas à trouver de bonnes solutions. La froideur qui existera entre vous et votre partenaire vous amènera à réfléchir sur votre relation et vos sentiments envers lui. En *février*, vous chercherez les réponses à vos questionnements. Certains demanderont de l'aide à leurs proches. N'oubliez pas que la décision finale vous revient! Quelques couples décideront de mettre un terme à leur relation au cours de *mars*. Ils iront consulter un avocat. D'autres se lanceront la balle. Leurs paroles seront dévastatrices. Quelques-uns réaliseront que leur partenaire les manipule. Vos pensées seront axées sur la façon d'améliorer votre vie avec ou sans votre partenaire. Les mois de *mai* et *juin* vous apporteront plusieurs réponses à vos questionnements. Les couples qui parviendront à surmonter les épreuves des six premiers mois de l'année continueront l'année ensemble. Il y a de fortes chances qu'ils optent pour réparer les pots brisés et solidifier davantage leur union.

Les Dominations submergées par la négativité

Vous serez déplaisant avec votre partenaire amoureux. Vous ferez également des ravages avec vos paroles et vos gestes. Vous serez souvent devant la télévision ou devant l'écran de votre ordinateur. Vous refuserez les sorties et les activités familiales. Vous serez froid et distant. Vous causerez énormément de peine à votre partenaire. Celui-ci versera régulièrement des larmes de désespoir! Il ne sera plus comment agir pour ramener l'harmonie dans votre demeure. Si vous tenez vraiment à votre partenaire, changez votre attitude! Sinon, votre partenaire vous quittera et vous vous retrouverez seul à pleurer sur votre sort! Il sera trop tard pour vous réconcilier! Néanmoins, vous l'aurez mérité!

Les Dominations célibataires

Plusieurs célibataires rencontreront de bonnes personnes. L'une d'elles pourrait facilement devenir un partenaire idéal. Si vous laissez la chance à l'amour de s'intégrer dans votre vie, vous vivrez un beau bonheur! Plusieurs auront le privilège de rencontrer leur amour idéal. Une belle histoire débutera. Vous réaliserez rapidement que cette charmante personne possède toutes les qualités pour vous rendre heureux. Vous saisirez donc l'occasion de la connaître davantage et de lui réserver une place de prestige dans votre cœur!

Les mois les plus propices pour faire de bonnes rencontres seront *avril*, *juillet*, *août*, *octobre*, *novembre* et *décembre*. La journée du dimanche sera également profitable pour cette nouvelle rencontre. C'est vers la quatrième rencontre que vous réaliserez que cette personne possède toutes les qualités que vous recherchez.

Lorsque vous ferez la rencontre de cette perle rare, vous serez charmé par sa joie de vivre, son rire, son regard doux et sa manière de s'exprimer. Cette nouvelle rencontre fera palpiter votre cœur d'amour. Vous réaliserez que vous êtes bien en sa compagnie. Vous attendiez cette rencontre depuis si longtemps! Vous ouvrirez la porte de votre cœur et vous vous laisserez emporter par la passion d'aimer et d'être aimé.

Vous pourriez faire sa rencontre grâce à l'entremise d'une dame, dans un endroit animé, près de l'eau, lors d'une randonnée pédestre, lors d'une fête, lors d'un voyage ou lors d'une activité physique. Lors de vos premières rencontres, vous parlerez énormément de vos passions. Le temps passera très vite en sa compagnie. Vous aurez plein de points en communs et plein de choses à vous dire. Cela ne prendra pas de temps pour apprendre à vous connaître et apprendre à vous aimer ! Une belle relation naîtra.

Les célibataires submergés par la négativité

Plusieurs seront d'humeur maussade. Vous vous trouverez laid, non attirant. Vous serez inaccessible. Cela sera presque impossible de vous plaire. Lorsqu'une gentille personne vous fera un commentaire agréable, vous répondrez par un commentaire déplaisant. Rien de charmant pour les nouvelles rencontres. Si vous voulez trouver votre partenaire idéal, il serait important de changer votre attitude. Changez votre perception de la vie, de la beauté et de l'apparence physique. L'important est de trouver une personne qui correspond à vos désirs. Lorsque vous l'aurez déniché, soyez charmeur ! Courtisez-la ! Exposez vos qualités ! Manifestez-lui votre désir de la connaître. En agissant ainsi, plusieurs nouvelles connaissances chercheront à vous côtoyer pour en apprendre davantage sur vous ! Cela dit, vous finirez l'année en beauté avec l'amour de votre vie !

Les Dominations et le travail

Plusieurs travailleurs vivront de deux à six situations agréables qui leur apporteront de bonnes nouvelles. À la suite d'une décision ou d'un changement, plusieurs retrouveront leur équilibre et leur joie de vivre au sein de leur emploi. Certains auront le privilège de signer des contrats importants. Cela rehaussera leur situation financière. D'autres obtiendront un emploi de rêve. Certains réussiront un examen ou une entrevue. Quelques-uns recevront une offre alléchante qui leur sera impossible de refuser. Certains feront la rencontre d'un homme important qui leur permettra de réaliser l'un de leurs projets ou qui les aidera dans une situation problématique. Il est évident qu'il y aura de l'amélioration peu importe les décisions qui seront prises. Les problèmes se résoudront à votre avantage. Ceux qui prendront leur retraite seront également satisfaits de leur décision.

À partir du *1ᵉʳ avril* et jusqu'à la *fin de l'année* vous entrez dans une période favorable pour améliorer vos conditions de travail. Une entrevue sera réussie. Un poste rêvé sera obtenu. Une augmentation de salaire sera acceptée, etc. À la suite d'une réunion qui se tiendra en *avril*, attendez-vous à plusieurs changements qui se produiront par la suite. Certains seront en désaccords avec les changements. D'autres seront satisfaits. Néanmoins, ces changements amélioreront plusieurs tâches essentielles à votre travail. Il n'est jamais facile de s'adapter à de la nouveauté. Toutefois, vous réaliserez rapidement que cette nouveauté améliorera grandement vos conditions de travail et allégera certaines de vos tâches. Il ne faut donc pas se décourager au départ. Laissez-vous la chance de vous adapter à ces changements. De bons résultats s'ensuivront rapidement.

Quelques-uns seront rusés au cours du mois de *mai et juin*. Pour parvenir à régler une problématique, vous n'aurez pas le choix d'être rusé et averti. Vous détiendrez de bons renseignements. Vous aurez de bonnes réponses ainsi que de bonnes solutions. Cela vous permettra de régler une problématique avec astuce. Votre employeur louangera votre capacité d'intervention rapide! De plus, vous ferez taire les personnes malintentionnées et commères. Vous les remettrez vite à leur place. Ceux-ci vous fuiront par peur de se faire démasquer de nouveau et de perdre leur emploi. Vous serez en contrôle lors de cette période. Vos collègues apprécieront votre attitude. Ils se sentiront protégés à vos côtés et le tout se poursuivra jusqu'à la fin de l'année. Profitez-en également pour acheter des loteries avec vos collègues de travail. Assurez-vous d'être un groupe de quatre personnes. Cela sera chanceux!

Il y aura des mois dont vous devrez redoubler de prudence. Lors de ces mois, évitez les discussions inutiles et les commérages. Ne prenez aucune décision à la légère et réfléchissez avant de parler. Cela vous sera utilitaire! Ces mois sont *février, mars, avril* et *décembre*.

Les travailleurs Dominations submergés par la négativité

Votre négativité dérangera énormément vos collègues de travail. Vous causerez beaucoup de désagréments au sein de votre équipe. L'atmosphère sera pénible et difficile à supporter. Cela engendra des discussions animées avec les autorités. Un ultimatum vous sera lancé. Il faudra le respecter sinon vous vous attirerez des ennuis.

Si vous voulez que l'harmonie règne de nouveaux avec vos collègues, il faudra changer votre attitude et être plus attentif aux besoins des autres. Si vous désirez ardemment faire un changement sur le plan profession-nel, il faudra améliorer votre façon d'agir. Si vous le faites, vous verrez de belles opportunités venir à vous. Cela dit, si vous parvenez à améliorer votre attitude, vous gagnerez de nouveau la confiance de vos collègues et ceux-ci se feront un plaisir de vous apporter leur aide et leur soutien au moment opportun. Toutefois, si vous ne faites rien pour améliorer la situation, c'est vous qui écopcrez! Avant que l'année se termine, vous serez obligé de donner votre démission!

Chapitre XXV

Événements à surveiller durant l'année 2016

- Au cours de l'année, attendez-vous à faire un grand ménage dans votre routine quotidienne. Plusieurs amorceront de nouveaux projets. D'autres amélioreront plusieurs aspects de leur vie. Quelques-uns quitteront un lieu pour s'établir dans un lieu différent. Cela ne sera pas toujours facile d'entreprendre ces changements. Néanmoins, vous garderez espoir que vos actions vous seront bénéfiques. Vous n'aurez pas tort de penser ainsi. À la suite de vos changements, plusieurs événements favorables surviendront.

- Au cours de cette année, certains se verront offrir une occasion en or. Cette situation vous mettra à l'envers pendant quelques jours. Vous ne saurez pas quelle décision prendre. Vous serez également conscient que cette opportunité est unique et elle ne se présentera pas de nouveau. Vous serez fébrile devant cette offre. Toutefois, la peur vous envahira. Vous vous demanderez si vous êtes prêt à aller de l'avant avec cette opportunité. Si vous acceptez cette offre, l'un de vos vœux le plus chers se réalisera ! Cela dit, l'opportunité est devant vous, il n'en tient qu'à vous de saisir cette chance !

- En *janvier* et février, plusieurs ne respecteront pas la limite de leurs capacités. Ils s'épuiseront facilement. Il serait important de vous reposer lorsque votre corps sera fatigué. Cela vous permettra de retrouver vos forces. De plus, certains devront garder le lit pendant une période de trois jours à cause d'une grippe virale. Le repos vous sera fortement recommandé. Évitez les endroits contaminés par les virus et lavez vos mains régulièrement. Cela sera important!

- Vous, ou un proche, souffrirez d'anxiété. Un repos et des médicaments seront recommandés pour que vous puissiez recouvrer la santé.

- Lors de la période estivale, vous passerez beaucoup de temps de qualité avec votre amoureux et les membres de votre famille. Ces temps seront précieux à vos yeux et vous profiterez de chacun de ces moments pour leur rappeler que vous les aimez et que vous appréciez leur compagnie.

- Certains célibataires reverront un être du passé. Celui-ci cherchera à entamer de nouveau une relation. Il ne tiendra qu'à vous d'accepter ou non. Il sera sincère dans ses paroles. Vous lui manquez et il vous l'avouera.

- Au cours de l'année plusieurs couples retrouveront la sérénité et la joie au sein de leur union. Un bel équilibre sera atteint et vous en serez très heureux. Vos dialogues seront enrichissants et vous parviendrez à régler quelques problématiques.

- Vous, ou un proche, recevrez un pardon de la part d'un ancien amoureux. Celui-ci cherchera à vous reconquérir. Il ne tiendra qu'à vous de décider si vous acceptez sa demande ou si vous la refusez!

- Certains devront surveiller les beaux parleurs. Ne mettez pas votre relation en péril à cause d'une personne malintentionnée. Apprenez à connaître ses intentions avant de foutre en l'air votre relation! Cela sera à votre avantage!

- Certains couples qui vivent une période difficile feront tout en leur pouvoir pour sauver leur union. Ceux-ci travailleront très fort pour ramener l'harmonie au sein de leur foyer. Le dialogue sera profond et réconfortant.

- Lors des périodes estivale et automnale, certains célibataires feront la rencontre d'une bonne personne. Une relation pourrait devenir très sérieuse. Vous réaliserez rapidement que cette nouvelle rencontre est l'amour idéal que vous recherchez depuis si longtemps!

- Plusieurs auront de belles possibilités qui viendront à eux pour améliorer leur situation professionnelle. Des portes importantes s'ouvriront pour vous et elles vous permettront de réaliser plusieurs de vos projets. Certains se verront offrir une occasion opportune. Acceptez-la puisque vous la méritez! Si vous l'acceptez, vous vivrez un changement favorable et vous en serez très heureux!

- Vous, ou un proche, réussirez une entrevue. À la suite de cette entrevue, un travail vous sera offert. Vous serez heureux d'accepter ce nouvel emploi.

- Plusieurs auront des projets innovateurs en tête. Vous travaillerez ardemment pour la réalisation de ces projets. Toutefois, la réussite et la satisfaction vous attendent.

- Au cours de la période hivernale, plusieurs auront des conversations reliées à leur emploi. Un événement surviendra et cela vous préoccupera. Vous en discuterez avec vos proches.

- Lors des périodes hivernale et printanière, certains se feront manipuler par un collègue de travail. Cette situation vous angoissera à tel point que vous aurez de la difficulté à vous concentrer pour accomplir vos tâches. Vous n'aurez pas le choix d'y voir avant que la situation s'envenime et qu'elle vous cause des ennuis de santé.

- Au cours de l'année, plusieurs seront en période de questionnement au sujet de leur travail. Quelques-uns penseront même retourner aux études pour se perfectionner dans un autre domaine. D'autres songeront à quitter leur emploi et en chercher un nouveau. Vous avez besoin de renouveau, de vous sentir utile et d'accomplir des tâches intéressantes. Vous agirez en conséquence de vos désirs!

- Vous, ou un proche, recevrez une offre sur un plateau d'argent. Impossible de refuser cette offre. Ce sera un cadeau du ciel!

- Plusieurs retrouveront leur équilibre au prix de grands efforts. Ils apporteront des changements majeurs à leur vie quotidienne.

Toutefois, ils seront satisfaits de tout ce qu'ils auront entrepris ou décidé.

- On vous annoncera deux fécondités. L'une d'elle donnera naissance à des jumeaux identiques. De plus, une femme accouchera par césarienne. Naissance d'un garçon.

- Lors de la période des fêtes, attendez-vous à bouger et à faire plusieurs activités avec votre partenaire. Vous magasinerez pour les achats de Noël. Vous irez au cinéma, au restaurant, à des spectacles, etc. Vous passerez de bons moments ensembles. Cela sera bénéfique pour votre union.

- Un enfant causera beaucoup de tracas à ses parents. Certains feront une fugue, d'autres auront des ennuis avec la loi. La drogue et les mauvais amis dérangeront énormément l'équilibre de cet enfant.

- Vous, ou un proche, serez confrontez à des ennuis juridiques ou gouvernementaux. Vous aurez besoin de l'aide d'une personne compétente pour vous libérer de ce problème. Un avocat sera consulté pour parvenir à régler le problème.

- Plusieurs situations vous amèneront à bouger un peu partout. Il y aura des moments où vous serez essoufflé.

- Certains rénoveront un plancher. Ils opteront pour de la céramique et peut-être aussi pour un plancher chauffant.

- Soyez vigilant avec le feu. Certains se brûleront. D'autres brûleront leurs mets. De plus, ne laissez aucune chandelle allumée sans surveillance. Cela sera important !

- En *janvier*, certains rechercheront la solitude pour mieux régler un problème. Une solution sera trouvée et tout reviendra à la normale.

- La nostalgie en dérangera plusieurs au début de l'année. Vos pensées seront dirigées vers vos défunts. Vous verserez des larmes. Si vous êtes de nature brave, demandez à vos défunts de vous faire un signe. Cela ne prendra pas de temps que vos défunts vous enverront un signe quelconque. Vous pouvez également les voir en rêve !

- En *janvier* et février, un proche vous demandera de lui donner une autre chance. Sa demande sera sincère.

- Certains réaliseront que la citation : «*Seul le temps arrange les choses*» s'appliquera bien sur certaines situations qu'ils vivront.

- En *janvier*, évitez de prendre le volant si vous avez pris de la boisson. Vous risquez d'avoir des ennuis avec les autorités.

- Au cours de *janvier*, vous vivrez six situations qui vous dérangeront. Lorsque votre moral sera à plat, changez vos idées en écoutant de la musique, en visionnant un bon film…

- En *février*, en *avril* et en *mai*, vous ferez la lumière sur plusieurs points en suspens dans votre vie. Vous serez un excellent détective à la recherche de réponses. Lorsque vous obtiendrez ce que vous rechercherez, vous prendrez les décisions qui s'imposent à ce moment-là ! Vous serez très fier de vous et de tout ce que vous accomplirez lors de vos enquêtes !

- Vous fêterez la St-Valentin avec des gens que vous aimez !

- En *février* ou *mars*, certains planifieront un voyage. Vous serez satisfait de votre voyage. Attendez-vous à une belle température. Vous vous reposerez énormément lors de ce voyage. Vous reviendrez à la maison en pleine forme pour entamer vos journées !

- Au cours de *mars*, surveillez les commérages. Vous éviterez ainsi toutes sortes d'ennuis.

- En *mars*, certains seront victimes d'une extinction de voix. D'autres auront une laryngite ou un mal de gorge. Vous serez obligé de prendre un médicament pour soulager la douleur. Quelques-uns souffriront d'un mal de dents.

- Lors de la période hivernale, un enfant en bas âge fera des otites à répétition ainsi que des amygdalites. Le pédiatre qui le suivra le soignera bien. Toutefois, celui-ci envisagera une intervention chirurgicale si le problème persiste ! Cela vous inquiètera.

- Lors des périodes printanière et estivale, surveillez les allergies, les piqûres d'insectes et les rayons du soleil. Protégez votre peau. Assurez-vous d'appliquer régulièrement une crème solaire lors de vos activités extérieures.

- En *avril*, la Providence vous suivra. Profitez-en pour acheter des loteries. Vous serez très chanceux si vous participez à des groupes. Les groupes de trois et de six personnes vous sont conseillés. De plus, assurez-vous d'inclure le chiffre « 10 » dans votre combinaison. Ce sera un chiffre chanceux. La journée du lundi vous apportera également de bonnes nouvelles. Si vous pouvez acheter vos billets lors de cette journée, ce sera favorable !

- Certains auront des ennuis avec la tuyauterie. Vous n'aurez pas le choix d'appeler un plombier. Il y a risque de dégâts d'eau dans votre maison. Le toit peut également causer des fuites. Vous n'aurez pas le choix de le réparer.

- Certaines femmes qui accoucheront en *avril* donneront naissance à un gros bébé. Quelques-unes accoucheront par césarienne.

- En *avril* et *mai*, plusieurs mettront un terme à des situations qui les dérangent. Votre grande détermination vous apportera du succès.

- En *mai*, vous, ou un proche, gagnerez une cause juridique.

- En *mai* et *juin*, certains auront des ennuis avec leurs poubelles. Cela peut être causé par un animal, par des jeunes délinquants ou par un voisin grognon et malcommode.

- Vous aurez à régler plusieurs problématiques au cours de *juin*. Cela ne sera pas toujours agréable. Néanmoins, vous parviendrez à trouver de bonnes solutions pour régler le tout à votre entière satisfaction !

- En *juin*, vous, ou un proche, devrez surveiller la vitesse. Il y a risque d'accrochage ou de contravention. Si vous ne voulez pas perdre votre permis de conduire, soyez prudent et vigilant sur la route.

- À partir de *juillet*, plusieurs seront en forme pour vaincre tous les obstacles qui se présenteront. Rien ne vous déstabilisera et rien ne vous fera changer d'idée. Vous avancerez confiant vers un avenir plus prometteur et plus équilibré.

- Une personne diabétique devra surveiller son alimentation. Sinon, elle aura de graves problèmes qui nécessiteront l'intervention d'un médecin. Certains pourraient être hospitalisés d'urgence.

- Certains verront un artiste sur scène. D'autres verront un spectacle animé ou une pièce de théâtre. Vous ferez plusieurs belles sorties au cours de la période estivale. De plus, vous les ferez toujours en compagnie de charmantes personnes. Vos soirées seront toujours agréables.

- En *juillet* et *août*, profitez-en pour acheter des loteries. Vous entrez dans une période prolifique. Les loteries instantanées vous apporteront de la chance. De plus, les billets que vous recevrez en cadeau pour votre anniversaire de naissance s'avéreront bénéfiques. La journée du mardi sera également favorable. Si vous connaissez une personne dont le signe du zodiaque est Poissons, achetez une loterie avec cette personne. Cela sera chanceux !

- Une surprise vous attend pour votre anniversaire de naissance. Vous serez très gâté par un proche !

- Plusieurs recevront trois cadeaux magnifiques. Ces cadeaux vous toucheront énormément ! Vous serez émerveillé devant ces cadeaux !

- Trois de vos proches vous sortiront pour votre anniversaire de naissance. Vous passerez du bon temps avec eux. Attendez-vous à des rires, des taquineries et des blagues de leur part ! Le temps passera très vite en leur compagnie !

- Lors de votre fête, si vous voyez une libellule, ce sera le signe d'un défunt. Il s'agit d'une femme.

- En *septembre*, plusieurs s'inscriront à des cours spécialisés. D'autres opteront pour la mise en forme et s'inscriront à des cours pour retrouver la forme physique.

- Lors de la période automnale, certains recevront un cadeau, soit une bouteille de vin, un billet de loterie, un bouquet de fleurs, un meuble ou un bijou. Vous serez heureux de ce cadeau et surtout de la raison pour laquelle on vous le remettra.

- Ceux qui aiment la bonne bouffe auront le privilège d'aller dans un restaurant très réputé et de haute gamme. Vous serez satisfait de votre repas.

- Certains signeront deux papiers importants au cours de *septembre*. Il peut s'agir d'un contrat de travail, d'un achat ou d'une vente de propriété.

- En ***septembre***, certains parents devront rencontrer le directeur de l'école. Vous parviendrez à un terrain d'entente ou à trouver une bonne solution pour régler votre problème.

- Tous ceux qui possèdent un talent quelconque auront le privilège de mettre à profit ce talent. De belles possibilités viendront vers vous et vous permettront d'exploiter ce talent, et ce, à votre grande joie et satisfaction. Certains signeront un contrat important!

- Plusieurs auront le privilège de régler un problème qui les tracassait depuis un certain temps. La résolution de ce problème enlèvera un fardeau de vos épaules.

- Lors de la période automnale, certains adopteront un animal de compagnie. D'autres consulteront un vétérinaire pour vérifier l'état de santé de leur animal.

- Vous ferez la rencontre de trois bonnes personnes. Ces personnes vous apporteront chacune de bonnes nouvelles. Elles croiront en votre potentiel et elles s'organiseront pour que vous puissiez l'exposer au grand jour. Elles travailleront de concert avec vous, vous conseilleront et vous guideront vers les meilleures méthodes pour que vous puissiez voir naître de bons résultats. Ces bons conseillers auront un impact majeur dans votre vie. Ils seront les catalyseurs de vos réussites et vous leur en serez très reconnaissant.

- En ***novembre***, surveillez les chaussées glissantes. Certains risquent de se fracturer un membre. Vous serez obligé de porter un plâtre! Chaussez-vous bien.

- En ***octobre, novembre*** et ***décembre***, vous ferez mille et une activités. Vous bougerez beaucoup. Néanmoins, vous serez heureux de vos déplacements. Plusieurs prendront d'une à trois décisions importantes lors de cette période. Ces décisions amélioreront plusieurs aspects de votre vie. D'autres penseront à rénover certaines pièces de la maison.

- ***Décembre*** sera enchanteur. Attendez-vous à vivre des événements prolifiques. Vous serez heureux et débordant d'énergie lors de cette période. Ce sera également une période importante pour les célibataires. Certains peuvent rencontrer leur amour idéal.

PARTIE VI

Les Puissances

(3 septembre au 13 octobre)

Chapitre XXVI

L'année 2016 des Puissances

On nourrit l'âme d'énergie positive !

L'année de la conscience aura un impact favorable sur les Puissances. Ceux-ci prendront conscience de leurs faiblesses et des lacunes qui subsistent dans leur vie. Il n'est jamais facile de faire face à nos faiblesses et surtout d'admettre qu'elles sont présentes en soi et qu'elles sont une partie intégrante de notre vie. Tel sera le défi des Puissances au cours de l'année. Ceux-ci regarderont profondément leur vie et ils l'analyseront sous tous les angles. Vous vous regarderez attentivement dans le miroir et vous analyserez vos habitudes de vie. Il est évident que cet examen de conscience ne sera pas facile. Plusieurs réaliseront qu'ils ont tendance à se laisser animer par la négativité, par le jugement, par la critique, etc... Cela les amènera à visiter et découvrir leur monde intérieur. Ils mettront leur âme à nue ! Cela sera pénible mais en même temps gratifiant. Plusieurs prendront conscience de leur existence, de leur façon d'aimer, d'agir, de vivre, etc… Ce ne sera pas évident d'admettre que certains défauts les accaparent et les dérangent au plus profond de leur âme. Ces Puissances réaliseront qu'ils ont besoin de vivre leur vie sereinement, et ce, sans tracas et sans négativité. En devenant conscient de leurs faiblesses, une phase nouvelle s'ouvrira à eux et leur permettra d'améliorer leur état d'âme et de miser sur l'énergie positive au lieu de sombrer dans la négativité.

En 2016, attendez-vous à vivre plusieurs changements. Ce sera la fin d'une étape difficile, compliquée et éprouvante. Plus que jamais, vous avez besoin de nourrir votre âme d'énergies et de situations positives. Vous ferez donc votre possible pour amorcer de bonnes actions qui favoriseront votre nouvelle façon de voir la vie ainsi que votre réaction face à la vie. Cela ne veut pas dire que vous n'aurez plus de défauts! Toutefois, vous en prendrez davantage conscience et vous chercherez à les améliorer ou vous en libérer! Telle sera votre façon de réagir au cours de l'année. Lorsqu'on est conscient de nos faiblesses, on a plus de chance de les régler que de s'en ficher et de les ignorer!

Vous réaliserez également qu'une attitude positive face à la vie engendre de belles réussites. Votre détermination et votre énergie positive vous apporteront du succès dans tout ce que vous entreprendrez. Cela vous encouragera à continuer. Plusieurs se dirigeront fièrement vers leurs idées, leurs projets, leurs rêves et leurs objectifs. Ils seront conscients que pour atteindre ces buts, ils devront conserver leur attitude positive. Ce sera la recette gagnante de leur année. D'ailleurs, si vous vous laissez emporter par les sentiments négatifs, vous réaliserez rapidement que vous aurez de la difficulté à amorcer vos projets et que vous resterez coincé avec vos problèmes. Donc, vous chercherez à construire au lieu de ne rien faire et de tout détruire!

Cela dit, votre année 2016 sera une année bien remplie et gratifiante. Vous serez animé par la passion d'innover. Vous amènerez à terme vos projets et vos idées. La réussite vous donnera l'envie de progresser. Plus que jamais, vous serez en contrôle de votre vie. Vous vivrez pour vous et non pour le plaisir des autres! Vous conduirez votre vie et non celle des autres. Vous serez donc moins enclin à la négativité et au jugement. Vos décisions et vos choix seront à la hauteur de vos attentes et amélioreront votre quotidien. Cette année, vous vous prenez en main et vous agissez!

D'ailleurs, vous serez bien servi en événements et en opportunités. Cela fait tellement longtemps que vous attendiez ce moment magique ! Il sera présent en 2016 ! Il ne tient qu'à vous d'amorcer les changements nécessaires pour retrouver une qualité de vie, mais avant tout, pour vous retrouver. Vous vous êtes perdu en cours de route. Il est maintenant temps pour vous de revenir au bercail et de prendre soin de votre âme !

Il est évident qu'il y aura des mois difficiles. Faire face à ses problématiques n'est jamais facile. Reprendre le contrôle de sa vie n'est pas aisé non plus. La peur peut vous envahir. Ce n'est pas évident de ne plus s'en faire pour les autres ! Certaines journées, vous aurez la larme à l'œil. D'autres journées, vous serez incertain de vos choix et décisions. Il serait donc important lors de ces périodes ardues de réclamer l'aide de l'Ange gouverneur. Celui-ci rehaussera votre moral et vous permettra de continuer votre route vers le chemin du succès. Vous serez donc encouragé et déterminé à respecter vos promesses.

Les personnes ayant une attitude négative resteront dans leur négativité et ils ne feront rien pour améliorer leur vie. Leur âme en souffrira. Elles seront souvent envahies par le mal de vivre. Cela n'aidera pas leur moral ni leur santé mentale. De plus, votre attitude négative deviendra le catalyseur de conflits. Vous continuerez toujours à vous impliquer dans la vie des autres, vous les jugerez. Vous partirez des rumeurs déplaisantes. Vos paroles seront mesquines et fausses. Cela n'est pas sans vous causer des ulcères à l'estomac.

De plus, cette attitude malveillante fera fuir les gens qui vous éviteront, avec raison. On ne saura jamais à quoi s'attendre avec vous ! Ceux-ci préféreront s'éloigner que d'être votre proie de malheur ! Il est évident que votre attitude négative et vindicative ne vous aidera guère à conserver vos amis. Soyez un peu plus diplomate et ne jugez pas trop vite les autres. Ce sera profitable autant pour vous que pour les autres. Le vent pourrait changer de direction et vous risqueriez de regretter amèrement vos paroles par la suite !

Cette année, faites-vous un cadeau et améliorez votre attitude. Ce sera important pour votre bien-être et celui de vos proches. Cela dit, si vous voulez éviter des ennuis, si vous voulez éviter la solitude, si vous voulez conserver l'amitié de vos proches, cessez de les juger, de vous mêler de leur affaire, de les critiquer et de les contrôler. En agissant ainsi, ils pardonneront vos écarts de conduite. Sinon, vous vivrez des conflits continuels tout au cours de l'année. Autrement dit, si vous cherchez la guerre, vous l'obtiendrez! Si vous désirez la paix, vous la savourerez! À vous de décider ce qui vous anime le plus!

Aperçu des mois de l'année des Puissances

Au cours de l'année 2016, **les mois favorables** seront *janvier, février, avril, août, septembre, octobre, novembre* et décembre.

Les **mois chanceux** seront *janvier, avril, août, septembre* et *octobre*.

Les **mois non favorables** seront *mars* et *juillet*.

Les **mois ambivalents** seront *mai* et *juin*.

Voici un bref aperçu des événements qui surviendront au cours des mois de l'année pour les Puissances

Vous amorcerez votre nouvelle année avec la tête remplie de bonnes idées pour améliorer votre vie. Vous serez dynamique, enjoué et fringant! C'est la raison pour laquelle votre tête sera remplie d'idées! Vous êtes heureux de pouvoir franchir une nouvelle étape de votre vie. Vous prenez conscience de votre potentiel et de votre soif de renouveau. Auparavant, vous vouliez changer le monde et l'améliorer. Cette année, vous chercherez avant tout à vous changer et à vous améliorer! L'année de la conscience vous fera réaliser qu'avant de changer le monde, vous devez débuter par vous-même, et c'est exactement ce que vous entreprendrez au cours de l'année.

Du 1er janvier au 20 février, attendez-vous à vivre de belles aventures. Vous serez très actif. Vous bougerez beaucoup. Vous ferez des appels téléphoniques. Vous irez à la recherche de renseignements importants pour amorcer certains de vos projets. Tout ce que vous chercherez à apprendre, vous en serez informé. Ce sera une période prolifique et importante pour plusieurs. La porte de l'Abondance s'ouvre à vous. Profitez-en pour jouer à la loterie avec votre partenaire amoureux ou avec une personne de sexe opposé. Demandez-leur de choisir leurs chiffres préférés et combinez-les aux vôtres. La journée du samedi sera une excellente journée. Plusieurs événements ou sorties agréables surviendront lors de cette journée. Profitez-en donc pour acheter une loterie. Si vous connaissez une personne dont le signe du zodiaque est Gémeaux ou Bélier, profitez-en pour acheter un billet avec elle.

Lors de ces deux mois, certains devront prendre une décision importante. Une offre d'affaire alléchante leur sera proposée et les rendra très nerveux. Ils seront envahis par la peur de faire un mauvais choix. Si vous connaissez une personne de confiance, demandez-lui conseil. Cette personne pourrait vous aider à prendre une décision. Ces conseils seront judicieux et honnêtes. Quelques-uns signeront un papier qui les rendra très heureux. Il peut s'agir de la vente ou l'achat d'une propriété, d'un contrat professionnel, d'un gain juridique. Il peut également s'agir d'un contrat avec une maison d'édition ou autres. De toute façon, vous serez très heureux au moment de la signature de ce contrat qui enlèvera un fardeau sur vos épaules.

Vous ferez également une rencontre importante qui vous permettra de résoudre l'un de vos problèmes ou d'amorcer l'un de vos projets. Vous travaillerez ardemment; néanmoins, les résultats seront meilleurs que ce que vous aviez souhaité! Vous regardez droit devant et vous ne vous laisserez plus envahir par les événements du passé. Plus que jamais, vous avez besoin de penser à vous et à vos rêves! Lors de cette période, vous réaliserez que vos dernières années, vous les avez vécues dans le passé. Cela vous a empêché d'avancer sereinement vers votre avenir. Vous voulez donc éviter ce même scénario au cours de 2016 ! Vous ferez les changements nécessaires pour que cela ne se produise plus! Vous ne voulez plus être le prisonnier de votre passé. Vous voulez être le sauveur de votre avenir. Vous avez un urgent besoin de vous aventurer vers un avenir plus prometteur, tel que vous l'avez rêvé et souhaité!

En *mars*, certains seront obligés de garder le lit à cause d'une grippe virale. Certains se plaindront de douleurs lancinantes. Faites attention à votre dos. Ne soulevez rien de lourd, sinon, vous risquez de vous blesser! Assurez-vous d'avoir une trousse de premiers soins dans votre pharmacie. Il en est de même pour *avril*. Vous bougerez tellement que vous ne ferez pas attention à votre environnement. Soyez donc vigilant en tout temps!

De belles opportunités viendront agrémentées votre mois d'*avril*. Vous récolterez tous les bienfaits de vos efforts. Attendez-vous à recevoir des cadeaux providentiels lors de cette période. La Providence sera avec vous. Profitez-en pour acheter des loteries, pour amorcer des projets, pour prendre des décisions, etc. Si une personne vous offre un billet de loterie, achetez-le! Si vous connaissez une personne dont le signe du zodiaque est Taureau ou Bélier, achetez un billet avec elle. Cela sera bénéfique. Les loteries instantanées vous apporteront également beaucoup de chance!

Lors de ce mois, vous serez en mesure de concilier la vie familiale avec votre travail. Vous miserez sur la réussite. Vous passerez du temps avec vos proches. Toutes les promesses que vous ferez seront respectées. Certains se réconcilieront avec un proche, un collègue de travail ou un ami. Vous passerez de bons moments avec lui. De plus, vos dialogues seront intéressants et vos interlocuteurs les apprécieront.

Au cours de *mai*, plusieurs situations vous préoccuperont. Vous serez indécis. Vous avez des choix à faire, néanmoins, vous ne savez pas lesquels choisir. Vous serez dans une période de questionnements. Plusieurs chercheront la solitude pour mieux analyser leur état d'âme. Vous vivrez toutes sortes d'émotions lors de *mai*, *juin* et *juillet*. Certaines journées, vous serez en pleine forme et en plein énergie pour entreprendre vos tâches quotidiennes. D'autres journées, c'est à peine si vous fonctionnerez. Tout ira de travers. Votre humeur en prendra un coup ainsi que votre patience. Il serait important, lors de ces journées compliquées, de vous reposer et de ne pas prendre de décisions sur un coup de tête. Attendez d'être dans un état plus favorable pour prendre vos décisions.

Du 7 mai jusqu'au 22 juillet, certains couples qui éprouvent de la difficulté et les familles reconstituées vivront quelques problématiques. Il y aura trois situations qui surviendront et qui dérangeront temporairement l'harmonie dans leur foyer. Cela peut être causé par un enfant, un problème avec un ancien partenaire, un problème avec la loi, un problème financier ou autre. Vous n'aurez pas le choix d'y voir pour mieux régler la situation. Quelques-uns parleront de séparation. Un enfant veut quitter le foyer pour aller vivre ailleurs. L'un des partenaires se questionnera au sujet de ses émotions, ce qui amènera quelques contrariétés au sein du foyer. Toutefois, après des discussions intenses, plusieurs trouveront un terrain d'entente et régleront fièrement leurs ennuis conjugaux!

Lors de cette période, il y aura également des imprévus qui occasionneront quelques dépenses. Certains auront quelques ennuis mécaniques. D'autres penseront à changer leur voiture. Quelques-uns seront victimes d'un dégât d'eau dans la maison. Si votre toiture n'est pas récente. Il serait important de la réparer ou la changer avant que les dégâts surviennent! Les personnes alcooliques recevront un diagnostic qui les dérangera énormément. Certains cesseront de boire. D'autres subiront une intervention chirurgicale. Les allergies en dérangeront quelques-uns. Vous serez obligé de prendre des antihistaminiques pour parvenir à passer de bonnes journées! Quelques-uns auront des maux de gorge. Vous perdrez la voix temporairement. Le repos sera recommandé. De plus, portez toujours de bonnes chaussures lors de vos randonnées pédestres ou lors d'activités physiques, ainsi, vous éviterez de vous blesser. Certains pourraient avoir une cheville enflée par un manque d'attention et par le port de chaussure inadéquate.

À partir du *6 août*, vous entrerez dans une période de chance et de récompenses. Tout viendra à vous comme par enchantement. Vous récolterez tous les bienfaits de vos efforts et des services rendus. Toute l'aide apportée au fil des années se transformera en récompenses. Attendez-vous à recevoir des cadeaux providentiels lors de cette période. Vous finirez l'année en beauté!

Plusieurs bonnes nouvelles viendront agrémenter vos journées! Plusieurs se trouveront au bon endroit avec les bonnes personnes. Cela les aidera dans plusieurs aspects de leur vie! Quelques-uns auront la possibilité de faire un changement important qui leur permettra de retrouver leur équilibre. Certains obtiendront une promotion. D'autres changeront de travail. Quelques-uns réussiront une entrevue importante. Le succès vous suivra et vous en serez fier! Les associations seront fructueuses. Les idées seront claires. Les choix seront bien pensés et analysés et ils produiront de bons résultats. Vous mettrez un terme à des situations dérangeantes. Votre grande détermination vous apportera du succès dans tout ce que vous entreprendrez. Certains signeront un papier important qui les soulagera. D'autres obtiendront gain de cause dans une cause judiciaire. Certains se réconcilieront avec un membre de l'entourage.

De plus, la Providence sera à vos côtés et il serait opportun d'en profiter pour jouer à la loterie. Vous avez la main chanceuse, prenez le temps de choisir vos billets de loterie. ***En août, septembre*** et ***octobre***, participez à des concours. Certains pourraient gagnées des prix alléchants grâce à des concours organisés. En ***août***, achetez des billets en groupe. Les groupes de six personnes seront avantageux. Vous pouvez également acheter un billet avec un collègue de travail. Toutefois, en ***septembre*** et ***octobre***, jouez seul. Cela sera bénéfique! Optez pour des loteries instantanées. La journée du dimanche sera également chanceuse. Vous vivrez plusieurs événements agréables lors de cette journée.

Plusieurs célibataires auront la chance de rencontrer leur partenaire idéal lors de cette période. Votre cœur sera heureux et amoureux. Certains artistes se verront offrir des opportunités en or. Vous saisirez une occasion et vous la vivrez au maximum! Bref, plusieurs réaliseront que tous les efforts apportés pour améliorer leur vie quotidienne seront récompensés. Cela les encouragera à continuer dans cette même direction avec le même désir : être heureux!

Conseil angélique des Anges Puissances : *Chers enfants, prenez votre courage à deux mains et regardez-vous profondément dans le miroir. Êtes-vous fier de l'image que reflète votre miroir? Êtes-vous heureux de votre vie? Aimez-vous l'être que vous êtes? Vivez-vous dans les regrets? Vivez-vous dans le passé? Si l'une de ces réponses dérange votre âme, il est temps pour vous de faire la paix. Arrêtez de survivre à votre vie. Vivez votre vie! Faites un pas, un jour à la fois. Lorsque votre vie s'achèvera, vous ne serez pas envahi par le regret mais bien par la joie d'avoir existé et d'avoir parcouru plusieurs chemins pour atteindre la sagesse et la plénitude! Au cours de l'année, tel un jeune enfant, amorcez votre premier pas, dirigez-le vers le chemin du bonheur. À partir de maintenant, foncez avec certitude, optimiste, détermination et confiance dans la vie. Si vous le faites, vous n'échouerez jamais et vous ne vivrez plus dans le doute. Armez-vous d'une foi inébranlable et vous serez capable de soulever des montagnes. Croyez en votre potentiel et vous bâtirez un bel avenir. Croyez en notre existence et nous sauverons votre âme. Sachez que notre amour envers l'humain est éternel! Croyez en Dieu, et vous serez béni à jamais! Cela facilitera votre venue sur Terre. Cette année, nous serons à vos*

côtés. Pour annoncer notre présence auprès de vous, nous vous enver-
rons deux signes. Lorsque vous verrez l'image d'une libellule, sachez
que nous sommes avec vous. Lorsque vous verrez une étoile filante,
nous réalisons l'une de vos demandes !

Les événements prolifiques de l'année 2016

* Plusieurs auront le privilège de faire la rencontre d'une personne extraordinaire. Elle sera votre Ange terrestre. Cette personne sera là pour
vous épauler et vous réconforter. Il serait sage d'écouter ses conseils
et de suivre son exemple. Cette personne vous aidera à voir plus clair
dans votre vie et à améliorer certains aspects difficiles. Cette aide vous
sera d'un très grand secours lors de périodes plus intenses. Grâce aux
précieux conseils que cette personne vous donnera, il vous sera
possible de retrouver la sérénité, la joie et l'équilibre dans votre vie.

* Au cours de l'année, vous vivrez quatre situations qui vous permettront d'améliorer votre vie. Ces situations arriveront toujours au
moment opportun. Cela vous permettra d'agir immédiatement et
d'améliorer l'aspect en dérangement. Lorsque le tout sera terminé,
vous serez très fier de votre efficacité et des résultats obtenus.

* Plusieurs s'adonneront à la méditation. D'autres chercheront la solitude. Vous réaliserez que vous avez besoin de méditer et de faire
la paix avec vous-même. Vos moments solitaires vous aideront à
réfléchir, à faire le vide, à prendre de bonnes décisions et à trouver
votre équilibre. Ces moments seront obligatoires pour vous aider à
reprendre le contrôle de votre vie. Plus vous méditerez, mieux votre
santé mentale se portera et plus facilement les problèmes se règle-
ront. Tels seront les bienfaits que vous procureront la méditation.
Au départ, vous aurez de la difficulté à vous laisser aller. Avec le
temps, vous deviendrez accroc à la méditation puisque vous verrez
tous les bienfaits que celle-ci vous procure !

* Malgré les changements nécessaires qui devront s'opérer dans
votre vie, vous sortirez souvent gagnant de vos batailles. Vous serez

grandement satisfait de tout ce que vous entreprendrez et déciderez. Vous ferez tout en votre pouvoir pour améliorer votre vie. Vous irez chercher toutes les ressources possibles pour vous aider à voir clair et à prendre vos décisions. Vous trouverez la meilleure façon qui vous conviendra pour régler le tout à votre entière satisfaction. Généralement, vous parviendrez à tout entreprendre sans réclamer de l'aide. Toutefois, il y aura toujours de l'aide disponible si vous en avez vraiment besoin.

* Vous aurez souvent de belles conversations avec des personnes positives et enjouées. Cela rehaussera votre moral. Ces personnes vous encourageront à poursuivre vos rêves et à ne pas abandonner. Plusieurs de ces dialogues seront enrichissants et valorisants. Ce positivisme aura un bienfait important sur vous et votre santé mentale. Cela rehaussera votre estime de soi et vous permettra de continuer votre route et de créer, bâtir et réussir vos projets. Bref, ces énergies positives seront vos meilleurs remèdes en 2016!

* Ayez toujours espoir qu'un nouveau jour se lèvera pour vous. Lorsque vous serez en période de questionnement, éloignez le découragement. Chassez l'incertitude. Croyez en vos forces. Faites-vous confiance. En agissant ainsi, tout rentrera dans l'ordre. Cela vous permettra de réaliser que vous possédez toutes les qualités pour réussir vos projets et pour surmonter vos épreuves. Il suffit de croire en votre potentiel et d'abandonner le négativisme.

Les événements exigeant de la prudence

* Sur une note préventive, surveillez le sentiment de jalousie. Cela ne vous servira guère à obtenir la confiance des autres. Au cours de l'année, vous vivrez plusieurs situations qui rehausseront ce sentiment. Ne vous laissez pas imprégner par la jalousie. Elle vous dérangera et blessera votre partenaire amoureux, vos proches et certains collègues de travail. Si vous pensez vivre une injustice de la part d'une personne, ayez une conversation franche avec celle-ci. Ainsi, vous éviterez de penser négativement. Les gens peuvent parfois agir d'une telle ou telle manière pour le bien d'une cause. Ils ne pensent pas toujours aux conséquences par la suite. En donnant

votre point de vue, vous pourriez aider ces personnes à voir clair et à mieux comprendre vos états d'âme. Ainsi, votre sentiment de jalousie s'estompera et votre santé émotionnelle se portera mieux. Toutefois, si vous vous laissez animer par la jalousie. Vous vivrez de grandes batailles émotionnelles qui risquent de vous perturber et de détruire vos relations.

* Surveillez également votre santé. Ne négligez pas les alarmes de votre corps. Si une douleur persiste, consultez votre médecin. Si vous négligez trop, vous vous retrouverez avec des ennuis de santé qui pourraient entraîner la prise de médicaments ou une intervention chirurgicale.

* Essayez d'être moins exigeant envers vous-même. N'oubliez pas que vous êtes un être humain et que vous avez droit à l'erreur. D'ailleurs, on apprend toujours de ses erreurs. L'important est d'en être conscient.

* Conservez toujours une attitude positive face aux problématiques. Cela vous aidera à trouver les meilleures solutions pour vous en libérer. De plus, chassez la négativité de votre vie. Soyez conscient qu'il n'est pas évident pour les autres de vous voir ainsi. Lorsque vous commencez à fredonner les mêmes paroles depuis belle lurette, ça les rend dingues, avec raison! Pourquoi retourner en arrière? Vivez votre vie présente. Arrêtez de vivre dans le passé. Cela ne sert à rien et vous nuit tout simplement. Vivre continuellement dans le passé vous empêche de profiter des situations agréables que vous offre la vie actuelle. Si vous continuez de vivre de cette manière, vous serez toujours dans les regrets! À vous d'améliorer cet aspect!

* Apprenez à vous mêler de vos affaires. Il est vrai que certaines situations peuvent être frustrantes. Toutefois, si personne ne vous demande votre avis, pourquoi vous impliquer dans leur histoire? Cette année, faites attention à ce genre de situations. Vous éviterez ainsi des batailles de mots, des pertes d'amitiés et autres. Votre vie comporte assez de problématiques, vous n'avez donc pas besoin d'intégrer les problèmes des autres!

Chapitre XXVII

Informations supplémentaires propres à chacun des Anges Puissances

Les Puissances et la chance

En 2016, la chance des Puissances sera moyennement élevée. Plusieurs recevront de belles surprises inattendues qui agrémenteront leur quotidien. Quelques-uns pourraient gagner de belles sommes d'argent. D'autres gagneront des prix quelconques. Il faudra donc en profiter et participer à des concours alléchants. De plus, écoutez la voix de votre intuition. Lorsque l'envie d'acheter une loterie vous interpelle, faites-le! Cette année, la plupart des Puissances seront chanceuses.

Tout au cours de l'année, vos trois chiffres chanceux seront **4**, **39** et **44**. Le chiffre « **4** » est un excellent chiffre. Vous pourriez vivre plusieurs événements marqués de ce chiffre. Les Anges peuvent vous montrer régulièrement ce chiffre pour vous annoncer leur présence. Votre journée de

290 ⏜   *Prédictions Angéliques* **2016**

chance sera le **samedi**. Vos mois de chance seront **janvier, avril, août, septembre** et **octobre**. Ces mois vous avantageront dans plusieurs aspects de votre vie. Lorsqu'une opportunité s'offrira à vous, profitez-en immédiatement! Ne laissez pas passer les chances uniques d'améliorer votre vie! Cela dit, plusieurs situations bénéfiques surviendront lors de ces mois de chance.

De plus, n'oubliez pas de prendre en considération le chiffre en gras relié à votre Ange. Ce chiffre représente également un chiffre chanceux pour vous. Il serait important de l'ajouter à votre combinaison de chiffres. Toutefois, votre Ange peut également utiliser ce chiffre pour vous annoncer sa présence auprès de vous. Profitez-en pour lui parler et lui demander de l'aide! Cela peut également signifier de prier l'Ange gouverneur. Vous avez possiblement besoin de sa Lumière pour traverser l'une de vos épreuves, pour prendre une décision, pour régler une problématique et autre.

Conseil angélique : *Si vous voyez l'image d'un buddha vêtu de blanc, si vous voyez l'image d'une libellule et si vous voyez un rouet, achetez un billet de loterie puisque ces trois symboles représentent votre signe de chance.*

Yehuiah : 1, 11 et 32. Le chiffre « **1** » est votre chiffre chanceux. N'oubliez pas que la Providence vous surprendra! Participez à des concours! Plusieurs auront la chance de gagner un gros montant d'argent, un voyage dans un pays de rêve, un abonnement dans un centre sportif, un prix de présence ou autres!

Jouez seul puisque la chance est avec vous. Achetez des loteries instantanées. Cela sera bénéfique! Lors d'une sortie à l'extérieur de la ville, profitez-en pour vous procurer un billet de loterie. Cela sera chanceux! Si vous désirez participer à un groupe, assurez-vous de faire partie d'un groupe de deux ou de trois personnes. Si vous connaissez un capitaine de bateau, un géologue, un paysagiste ou un homme aimant le bois et la campagne, achetez un billet avec lui. Cela sera chanceux! Si vous connaissez une personne dont le signe du zodiaque est Poissons. Achetez un billet avec elle. attirera la chance vers vous!

Cette année, la chance se fera davantage sentir dans vos actions. Plusieurs se prendront en main et apporteront tous les changements nécessaires pour améliorer leur vie. Dès le début de l'année, vous vous fixerez des buts et vous chercherez à les atteindre. Votre grande détermination vous conduira au succès. Vous réaliserez que l'avenir vous appartient et qu'il ne tient qu'à vous de faire les changements nécessaires pour être heureux. Vous serez également conscient qu'il existe des lacunes dans votre vie. Vous chercherez donc à combler ces lacunes. Votre nouvelle vision de la vie aura un impact favorable sur vos futures décisions et transactions. L'équilibre, la joie et la confiance règneront en maître dans votre demeure! Donc, profitez-en pour amorcer vos projets et pour organiser des soirées avec vos proches. Cela vous apportera de belles joies! Vous serez fier de vous et de tout ce que vous réaliserez au cours de l'année.

Lehahiah : 10, 37 et 40. Le chiffre « **10** » est votre chiffre de prédilection. La chance sera imprévisible sur le contenu des cadeaux qu'elle vous offrira. Néanmoins, elle vous surprendra régulièrement! Celle-ci vous réservera de belles surprises qui vous rendront très heureux. Certains auront la chance de gagner plusieurs petits concours de circonstance. Vous pourriez gagner un ensemble de patio pour l'été, un meuble en bois massif, un montant forfaitaire pour rénover l'une des pièces de la maison, un barbecue, un équipement de golf, etc.

Cette année, priorisez les groupes. Vous serez davantage chanceux si vous achetez des loteries avec d'autres personnes. Les groupes de deux, de quatre et de dix personnes vous seront favorables. Profitez-en pour acheter des billets avec les membres de votre famille. Cela sera chanceux! Si vous connaissez un homme barbu aux cheveux grisonnants, achetez un billet avec lui. Si vous connaissez un sommelier, un homme qui aime les chevaux, un bijoutier ou un gardien de sécurité, achetez un billet avec eux. Ceux-ci attireront la chance vers vous! De plus, lors d'une soirée avec vos proches, demandez-leur de participer avec vous à une loterie. Cela sera chanceux!

Cette année, plusieurs amélioreront leur vie. Vous ferez de grands efforts pour retrouver la paix, le calme et la quiétude dans votre quotidien. Vous vous prendrez en main et vous apporterez tous les changements nécessaires pour être heureux. Plusieurs retrouveront leur énergie d'autrefois, leur entrain et leur joie de vivre. Vous regarderez droit devant avec la tête remplie d'idées pour votre futur. Rien ni personne ne viendra changer votre nouvelle vision de la vie ! Certains auront de belles promotions qui les aideront à remonter leur situation financière. Vous aurez de belles occasions de retrouver la joie de vivre. Telle sera votre chance ! Cela fait tellement longtemps que vous attendiez cela et vous saurez bien en tirez profit !

Chavakhiah : 10, 19 et 30. Le chiffre « **19** » est votre chiffre de prédilection. Écoutez la voix de votre intuition et vous ne serez pas déçu. Plusieurs recevront des cadeaux qui agrémenteront leur année. Il peut s'agir de petits prix comme des prix gigantesques ! Tous ces prix, vous les accueillerez toujours à bras ouverts. À la fin de l'année, vous réaliserez que la Providence vous a bien gâté !

Il serait préférable de jouer seul qu'en groupe. Optez pour les loteries instantanées. Toutefois, si vous désirez vous joindre à un groupe, les groupes de deux ou de quatre personnes seront favorables. Achetez un billet de loterie avec votre partenaire amoureux ou avec votre meilleur ami. Cela sera bénéfique. Demandez-leur de choisir leur trois chiffres préférés et combinez-les aux vôtres. Si vous connaissez un musicien, un harpiste, un violoniste, procurez-vous un billet avec eux. Ceux-ci attireront la chance vers vous. Si vous connaissez une personne dont le signe du zodiaque est Sagittaire, achetez un billet avec elle. De plus, la journée du Dimanche vous apportera toujours de belles situations. Profitez-en donc pour vous procurer un billet de loterie lors de cette journée !

Cette année, vous aurez la chance d'équilibrer votre vie. Le soleil luira de nouveau dans votre demeure et vous rendra heureux ! Vous trouverez des solutions pour régler vos problèmes. Vous ferez taire les mauvaises langues. Vous ferez la lumière sur des situations problématiques. Telle sera votre chance en 2016 ! Plusieurs apporteront des changements importants dans leur vie pour améliorer leur quotidien. Vous mettrez un terme à plusieurs de vos tracas. Vous priorisez également votre santé mentale. Vous ferez donc votre possible pour améliorer cet aspect de votre vie. Plusieurs s'adonneront à des activités qui auront un effet bénéfique sur leur mental. Plus que jamais, vous avez besoin de vous sentir en forme, en équilibre, heureux, et ce, loin des tracas et des problèmes de toutes sortes! Telle sera votre manière de voir la vie et vous la respecterez!

Menadel: 7, 10 et 37. Le chiffre « **10** » est votre chiffre de prédilection. Écoutez votre intuition. Profitez-en au maximum des opportunités qui s'offriront à vous! Votre chance est excellente. Vous serez très favorisé par la chance. Certains recevront d'un à dix cadeaux providentiels qui les feront sauter de joie!

Que vous jouez seul ou en groupe; cela n'a pas d'importance puisque la chance sera avec vous. Les loteries instantanées vous réservent de belles surprises. Achetez-en lors des mois chanceux! Plusieurs billets que vous recevrez en cadeau vous apporteront de petits gains. Si vous désirez participer à des groupes, les groupes de deux, de trois, de six ou de dix personnes vous seront favorables. Si vous connaissez une personne dont le signe du zodiaque est Capricorne, achetez un billet avec elle. Si vous connaissez une personne qui aime tricoter, une personne qui possède une tricoteuse ou une couturière, achetez un billet avec elles. Ces personnes attireront la chance vers vous et vous pourriez faire des gains agréables.

Cette année, vous aurez également la chance de régler plusieurs problèmes qui vous retiennent prisonniers. À chaque problème, vous trouverez une solution. À chaque question, vous trouverez une réponse. Vous apporterez également des changements qui amélioreront votre vie. Vous tisserez des liens avec des personnes importantes qui vous aideront dans l'élaboration de vos projets. Vous savez ce que vous voulez et vous vous dirigez exactement vers les meilleurs résultats, même au prix de grands efforts. Vous parviendrez à atteindre vos objectifs et c'est ce qui comptera le plus pour vous! Cela dit, votre vie s'améliore et vous en êtes très heureux!

Aniel: 2, 20 et 48. Le chiffre « **2** » est votre chiffre de prédilection. N'oubliez pas que la Providence vous réserve de belles surprises! Profitez-en donc pour entreprendre tout ce qui vous trottine dans la tête! Vous ne serez pas déçu. De plus, écoutez la voix de votre intuition. Celle-ci saura bien vous guider au moment opportun!

Jouez seul. Cela sera bénéfique! Optez pour les loteries instantanées. Cela sera chanceux! Si vous désirez participer à des groupes, les groupes de deux, de trois ou de cinq personnes vous seront bénéfiques. Si vous connaissez une personne dont le signe du zodiaque est Vierge, achetez un billet avec elle! Cela sera chanceux! Si une personne aux cheveux foncés vous remet un billet en cadeau, il pourrait être gagnant! Si une personne aux cheveux longs vous offre la possibilité d'acheter un billet avec elle, acceptez! Si vous connaissez une fleuriste ou une pâtissière, jouez avec elles. Cela sera bénéfique!

Cette année, plusieurs se trouveront au bon moment, au bon endroit et avec les bonnes personnes. Cela leur permettra d'aller de l'avant avec leurs projets. Vous éclaircirez plusieurs malentendus qui vous permettront de faire un grand ménage dans votre vie. Vous ferez également la lumière sur plusieurs situations qui dérangent votre harmonie. À chaque problème, vous trouverez une solution. À chaque question, vous obtiendrez une réponse. La chance est à vos pieds, alors, profitez-en au maximum!

Haamiah: 2, 06 et 21. Le chiffre « **21** » est votre chiffre de prédilection. La chance arrivera toujours à l'improviste et elle vous surprendra à chaque fois! Vous serez doublement chanceux. Lorsque vous ferez un gain, un autre suivra! Écoutez la voix de votre intuition. Celle-ci vous étonnera! Choisissez donc vos loteries et votre combinaison de chiffres! Cela sera bénéfique! Certains auront la chance de gagner un voyage, un bateau, une moto marine, un séjour dans un établissement de renom, etc.

Jouez seul ou avec votre partenaire amoureux. Cela sera chanceux. Les loteries instantanées vous réservent de petits gains. Si vous désirez participer à des groupes, ceux de deux, de six et de vingt-une personnes vous seront bénéfiques. Si vous jouez avec votre partenaire amoureux, demandez-lui de choisir ses trois chiffres préférés et combinez les aux vôtres! Ce sera une combinaison chanceuse! Si vous connaissez une personne dont le signe du zodiaque est Gémeaux, achetez un billet avec elle. Si vous connaissez une personne dont le signe chinois est Serpent, procurez-vous également un billet avec elle. Les jumeaux devraient se procurer un billet et jouez ensemble. Cela sera doublement chanceux! Plusieurs gagneront des sommes agréables. Lors de vos déplacements dans une ville étrangère, assurez-vous d'acheter un billet.

Cette année, les gens vous serviront bien. Ils vous aideront à atteindre vos objectifs, à résoudre vos problèmes, etc. Leurs conseils seront judicieux et pratiques. Cela vous favorisera dans plusieurs aspects de votre vie. Profitez-en donc au maximum ! Vous le méritez tellement ! Cela fait longtemps que vous aidez votre prochain sans rien réclamer en retour. Vous recevez maintenant les récoltes de vos bienfaits ! Ne refusez rien et acceptez tout ! Vous y avez droit ! De plus, tout ce que vous déciderez tournera en votre faveur ! Vous analyserez profondément votre vie et toutes ses lacunes. Vous ferez des choix judicieux et vous l'appliquerez instantanément à votre routine quotidienne. Vous mettrez fin à plusieurs situations problématiques qui dérangent votre quiétude et votre harmonie. Plusieurs retrouveront leur équilibre et la paix à la suite de changements qu'ils apporteront à leur quotidien. Vous serez fier de vous et des actions engendrées pour retrouver votre bonheur. Telle sera votre chance en 2016 !

Rehaël : 6, 24 et 33. Le chiffre « **6** » est votre chiffre de prédilection. La Providence vous réserve de belles récompenses. Vous récolterez tous les bienfaits de vos efforts. Cela vous encouragera à continuer d'améliorer votre vie. Participez également à des concours. Plusieurs se verront décerner des prix quelconques. Attendez-vous à recevoir de deux à six surprises qui vous rendront heureux !

Que vous jouez seul ou en groupe, vous serez chanceux ! Priorisez les groupes de deux et de six personnes. Plusieurs pourraient gagner des sommes extraordinaires grâce à un groupe. Jouez également avec vos collègues de travail. Cela sera profitable. Si vous connaissez une personne dont le signe du zodiaque est Bélier ou Capricorne, achetez un billet avec elle. Si vous connaissez un pompier, un ramoneur ou un vétérinaire, achetez également des billets avec eux. Ces personnes attireront la chance vers vous.

Cette année, la Providence vous servira bien au cours de l'année. Certains obtiendront une promotion. D'autres réussiront un examen indispensable. Quelques-uns obtiendront un emploi de rêve. Certains signeront des papiers importants. Qu'importe, il y aura toujours une bonne nouvelle au moment opportun. Cela rendra votre année agréable. Tout ce que vous déciderez ou entreprendrez, vous apportera de la satisfaction. Tout tournera en votre faveur. Lorsqu'arrivera un problème, un échec ou une déception, au lieu de vous décourager, vous relèverez vos manches et vous trouverez rapidement la meilleure solution. Vous l'appliquerez instantanément et vous réglerez le tout à votre entière satisfaction. Cela dit, en 2016, vous avez la chance de bien mener à terme vos projets, vos idées, vos buts et vous en profiterez grâce à la Providence. Vous vous retrouverez souvent au bon endroit et avec les bonnes personnes. Cela vous favorisera dans plusieurs domaines.

Ieiazel : 11, 13 et 37. Le chiffre « **11** » est votre chiffre de prédilection. La chance arrivera toujours à l'improviste et elle vous surprendra à chaque fois! Profitez-en pour participer à des concours. Plusieurs gagneront des prix agréables. Écoutez également votre intuition.

Jouez seul. Optez pour des loteries instantanées. Cela sera chanceux! Si vous désirez participer à des groupes, ceux de deux, de trois ou de onze personnes vous seront bénéfiques. Lors d'une randonnée dans une ville étrangère, profitez-en pour vous acheter une loterie. Si vous connaissez un homme colossal arborant une barbe, achetez un billet avec lui. Si vous connaissez une personne dont le signe du zodiaque est Lion, achetez un billet avec elle.

Cette année, la chance se fera davantage sentir au niveau de vos actions. Plusieurs triompheront dans les démarches qu'ils entreprendront pour régler leurs problèmes et pour réussir leurs projets. De plus, vos conversations seront franches et directes avec les personnes négatives et problématiques. Vous leur ferez comprendre que leur attitude vous déplait et qu'elle vous dérange énormément. Vous leur avouerez que vous avez plus que jamais besoin de vous entourer de gens positifs et d'humeur joyeuse! Donc, s'ils veulent conserver votre amitié, ils doivent changer leur attitude! Sinon, vous mettrez un terme à la relation. Pour plusieurs, l'année 2015 n'a pas été facile. C'est la raison pour laquelle vous chercherez à améliorer tous les aspects qui vous ont dérangés. En 2016, vous reprenez votre pouvoir. Vous retrouverez votre dynamisme, votre joie de vivre et votre sens de l'humour. Vous renaîtrez à la vie. Vous serez friand de bonnes nouvelles et de changements positifs. Lorsqu'une possibilité s'offrira à vous, vous la saisirez et vous l'intégrerez dans votre vie. Telle sera votre chance cette année!

Les Puissances et la santé

Ceux qui prendront soin d'eux seront moins sujets à la maladie. Plusieurs seront en pleine forme et tout ira bien pour eux. Ces personnes respecteront leur corps. Ils réaliseront l'importance d'avoir une bonne santé et plusieurs amélioreront leurs habitudes de vie. Certains feront attention à leur alimentation. D'autres feront de la méditation. Quelques-uns opteront pour le yoga ou le Qi-gong[1]. Certains ajouteront à leur horaire des activités physiques pour garder la forme, telles que la natation, le badminton, la marche et autres. Cela les aidera sur le plan mental. Bref, plusieurs respecteront la limite de leurs capacités et ils s'assureront d'avoir de bonnes nuits de sommeil pour mieux récupérer. Cette attitude les aidera à bien amorcer leurs journées et leurs activités hebdomadaires. Ils seront en forme et en pleine énergie pour entreprendre tous les buts fixés !

Toutefois, les personnes négligentes feront face à des ennuis de santé. Ceux qui ne respectent par la limite de leurs capacités seront fatigués et découragés. Ils feront de l'insomnie. Quelques-uns se plaindront de maux de tête. Certains seront obligés de prendre du repos obligatoire et cesser de travailler temporairement. D'autres subiront d'une à deux interventions chirurgicales au cours de la même année.

De plus, certaines femmes auront des ennuis avec leurs organes génitaux. Elles devront consulter leur médecin. La période des allergies en fera souffrir quelques-uns. L'estomac sera également une partie fragile. Il faudra surveiller votre alimentation et éviter les aliments épicés. Il y aura également les genoux qui causeront de la douleur. Certains seront obligés de faire des exercices de physiothérapie. D'autres subiront une intervention chirurgicale au genou. Il faudra aussi surveiller les chutes. Certains pourraient se blesser. Assurez-vous d'être toujours bien chaussé lors de vos randonnées pédestres ou sportives.

Les personnes cardiaques devront écouter sagement les recommandations de leur médecin. Sinon, certains auront de graves ennuis qui les obligeront à passer quelques jours à l'hôpital et à subir une intervention chirurgicale. Il en est de même pour les diabétiques et tous ceux qui

---

1. Qi-Gong : Exercice chinoise qui maîtrise l'énergie vitale en associant des mouvements lents, des exercices respiratoires et de la concentration.

souffrent d'hypertension ou qui présentent un taux élevé de cholestérol. Si vous ne voulez pas être hospitalisé, suivez astucieusement les conseils de votre médecin.

Au cours de l'année, des mises-en-garde vous seront lancées et il sera important de les écouter, sinon, attendez-vous au pire !

Sur une note préventive, voici les parties vulnérables à surveiller plus attentivement et les faiblesses du corps en ce qui concerne chacun des enfants Puissances.

Yehuiah : il serait important de ne pas soulever aucun objet du bout de vos bras puisque vous risquez de vous blesser. Cette blessure douloureuse pourrait vous occasionner un arrêt de travail obligatoire et déranger énormément votre moral. Alors, soyez vigilant avec les objets lourds. N'hésitez pas à réclamer de l'aide. Les haltérophiles devraient également redoubler de prudence lors de leurs exercices. Ainsi, ils éviteront de graves blessures à l'épaule et au dos. Certains seront obligés de prendre un médicament pour soulager leur douleur lancinante.

Cette année, plusieurs souffriront de douleurs musculaires et devront consulter un spécialiste. Les épaules, le cou, les bras et les poignets seront des parties sensibles et vulnérables. Soyez toujours vigilant lors de travaux physiques et exigeants. Certains pourraient se blesser. Quelques-uns se plaindront de torticolis. D'autres souffriront de tendinite au coude ou au poignet causée par un mouvement répétitif. Certains souffriront de fibromyalgie, d'arthrite ou d'arthrose. Cela les obligera à consulter un médecin, un physiothérapeute ou un chiropraticien. Plusieurs seront obligés de prendre un médicament pour soulager leur douleur. D'autres feront de la natation ou de la méditation. Cette activité aura un effet bénéfique sur eux. Certains subiront une intervention chirurgicale qui les obligera à se reposer.

De plus, l'estomac sera également une partie vulnérable. Certains seront obligés de changer leurs habitudes alimentaires. D'autres passeront des examens pour déceler l'origine de leurs maux. Il serait important de suivre les conseils des spécialistes que vous consulterez. Ceux-ci vous aideront à trouver une belle qualité de vie et à recouvrir la santé !

Lehahiah : plusieurs se préoccuperont de leur santé. Ils seront très prudents et ils feront attention à eux. Plusieurs adopteront la méditation et la natation. Cela leur sera bénéfique. Toutefois, il y aura des exceptions. Certains se plaindront de douleur ici et là qui les obligeront à prendre un médicament. Une épaule, un genou ou le cou apporteront parfois des douleurs. Cela vous amènera à consulter votre médecin. Vous passerez des examens approfondis qui révéleront la cause de vos ennuis. Certains hommes auront des ennuis avec la prostate. Cela nécessitera l'intervention du médecin. Quelques-uns auront des ennuis avec leurs intestins. Ils devront suivre méticuleusement les conseils du spécialiste. De plus, lors de la période des allergies, certains prendront des antihistaminiques pour parvenir à passer d'agréables journées ! De plus, surveillez les objets tranchants. Certains pourraient se blesser. Assurez-vous d'avoir une trousse de premiers soins dans votre pharmacie !

Chavakhiah : votre santé vous préoccupera énormément. Donc, vous ferez attentions à vous. Vous ferez votre possible pour conserver une excellente santé. Certains prendront un produit naturel pour renforcer leur système immunitaire. Quelques-uns surveilleront leur alimentation à cause de leurs problèmes digestifs. Toutefois, certaines personnes seront atteintes par quelques problèmes. Celles-ci devront être vigilantes et ne pas négliger les alarmes de leur corps. Plusieurs se plaindront de douleurs musculaires. Les épaules, le cou, les jambes, les genoux et les chevilles seront des parties vulnérables. Quelques-uns devront prendre un médicament pour soulager leurs douleurs. D'autres subiront une intervention chirurgicale.

Il y aura également la glande thyroïde qui préoccupera quelques personnes. Le médecin sera en mesure de bien vous soigner. Les personnes cardiaques devront redoubler de prudence et écouter sagement les conseils de leur spécialiste. Ainsi, ils éviteront des ennuis de santé. Il en est de même pour ceux qui ont un taux élevé en cholestérol. Ne négligez pas cet aspect de votre vie. Surveillez votre alimentation et prenez précieusement vos médicaments tel qu'indiqué sur votre ordonnance médicale. Cela sera important ! En agissant ainsi, vous éviterez des ennuis majeurs !

Menadel : plusieurs se préoccuperont de leur santé. Ils feront donc attention à eux. Lorsqu'une douleur les envahira, ils consulteront immédiatement leur médecin. Plusieurs essayeront des produits naturels pour rehausser leur énergie. D'autres opteront pour des exercices physiques. Cela aura un effet bénéfique sur le mental!

Cela dit, il y aura tout de même quelques exceptions. Certaines femmes auront des ennuis avec leurs organes génitaux. Quelques-unes devront subir une hystérectomie. D'autres devront prendre un médicament. La vessie sera également fragile. Plusieurs se plaindront d'infection urinaire. La glande thyroïde sera également une partie fragile. Certains seront suivis méticuleusement par leur médecin.

Cette année, plusieurs développeront des intolérances alimentaires et ils seront obligés de changer leurs habitudes alimentaires, sinon, leur système digestif en souffrira! D'autres auront des ennuis avec les intestins. Certains souffriront de constipation. Quelques-uns réaliseront qu'ils ont des intolérances au gluten. C'est ce qui cause leur ballonnement au niveau du ventre. Un suivi médical les sauvera. Cela atténuera leur douleur intestinale. La période des allergies en fera souffrir plusieurs. L'utilisation d'un inhalateur et des antihistaminiques sera obligatoire. Les personnes âgées seront sujettes au zona. Il serait important pour eux d'aller se faire vacciner contre cette maladie.

Bref, si vous respectez les limites de votre corps. Vous n'aurez pas besoin de médicament ni de produit de toutes sortes pour rehausser vos énergies.

Aniel : votre santé sera identique à celle des enfants de Menadel. Plusieurs adopteront de bonnes habitudes alimentaires. D'autres opteront pour le végétarisme. Quelques-uns utiliseront des produits naturels pour rehausser leur énergie. Ils boiront des élixirs en vente libre, du thé vert, de la tisane et autres. Tous des produits avec des propriétés bienfaitrices pour la santé! Quelques-uns opteront pour des cours de yoga, de méditation ou de Qi-gong. D'autres feront de la natation ou de la marche rapide.

Quelques femmes auront des ennuis avec leurs organes génitaux. Plusieurs souffriront du syndrome prémenstruel. Pour d'autres, leur menstruation sera abondante. Certaines subiront une hystérectomie. Quelques-unes devront également changer leur moyen de contraception et le remplacer par un autre plus récent. Lors de cette période, votre taux de fertilité sera à la hausse. Surveillez cet aspect et protégez-vous! Sinon, certaines risquent d'enfanter.

La vessie sera également fragile. Certaines se plaindront d'infection urinaire. Il serait important pour ces personnes d'être toujours bien chaussées lors de périodes plus froides. La peau sera aussi une partie vulnérable. Certains auront des rougeurs, d'autres la peau sèche. Vous consulterez un dermatologue. Celui-ci vous prescrira un médicament ou une crème. Cela atténuera et éliminera les rougeurs ainsi que la peau sèche. Certaines personnes âgées seront prédisposées à faire du zona. Si vous avez des doutes, faites-vous vacciner.

Cette année, certains développeront des intolérances alimentaires. La glande thyroïde sera également une partie fragile. La période des allergies en fera souffrir plusieurs.

Haamiah : plusieurs feront attention à leur santé. Ils s'assureront de bien dormir et de bien se reposer lorsque leur corps réclamera du repos. Toutefois, il y aura des exceptions. Plusieurs se plaindront de douleurs physiques. Le dos, le cou, le genou, les jambes et les épaules seront la source de vos douleurs. Il peut s'agir de la fibromyalgie, de l'arthrite, de l'arthrose, etc. Vous consulterez un spécialiste pour atténuer vos douleurs. Celui-ci fera mille et un examens pour déceler la cause de vos douleurs et il parviendra à trouver la source de vos problèmes. À la suite de ce diagnostic, vous apporterez des changements dans vos habitudes de vie. De toutes façons, vous n'aurez pas le choix. Néanmoins, ces changements vous seront salutaires et vous retrouverez rapidement la forme par la suite. Quelques-uns feront de la natation. Cela leur sera bénéfique.

Cette année, certains hommes auront des ennuis avec leur prostate. Cela nécessitera l'intervention du médecin. Certaines femmes auront des ennuis avec leurs organes génitaux. Quelques-unes devront passer une mammographie. Certaines subiront une intervention chirurgicale. Il faudra surveiller le cholestérol, le diabète et l'hypertension, certains seront obligés de prendre des médicaments pour régulariser leur problème. La peau sera fragile. Cela vous amènera à consulter un dermatologue.

Les cardiaques devront redoubler de prudence et écouter sagement les conseils de leur médecin. De plus, la vessie et les intestins seront des parties vulnérables. Certains risquent de faire des infections ou auront quelques ennuis qui nécessiteront des examens approfondis. Cette année, si vous voulez recouvrer la santé, il serait important d'écouter les recommandations du médecin qui vous soignera.

Rehaël : plusieurs seront très lunatiques et se blesseront. Il serait important d'avoir une trousse de premiers soins dans votre pharmacie ! Vous en aurez besoin pour nettoyer et couvrir les plaies causées par votre négligence ! Assurez-vous de porter de bonnes chaussures lors de vos randonnées pédestres. Ceux qui se promèneront sans chaussures se blesseront sous le pied ! Il serait également important de ne pas soulever d'objet du bout de vos bras puisque vous risquez de vous blesser. Cette blessure pourrait occasionner un arrêt de travail obligatoire qui durera plusieurs semaines. Il est évident que votre moral en sera affecté. Soyez donc vigilant avec les objets lourds. Réclamez de l'aide auprès de vos proches. Si vous le faites, vous éviterez des blessures majeures. Il faudra également surveiller le feu. Certains se feront des petites brûlures par manque d'attention. Surveillez aussi les rayons du soleil. Assurez-vous d'utiliser une crème solaire avant chaque sortie. D'autres se plaindront de feux sauvages qui nécessiteront un soin particulier. De plus, la mauvaise alimentation causera quelques brûlures au niveau de l'estomac. Certains prendront un médicament pour soulager leur problème. D'autres changeront leur habitude alimentaire. Ce qui aura un effet bénéfique sur eux. En agissant ainsi, ils élimineront la prise de médicaments.

Ieiazel : plusieurs feront attention à leur santé. Ils mangeront sainement. Ils respecteront la limite de leur corps. Ils auront de bonnes nuits de sommeil. Cela les avantagera. Ces personnes prudentes éloigneront d'elles les médicaments, les maladies, les médecins, etc.

Toutefois, les personnes négligentes qui n'écouteront pas les signaux d'alarme qu'enverra leur corps tomberont malades du jour au lendemain. Soyez donc vigilant et ne brûlez pas la chandelle par les deux bouts. Sinon, vous en souffrirez énormément au cours de l'année.

Cela dit, le cœur, le pancréas, le foie, l'estomac, la cage thoracique, le cou et le dos seront des parties à ne pas négliger. Plusieurs se plaindront de douleurs à ces endroits. Si une douleur persiste, n'hésitez pas à consulter votre médecin. Quelques-uns prendront un médicament pour soulager leur douleur. Certains pourraient subir une ou deux interventions chirurgicales au cours de l'année. Il faudra aussi surveiller les plats chauds. Certains risquent de se brûler. Assurez-vous d'avoir une trousse de premiers soins dans votre pharmacie. Les personnes alcooliques et les toxicomanes auront de graves ennuis de santé s'ils n'écoutent pas les recommandations du médecin qui les soignera. Il en est de même pour les diabétiques et les cardiaques. Faites attention à votre santé, ne la négligez pas, vous éviterez ainsi des ennuis de toutes sortes. Cette année, si vous prenez soin de vous et que vous écoutez votre corps, vous recouvrirez rapidement la santé et vous serez en pleine forme pour vaquer à vos tâches habituelles. Si vous faites le contraire, vous vivrez plusieurs contrariétés qui vous empêcheront de savourer la vie à fond!

Les Puissances et l'amour

Plusieurs couples feront place au bonheur. Vous vivrez quatre événements qui joueront un impact majeur dans votre relation. Plusieurs retrouveront un bel équilibre. Vous miserez davantage sur les dialogues et sur les sorties familiales. Ce sera votre priorité, ce qui attirera de belles aventures avec votre partenaire. Vous ferez de belles sorties agréables et divertissantes en amoureux. Votre charme, votre bonne humeur et votre désir d'être heureux se projetteront sur votre vie amoureuse. Cela rallumera la flamme de l'amour qui vous unit. Cette attitude sera gagnante et votre partenaire aura de la difficulté à vous résister! Vous passerez du bon temps en sa compagnie. Vous formerez une belle équipe et vous en serez très fier. Vous y avez mis tellement d'efforts depuis quelques années; vous serez heureux de voir que vos efforts ont portés ses fruits!

Au cours de l'année, il y aura plusieurs journées qui favoriseront votre vie conjugale. Attendez-vous à faire des sorties mémorables avec votre partenaire. Les discussions seront divertissantes. L'harmonie et l'amour seront présents et cela se reflétera autour de vous. Vous aurez l'impression d'être en lune de miel! Profitez pleinement de ces moments qui vous rapprocheront davantage de votre partenaire. Lors de ces moments, certains couples en difficulté parviendront à trouver un terrain d'entente ou des solutions miracles pour que l'harmonie revienne dans leur foyer. Ces journées bénéfiques auront lieu lors des mois suivants : ***janvier, février, avril, août, septembre, octobre, novembre*** et décembre.

Dès ***janvier***, plusieurs couples se fixeront des buts et ils chercheront à les respecter. Certains partiront en voyage. Ce voyage vous permettra de vous retrouver. D'autres amorceront un projet qui leur tient à cœur. Vous unirez vos forces et vous parviendrez à bien réussir ce projet. Plusieurs feront des sorties agréables. Vous aurez un plaisir fou à participer à des activités familiales. Vous serez heureux d'être ensemble. Il y aura beaucoup de bonheur dans votre foyer. Le tout se poursuivra jusqu'à la fin ***février***. Lors de ces deux mois, vous vivrez de bons moments avec votre partenaire. Vos discussions seront divertissantes. Vous réaliserez l'importance de votre union et vous chercherez à la nourrir régulièrement en y ajoutant de l'amour, du respect, des sorties agréables et des temps intimes. Ce sera également une période fertile pour celles qui désirent enfanter. De plus, certains couples penseront à déménager. Ils consulteront un agent d'immeuble pour la vente ou l'achat de leur demeure. Quelques-uns signeront un contrat qui leur apportera de la satisfaction. Lors de cette période, profitez-en également pour acheter des loteries avec votre partenaire. Cela sera chanceux. Combinez vos chiffres préférés. Le mardi et le samedi seront des journées favorables. Vous vivrez plusieurs événements agréables lors de ces deux journées ! Procurez-vous donc une loterie lors de ces journées favorables !

Le mois d'***avril*** sera également chanceux. Profitez-en pour acheter encore des loteries avec votre partenaire. Lors de ce mois, attendez-vous à améliorer certaines pièces de la maison. Vous parlerez d'un projet commun. Vous aurez beaucoup de plaisir à planifier ce projet. De plus, vous parviendrez à régler une problématique. Votre partenaire vous fera une suggestion et vous l'appliquerez instantanément. De bons résultats en ressortiront et vous serez fier !

Après avoir vécu une période difficile, la vie normale reprendra son cours dès le ***6 août, et ce, jusqu'à la fin de l'année***. Lors de cette période, vous vivrez plusieurs événements favorables avec votre partenaire. Vous réglerez également quatre problématiques. L'une concerne un enfant ou un proche. Vous dialoguerez et vous parviendrez à trouver des solutions pour régler les problèmes qui dérangent votre routine quotidienne. Attendez-vous également à fêter un événement avec votre partenaire. L'un de vous obtiendra une bonne nouvelle au sein de son travail. Vous serez heureux de partager cette bonne nouvelle avec votre partenaire. Vous réaliserez également l'importance de votre union et l'importance de converser avec votre partenaire. Vous rallumerez la flamme du désir grâce à vos moments intimes et vous solidifierez votre union grâce aux activités familiales. Le soleil luira dans votre foyer. Vous serez heureux et cela se verra! Vous vivrez de deux à six événements qui vous rapprocheront. Ces événements vous apporteront un bel équilibre émotionnel. Vous finirez l'année en beauté!

Cela dit, il est évident qu'il y aura des périodes compliquées. Si vous y voyez rapidement, vous réglerez facilement vos problématiques et le tout reviendra à la normale. Toutefois, si vous négligez vos problèmes et que vous boudez, cela risque de nuire davantage à votre relation. Il serait également important de converser tranquillement avec votre partenaire au lieu de crier. Ainsi, votre partenaire sera attentif à vos paroles au lieu de vous fuir! Vous serez moins frustré par son attitude. De plus, n'attendez pas trop avant de régler une situation. Si vous vivez de l'inquiétude au sujet d'un proche ou d'une situation quelconque, parlez à votre partenaire. Celui-ci ne peut pas toujours deviner vos états d'âme. En agissant rapidement, cela vous libérera. Vous serez moins enclin aux sauts d'humeur. Vous serez également moins agressif envers votre partenaire.

Voici ce qui pourrait déranger l'harmonie conjugale : la jalousie, les cris et les critiques continuelles! Votre sentiment d'insécurité sera à la hausse au cours de certains mois. Cela n'aidera guère votre relation. Pour éviter les discussions animées, il serait important de dialoguer avec votre partenaire en ce qui concerne votre vulnérabilité. Ainsi, votre partenaire pourrait vous rassurer lors de journées plus tendues de votre part. Si vous agissez rapidement, vos parviendrez à vous libérer rapidement de ce sentiment qui vous ronge à l'intérieur. Si vous ne le faites pas, attendez-vous à vivre des moments pénibles. Lors de certains mois, vous aurez tendance à penser que votre partenaire ne vous aime plus, qu'il ne vous respecte pas, etc. Votre vulnérabilité vous amènera à dramatiser plusieurs événements. Cela aura un impact dévastateur sur votre relation. Voyez-y avant qu'il soit trop tard!

Les mois susceptibles d'apporter quelques contrariétés seront **mars, mai, juin** et **juillet**. La fatigue vous envahira au cours de **mars**. Certains seront grippés. Votre énergie sera à la baisse. Donc, vous serez très vulnérable. Attendez-vous à un argument avec votre partenaire au sujet d'une sortie. Vous ne serez pas en forme pour sortir. Cela risque de frustrer votre partenaire et de hausser la tension entre vous et lui. D'autres auront un petit accrochage avec la voiture. Vous blâmerez votre partenaire pour cet incident. Au cours de **mars**, vous aurez tendance à critiquer les moindres gestes de votre partenaire. L'ambiance au foyer sera tendue pendant quelques jours. Le tout entrera dans l'ordre en **avril**.

En **mai, juin** et **juillet**, une problématique surviendra. Vous n'aurez pas le choix d'y voir instantanément. Il est évident que cette problématique causera quelques ennuis au sein de votre relation. Le mois de **juin** vous amènera à vivre toutes sortes d'événements. Tout ira de travers. À un point tel que vous ne serez plus où donner la tête. Vous serez très vulnérable lors de ces trois mois. Un rien vous fera exploser. Votre imagination sera également très fertile. Faites attention, celle-ci peut vous jouer de vilains tours. Si vous avez des doutes au sujet du comportement de votre partenaire, au lieu de vous imaginer pleins de scénarios, dites-lui le fond de votre pensée. Cela sera favorable. De plus, au lieu de crier ou de critiquer votre partenaire, prenez le temps de dialoguer avec lui. Si vous cherchez à contrôler votre partenaire, il s'éloignera de vous et il sera moins attentif à vos besoins. Parlez-lui ouvertement de vos peurs, de vos inquiétudes, de vos états d'âme, etc. En agissant ainsi, votre partenaire comprendra davantage votre attitude face à certaines situations. Cela réglera plusieurs de vos ennuis. Vous pourriez par la suite vaquer à vos tâches habituelles, profitez de votre été, vous taquiner, vous aimer, etc.

Les couples en difficulté

Si vous parvenez à régler votre problème de jalousie ainsi que votre sentiment d'abandon, vous pourrez sauver votre union. Vous avez peur de perdre votre partenaire, toutefois, vous ne faites rien pour éviter une séparation! Il serait important de régler vos fantômes du passé. Allez consulter un thérapeute, s'il le faut! Ayez des conversations franches avec votre partenaire. Parlez-lui de vos états d'âme. Parlez-lui de vos peurs, de vos sentiments d'abandon, de vos inquiétudes, etc. Si vous essayez de camoufler ces sentiments négatifs, vous n'obtiendrez rien de bon en retour. Au contraire, ces sentiments dévastateurs nuiront énormément à votre relation. Le moindre geste que fera votre partenaire vous dérangera énormément.

Lorsqu'une personne possède des sentiments d'abandon, elle vit dans la peur continuelle. La peur de ne plus être aimée, la peur de perdre son partenaire, la peur de ne plus être à la hauteur, etc. Ses sentiments de peurs engendrent évidemment la jalousie. Cela n'est pas évident ni pour vous ni pour votre partenaire. Au lieu de souffrir intensément, il suffit de parler ouvertement avec votre partenaire. Essayez de trouver un terrain d'entente. Si votre partenaire est conscient de vos sentiments, il fera davantage attention pour ne pas provoquer ces sentiments en vous.

Toutefois, si vous gardez vos peurs à l'intérieur de vous, votre partenaire critiquera davantage votre attitude d'insécurité face à lui. Il aura de la difficulté à comprendre vos agissements lors d'événements. Cela le fera exploser et vous rendra malheureux ! Si vous ne réglez rien, il y a de fortes chances qu'une séparation s'en suive. Votre insécurité étouffera votre partenaire. Celui-ci préféra vous quitter que de rester avec vous et subir votre humeur et vos cris de désespoir.

Les mois de **mars, mai, juin** et **juillet** seront pénibles pour plusieurs. Attendez-vous à une séparation temporaire. Cela ne veut pas dire que votre partenaire quittera le foyer. Toutefois, il existera un froid entre vous. Certains préféreront aller coucher dans la chambre des invités. Cette tension vous amènera à réfléchir profondément sur votre relation. Il faudra également surveiller vos paroles. Celles-ci seront dévastatrices. Rien pour encourager votre partenaire à rester à vos côtés. Si vous parvenez à traverser cette période difficile, vous sauverez votre union. Néanmoins, vous aurez besoin de dialogues importants et de sorties agréables pour retrouver votre harmonie d'autrefois.

Les Puissances submergées par la négativité

Si vous ne changez pas d'attitude, votre partenaire vous quittera avant que l'année se termine. Celui-ci sera exaspéré par votre manque de compréhension, par vos critiques continuelles, par vos cris et par votre attitude négative. Tant qu'à vivre l'enfer avec vous, il préférera vivre seul, et avec raison ! Si vous aimez vraiment votre partenaire et que vous voulez éviter la séparation, il serait important de changer votre attitude. Ce n'est pas en dominant votre partenaire que vous parviendrez à le garder !

Les Puissances célibataires

L'année 2016 annonce l'arrivée de l'amour de votre vie. Plusieurs auront le privilège de rencontrer une personne adorable qui saura les comprendre, les charmer et les aimer. Vous tomberez facilement sous son charme. Cette personne vous hypnotisera à un point tel que vous aurez de la difficulté à lui refuser quoi que ce soit. Vous serez incapable de dire « *non* » à ses moindres caprices. Toutefois, cette charmante personne saura bien vous récompenser par son amour, son charme et ses attentions à votre égard ! Elle vous gâtera et vous rendra très heureux !

Les mois les plus propices pour faire sa rencontre seront ***janvier, février, août, septembre, octobre***, ***novembre*** et ***décembre***. La journée du samedi sera également profitable pour cette nouvelle rencontre. Lorsque vous ferez la rencontre de cette perle rare, vous serez charmé par son regard, par sa tenue vestimentaire et par son parfum ! Vous utiliserez votre charme pour le conquérir et vous y parviendrez sans difficulté !

Vous pourriez faire sa rencontre lors d'un déplacement, par le biais d'un ami, par un site de rencontre, par un collègue de travail ou par une activité quelconque. Lors de la première rencontre, vous aurez des dialogues intéressants. Une situation ou un événement donnera suite à vos dialogues. À force de discuter et d'apprendre à bien le connaître, vous découvrirez que vous possédez plusieurs points en commun. Vos rêves sont presque les mêmes. Vos passés se ressemblent et l'avenir dont vous rêvez chacun est identique. Il vous sera donc facile de laisser entrer cette perle rare dans votre vie. Vous en serez très heureux ! Cela fait longtemps que vous priez les Anges pour cette rencontre ! Vous ne laisserez pas passer cette chance de connaître l'amour.

Les célibataires submergés par la négativité

Vous serez d'humeur maussade. Tout vous tapera sur les nerfs ! Vos sujets de conversations seront ennuyeux. Vous parlerez trop de vos échecs. À force de parler du passé et des échecs vécus, vos conquêtes réaliseront que vous n'êtes pas de tout repos et que vous possédez plusieurs défauts! Votre attitude les fera fuir! Elles regarderont ailleurs par peur d'y laisser leur peau et leur cœur!

Si vous cherchez l'amour, changez votre attitude. Sinon, vous resterez célibataire, et ce, pour longtemps! Tant et aussi longtemps que vous resterez dans cette énergie maussade!

Les Puissances et le travail

Ce sera une période enrichissante pour plusieurs. L'année de la conscience aura un impact favorable dans votre milieu de travail. Attendez-vous à vivre plusieurs situations prolifiques qui amélioreront votre situation professionnelle. Il y aura de deux à cinq réunions importantes qui se tiendront au cours de l'année. Lors de ces réunions, votre employeur adoptera de nouvelles règles, de nouveaux critères ou autres. Celui-ci prendra une décision importante qui chambardera temporairement l'ambiance au travail. Il est évident que cela ne fera par le bonheur de tous. Cependant, ces changements auront pour but d'améliorer les conditions de travail. Les travailleurs seront récompensés. Les paresseux seront rétrogradés. Certains auront le privilège de gagner un concours et d'opter pour un emploi plus rémunérateur et plus adéquat. D'autres recevront une belle promotion. Certains deviendront « chef de département ». Au départ, cela les effrayera, ils auront peur de ne pas être à la hauteur. Néanmoins, après quelques semaines de travail intensif, ils réaliseront qu'ils ont toutes les qualités nécessaires pour bien assumer les tâches qui leur ont été assignées. Toutes les associations seront fructueuses. Quelques-uns signeront un contrat qui leur apportera une belle satisfaction. Les entrevues porteront fruits. La journée du mardi sera bénéfique pour les entrevues. De belles réussites vous attendent et vous les méritez grandement!

Plusieurs changements s'amorceront dès **janvier**. Quelques-uns signeront un contrat ou une entente qui leur apportera de la satisfaction. D'autres réussiront une entrevue ou un examen important. Certains prendront une décision qui aura un impact majeur dans leur vie professionnelle. Vous serez satisfait de vos actions et de vos décisions. Le tout se poursuivra en **février**. Attendez-vous à assister à une réunion importante. Cette réunion parlera de changements qui auront lieu au cours de l'année. Quelques-uns signeront un contrat important. La journée du mardi sera bénéfique pour les entrevues, les signatures de contrats, les ententes et pour amorcer des changements. Lors de ces deux mois, plusieurs éclairciront des malentendus et ils apporteront des changements qui amélioreront l'atmosphère au travail. D'autres recevront un honneur, un mérite ou un prix honorifique. Vous serez fier de ce prix qui vous sera décerné! En *avril*, plusieurs auront une décision importante à prendre. Une offre leur sera offerte. La peur d'échouer ou de ne pas être à la hauteur vous envahira. Demandez conseils auprès de vos collègues ou de vos proches. Ceux-ci sauront bien vous guider. Cela rehaussera votre confiance et vous permettra de prendre une bonne décision.

Du *6 août jusqu'au 28 décembre*, vous entrez dans une période de changements. Tout peut vous arriver. Certains auront le privilège de saisir la chance de leur vie en acceptant un nouveau travail. Lors de cette période, attendez-vous à vivre plusieurs événements favorables qui agrémenteront vos journées. De plus, il y aura de trois à six bonnes nouvelles qui vous feront sauter de joie! Quelques-uns obtiendront une promotion bien méritée! Ce sera également une période prolifique pour les artistes. Ceux-ci connaitront un succès avec l'un de leurs produits.

Certains retourneront aux études pour se perfectionner dans un domaine rêvé. D'autres quitteront leur emploi pour se lancer en affaires. Quelques-uns changeront d'emploi pour s'aventurer vers de nouvelles tâches avec une nouvelle équipe. Vous rêvez depuis longtemps d'améliorer votre situation professionnelle? L'année 2016 vous offre cette possibilité! Il ne tient qu'à vous de saisir l'occasion de le faire et d'accepter les opportunités qui s'offriront à vous!

Cela dit, certains mois ne vous seront pas favorables. Il serait important de réfléchir avant d'agir et de ne pas prendre des décisions à la hâtive. Évitez également les discussions inutiles et les commérages. Ne vous impliquez pas dans les problèmes d'autrui. Cela vous sera salutaire et bénéfique! Les mois dont vous devez redoubler de prudence seront *mars, juin* et *juillet.* Lors de ces mois, mêlez-vous de vos affaires et faites attention à vos paroles. Cela sera important. Sinon, vous vous retrouverez avec un défi de taille à régler!

Les travailleurs Puissances submergés par la négativité

Si vous voulez profiter des avantages bénéfiques qui se produiront à votre travail, améliorer votre vie professionnelle, passer une entrevue et bien la réussir, obtenir un emploi rêvé, il sera primordial que vous changiez votre attitude de guerrier et que vous la remplaciez par un caractère plus jovial et collaborateur. Sinon, vous subirez des échecs et vous serez déçu de la tournure des événements. Votre attitude vindicative et négative ne vous portera pas chance. Au contraire, elle vous nuira énormément. Certains se verront refuser un poste, une augmentation de salaire ou un changement quelconque. D'autres seront relégués dans une autre équipe avec des tâches différentes et ennuyantes.

De plus, votre attitude vindicative fera fuir vos collègues. Ceux-ci ne vous tiendront pas au courant de certains changements obligatoires. Cela vous frustrera davantage et causera des ennuis avec les autorités qui vous réprimanderont au lieu de réprimander vos collègues. Vous trouverez cela injuste et avec raison. Toutefois, par votre attitude négative, vous provoquerez ces situations ingrates. Si vous voulez que l'harmonie revienne à votre travail, vous n'avez qu'à améliorer votre attitude face à vos collègues de travail. Sinon, vous pourriez perdre votre poste ou être rétrogradé. Donc, si vous ne voulez pas vous retrouverez sans travail ou dans un poste inférieur, voyez-y rapidement !

Chapitre XXVIII

Événements à surveiller durant l'année 2016

- Plusieurs mettront de l'ordre dans leur vie. Vous ferez des changements importants qui amélioreront la qualité de votre vie. Vous serez en harmonie avec tous les changements que vous apporterez à votre quotidien. Vous reprenez goût à la vie et celle-ci vous servira bien avec tous les événements agréables qu'elle vous enverra sur votre chemin.

- Dès *janvier*, plusieurs se fixeront des buts. Il y aura quatre buts importants que vous aimeriez accomplir. Vous avancerez fièrement et déterminé à réussir ces buts fixés. Il est évident que vous travaillerez ardemment pour réussir ces buts. Néanmoins, vos actions vous apporteront de belles récompenses! Vous ferez des efforts qui en vaudront la peine.

- Lors de vos mois de chance, profitez-en pour acheter des loteries avec votre partenaire amoureux. cela sera chanceux. Demandez-lui de choisir ses chiffres préférés et combinez-les aux vôtres. Vous obtiendrez une combinaison gagnante. Certains gagneront régulièrement de petits gains, des billets gratuits, etc. Toutefois, certains pourraient gagner une grosse somme d'argent. La journée du samedi vous sera favorable. Achetez vos billets lors de cette journée!

- Au cours de l'année, saisissez toutes les chances qui viendront vers vous. Certains verront d'une à six possibilités venir à eux et chambarder favorablement leur vie. Ne laissez pas passer ces chances uniques. Celles-ci sont éphémères. De plus, elles changeront favorablement votre vie. Vous l'aviez tellement souhaité! Profitez-en lorsque ces occasions arriveront vers vous. De toute façon, vous ne serez pas déçu!

- En *janvier*, soyez vigilant et préventif. Certains pourraient glisser et se fouler une cheville. Il en est de même si vous pratiquez un sport d'hiver. Jouez prudemment, et vous éviterez des blessures lancinantes ou un plâtre!

- En *janvier*, quelques-uns se plaindront de maux de tête. Le repos sera recommandé.

- Vous, ou un proche, devrez cesser de fumer. Vous aurez des ennuis avec vos poumons. Certains opteront pour l'hypnose. D'autres seront suivis par leur médecin, etc.… Bref, vous chercherez la meilleure méthode pour cesser de fumer et vous l'essayerez. Soyez patient! Ceux qui parviendront à arrêter de fumer pendant une période de 14 semaines, obtiendront davantage de chance d'arrêter définitivement.

- Cette année, par mesure de précaution, ne soulevez aucun objet lourd au bout de vos bras. Ainsi, vous éviterez des blessures à une épaule, au cou et au dos. Soyez également vigilant lorsque vous manipulez des objets tranchants et des outils. Vous éviterez de vous blesser. De plus, si vous brisez un verre, assurez-vous de ne pas vous promener pied nus dans la pièce! Cela sera à votre avantage! Cela dit, assurez-vous d'avoir une trousse de premiers soins dans votre pharmacie. Vous risquez de l'utiliser régulièrement!

- Vous, ou une femme de votre entourage, subirez une hystérectomie ou une mastectomie. À la suite de cette intervention chirurgicale, vous aurez besoin de quinze à trente jours de repos pour recouvrer la santé. Il serait important de respecter les consignes de votre médecin. Ainsi, vous éviterez de faire une rechute.

- Cette année, plusieurs prendront de la vitamine pour essayer de rehausser leur système immunitaire. D'autres changeront leurs habitudes alimentaires. Vous prenez conscience de vos faiblesses et vous chercherez à vous améliorer. Vous réaliserez qu'il est important de conserver une excellente santé.

- Lors de la période printanière, certains devront passer des examens approfondis pour déceler l'origine d'un malaise ou d'une douleur. Attendez-vous à visiter une clinique spécialisée au moins trois à six fois au cours de cette période.

- En **mars**, plusieurs attraperont une grippe virale, ce qui les obligera à garder le lit de deux à cinq jours. Lavez régulièrement vos mains lors de périodes contagieuses! Plusieurs seront prédisposés à attraper toutes sortes de virus!

- Vous irez visitez un proche à l'hôpital et vous lui apporterez un petit cadeau. Votre présence lui procurera une belle joie. Vous passerez un bon moment en sa compagnie.

- Certains sportifs et les personnes de plus de quarante ans se plaindront de douleurs au genou. À la suite d'examens approfondis, les résultats s'avéreront normaux. Aucune maladie ne sera en cause. Il peut s'agir tout simplement d'une carence en calcium. Un produit naturel vous sera suggéré!

- Plusieurs couples vivront des moments agréables lors de **janvier** et **février**. Attendez-vous à un souper romantique avec votre amoureux. Vous passerez une magnifique soirée dans les bras de votre partenaire. Vous fêterez un événement et la St-Valentin!

- Plusieurs couples miseront sur le dialogue et les activités familiales. À chaque problème, vous chercherez toutes les solutions pour les régler. Il y aura des journées où tout ira bien. D'autres journées seront plus pénibles. Néanmoins, vos dialogues vous aideront à mieux clarifier les situations qui dérangent l'harmonie conjugale. Vos sorties familiales vous rapprocheront.

- En **mars**, certains couples éprouveront de la difficulté. Il peut s'agir d'un désaccord au sujet d'une transaction, d'un enfant ou du travail. Vous vivrez une période chaotique qui durera neuf jours.

- En *juin* et *juillet*, surveillez vos paroles. Certains couples auront tendance à se blesser avec leurs paroles. Cela dérangera temporairement l'harmonie dans votre foyer. De plus, rien ne sert de crier. Parlez calmement, ainsi, vous réglerez vos problématiques plus aisément.

- Certains couples qui éprouvent de la difficulté au sein de leur relation trouveront la période estivale très éprouvante. Certains couples préféreront mettre un terme à leur relation au lieu de trouver un terrain d'entente. Des larmes seront versées. Plusieurs seront chagrinés par la situation.

- Plusieurs vivront de la contrariété à leur travail lors de la période estivale. Certains penseront à quitter leur emploi. D'autres le feront. Quelques-uns devront recommencer un projet qui allait bien. Cela est dû au départ de l'un de leurs collègues ou d'un changement d'idée de la part des autorités. Néanmoins, malgré les obstacles, il y aura toujours une personne qui saura vous réconforter et vous aider pour que vous puissiez mieux attaquer vos tâches et les terminer tel que convenu. Vous apprécierez son aide et vous lui en serez très reconnaissant.

- Vous, ou un proche, travaillerez à la sueur de votre front pour réaliser deux de vos projets. Néanmoins, les résultats obtenus vous apporteront une belle satisfaction. Donc, cela vous encouragera à continuer et à persévérer pour atteindre vos buts.

- Plusieurs auront le privilège de solidifier et de reconstruire leur situation financière. Vous travaillerez ardemment. Vous vous ferez un budget et vous chercherez à les respecter. Néanmoins, vous serez satisfait des résultats obtenus.

- En *janvier* et février, plusieurs bonnes nouvelles viendront agrémenter vos journées. Un membre de votre entourage vous annoncera une grossesse gémellaire. Un jeune couple vous annoncera un mariage. Un artiste connaîtra un succès. De plus, l'un de vos vœux se réalisera.

- Plusieurs auront le privilège de recevoir une aide précieuse au moment où ils en auront le plus besoin. Il y aura donc toujours une porte de sortie, qu'importe la situation que vous vivrez.

- Vous, ou un proche, connaîtrez une difficulté quelconque qui provoquera du stress et de la fatigue sous le toit familial. Cela peut durer de deux à sept jours, ensuite, la vie normale reprendra son cours.

- Quelques-uns signeront un papier important au cours de **février**. Il peut s'agir d'un papier à la banque, d'un achat ou d'une vente de propriété, d'une entente ou d'une augmentation de salaire. Vous serez heureux lors de la signature de ce papier. De plus, la journée du mardi vous apportera souvent de bonnes nouvelles, des réponses à vos questions, de belles rencontres, etc. Profitez-en également pour vous procurer des loteries lors de cette journée!

- En **mars**, certains devront être prudents sur la route. Vous risquez un accident ou un accrochage. Surveillez votre vitesse; ainsi, vous ne perdrez pas le contrôle de votre voiture. Soyez également vigilant lors de pluies torrentielles.

- Certains parleront de changer leur véhicule. Ils hésiteront entre deux marques de voiture. Écoutez les sages conseils d'une dame. Elle saura bien vous conseiller pour l'achat de votre véhicule.

- Surveillez la journée du **1er avril**. Certains se feront prendre dans un piège! Vous ne l'oublierez pas si facilement! Néanmoins, la personne qui vous piègera aura un plaisir fou à vous taquiner sur l'événement! Essayez de ne pas trop vous fâcher!

- En **avril**, si vous recevez des billets de loterie, ceux-ci attireront la chance vers vous. Si une personne vous invite à prendre part à son groupe, acceptez! Au cours d'**avril**, attendez-vous à vivre des événements fortuits. Tout peut vous arriver en même temps! Vous réaliserez que les Anges ont entendu certaines de vos prières et qu'ils vous donnent la possibilité de les réaliser. Il suffit de faire le premier pas!

- En **avril, mai** et **juin**, vous, ou un proche masculin, serez charmé par une femme. Surveillez-vous et ne mettez pas votre union en péril. Vous ferez une grave erreur!

- Lors de la période estivale, il est conseillé aux femmes de surveiller leurs bijoux lorsqu'elles magasineront. Certaines pourraient les perdre ou les briser lorsqu'elles se changeront dans les cabines d'essayage.

- Lors de la fête des mères, plusieurs mamans recevront des mots gentils de la part de leurs proches. Vous réalisez qu'on vous aime et que vos proches tiennent à votre bonheur. Cela remplira votre cœur de joie!

- Au cours de la période estivale, surveillez les commérages et les personnes négatives. Ces personnes n'ont rien de bon à vous offrir. Lors d'une soirée, l'attitude d'une personne vous dérangera énormément. Celle-ci parlera méchamment dans le dos de gens que vous aimez. N'écoutez pas ses paroles et éloignez-vous d'elle immédiatement, sinon, elle vous impliquera dans le problème même si vous n'aviez rien dit!

- En *mai*, un proche quittera son domicile familial. Celui-ci souffrira d'une dépression majeure. Il aura besoin d'aide médicale. Vos paroles le réconforteront et vous l'aiderez à se prendre en main et à faire de bons choix.

- En *mai* et *juin*, plusieurs travailleront dans leur jardin. Votre labeur sera bien récompensé lors de vos récoltes!

- En *juin*, assurez-vous de porter de bonnes chaussures lors d'activités. Certains pourraient se blesser à la cheville.

- Une femme de l'entourage donnera naissance à des jumeaux par césarienne. Un autre donnera naissance à un gros garçon par césarienne.

- En *juillet*, une personne souffrant d'alcoolisme vivra de graves ennuis de santé. Cette personne devra cesser catégoriquement de boire si elle ne veut pas que son état de santé s'aggrave et se détériore. Son médecin lui donnera un ultimatum! Si cet alcoolique ne change pas dans l'année qui suivra, il ne pourra rien faire pour le sauver.

- Lors de la période estivale, plusieurs recevront de la visite imprévue. Vous serez surpris des gens qui vous rendront visite. Vous ne vous attendiez pas à ça!

- Un jeune adulte possède du talent. Son talent sera reconnu et un beau succès suivra. Vous serez très fier de ce jeune adulte.

- Lors de la période estivale, les agents immobiliers et les commerçants feront de belles ventes. L'une d'elle sera très importante et rapportera une belle somme d'argent.

- En *juillet* et *août*, quelques-uns se plaindront de maux de gorge. Couvrez-vous bien lors de nuits plus fraîches.

- En *août, septembre, octobre* et décembre, certains auront le privilège de faire d'une à trois entrevues. L'une d'elles sera réussie. Si vous acceptez l'offre d'emploi, attendez-vous à vivre des changements bénéfiques dont vous serez très fiers par la suite.

- Attendez-vous à recevoir plusieurs coups de téléphone vous annonçant toutes sortes de nouvelles. Certaines vous feront sauter de joie. D'autres vous laisseront indifférents. Lors d'une conversation, vous enverrez promener la personne au bout du fil ! Vous la surprendrez énormément ! Néanmoins, vous viderez votre cœur ! De plus, vous n'aurez pas le choix d'inviter une personne à cesser de vous appeler continuellement pour des balivernes. Au début, vous apporterez de l'aide à cette personne. Toutefois, celle-ci exagéra par ses appels. Vous n'aurez pas le choix d'y mettre un terme, sinon, votre santé mentale en écopera.

- Au cours des périodes automnale et hivernale, certains approfondiront leurs connaissances culinaires. Ils s'inscriront à un cours spécialisé. D'autres se renseigneront au sujet de certains cours qui les intéressent. Bref, qu'importe l'activité que vous amorcerez, cela vous fera du bien mentalement. Cette activité vous permettra de penser moins à vos ennuis et à vos tracas. De plus, cela vous aidera à prendre de bonnes décisions lorsqu'une situation l'exigera.

- En *août*, une solution arrivera au bon moment et elle vous « allégera ». Vous serez soulagé et vos nuits de sommeil seront moins agitées.

- En *août, septembre* et *octobre*, n'oubliez pas d'acheter des billets de loterie. Plusieurs seront surpris de recevoir des gains par la loterie ! De plus, profitez-en pour acheter des loteries avec votre partenaire amoureux, des membres de votre famille ou des collègues de travail. Cela sera chanceux !

- Vous fêterez votre anniversaire de naissance. Certains seront surpris par une fête surprise. D'autres organiseront leur anniversaire de naissance. Vous passerez une magnifique journée !

- En *août* et *septembre*, vous assisterez à un concert de musique ou à une pièce de théâtre. Vous formerez un groupe de six lors d'une soirée et vous aurez énormément de plaisir!

- En *septembre*, certains musiciens feront l'achat d'un nouvel instrument de musique. Vous serez passionné et enthousiasmé par votre nouvelle acquisition!

- Vous, ou un proche, vendrez votre maison avant que l'année se termine. Cela vous enlèvera un fardeau des épaules. Vous serez très heureux de votre transaction.

- *Septembre* et *octobre* vous réservent de magnifiques surprises! Attendez-vous à vivre quatre événements qui vous rendront très heureux! Le soleil luira dans votre demeure.

- En *novembre* et décembre, plusieurs recevront des petits cadeaux inattendus. Tous ces petits cadeaux sont des marques d'affection de votre entourage. Ils récompensent votre grande générosité envers eux.

- En *novembre* et *décembre*, quelques-uns planifieront un voyage dans le sud. Vous adorerez votre itinéraire. De plus, la température sera idéale!

- En décembre, surveillez les plats chauds. Certains pourraient se brûler! De plus, faites attentions au feu de foyer. Assurez-vous de bien éteindre le brasier avant d'aller vous coucher. Ainsi, vous éviterez un fâcheux incident!

- Vous, ou un proche, prendrez une décision qui apportera un changement radical dans votre routine. Cette décision sera avantageuse et favorable.

- Vous visiterez un proche à l'hôpital et vous lui apporterez un petit cadeau. Votre présence lui procurera une belle joie! Vous passerez un bon moment en sa compagnie! De plus, une personne malade renaît à la vie. Sa vie n'est plus en danger.

- Certains feront l'achat de nouveaux meubles. Vous serez heureux de votre achat. Vous rénoverez l'une de vos pièces de maison et vous serez très fier du résultat!

- Lors de la période hivernale, certains se promèneront en calèche. D'autres feront de la traîne sauvage. Quelques-uns iront patiner. Vous vivrez de bons moments avec vos proches.

- Certains recevront un cadeau significatif de la part de leur amoureux. Ce sera un bijou que vous n'attendiez pas. Vous verserez des larmes lorsque vous le découvrirez.

- Pour plusieurs, la fête de Noël sera magique. Vous fêterez avec vos proches et vous serez heureux de participer à toutes sortes d'activités avec eux!

- Vous finirez l'année en beauté. Vous aurez mille et un projets pour amorcer la nouvelle année. Vous êtes débordant de vitalité. Cela aura un impact favorable sur votre mental. Plus que jamais, vous savez ce que vous voulez. Au cours de l'an prochain, vous travaillerez ardemment pour tout obtenir. Votre grande détermination vous conduira au succès.

PARTIE VII

Les Vertus

(14 octobre au 22 novembre)

Chapitre XXIX

L'année 2016 des Vertus

Retrouver l'équilibre en lâchant prise sur certaines situations

L'année de la conscience aura un impact favorable dans la vie de plusieurs Vertus. Vous parviendrez à lâcher prise sur certaines situations qui dérangent votre équilibre. Vous axerez davantage votre énergie sur des situations constructives et vous laisserez tomber tout ce qui n'aboutit à rien! L'expérience des dernières années vous ont prouvé qu'il vaut mieux aller de l'avant avec des projets productifs que de s'attarder à des situations qui n'aboutissent jamais. À la longue, cela est épuisant et cela ne vous aide guère à obtenir ce que vous désirez. En 2016, vous prenez conscience de vos lacunes. Vous réalisez enfin que vous êtes mieux de repartir à zéro sur des bases plus solides que d'essayer de continuer en espérant que tout s'arrangera en cours de route. Cette nouvelle vision de la vie vous apportera de belles réussites. Vos pas deviendront constructifs, vos idées, prolifiques, vos décisions, réfléchies et vos choix, stratégiques. Il est évident que cette attitude positive vous conduira au succès et à la réussite de votre année. Vous reprenez le pouvoir de votre vie. Vous vous dirigerez exactement aux endroits où vous rêvez d'être. Plus que jamais, vous êtes déterminé à réussir vos projets et les mettre en action. Vous êtes également conscient que vous devez faire des sacrifices pour obtenir de bons résultats. Néanmoins, lorsque tout sera terminé, la satisfaction vous envahira!

En 2016, attendez-vous à régler de trois à six problématiques qui dérangent votre quotidien. Vous les réglerez une à la fois. Lorsque tout sera réglé, vous fermerez la porte définitivement à ce problème. Vous vous assurerez que cette problématique ne viendra plus hanter vos journées. Vous mettrez un terme aux problèmes du passé. Cela vous aidera à avancer vers un avenir plus équilibré et moins axé sur le passé!

Cela dit, votre année 2016 sera bien remplie, mais agréable et constructive. Tout au long de l'année, vous serez animé par la joie de vivre et par la passion de créer, de bâtir, de régler et de réussir. Vous amènerez à terme vos projets et vos idées. Cela vous donnera l'envie de continuer et de progresser dans la même direction. Vous serez en contrôle de votre vie. Vos décisions et vos choix seront analysés et réfléchis. Fini les moments d'incertitude qui dérangent vos énergies. Vous en savez quelque chose puisque c'est ce que vous avez vécu l'an passé, à un point tel que votre moral et votre santé en ont pris un vilain coup! Cette année, vous vous prenez en main et vous agissez! D'ailleurs, l'année de la conscience vous servira bien, et ce, dans plusieurs aspects de votre vie. Plusieurs situations et opportunités arriveront vers vous afin que vous puissiez effectuer tous les changements nécessaires pour retrouver la joie de vivre, un bel équilibre et une belle satisfaction personnelle. À la suite de ces événements, plusieurs verront leur vie se transformer favorablement. Cela vous aidera à reprendre confiance en la vie et en votre potentiel. De plus, vous aurez l'occasion de rencontrer trois personnes de confiance. Ces personnes vous appuieront continuellement dans vos démarches. Leur encouragement vous permettra de vaincre tous les obstacles qui se présenteront sur votre route. Vous regarderez droit devant vous et vous récolterez tous les bienfaits de vos efforts. Jamais vous n'avez été si en confiance qu'en cette année! Cela vous encouragera à y mettre autant d'efforts pour régler vos problématiques, pour amorcer vos projets et vos idées et les réussir! Vous vous fixerez des buts et vous chercherez à les atteindre. Tous vos objectifs de 2016 ont pour but d'améliorer votre vie et vos états d'âme. Votre plus grand désir est de ressentir la paix intérieure. D'être en équilibre et d'être moins angoissé par les imprévues. Ne vous inquiétez pas, vous parviendrez à réaliser ce désir.

Il est évident qu'il y aura des mois difficiles, car il n'est jamais facile de faire face aux problématiques et de les régler. Il est également difficile de laisser tomber des projets sur lesquels vous avez mis toute votre énergie pour ensuite réaliser qu'ils sont irréalistes. Il est difficile de lâcher prise sur des situations sur lesquelles vous avez mis du temps à essayer de les régler et vous rendre compte qu'elles sont insolubles. Il est d'ailleurs difficile d'amorcer un ménage puisqu'il faut évaluer en profondeur toutes les lacunes et s'assurer que le tout est bien fait. De plus, il n'est jamais facile d'admettre la défaite et de tout laisser tomber! Toutefois, vous réaliserez qu'en agissant ainsi, cela est pour votre bien. Vous retrouverez plus rapidement la quiétude, l'harmonie et l'équilibre dans votre vie. Si vous le désirez, lors de cette période de transition, réclamez de l'aide auprès de l'Ange gouverneur. Celui-ci haussera votre moral et il vous permettra de continuer votre route vers le chemin du succès.

Les personnes ayant une attitude négative éloigneront d'elles toute aide précieuse qui pourrait les libérer de leurs ennuis. Votre attitude sera tellement déplaisante que personne ne cherchera à vous appuyer dans vos démarches. De plus, vous aurez de la difficulté à lâcher prise sur les situations insolubles. Vous serez borné à essayer de tout contrôler. Cela vous causera des ennuis. Vous serez continuellement tourmenté par vos problématiques. Vous ignorerez également les issues pour vous en sortir. Vous tournerez donc en rond. Vous serez régulièrement envahi par vos problématiques, ce qui augmentera votre négativité!

Si vous parvenez à faire face à vos faiblesses, à les accepter, à les améliorer ou vous en libérer, vous ferez un grand pas vers de belles réussites. Si vous arrêtez de vous évertuer à démontrer que vous êtes mieux que quiconque, si vous faites face à vos problématiques au lieu de les fuir ou de les ignorer, vous parviendrez à réaliser que votre attitude négative éloigne les solutions et de belles opportunités. De plus, votre attitude déplaisante repousse vos proches et toute aide qui pourrait changer favorablement votre vie.

En conservant votre attitude négative, vous vivrez continuellement dans la contrariété, l'incertitude, la déception et la frustration. Tous ces sentiments ne peuvent que nuire à votre santé mentale et physique. Voyez-y avant que cela vous détruise complètement!

Cela dit, cessez de vous appuyer sur votre sort. Cessez de penser que la vie n'est qu'un ramassis de problèmes. Prenez votre vie en main et agissez! Vous possédez d'ailleurs toutes les qualités pour le faire. Ne laissez donc pas vos défauts mener votre vie. Faites place à votre potentiel. Gardez le sourire et conservez une attitude positive face à la vie. Vous verrez qu'il ne faudra pas de temps avant que votre vie ne s'améliore et que vos problématiques se règlent et que vos tracas se dissipent. Votre bonheur est dans vos mains. À vous de le savourer ou de l'ignorer!

Aperçu des mois de l'année des Vertus

Au cours de l'année 2016, **vos mois favorables** seront *mai, juin, juillet, août, septembre, octobre, novembre* et décembre.

Les **mois chanceux** seront *mai, octobre, novembre* et décembre.

Les **mois non favorables** seront *janvier* et *mars*.

Les **mois ambivalents** seront *février* et *avril*.

Voici un bref aperçu des événements qui surviendront au cours des mois de l'année pour les Vertus

Vous amorcerez votre nouvelle année avec émotion. Vous êtes obligé de laisser tomber un projet et cela vous fait énormément de peine. Vous y avez mis tellement d'efforts pour pouvoir le réaliser qu'il ne sera pas facile pour vous de tout laisser aller. Toutefois, avec le temps, vous réaliserez que vous avez pris une excellente décision.

Du 8 janvier au 16 avril, vous ne serez pas trop en forme pour amorcer quoi que ce soit. Il serait important de vous reposer et d'attendre à une date ultérieure pour débuter vos changements. Prenez une journée à la fois. Certains jours, c'est à peine si vous serez en mesure d'accomplir vos tâches quotidiennes. Tout vous épuisera et vous tombera sur les nerfs.

De plus, lors de cette période, vous serez très lunatique. Il serait important d'être prudent dans tout ce que vous entreprendrez. N'entamez aucune tâche si vous êtes fatigué ou si vous avez les idées ailleurs. Surveillez continuellement vos gestes. Soyez constamment conscient de votre environnement. Regardez droit devant vous. Lorsque vous conduisez, évitez d'utiliser votre cellulaire. Quelques-uns seront également malades. Ils devront garder le lit pendant une période de deux à huit jours. Certains se plaindront de problèmes de digestion. D'autres seront grippés.

Lors de **janvier**, attendez-vous à vivre de deux à quatre situations émotionnelles qui perturberont votre routine quotidienne. En **février**, vous parviendrez à régler astucieusement deux problématiques. Vous serez très fier de vous. Néanmoins, cela vous épuisera. Toutefois, certains devront consulter un avocat ou une personne ressource pour parvenir à régler leur problématique. Cette personne saura bien vous conseiller. Elle vous dirigera vers la meilleure solution.

En **février, mars** et **avril**, surveillez les objets tranchants. Assurez-vous d'avoir des diachylons dans votre pharmacie. Vous serez également très vulnérable. Votre patience sera mise à rude épreuve. Vous exploserez facilement! Vous verserez des larmes pour un rien! Vous ne serez pas trop jasant ni abordable lors de cette période. Vous êtes trop tourmenté par des questions existentielles et par des décisions qui doivent être prises. Vous chercherez souvent la solitude. D'ailleurs, elle vous sera favorable. Le silence vous permettra de faire le vide. Vous récupérerez plus facilement de cette manière.

À partir du **16 avril**, votre vie tend à s'améliorer. Vous avez visité toutes les lacunes de votre existence. Vous avez pris des décisions. Vous avez fait des choix. Vous êtes maintenant prêt à passer à l'action. Les quatre derniers mois n'ont pas été de tout repos. Toutefois, ils vous ont permis de faire un grand ménage et vous en êtes très satisfait. Vous réaliserez rapidement que ce ménage aurait dû se faire depuis longtemps!

En **mai**, la Providence fera son entrée dans votre demeure. Profitez-en pour acheter des loteries. Le chiffre « 10 » sera chanceux. Assurez-vous de l'inclure dans votre combinaison de chiffres. De plus, vous serez davantage chanceux si vous participez à un groupe. Les groupes de deux, de trois et de six personnes seront favorables. Si vous connaissez une personne dont le signe du zodiaque est Capricorne, achetez un billet avec elle.

Lors de *mai*, tout ce que vous entreprendrez sera couronné de succès. Vos décisions seront à la hauteur de vos attentes. Vous ferez également plusieurs sorties agréables. Vous irez au cinéma, au théâtre, etc. Quelques-uns iront voir des artisans. Certains en profiteront pour se procurer un chandail de laine, un napperon tissé et autres objets décoratifs faits à la main. En *mai* et *juin*, surveillez toujours les objets tranchants. Évitez également de marcher pieds nus. Certains pourraient se blesser. Soyez prudent et vous éviterez des accidents banals.

Du *10 juin au 19 juillet*, vous bougerez beaucoup. Vous serez actif, productif et déterminé. Vous serez animé par mille et une idées, mille et un projets, mille et un plans et vous chercherez à les réussir. Vous travaillerez ardemment mais vous serez heureux! Vous parviendrez à régler deux problématiques. Vous serez très fier de la tournure que cela prendra. Votre grande détermination vous conduira au succès. Vous serez en équilibre et votre joie de vivre se fera sentir vivement autour de vous! Jamais vous n'aurez été si fier, si déterminé et si sûr de vous! Cette attitude gagnante vous aidera à vaincre tous les défis qui se présenteront sur votre route et à faire taire les mauvaises langues. Vous confronterez une personne et vous ne mâcherez pas vos mots. Vous la surprendrez. Cette personne vous craindra. Elle sait pertinemment bien que vous avez raison! Elle jouera l'innocente et elle s'éloignera rapidement de vous! La peur l'envahira! À la suite de cet événement, vous aurez un sourire sur vos lèvres! Mais avec raison!

Lors de cette période, certaines femmes accoucheront par césarienne. D'autres devront subir une hystérectomie. Cela dit, plusieurs femmes éprouveront des difficultés avec les organes génitaux. Vous consulterez un spécialiste.

Ce sera également une période favorable pour rehausser l'amour dans le couple. Plusieurs couples profiteront de leurs vacances pour se rapprocher. Ils iront visiter des lieux pittoresques. Ils iront manger dans des restaurants huppés. Ils se prélasseront sur une terrasse en sirotant une boisson alcoolisée. Leur sujet de conversation sera divertissant. L'atmosphère sera féérique et l'amour sera présent. Vous vivrez de bons moments avec votre partenaire. De plus, certains couples qui éprouvent de la difficulté se donneront une seconde chance. Ils chercheront à combler le vide qui s'était creusé entre eux. Les célibataires désireux de faire de bonnes rencontres seront bien servis au cours de cette période. Attendez-vous à rencontrer deux bonnes personnes. L'une d'elles pourraient devenir votre amour idéal! Il ne tient qu'à vous de lui ouvrir la porte de votre cœur!

Août et **septembre** seront des mois actifs et enrichissants. Vos récolterez tous les bienfaits de vos efforts. Attendez-vous à recevoir trois bonnes nouvelles qui agrémenteront votre vie. L'un de vos désirs se concrétisera, et ce, à votre grand étonnement. Ce sera également une période favorable pour les transactions. Si vous voulez acheter ou vendre une propriété, vous pourriez obtenir de bons résultats. L'amour sera au rendez-vous! Vous vivrez des événements agréables avec votre partenaire. Certains recevront un bijou très significatif de leur amoureux!

Quelques-uns fêteront un événement. Il peut s'agir de la réussite d'une entrevue, d'un changement de travail, de l'obtention d'un diplôme, d'un retour aux études, etc. Vous serez heureux de fêter cet événement avec vos proches!

Du **1er octobre jusqu'à la fin de l'année**, vous entrez dans une période prolifique. Tout ce que vous entreprendrez tournera en votre faveur. De plus, la Providence sera présente dans votre vie. Profitez-en pour acheter des billets de loterie. Certains pourraient gagner de belles sommes d'argent! Si vous connaissez une personne de signe Poissons, Vierge ou Taureau, achetez des billets avec elle. Lors de cette période, plusieurs événements agréables surviendront et rempliront votre cœur de joie! Vous finirez l'année en beauté!

Conseil angélique des Anges Vertus : *N'ayez pas peur d'affronter vos craintes. Libérez-vous des situations et des personnes qui vous empêchent de créer, de bâtir et de rêver! Vous avez une idée ou un projet en tête? Vous avez un rêve? Réalisez-les! Ne vous laissez pas influencer par les personnes jalouses de vos actions. Choisissez les bonnes personnes qui vous aideront à réaliser vos rêves et à mettre sur pied*

vos projets. Des personnes qui travailleront avec vous et non contre vous. Cette année, nous enverrons sur votre chemin des personnes qui sauront vous épauler au moment opportun. Pour bien les reconnaître, ceux-ci parleront de nous! De plus, nous vous ferons signe. Nous annoncerons régulièrement notre présence auprès de vous. Lorsque vous verrez une coccinelle, ce signe vous annonce une bonne nouvelle qui s'en vient pour vous. Si vous voyez le chiffre « 4 », cela indique que nous sommes à vos côtés.

Les événements prolifiques de l'année 2016

* Tout au long de l'année, votre tête sera remplie d'idées ingénieuses et d'astuces pour améliorer votre vie et l'embellir de projets de toutes sortes. Vous serez animé par l'envie de progresser et de réussir. Tel sera votre but pour l'année 2016! Vous serez également rempli d'ardeur. Cela vous aidera à mettre sur pied vos projets, vos idées, etc. Vous serez également en mesure de régler plusieurs de vos tracas. Vous mettrez un terme à des problématiques reliées au passé. Vous vous libérerez finalement de tout ce qui vous retenait prisonnier.

* Vous bougerez beaucoup cette année. Ne soyez pas surpris de toujours faire deux choses à la fois. Vous ne serez pas de tout repos! Vous ne voulez rien manquer et votre urgent désir de retrouver votre harmonie vous fera travailler doublement et rigoureusement. Votre vivacité et votre dynamisme vous permettront de saisir immédiatement toutes les opportunités qui se présenteront à vous. Cette année, vous serez doté d'antennes réceptrices qui vous conduiront exactement aux endroits où vous rêvez d'être. Vous capterez tout et vous ne laisserez rien passer, ni s'enfuir. Vous agirez instantanément. Cela aura un effet bénéfique dans votre vie. Malgré les tempêtes de la vie, vous saurez toujours bien vous en sortir. Votre attitude positive sera votre arme gagnante!

* Vous ferez la rencontre de deux personnes importantes qui joueront un rôle prépondérant dans votre vie. L'une d'elles vous aidera à réaliser l'un de vos plus grands rêves. Vous lui en serez très reconnaissant.

* Au cours de l'année, il y aura toujours un événement qui arrivera à point pour vous aider dans vos actions. Cela vous avantagera énormément! Vous flairez continuellement les bons endroits, les bonnes personnes et les bons moments pour passer à l'action! Tout ce qu'il faut pour voir jaillir la réussite! Votre flair, votre détermination et votre dynamisme seront votre recette magique de l'année!

* Vous vivrez trois événements sublimes. Ce sont des cadeaux de la Providence. Il peut s'agir d'une somme d'argent, d'une rencontre amoureuse, d'une guérison, d'une nouvelle demeure et autre. Ces cadeaux agrémenteront votre année 2016. Vos prières ont été entendues. Les Anges les exaucent!

* Certains signeront de deux à quatre papiers importants chez le notaire, à la banque ou à leur travail. La signature de l'un de ces papiers aura un impact majeur dans votre vie.

Les événements exigeant de la prudence

* Ne négligez pas vos maux de tête. Si vous souffrez régulièrement de migraines, consultez votre médecin. Soyez prévoyant! Celui-ci sera en mesure de vous soigner adéquatement.

* Surveillez également votre santé mentale. Les angoisses, la fatigue et le surmenage vous guettent! Trop en faire vous épuisera. Prenez le temps de relaxer et vous reposer. Ainsi, vous éviterez des médicaments, des épuisements et un arrêt de travail obligatoire.

* Cette année, faites attention aux paroles d'un charmeur. Si vous vous laissez envoûter par cette personne, vous risquez de détruire votre bonheur. Cela n'en vaut pas la peine. Avant de vous lancer dans une relation, assurez-vous de l'intention de la personne et apprenez à la connaître profondément. Ainsi, vous éviterez une catastrophe. Soyez sage dans vos décisions et laissez tomber les coups de tête et les coups de foudre! À moins que cela ne vous dérange pas de tout perdre et de repartir à zéro!

* Certains auront des ennuis avec la tuyauterie. Vous serez victime d'un dégât d'eau. Vous serez obligé d'appeler des experts en sinistre.

Vous serez déçu de l'attitude de votre assureur. Vous ferez appel à une autre compagnie d'assurances après votre sinistre.

* Plusieurs vivront une période de nostalgie qui durera de deux à six jours. Vous verserez des larmes. Vous aurez besoin de repos et de vous changer les idées. Ce sera une période difficile émotionnel-lement. Plusieurs souvenirs viendront hanter votre esprit. Lors de cette période, priez les Anges. Ceux-ci enverront sur votre route des situations qui vous permettront de sortir de votre torpeur!

Chapitre XXX

Informations supplémentaires propres à chacun des Anges Vertus

Les Vertus et la chance

En 2016, la chance des Vertus sera **moyenne**. Vous ne gagnerez pas de grosses sommes d'argent, mais ce seront des montants agréables qui vous permettront de vous gâter. Vous serez beaucoup plus chanceux lorsque vous recevrez une loterie en cadeau, lorsque vous achèterez une loterie à l'extérieur de votre région et lorsque vous participerez à des groupes! Les groupes de trois personnes vous seront très favorables!

Cela dit, plusieurs possibilités viendront vers vous pour améliorer votre vie. Il y aura toujours une solution, une aide précieuse qui vous soutiendra et vous appuiera dans vos démarches. Vous serez toujours bien entouré et tous chercheront à vous aider à réaliser vos objectifs. Leur appui vous sera bénéfique et vous l'apprécierez énormément.

Vous réaliserez l'importance que vous occupez dans leur vie, et eux dans la vôtre.

Au cours de l'année, ce seront les enfants d'**Hahahel**, de **Mikhaël**, de **Sealiah**, d'**Ariel**, et d'**Asaliah** qui seront les plus chanceux parmi les autres enfants des Vertus. Il serait important pour eux de choisir leurs billets de loterie et leurs combinaisons de chiffres. De plus, les loteries instantanées leur seront favorables.

En 2016, vos trois chiffres chanceux seront **1**, **15** et **33**. Le chiffre « **1** » est un excellent chiffre. Vous pourriez vivre plusieurs événements marqués de ce chiffre. Par ce signe, les Anges Vertus vous annoncent leur présence. Profitez-en également pour vous procurer une loterie. Votre journée de chance sera le **lundi**. Vos mois de chance seront **mai, octobre, novembre** et **décembre**. Lors de ces mois, ne laissez pas passer les chances uniques d'améliorer votre vie! Cela dit, plusieurs situations bénéfiques surviendront lors de ces mois de chance.

De plus, n'oubliez pas de prendre en considération le chiffre en gras relié à votre Ange. Ce chiffre représente également un chiffre chanceux pour vous. Il serait important de l'ajouter à votre combinaison de chiffres. Cela sera favorable. Toutefois, votre Ange peut également utiliser ce chiffre pour vous annoncer sa présence auprès de vous. Cela indique que votre Ange est auprès de vous. Profitez-en pour lui parler et lui demander de l'aide! Cela peut également signifier de prier l'Ange gouverneur. Vous avez possiblement besoin de sa Lumière pour traverser l'une de vos épreuves, pour prendre une décision, pour régler une problématique.

Conseil angélique : *Si vous trouvez une pièce d'un dollar, si vous voyez une ruche d'abeilles ou si une personne vous remet un pot de miel, achetez un billet de loterie puisque ces trois symboles représentent votre signe de chance!*

Hahahel : 2, 22 et 35. Le chiffre « **22** » est votre chiffre chanceux. N'oubliez pas que vous êtes favorisé par la chance. Attendez-vous à recevoir de belles surprises qui toucheront plusieurs aspects de votre vie. Vous serez satisfait de tout ce qui se produira au cours de l'année. De plus, tout ce que vous toucherez se changera en or!

Jouez seul puisque la chance vous appartient. Choisissez vous-même vos billets. Les loteries instantanées vous apporteront également d'agréables surprises. Toutefois, si vous voulez participer à des groupes, les groupes de deux ou de trois personnes sont recommandés. Si vous connaissez un banquier, un apiculteur, un homme qui s'occupe des chevaux, un joueur de soccer ou de volleyball, achetez un billet de loterie avec eux.

Cette année, la chance sera fera également sentir dans votre situation financière et votre vie professionnelle. Vos décisions seront à la hauteur de vos attentes et tout tournera en votre faveur. Plusieurs parviendront à réaliser l'un de leurs rêves les plus chers! Certains obtiendront un poste de rêve. Quelques-uns auront une augmentation de salaire. D'autres mettront un terme à leurs tracas financiers en trouvant de bonnes solutions. Plusieurs signeront un papier qui les apaisera. D'autres feront un changement important qui aura un impact majeur et favorable dans leur vie quotidienne. Bref, toutes les actions que vous amorcerez au cours de l'année vous apporteront de la joie, une paix intérieure et l'harmonie dans votre demeure.

Mikhaël : 3, 12 et 23. Le chiffre « **3** » est votre chiffre chanceux. Profitez-en lors de vos mois de chance, vous ne serez pas déçu! Cette année, votre grande générosité sera doublement récompensée. Vous récolterez tous les bienfaits de votre grand cœur et de votre bonté.

Tous les billets de loterie que vous recevrez en cadeau seront profitables et pourraient vous réserver de petits gains agréables. Vous serez autant chanceux seul qu'en groupe. Donc, achetez-vous un billet et participez à un groupe. Les groupes de deux et de trois personnes sont conseillés. Si vous connaissez un pompier, un vendeur de chaussures ou un coiffeur, achetez un billet avec eux.

Cette année, vous serez favorisé par la Providence. Attendez-vous à recevoir des cadeaux providentiels qui rempliront votre cœur de joie.

Vous aurez le privilège de faire de bonnes rencontres qui vous apporteront des bienfaits dans votre vie. Vous serez également récompensé pour tout le bien que vous faites autour de vous. Vous vivrez des situations agréables et parfois magiques! Ces événements égayeront votre année. Vous aurez également la chance de réaliser trois de vos projets, d'obtenir de bons résultats lors de décisions et de mettre fin à des situations problématiques. Vous pourriez même recevoir vos dûs des personnes qui vous avaient emprunté de l'argent et que vous n'espériez plus recevoir. En 2016, le vent tournera dans votre direction. Au lieu de tout donner, pour une fois, vous recevrez. Ne refusez rien et acceptez tout, vous le méritez !

Veuliah : 2, 30 et 36. Le chiffre « **2** » est votre chiffre chanceux. Puisque la chance sera moyenne, jouez modérément. Conservez votre argent pour vous gâter, pour rénover votre demeure et pour vos sorties familiales.

Cette année, priorisez les groupes. Les groupes de deux, de trois et de quatre personnes attireront vers vous de belles surprises monétaires. Si un homme barbu aux cheveux blonds vous remet un billet en cadeau, il peut être chanceux! Si vous connaissez un juge de la paix, un avocat, un policier un chiropraticien, achetez des billets avec eux. Si vous connaissez une personne dont le signe du zodiaque est Balance, achetez un billet avec elle.

En 2016, la chance se fera sentir dans les décisions que vous prendrez pour améliorer votre vie. De nombreuses possibilités viendront vers vous pour régler vos petits tracas. Saisissez donc les opportunités qui vous permettront de retrouver votre équilibre et votre joie de vivre. Plusieurs retrouveront une meilleure qualité de vie à la suite de changements qu'ils amorceront au cours de l'année. Certains auront un gain en ce qui concerne une situation gouvernementale ou juridique. Des papiers seront signés et ces papiers vous enlèveront un poids sur les épaules. Tout au long de l'année, vous aurez la chance de vous trouver au bon moment et avec les bonnes personnes. La réussite de votre avenir vous appartient et vous en êtes conscient! C'est la raison pour laquelle vous amorcerez plusieurs changements en même temps! Néanmoins, vous serez satisfait de vos actions et décisions! Plus que jamais, vous avez besoin de vivre votre vie et non en souffrir! De plus, cela vous permettra de voir l'avenir sous un angle différent!

Yelahiah : 20, 25 et 36. Le chiffre « **20** » est votre chiffre chanceux. Votre chance sera imprévisible. Elle vous surprendra! Tout peut vous arriver et vous pouvez gagner toutes sortes de cadeaux, même des billets pour assister à un festival western, à un rodéo, à une course de chevaux, à une pièce de théâtre ou à des feux d'artifices! N'hésitez pas à participer à des concours organisés. Cela sera profitable et bénéfique.

Vous serez aussi chanceux seul qu'en groupe. Donc, achetez des billets pour vous et participez à des groupes. Cela sera favorable. Les loteries instantanées vous réservent de petites surprises agréables. Vous serez davantage chanceux lorsque vous achèterez vos billets à l'extérieur de votre ville. Si vous désirez participer à des groupes, ceux de deux et de trois personnes vous seront bénéfiques. Si vous connaissez une personne dont le signe du zodiaque est Bélier, achetez un billet avec elle. Si vous connaissez un pompier, un ambulancier, un chauffeur d'autobus ou de taxi, achetez un billet avec eux.

Cette année, la chance se fera davantage sentir dans vos choix, vos décisions et vos actions. Vous parviendrez à régler plusieurs situations problématiques et à vous en libérer. Vous ferez taire les mauvaises langues. Vous serez en contrôle avec votre vie. Cela rehaussera votre confiance lors de vos actions. Plus que jamais, vous voulez profiter de la vie au maximum. D'ailleurs, vous serez bien servis en 2016! Plusieurs situations agréables surviendront et celles-ci agrémenteront votre année. Cela aura un impact bénéfique sur vous. Vous serez en mesure de vous prendre en main et d'améliorer tous les aspects qui dérangent votre bonheur. De plus, vous vous fixerez des buts et vous parviendrez à les atteindre. Vous réaliserez que vous avez du potentiel et que vous avez toutes les qualités essentielles pour réussir votre vie. Il ne tient qu'à vous de faire les choix sensés et de prendre la bonne route. Cette année, l'équilibre, la joie et la confiance régneront en maître dans votre demeure et vous en serez très heureux!

Sealiah : 1, 14 et 18. Le chiffre « **1** » est votre chiffre chanceux. Au cours de l'année, votre grande bonté sera récompensée! Vous récolterez tous les bienfaits de vos efforts. D'ailleurs, vous les méritez grandement! Cette année, vous serez satisfait de vos choix et décisions. Vous réaliserez que chaque action entreprise obtiendra de bons résultats. Cela vous encouragera à continuer dans la même direction!

Jouez seul. Cela sera bénéfique! Priorisez les loteries instantanée. Celles-ci vous réservent de belles surprises. Certains pourraient gagner une somme de plus de dix milles dollars avec les loteries instantanées. Si vous désirez participer à un groupe, priorisez les groupes de deux et de trois personnes. Si vous connaissez un homme dont le signe du zodiaque est Poissons ou Cancer, achetez un billet avec lui. Si vous connaissez un géologue, un homme d'histoire ou un pompier, achetez des billets avec eux. Vous pouvez également acheter des billets avec vos collègues de travail. Cela sera profitable!

En 2016, la chance favorisera plusieurs aspects de votre vie. Vos actions seront bénéfiques et elles amélioreront votre routine quotidienne. La satisfaction sera votre récompense. Plusieurs se retrouveront au bon endroit, au bon moment et avec les bonnes personnes. Cela les favorisera régulièrement. Des événements surviendront pour régler une situation, pour amorcer un projet, pour répondre à une question, etc. Vous réaliserez que les Anges sont présents dans votre vie et qu'ils répondent continuellement à vos demandes. Il y aura toujours une bonne nouvelle au moment opportun. Cela rendra votre année agréable. Tout ce qui ne fonctionne pas bien. Vous aurez le privilège de le régler. Tout tournera en votre faveur. De plus, certains obtiendront une promotion. D'autres réussiront un examen important. Quelques-uns obtiendront un emploi de rêve. Certains signeront des papiers importants. Lorsqu'arrivera un problème, un échec ou une déception, au lieu de vous décourager, vous relèverez vos manches et vous trouverez rapidement la meilleure solution. Vous réglerez le tout à votre entière satisfaction. Donc, cette année, vous avez la chance de bien mener à terme vos projets, vos idées, vos buts et vous en profiterez incessamment.

Ariel: 2, 20 et 30. Le chiffre « **2** » est votre chiffre chanceux. Profitez-en lors de vos mois de chance, vous ne serez pas déçu! Écoutez également la voix de votre intuition. Si l'envie d'acheter une loterie vous titille à l'intérieur, faites-le! Vous serez surpris des montants que vous pourriez gagner!

Jouez seul. Priorisez les loteries instantanées. Si vous aimez jouer au Bingo, allez-y. Cela sera chanceux! Certains pourraient gagner le gros lot de la soirée! Si vous voulez participer à des groupes, les groupes de deux, de trois ou de cinq personnes seront favorables. Si vous connaissez une personne dont le signe du zodiaque est Vierge, achetez un billet avec elle! Si vous connaissez une fleuriste, un paysagiste, un horticulteur, un apiculteur, un maître cuisinier, achetez des billets avec eux. Vous pourriez faire plusieurs gains d'argents avec eux.

En 2016, la chance se fera davantage sentir dans votre vie personnelle. Vous tenez à votre bonheur et vous ferez votre possible pour être heureux. Vous chercherez également la paix intérieure. Cela vous amènera à faire du ménage dans votre vie. Vous apporterez plusieurs changements qui amélioreront votre routine quotidienne. De plus, plusieurs se trouveront au bon moment, au bon endroit et avec les bonnes personnes. Cela les favorisera continuellement dans leurs actions. Vous éclaircirez des malentendus. Vous ferez la lumière sur des situations problématiques. À chaque problème, vous trouverez une solution. À chaque question, vous obtiendrez une réponse. Vous vous sentirez bien, en sécurité et en contrôle avec les événements de la vie. Tel sera votre pouvoir en 2016!

Asaliah : 7, 22 et 44. Le chiffre « 7 » est votre chiffre chanceux. La chance vous sourit et vous saurez bien en profiter. Vous pourriez même être surpris des montants que vous gagnerez! Vous serez gâté par les événements qui se produiront. Vous pouvez gagner toutes sortes de prix! Profitez-en donc pour participer à des concours organisés. Certains pourraient gagner un petit montant d'argent, un séjour dans une auberge, un café, une soirée agréable, etc.

Jouez seul et priorisez les loteries instantanées. Si vous désirez participer à un groupe, priorisez les groupes de deux, de trois et de sept personnes. Cela sera bénéfique. Profitez-en pour acheter une loterie avec votre partenaire amoureux. Demandez-lui de choisir ses chiffres préférés et combinez-les aux vôtres. Cela pourrait être une combinaison gagnante! Vous pouvez également acheter des billets de loteries avec un collègue de travail. Si vous connaissez une personne dont le signe du zodiaque est Bélier, achetez un billet avec elle. De plus, lors d'un déplacement dans une ville étrangère, procurez-vous un billet de loterie. Cela pourrait être bénéfique!

Cette année, tout ce que vous entreprendrez et déciderez sera couronné de succès. Certains amorceront de nouveaux projets qui leur apporteront de belles satisfactions. L'année 2016 annonce la fin de vos difficultés et l'arrivée d'une vie meilleure. Une vie telle que vous rêviez d'avoir depuis un certain temps. Vous vous prenez en main et vous réglez toutes les situations qui vous dérangent. Vous ne laissez rien en suspens. Vous êtes conscient que l'avenir vous appartient et vous voulez le réussir tel que vous le souhaitez. Vous miserez donc davantage sur la réussite que sur le désespoir! Votre attitude gagnante vous apportera que du succès dans vos actions. Vous serez en contrôle de votre vie. Plus que jamais, vous savez ce que vous désirez. Vous travaillerez donc en conséquence de vos désirs, de vos choix et de vos décisions. La satisfaction vous animera régulièrement au cours de 2016!

Mihaël : 11, 20 et 35. Le chiffre « **11** » est votre chiffre chanceux. Écoutez la voix de votre intuition. Vous ne serez pas déçu. Si l'envie d'acheter une loterie vous interpelle, achetez-en une! Profitez-en également pour planifier des voyages agréables, faire des transactions, comme la vente ou l'achat d'une propriété. Vous obtiendrez toujours de bons résultats!

Jouez seul et priorisez les loteries instantanées. Lors d'une sortie à l'extérieur de votre ville, profitez-en pour acheter des billets de loterie. Cela sera chanceux! Si vous désirez participer à des groupes, les groupes de deux, de trois et de onze personnes peuvent attirer la chance vers vous. Si vous connaissez un homme barbu du genre costaud, achetez un billet avec lui. Cela sera chanceux! Si vous connaissez une personne dont le signe du zodiaque est Lion, achetez également un billet avec elle.

Cette année, la chance se fera davantage sentir au niveau de vos actions. Plusieurs triompheront dans les démarches qu'ils entreprendront pour régler leurs problèmes et pour réussir leurs projets. Vos conversations seront franches et directes avec les personnes négatives. Vous leur ferez comprendre que leur attitude vous déplaît et que vous avez besoin de vous entourer de bonnes personnes possédant une attitude positive. Bref, en 2015, plusieurs se sont perdus. Ce ne sera pas le cas en 2016, vous retrouverez votre dynamisme, votre joie de vivre et votre sens de l'humour. Vous renaîtrez à la vie. Vous serez friand de bonnes nouvelles et de changements positifs. Lorsqu'une possibilité s'offrira à vous, vous la saisirez. De plus, plusieurs retrouveront la forme grâce à un changement alimentaire et à des activités physiques. Vous reprenez des forces et vous en serez très heureux. Telle sera votre vraie chance en 2016!

Les Vertus et la santé

Plusieurs devront surveiller leur santé. Plus vous la négligerez, plus vous serez enclin à la fatigue, à la dépression et à la maladie. Cela risque de vous obliger à prendre un médicament, faire un repos obligatoire, suivre un traitement ou subir une intervention chirurgicale pour recouvrer la santé. Si vous ne voulez pas visiter l'hôpital, passer des examens, être restreint dans certaines tâches, voyez-y avant qu'il soit trop tard!

Toutefois, ceux qui réaliseront l'importance de conserver une bonne santé seront en forme. Ils savent pertinemment bien qu'ils doivent faire quelques sacrifices pour conserver la forme mentale et physique. Plusieurs amélioreront leurs habitudes de vie. Certains prendront des produits naturels ou des vitamines pour rehausser leur énergie. Ils auront de bonnes nuits de sommeil. Ils respecteront la limite de leurs capacités. Ils méditeront. Ils feront attention à eux. Cela leur sera bénéfique!

Cela dit, les personnes négligentes devront redoubler de prudence dans leurs tâches quotidiennes. Lorsque la fatigue les envahira, ils manqueront de concentration. Cela peut occasionner des incidents fâcheux qui pourraient être évités. Soyez donc vigilant et attentif à votre environnement. Respectez les consignes de sécurité en tout temps. Évitez d'entamer des tâches lorsque vous êtes fatigué, épuisé et dérangé émotionnellement. Cela sera à votre avantage et prudent de votre part!

Sur une note préventive, voici les parties vulnérables à surveiller plus attentivement et les faiblesses du corps en ce qui concerne chacun des enfants Vertus.

Hahahel : plusieurs se plaindront de maux ici et là. Certains devront passer des examens approfondis pour déceler, prévenir ou régler un problème. La tête, les oreilles, les poignets et les chevilles seront des parties vulnérables. Quelques-uns se plaindront de douleurs physiques causées par un mouvement répétitif. Vous consulterez un physiothérapeute. Vous ferez également un exercice particulier pour régler votre problème. Le canal carpien pourra être la source de vos douleurs. Si vous pratiquez un sport ou faites de la bicyclette, assurez-vous de porter un casque pour éviter des blessures à la tête. Certains pourraient également se blesser à la jambe droite. Assurez-vous d'avoir des diachylons dans votre pharmacie. À la suite d'une mauvaise chute, quelques-uns devront porter un plâtre. Donc, soyez vigilant en tout temps! Les allergies risquent d'en faire souffrir quelques-uns! Plusieurs seront obligés de prendre un médicament pour parvenir à passer d'agréables journées et de bonnes nuits. Lors des périodes automnale et hivernale, plusieurs souffriront de maladies virales qui les amèneront à garder le lit de 24 à 72 heures. Assurez-vous de toujours bien laver vos mains et évitez les endroits contaminés par des virus!

Mikhaël : surveillez votre santé mentale. Plusieurs souffriront de dépression et de fatigue chronique. Ne dépassez pas la limite de vos capacités et prenez le temps nécessaire pour remonter la pente. Sinon, vous risquez de sombrer dans un état végétatif. Cela sera beaucoup plus difficile de recouvrer votre santé mentale et physique. Vous serez obligé de prendre un repos sans date de retour au travail. À cause de votre fatigue, votre système immunitaire sera à plat. Cela vous rendra vulnérable à toutes les maladies virales qui circuleront. Certains seront obligés de garder le lit de 24 à 72 heures. Assurez-vous de toujours bien laver vos mains lors des périodes de virus! De plus, plusieurs se plaindront de douleurs lancinantes qui les obligeront à consulter leur médecin et à prendre des médicaments. Certains maux seront causés par la fatigue et le surmenage. Toutefois, certains seront plus sérieux et nécessiteront le suivi d'un spécialiste. Ces personnes passeront des examens médicaux pour déceler la cause de leur douleur. Ils seront soignés en conséquence. Il leur sera recommandé de surveiller plus attentivement leur état de santé. Il faudra également surveiller le système digestif, le foie et les intestins. Advenant un problème, ne négligez rien et consultez votre médecin. Les toxicomanes et les fumeurs devront également surveiller leur santé. Évitez la surconsommation. Cela sera dangereux! Lors de la période estivale, évitez les rayons de soleil. La peau sera très fragile et vous pourriez subir des brûlures. Prévenez le cancer de la peau. Assurez-vous d'appliquer une bonne crème solaire.

Veuliah : plusieurs se plaindront de douleurs physiques. L'une de vos épaules sera douloureuse. Certains recevront une piqûre de cortisone pour soulager leur douleur. Vous consulterez un spécialiste en douleur chronique. Celui-ci vous aidera à atténuer votre douleur. Toutefois, quelques-uns devront subir une intervention chirurgicale pour régler leur problème. Certains se plaindront de torticolis. Couvrez-vous bien lors de journées plus froides. Quelques-uns souffriront de tendinite causée par un mouvement répétitif. D'autres souffriront de fibromyalgie, d'arthrite ou d'arthrose.

Les yeux seront aussi fragiles et certains consulteront un ophtalmologiste pour le soin de leurs yeux, d'autres un optométriste pour leur vision. Quelques-uns subiront une intervention chirurgicale aux yeux.

Soyez également vigilant lors d'activités pédestres ou physiques. Certains pourraient se fouler la cheville et se blesser. Soyez également vigilant avec des objets tranchants. Certains s'occasionneront des petites blessures causées par leur négligence! Cela dit, respectez la limite de vos capacités. Trop en faire risquerait de provoquer des incidents fâcheux. Vous serez moins alerte et vous pourriez vous blesser gravement.

Yelahiah : plusieurs ne respecteront pas la limite de leurs capacités et la santé mentale en prendra un vilain coup. Il ne sert à rien de courir partout et de négliger votre santé. Cela vous sera nuisible. Pour éviter de graves ennuis, soyez à l'écoute de votre corps. Lorsque celui-ci réclame du repos, accordez-lui ce privilège et reposez-vous! En agissant ainsi, vous pourrez vaquer à vos tâches habituelles et bien accomplir vos journées sans souffrir de douleurs musculaires ou autres. Certains auront de la difficulté à dormir. Vous souffrirez d'insomnie. Cela vous épuisera totalement. Plusieurs seront obligés de prendre un médicament pour régler leur problème. D'autres devront suivre une thérapie. Pour le bien de votre santé, il serait important d'écouter sagement les recommandations de votre spécialiste. La tête, les oreilles, la gorge et les sinus seront également des parties vulnérables. Certains se plaindront de migraines. D'autres perdront l'équilibre. Plusieurs examens approfondis seront exigés et ceux-ci décèleront la cause de vos malaises. Surveillez également les plats chauds, certains pourraient se brûler. Assurez- vous d'avoir une trousse de premiers soins dans votre pharmacie. Bref, tous ceux qui négligeront leur santé devront affronter un problème important qui les angoissera. La meilleure façon de vous en sortir est d'écouter sagement les conseils de votre médecin et commencer à bien prendre soin de vous!

Sealiah : ne soulevez aucun objet lourd sans aide, sinon, vous pourriez faire un faux mouvement qui vous occasionnera une blessure douloureuse. Cela vous obligera à passer quelques jours au lit avec médicamentation. De plus, ne manipulez aucun objet dont vous ignorez le fonctionnement puisque vous pourriez subir de fâcheux accidents. En 2016, plusieurs seront très lunatiques et sujets à se blesser inutilement. Votre vigilance est de mise. Ne négligez pas les consignes de sécurité, ainsi, vous éviterez de graves ennuis! Attention également au feu. Certains risquent de s'occasionner des petites brûlures. Il serait donc important d'avoir une trousse de premiers soins dans votre pharmacie! Vous en aurez besoin pour nettoyer et couvrir les plaies causées par votre négligence! Surveillez aussi les rayons du soleil. Assurez-vous d'utiliser une crème solaire avant chaque sortie. D'autres se plaindront de feux sauvages qui nécessiteront un soin particulier. La mauvaise alimentation causera quelques brûlures au niveau de l'estomac. Certains prendront un médicament pour soulager leur problème. D'autres changeront leur habitude alimentaire. Cela aura un effet bénéfique sur eux. En agissant ainsi, ils élimineront la prise de médicaments.

De plus, les personnes alcooliques auront des ennuis avec le foie et le pancréas qui nécessiteront un traitement sur-le-champ! Il faudra aussi surveiller le cholestérol et l'hypertension. Ne pas négligez cet aspect de votre santé.

Ariel : quelques femmes auront des ennuis avec leurs organes génitaux. Certains devront subir une hystérectomie. D'autres devront prendre un médicament. Quelques-unes éprouvera des problèmes avec les menstruations. Il y aura des saignements abondants. La vessie sera fragile. Certains se plaindront d'infection urinaire. Certains auront des rougeurs sur la peau. Vous consulterez un dermatologue. Celui-ci vous prescrira un médicament ou une crème pour atténuer et éliminer les rougeurs. Les personnes âgées seront prédisposées à faire du zona. La glande thyroïde sera également une partie fragile, certains seront suivis méticuleusement par leur médecin. La période des allergies en fera souffrir plusieurs. L'utilisation d'un inhalateur et des antihistaminiques sera nécessaire. Plusieurs essayeront des produits naturels pour relever leur énergie. Toutefois, il suffit de respecter vos limites et de respecter votre corps. En agissant ainsi, vous n'aurez pas besoin de médicaments ni de produits.

Asaliah : certains se plaindront de douleurs physiques. L'arthrite, l'arthrose et la fibromyalgie causeront de la douleur à certains. Ils devront prendre des médicaments pour soulager leur maux. Cette année, soyez vigilant et regardez droit devant vous. Certains risquent de tomber et de se blesser. Surveillez également vos mains lors de rénovations. Ainsi, vous éviterez des incidents fâcheux. Plusieurs se feront des égratignures et des petites blessures. Assurez-vous d'avoir des pansements et des diachylons. De plus, il serait important de ne pas prendre des médicaments sans consulter votre médecin. Ce qui est bon pour les autres n'est pas nécessairement bon pour vous! Si vous êtes inquiet au sujet d'une douleur ou d'un malaise. Consultez votre médecin. Lui seul saura bien vous soigner et vous prescrire le médicament adéquat!

Mihaël : votre santé sera imprévisible. Les personnes négligentes peuvent tomber malades du jour au lendemain s'ils n'écoutent pas les signaux d'alarme qu'enverra leur corps. Donc, soyez vigilant et ne brûlez pas la chandelle par les deux bouts. Sinon, vous en souffrirez au cours de l'année. Le cœur, le pancréas, le foie, l'estomac, la cage thoracique, le cou et le dos seront des parties à ne pas négliger. Consultez votre médecin si une douleur persiste. Quelques-uns prendront un médicament pour soulager leur douleur. Certains pourraient subir une ou deux interventions chirurgicales au cours de l'année. Il faudra aussi surveiller les plats chauds, certains risquent de se brûler. Assurez-vous d'avoir une trousse de premiers soins dans votre pharmacie. Les personnes alcooliques et les toxicomanes auront de graves ennuis de santé. Ils devront surveiller leur consommation et ne pas exagérer! Les diabétiques et les cardiaques devraient surveiller méticuleusement leur santé. Cette année, si vous prenez soin de vous, si vous écoutez votre corps, vous retrouverez rapidement la santé et vous serez en pleine forme pour vaquer à vos tâches habituelles. Si vous faites le contraire, vous vivrez plusieurs contrariétés qui vous empêcheront de savourer la vie !

Les Vertus et l'amour

Votre bonheur dépend de vous. Il y aura des bons moments comme des terribles. Ce sont parfois des situations désastreuses qui aident les couples à se rapprocher. Toutefois, tout peut être évité, si vous y voyez rapidement! Si vous êtes disponible et si vous consacrez du temps à votre partenaire, tout ira bien. Si vous le négligez, tout ira mal. Prenez donc le temps nécessaire pour dialoguer avec votre conjoint. Partager vos opinions et vos états d'âme. Réconfortez-vous dans les bras de l'un comme de l'autre. Cela vous aidera à vous rapprocher et à rallumer la flamme de l'amour dans votre union. Bref, à la suite d'une épreuve, plusieurs couples travailleront ardemment pour retrouver leur équilibre amoureux. Votre bonheur sera votre priorité. Vous ferez tout votre possible pour l'atteindre. Vous aurez des dialogues enrichissants avec votre partenaire qui vous permettront de mieux comprendre vos intentions et vos états d'âme. Toutefois, certains préféreront fermer les yeux et négliger leur relation. Cela risque de nuire énormément à l'union. Il existera une froideur dans le couple qui les amènera à se quitter. Voilà l'importance de prendre le temps de dialoguer avec votre partenaire et de trouver une façon de vous retrouver avant qu'une séparation survienne!

Il y aura plusieurs journées qui vous permettront de réparer les pots brisés et de vous rapprocher de votre partenaire. Plusieurs de ces journées favoriseront votre vie conjugale. Profitez pleinement de ces moments qui vous rapprocheront davantage de votre partenaire. Cela vous sera bénéfique. Pour certains, l'harmonie et l'amour seront présents et cela se reflétera dans leur foyer. Lors de ces moments, certains couples en difficulté parviendront à trouver un terrain d'entente ou des solutions miracles pour que l'harmonie revienne dans leur foyer. Ces journées bénéfiques auront lieu lors des mois suivants : *mai, juin, juillet, août, septembre, octobre* et *novembre.*

Du *10 mai au 19 juillet*, plusieurs couples mettront un terme à leur indifférence et à leurs problématiques. Certains partiront pour un week-end. Cela les rapprochera. D'autres auront des dialogues agréables. Ils se taquineront. Cela allègera l'atmosphère dans leur demeure. Quelques-uns iront magasiner une nouvelle voiture. D'autres iront magasiner pour améliorer l'intérieur d'une pièce. Quelques-uns parviendront à trouver un terrain d'entente en ce qui concerne un enfant. Après quelques discussions et changements dans votre union, votre vie commune tend à s'améliorer. Profitez-en également pour acheter une loterie avec votre partenaire. Cela sera chanceux. La journée du lundi vous sera également favorable.

Attendez-vous à vivre trois événements agréables avec votre partenaire au cours des mois d'*août* et de **septembre**. Celui-ci vous réserve de belles surprises. Son attention à votre égard vous touchera énormément. Vous réaliserez que vous éprouvez toujours des émotions pour votre partenaire et vous le lui démontrerez clairement ainsi que la joie qu'il vous procure. Ce geste de votre part atténuera les angoisses du passé. Vous fêterez votre rapprochement. Plusieurs situations viendront agrémenter la période automnale. Vous finirez l'année en beauté. Profitez-en également pour acheter des loteries avec votre partenaire. Vous pourriez gagner de belles sommes d'argent qui vous permettront de vous gâter mutuellement. Avant que l'année se termine, plusieurs planifieront un voyage dans le sud. Vous partirez en amoureux et vous prendrez un plaisir fou à préparer vos valises. Bref, vous passerez également un Noël magique dans les bras de votre partenaire!

Cela dit, il est évident qu'il y aura des périodes compliquées. Si vous y voyez rapidement, vous réglerez facilement vos problématiques et le tout redeviendra à la normale. Toutefois, si vous négligez vos problèmes et que vous boudez, cela risque de nuire davantage à votre relation. Il serait important lors de période vulnérable de converser tranquillement avec votre partenaire au lieu de crier. Ainsi, votre partenaire sera attentif à vos paroles au lieu de vous fuir!

Voici ce qui pourrait déranger l'harmonie conjugale : l'indifférence nuira énormément à votre relation. Il faudra faire attention à ce sentiment. Il ne peut que nuire. N'oubliez pas qu'une relation implique deux personnes. Si vous ignorez cet aspect, vous éprouverez des difficultés avec votre partenaire. Celui-ci se sentira abandonné. Si vous aimez votre partenaire, si vous voulez sauver votre union, il serait important de dialoguer régulièrement avec votre conjoint. Si vous restez indifférent à ses demandes, à sa présence, à ses sacrifices pour améliorer votre union, il partira et il sera trop tard pour régler la situation. Votre partenaire vous a blessé? Dites-lui. Vous n'aimez pas son attitude? Avouez-lui! Son comportement vous dérange? Demandez-lui de l'améliorer. Parlez de vos états d'âme au lieu de jouer à l'indifférent. Vous avez mal? Avouez-lui, ainsi, vous pourriez trouver un terrain d'entente et régler rapidement la problématique.

Les mois susceptibles d'apporter quelques contrariétés seront *janvier*, *février, mars* et *avril*. Lors des quatre premier mois de l'année, plusieurs penseront à quitter leur partenaire. La fatigue causée par le temps des fêtes se fera vivement ressentir dans votre relation. Il y aura beaucoup de froideur et d'indifférence dans votre demeure. Certains iront même consulter un avocat. D'autres demanderont des conseils à des personnes de confiance. Certains verseront des larmes. Lors de cette période, plusieurs questions existentielles seront abordées. Ce sera une période très difficile pour les couples qui éprouvent de la difficulté. Certains se sépareront lors de cette période. Toutefois, les couples qui s'aiment toujours parviendront à régler leurs problématiques et le soleil luira de nouveau dans leur foyer à partir du *10 mai*.

Les couples en difficulté

Plusieurs s'affronteront au sujet du manque de présence de l'un d'eux. Celui-ci sortira souvent à l'extérieur et il négligera sa vie familiale. Il ne voudra pas participer à aucune des activités que son partenaire suggèrera. Cela n'est pas sans déranger son couple. Son partenaire réclamera sa présence pour le bien des enfants. Toutefois, celui-ci fera la sourde oreille. Son partenaire lui lancera un ultimatum. Si la situation ne s'améliore pas, il le quittera avant que l'année se termine! Ce sera à lui d'y voir, s'il ne veut pas vivre une bataille juridique!

Les Vertus submergées par la négativité

Vous sortirez souvent sans votre partenaire. Vous agirez en célibataire. Cela n'est pas sans frustrer votre partenaire. Certains rentreront ivres à la maison. D'autres sans aucun sous. Ils auront dépensé leur argent dans les jeux de hasard. Dans cet état pitoyable, ils feront des reproches à leur partenaire et ils le blâmeront de son écart de conduite. Vous ne serez pas de tout repos. Votre attitude fera verser des larmes à votre partenaire. Celui-ci sera découragé et il ne saura plus quoi faire pour vous aider et améliorer la situation. Tant que l'amour existera, votre partenaire endurera vos écarts de conduite. Toutefois, il arrivera un temps où l'exagération ne passera plus. Du jour au lendemain, votre partenaire pourrait prendre la décision de vous quitter. Vous perdrez beaucoup dans cette séparation et il sera trop tard pour réparer les pots brisés. Alors, voyez-y avant!

Les Vertus célibataires

Vous ferez des rencontres mais aucune ne vous intéressera vraiment. Malgré le fait que vous passerez du bon temps avec certaines personnes, vous ne chercherez pas à établir de relations sérieuses. Certains ne seront pas prêts. Le passé les hante toujours et ils veulent s'assurer que tout est bel et bien fini avec l'ancien partenaire avant de s'aventurer vers un nouvel amour. D'autres préféreront rester célibataires et profitez de leur célibat!

Toutefois, si vous laissez la porte de votre cœur ouverte, la fin de l'année vous annonce la rencontre de votre amour idéal. Vous ne pourrez pas lui résister. Vous serez charmé par son regard, son sourire radieux et par sa façon originale de voir la vie! Vous serez également subjugué par sa beauté!

Les mois les plus propices pour faire cette merveilleuse rencontre seront *septembre*, *octobre*, *novembre* et *décembre*. Les journées du mardi et du samedi seront également profitables pour cette nouvelle rencontre.

Vous pourriez faire sa rencontre grâce à une réunion familiale, à un ami, à un réseau de rencontres ou dans un endroit animé. Cette rencontre sera fortuite. Vous n'étiez pas censé être là. Vous irez à la dernière minute. Néanmoins, vous n'aurez aucun regret! Cette personne portera un bijou remarquable. Vous serez attiré par ce bijou et son origine! Vous discuterez toute la soirée. Vos sujets de conversations seront divertissants. Le temps passera très vite en sa compagnie. Vous l'inviterez de nouveau à participer à un événement quelconque et il acceptera! Si vous laissez parler votre cœur, une belle relation naîtra et vous serez débordant de bonheur!

Les célibataires submergés par la négativité

Vous chercherez davantage les aventures d'un soir qu'une relation stable. D'autres préféreront leur boisson alcoolisée ou les jeux du hasard, au lieu d'une relation. De plus, vous clamerez tout haut à ceux qu'ils veulent bien l'entendre que vous ne voulez aucun engagement, juste du plaisir! Il est évident que cela fera fuir les bonnes personnes susceptibles de vous rendre heureux. Donc, vous récolterez ce que vous sèmerez : des relations problématiques. Les personnes qui vous côtoieront vous apporteront des ennuis de toutes sortes. Faites attention à vous. Changez votre attitude. Donnez-vous également la chance d'aimer. Cela adoucira votre caractère. Vous avez besoin d'amour. Il suffit de l'admettre. Si vous ouvrez votre cœur, de bonnes personnes viendront à vous et vous pourriez amorcer une belle relation. Votre cœur sera heureux et votre attitude changera! À vous de décider!

Les Vertus et le travail

L'année de la conscience vous apportera de belles possibilités. Vous réaliserez que vous avez besoin de changements et vous serez bien servi! Plusieurs se verront offrir trois belles occasions qu'ils ne pourront refuser. Vous aurez l'embarras du choix. Vous vivrez de grands changements. Certains changements amélioreront vos tâches ainsi que l'atmosphère au travail. Des décisions seront prises, et ce, pour le bien de l'équipe. Les entrevues vous apporteront satisfaction. La journée du mardi sera favorable aux entrevues. Certains se verront offrir un contrat alléchant. Quelques-uns auront le privilège de faire un changement important. Un poste supérieur lui sera offert. Pour d'autres, leurs talents ou projets leurs apporteront un beau profit. Ces personnes seront très fières d'elles et de tout ce qu'elles ont entrepris. Il y aura de l'amélioration et vous serez satisfait de tout ce que vous déciderez et de tout ce qui se produira sur le plan du travail. Vous regarderez avec fierté les fruits de vos efforts.

En *février*, vous réglerez une problématique et vous serez soulagé du résultat! En *mai*, attendez-vous à une réunion. Celle-ci améliorera vos tâches et l'ambiance au travail. Certains auront le privilège de quitter un emploi et s'aventurer vers un poste supérieur ou vers une nouvelle discipline. Vous serez heureux de votre décision. En *juin*, vous aurez des discussions importantes avec vos employeurs. Vous parviendrez à émettre votre point de vue. Attendez-vous à de l'amélioration. Vous réglerez une problématique avec vos collègues de travail. Certains accepteront de remplacer une personne qui doit quitter pour des raisons de santé. Au départ, vous serez débordé, par la suite, vous prendrez de l'expérience et vous adorerez vos nouvelles tâches! À partir de *juillet* et ce jusqu'à la fin de l'année, plusieurs se verront offrir de belles possibilités d'améliorer leur travail. Plusieurs changements s'amorceront et apporteront de la satisfaction. Certains auront le privilège de saisir la chance de leur vie en acceptant un nouveau travail. Quelques-uns signeront un contrat ou une entente qui les rendront heureux. D'autres réussiront une entrevue ou un examen important. Certains prendront une décision qui aura un impact majeur dans leur vie professionnelle. Ce sera également une période prolifique pour les artistes et les commerçants. Ceux-ci connaitront un succès avec l'un de leurs produits. Bref, vous serez satisfait de vos actions et de vos décisions.

Toutefois, vous devrez être vigilant lors de certains mois. Ceux-ci ne sont pas nécessaires favorables. Vous pourriez vivre quelques contrariétés avec les collègues de travail. De plus, il serait important de réfléchir avant d'agir et de ne pas prendre des décisions hâtivement. Évitez également les discussions inutiles et les commérages. Ne vous impliquez pas dans les problèmes d'autrui. Cela vous sera salutaire et bénéfique! Les mois dont vous devez redoubler de prudence seront *janvier, février, mars* et *avril.* Lors de ces mois, mêlez-vous de vos affaires et faites attention à vos paroles. Cela sera important. Sinon, vous vous retrouverez avec un défi de taille à régler!

Les travailleurs Vertus submergés par la négativité

Plusieurs travailleurs arrogants se verront refuser une entrevue, un changement, une aide ou un travail qui avait été promis. Vous serez déçus et cela se reflétera sur votre humeur. La raison de ce refus sera votre attitude qui dérange les personnes concernées. Ces personnes n'ont aucun doute sur vos compétences. Par contre, pour ce qui est de votre attitude et de votre capacité à travailler en équipe, c'est différent. Si vous changez votre attitude et que vous parvenez à leur prouver votre capacité à travailler en équipe, il y a de fortes chances que ces personnes vous accordent votre chance. Sinon, vous resterez au même endroit en train de faire les mêmes tâches. Si vous rêvez d'avancement, vous avez deux choix : changer votre attitude ou quitter votre emploi.

Chapitre XXXI

Événements à surveiller durant l'année 2016

- N'oubliez pas d'acheter des billets de loterie instantanée. Ce sera favorable. De plus, les billets reçus en cadeau vous apporteront de la chance. Conservez les numéros de ces billets et jouez-les régulièrement. Ce seront de bons numéros à jouer. Ceux-ci pourraient vous apporter des gains.

- Vous, ou un proche, vous plaindrez d'allergies. Vous n'aurez pas le choix de prendre un antihistaminique ou d'utiliser un inhalateur pour pouvoir les soulager.

- Vous, ou un proche, serez confronté à un problème de santé. Cela vous dérangera énormément. Lors de cette période, il serait important de vivre une journée à la fois et d'écouter sagement les recommandations de votre médecin. Lui seul sait comment vous soigner! De plus, arrêtez d'écouter les histoires des autres. Chaque personne réagit différemment aux traitements et médicaments. Donc, n'écoutez pas les balivernes de tout le monde. De toute façon, cela ne vous aidera guère et empirera plutôt votre cas.

- Plusieurs personnes se plaindront de maux physiques. Certains devront consulter un spécialiste pour leur venir en aide. Des examens approfondis seront exigés. À la suite de certains examens, quelques-uns subiront une intervention chirurgicale. D'autres prendront des médicaments et plusieurs personnes malades devront se reposer pendant quelques jours. Il serait important d'écouter les directives de votre médecin.

- Soyez vigilant avec votre santé mentale. Respectez la limite de vos capacités. Prenez également le temps nécessaire pour vous reposer. Si vous négligez cet aspect, vous vous retrouverez facilement en arrêt de travail à cause d'un surmenage, d'une dépression ou d'une fatigue chronique.

- Il faudra surveiller les brûlures, les coupures et les égratignures. Certains se blesseront de multiples façons. N'entamez aucune tâche inhabituelle. Prenez également le temps de lire les directives d'installation pour éviter de fâcheux incidents.

- En *janvier*, faites attention à votre alimentation. Votre estomac réclame de la bonne nourriture. Certains auront du reflux gastrique. Quelques-uns devront prendre un médicament. La digestion sera douloureuse.

- Au cours de *janvier*, chaussez-vous bien lorsque vous irez à l'extérieur. Certains pourraient glisser. De plus, ne courez pas dans les marches d'escalier. Ainsi, vous éviterez une chute!

- La réussite de votre vie amoureuse sera l'une de vos priorités au cours de l'année 2016. Plusieurs couples rehausseront leur union par des sorties, des discussions, des voyages. Vous vivrez de belles aventures amoureuses lors des périodes estivale et automnale.

- À la suite d'une tempête émotionnelle, plusieurs couples retrouveront leur harmonie grâce à des changements qu'ils apporteront dans leur relation. Donc, attendez-vous à vivre des moments agréables en compagnie de votre partenaire. Ces moments vous feront comprendre la raison pour laquelle vous aimez autant votre partenaire. Celui-ci vous démontrera son amour par de belles petites attentions à votre égard qui rempliront votre cœur de joie. Attendez-vous à recevoir un petit cadeau de sa part qui vous rendra heureux.

- Un couple renaît à la vie. Après une séparation temporaire, ceux-ci se donneront la chance de rebâtir leur vie sur des bases plus solides. Leur bonheur se lira de nouveau dans leur visage.

- Les célibataires qui ouvriront la porte de leur cœur, feront la rencontre d'une bonne personne qui saura les aimer et les respecter.

- Vous avez de belles possibilités pour améliorer votre travail. Toutefois, rien ne vous sera acquis facilement. La compétition sera serrée et vous aurez à travailler ardemment pour prouver vos capacités, pour réussir vos entrevues, pour obtenir gain de cause, pour changer de travail et pour réaliser vos projets. Vous aurez tout de même de belles réalisations, mais au prix de grands efforts! Toutefois, cela en valait largement la peine!

- Saisissez toutes les chances qui viendront à vous. Des occasions chambarderont favorablement votre vie. Ne laissez pas passer ces chances uniques puisque celles-ci seront éphémères.

- Le travailleur démontrant une attitude négative attirera vers lui plusieurs problèmes. On exigera de lui sa collaboration pour régler les problèmes, ce qui le ralentira dans ses tâches. Cela n'est pas sans le frustrer et le mettre en colère. Toutefois, on lui lancera un ultimatum et il n'aura pas le choix de le respecter. Sinon, il risquera de perdre son emploi, de subir une dégradation, une diminution de son salaire ou d'heures de travail. On peut aussi mettre un terme à son contrat. Bref, ce travailleur doit y penser sérieusement et changer son attitude s'il veut conserver son emploi!

- De deux à trois contrats seront signés. L'un d'eux vous rapportera une somme d'argent intéressante. Le second résoudra l'un de vos problèmes, tandis que le troisième vous réserve une belle surprise!

- En *février*, certains iront consulter un avocat ou une personne ressource pour l'aider dans une épreuve. Vous avez besoin de conseils et de clarifier certaines situations. Cet entretien vous fera du bien! Il vous apportera toutes les réponses à vos questions.

- En *mars*, évitez les commérages et les personnes malintentionnées. Celles-ci vous causeront des ennuis. Ne restez pas auprès d'elles et éloignez-vous en rapidement!

- En *mars*, faites attention aux objets lourds ou tranchants et aux surfaces chaudes. Certains pourraient se blesser. Assurez-vous d'avoir une trousse de premiers soins dans votre pharmacie!

- En *avril*, quelques-uns partiront en vacances. Toutefois, vous vous sentirez très seul lors de votre voyage. Votre partenaire sera évasif et pas trop parlant. Ne vous inquiétez pas. Il est tout simplement fatigué et il a besoin de se reposer. Son attitude s'améliorera.

- Certains auront des ennuis mécaniques au cours d'*avril*. Vous devrez prendre une décision. Vous faites réparer la voiture ou vous la changez!

- En *avril*, certains apporteront des changements majeurs dans leur routine quotidienne. Ils ont besoin de retrouver leur équilibre, leur harmonie et leur joie de vivre. Plusieurs changeront leur vision de la vie. Cela leur sera salutaire.

- En *mai*, plusieurs entreront dans une période prolifique. Profitez-en pour acheter des loteries et pour faire les changements désirés. Tout tournera en votre faveur!

- Vous aurez besoin des services d'une couturière. Vous avez besoin de faire réparer certaines tenues vestimentaires. D'autres voudront embellir leur fenêtre par de belles draperies.

- Lors de la période estivale, certains iront visiter un endroit de villégiature. Ce sera une journée agréable et vous passerez du bon temps avec vos proches.

- En *juin*, vous réglerez une problématique et vous serez satisfait des résultats. Quelques-uns aideront un adolescent à régler un problème. Votre aide et vos conseils l'aideront à se libérer d'un tracas.

- Lors de la période printanière et estivale, plusieurs reprendront goût aux activités extérieures et physiques. Certains s'inscriront à des cours d'aquaforme. D'autres à des cours de Zumba ou d'aérobie. Quelques-uns s'inscriront à des cours de danse, de chant ou de yoga. Ces activités auront un impact favorable sur votre mental.

- Certains adopteront un nouveau « *look* ». Plusieurs remarques positives vous seront lancées.

- Certains consulteront un médiateur, un psychologue ou une personne ressource pour se faire conseiller dans une situation précaire.

- Une femme se mettra en colère contre vous. Vous serez atterré par son attitude imprévisible. Vous aurez de la difficulté à comprendre son comportement. Cela vous angoissera. Vous aurez une discussion franche avec elle. Toutefois, à la suite de cette conversation, vous réaliserez que cette femme a été victime d'un mensonge vous concernant. Vous mettrez au clair la situation et vous réglerez rapidement le tout avec les personnes concernées. Vous ne mâcherez pas vos mots lorsque vous rencontrerez les personnes mensongères qui ont causé cette altercation avec un proche.

- Lors de la période estivale, vous, ou un proche, ferez de l'aménagement paysager. Vous serez fier de votre travail. Vos plates-bandes seront décoratives et elles enjoliveront votre demeure. Certains ajouteront également un bassin d'eau dans leur cour. Vous irez régulièrement vous prélasser près de ce bassin.

- Certains cavaliers en profiteront pour faire des randonnées équestres. Ceux qui participent à des concours se verront décerner un prix honorifique.

- Certains vivront une période d'incertitude et de confusion qui durera environ 18 à 24 jours. Par la suite, vous prendrez une décision qui vous soulagera. Vous serez tourmenté par une situation ou par l'attitude d'un proche.

- Plusieurs seront gâtés par leurs proches. Attendez-vous à recevoir toutes sortes de belles surprises de leur part. L'une d'elles vous fera sauter de joie!

- Si vous prenez un verre, ne prenez pas le volant! Vous, ou un proche, perdrez votre permis de conduire à cause de la boisson.

- En *juillet*, une personne regrettera une parole ou un geste. Elle réclamera votre pardon. Il serait important de lui pardonner. Celle-ci sera sincère et ses intentions seront bonnes. Elle sera vraiment peinée de vous avoir causé autant de peine.

- Certaines nuits seront courtes lors de la période estivale. Vos soirées seront très longues et vos matinées très courtes! Il est évident que cela aura un impact sur votre patience! Donc, prenez le temps de relaxer lorsque l'occasion se présente à vous!

• Une solution arrivera au bon moment et elle soulagera vos nuits. Un problème se résoudra à votre grande joie et vous en serez très heureux!

• Les femmes désireuses d'enfanter verront leur rêve se réaliser. Il peut s'agir également d'adoption. Vous serez heureuse de tenir un enfant dans vos bras.

• Lors des périodes estivale et automnale, plusieurs auront besoin de vos services. Vous vous porterez volontaire pour venir en aide à un proche ou à un membre de votre entourage. Votre aide sera grandement appréciée!

• Certains auront la chance de remettre une personne négative à sa place. Celle-ci sera déboussolée par votre attitude. Par la suite, celle-ci viendra vous voir et elle admettra que vous avez eu raison d'agir de la sorte.

• Vous, ou un proche, aurez des ennuis financiers causés par le jeu. Vous chercherez à emprunter de l'argent pour régler vos dettes. Toutefois, aucune banque ni aucune personne voudront vous aider. Certains devront consulter un syndic de faillites.

• Vous serez invité à prendre part à cinq événements agréables. L'un deux sera à l'extérieur de la ville et vous serez enchanté d'y assister. Certains seront appelés à parler devant les invités! Cela vous stressera. Toutefois, vous épaterez les invités avec votre discours! Toute la soirée, on louangera votre discours!

• Plusieurs amélioreront l'intérieur de leur maison. Vous changerez la couleur de vos murs. D'autres changeront leur mobilier de cuisine ou de salon. Vous serez satisfait de vos achats et de votre décoration!

• Plusieurs parviendront à trouver de bonnes solutions pour régler cinq de leurs problèmes. Vous serez enchanté par ces solutions. La journée du mardi vous apportera souvent de bonnes solutions.

• En *août*, vous serez invité à assister à une dégustation de vin et fromage. Vous ferez de belles rencontres et aurez de belles discussions.

- Vous vivrez trois événements agréables au cours du mois d'***août***. Ne soyez pas surpris de revoir certains objets qu'on vous avait emprun- tés. Vous resterez même surpris pensant que vous ne les reverriez plus! Il peut s'agir également d'une somme d'argent qui vous sera remboursée.

- Certains réaliseront que l'un de leurs défunts leur fait signe. À la suite de demandes à votre défunt, vous trouverez souvent une pièce de vingt-cinq sous et vous verrez souvent le chiffre « 25 ». Ce sera le signe que vous envoie votre défunt. Il y a de fortes chances que ce chiffre était important pour lui.

- Un adolescent se plaindra souvent de migraines atroces. Il sera suivi méticuleusement par un spécialiste. À la suite de plusieurs examens, ce spécialiste parviendra à déceler le problème qui cause ces migraines. Un traitement sera nécessaire pour parvenir à soula- ger ces migraines.

- Vous, ou un proche, devrez réparer des marches avant qu'une personne ne se blesse.

- Vous, ou un proche, subirez une chirurgie esthétique pour atténuer des vergetures ou des rides, ou pour les seins.

- Certains recevront une somme d'argent, une résidence, des meubles ou des bijoux provenant d'un héritage.

- ***Septembre*** ne sera pas de tout repos avec la rentrée scolaire et les nouveaux cours. Cela vous obligera à faire de la route, à magasiner pour vos articles, etc.

- Un jeune adulte aura des ennuis avec la Loi à cause de la drogue, d'un vol ou d'une dispute. Il n'aura pas le choix de réclamer l'aide d'un avocat pour se sortir de ce pétrin. La Loi l'obligera à passer quelques nuits en prison et à faire des travaux communautaires.

- Certains travailleront des heures supplémentaires pour obtenir un congé de trois à sept jours.

- Lors de la période automnale, vous, ou un proche, recevrez un verdict impartial. Vous ne serez pas en accord avec ce verdict. Néanmoins, ce verdict mettra fin à une longue bataille juridique.

- En *octobre*, plusieurs se retrouveront au bon endroit avec les bonnes personnes. Sachez en profiter! Plusieurs situations bénéfiques surviendront lors de ce mois. De plus, profitez-en pour acheter des loteries. Toutefois, priorisez les loteries instantanées. Celles-ci vous apporteront de la chance.

- Le mois d'*octobre* sera prolifique pour les célibataires. Ceux-ci pourraient rencontrer leur partenaire idéal et vivre une belle histoire d'amour par la suite.

- Certains saisiront de deux à quatre opportunités et amélioreront grandement leur vie.

- En *novembre* et *décembre*, plusieurs recevront des gens à souper. Ce sera des repas agréables en compagnie de vos proches. Vous aurez de belles discussions et vous rirez toute la soirée.

- Certains seront fêtés. Attendez-vous à une soirée surprise! Vous ne l'oublierez pas!

- Lors de la période automnale, vous, ou un proche, parlerez de la vente ou l'achat d'une propriété. Vous serez satisfait de votre transaction.

PARTIE VIII

Les Principautés

(23 novembre au 31 décembre)

Chapitre XXXII

L'année 2016 des Principautés

Réglez les problèmes astucieusement !

L'année de la conscience en réveillera plusieurs. Vous réaliserez qu'il faut vivre sa vie et non la subir ! Vous réaliserez également que la réussite de votre avenir dépend de la façon dont vous vivez votre vie présentement. Vous prendrez également conscience que courir continuellement ne vous amène que des difficultés. Cependant, marcher normalement, et ce, d'un pas assuré, vous permet de mieux voir ce qui se passe autour de vous. Cela vous permet également de mieux créer, construire et bâtir vos idées et, ensuite, les mettre à profit ! Il faut parfois atteindre le néant avant de réaliser l'importance de la vie ! C'est exactement ce qui s'est produit avec vous l'an passé ! Vous avez atteint le néant ! Plusieurs ont vécu des périodes d'incertitude, de découragement, de problèmes financiers, de portes fermées, de maladies ou autres. Tous ces événements ont dérangé la quiétude et l'harmonie dans votre demeure. Vos pensées n'ont pas été épargnées. Des émotions, vous en avez éprouvées. Des larmes, vous en avez versées. Vous avez vécu de la frustration, du découragement et de l'amertume, et ce, dans plusieurs aspects de votre vie.

En 2016, vous vous faites la promesse de tourner la page du passé, de pardonner, d'abandonner et de quitter pour vous diriger vers un avenir meilleur et confortable. Vous ne voulez plus vivre dans les problématiques. Votre tête vous a lancé des alarmes! Celle-ci ne peut plus continuer à vivre dans les tracas! Sinon, elle va exploser! Cette année, vous axerez donc vos énergies vers tout ce qui est constructif, bon, profitable, honorable, avantageux et bénéfique pour votre moral, votre santé et vos états d'âme. L'année de la conscience vous permettra de réaliser que vous avez dépensé beaucoup d'énergie pour des situations qui n'en valaient pas la peine. Vous avez éloigné des gens honnêtes qui ne cherchaient qu'à vous appuyer et à vous aider dans vos démarches. Votre attitude les a profondément blessés. Cela dit, ne vous inquiétez pas! L'année 2016, vous permettra de réparer vos erreurs! Plusieurs opportunités viendront à vous. Cela vous encouragera à améliorer votre vie. Vous ferez place à la sérénité au lieu de faire place à l'envie, à la jalousie, à la compétition, à la bataille, etc. Vous ne chercherez plus à être le premier. Vous chercherez à être bien dans votre corps et dans votre esprit! Pour y parvenir, vous devez y mettre des efforts. Néanmoins, ces efforts seront récompensés!

Il est évident qu'il y aura des mois difficiles, il n'est jamais facile d'avouer ses torts ni de marcher sur son orgueil! Mais pour le bien de votre âme, vous le ferez! Cela vous sauvera! Certaines journées seront émotionnellement perturbantes. Parlez ouvertement à des proches, à des amis de ses états d'âme peut être éprouvant et parfois gênant. Divulguer la vérité, admettre ses torts, pardonner et faire la paix peut être également très éprouvant et dévastateur pour le moral! Il serait donc important lors de ces périodes nostalgiques de réclamer l'aide de l'Ange gouverneur. Celui-ci rehaussera votre moral et vous permettra de continuer votre route vers le chemin du succès.

Les personnes ayant une attitude négative auront beaucoup de difficultés à se libérer de leur passé, de leur tracas et à régler leurs problèmes. Elles vivront dans l'inquiétude et elles seront déséquilibrées par des situations et des événements divers. Il serait important pour ces personnes d'apprendre à se pardonner, à pardonner à autrui et tourner la page. Cela sera salutaire! Il ne faut pas oublier que vous avez provoqué certaines situations par votre attitude! Si vous n'améliorez pas votre caractère, vous risquez de vous enliser davantage dans un gouffre duquel vous aurez de la difficulté à vous sortir, à moins de consulter un psychologue et de suivre une thérapie. Pour éviter cela, il ne tient qu'à vous de tourner la page du passé et de vivre dans le présent. Rien ne sert de vous morfondre et de vous apitoyer sur votre sort. Personne ne peut vous aider à part vous-même! Au lieu de jouer à la victime, soyez gagnant et sauvez votre âme!

En 2016, concentrez-vous sur des situations positives et débutez des activités qui vous plaisent. En peu de temps, votre vie et votre état d'âme s'amélioreront. En agissant ainsi, vous reprendrez confiance en votre potentiel, vous retrouverez la forme, votre santé mentale se portera mieux et vous pourriez profitez des belles possibilités qui s'offriront à vous pour améliorer votre vie!

Aperçu des mois de l'année des Principautés

Au cours de l'année 2016, **vos mois favorables** seront *janvier, février, juin, juillet, août* et *novembre*.

Les **mois chanceux** seront *janvier, février, juillet* et *novembre*.

Les **mois non favorables** seront *mars, mai* et *septembre*.

Les **mois ambivalents** seront *avril, octobre* et décembre.

Voici un bref aperçu des événements qui surviendront au cours des mois de l'année pour les Principautés

Une nouvelle année qui s'amorce très bien. Dès le *10 janvier*, la porte de l'abondance s'ouvre à vous et elle y demeurera jusqu'à la *fin février*! Lors de cette période, profitez-en pour jouer à la loterie, pour prendre des décisions, pour amorcer des projets, pour entreprendre des transactions et pour régler des problèmes. Il y aura plusieurs opportunités qui s'offriront à vous! Vous aurez l'embarras du choix. Faites un pas et le reste suivra! Si vous achetez des loteries, priorisez les groupes et les loteries instantanées. De plus, achetez des loteries avec vos collègues de travail. Ceux-ci attireront la chance vers vous. La journée du lundi sera également favorable pour vos transactions. Attendez-vous à recevoir de bonnes nouvelles lors de cette journée. Profitez-en pour acheter vos loteries lors de cette journée!

Cela dit, il faudra surveiller les objets tranchants et lourds. Certains pourraient se blesser. De plus, surveillez les enfants en bas âge. Certains pourraient prendre vos ciseaux et se couper les cheveux! Vous ne serez pas de bonne humeur! Les personnes qui partiront en voyage seront heureuses de leur destination. Vous ferez un merveilleux voyage. Ce sera également une période prolifique au niveau du travail. Plusieurs recevront une excellente nouvelle. D'autres s'appliqueront à entamer de nouvelles tâches. En **mars**, il faudra surveiller les commérages et les personnes malintentionnées. Certains chercheront à vous nuire et à vous blesser. Soyez prudent dans vos confidences, ainsi, vous éviterez des ennuis. De plus, quelques-uns seront obligés de garder le lit à cause d'une grippe virale. D'autres souffriront d'amygdalites, de maux de gorge ou de sinusites. Vous serez obligé de consulter votre médecin. Pour terminer, attendez-vous à vivre une problématique qui vous obligera à y voir rapidement. Cela vous amènera à chercher la solitude au cours d'**avril**. Vous chercherez la meilleure méthode à employer pour vous libérer de ce conflit.

Du **6 avril au 24 mai**, plusieurs seront émotifs, un rien les perturbera. Vous serez tourmenté par plusieurs situations. Libérez-vous et sortez avec votre partenaire, vos amis. Cela vous fera du bien! Durant cette période, certaines paroles seront blessantes et vous meurtriront. Il serait important de lâcher prise. Tout ce que vous chercherez à faire jouera contre vous. Il serait préférable d'axer vos énergies vers de situations plus bénéfiques et gratifiantes! De toute façon, le soleil luira de nouveau dans votre demeure au cours de **juin**. Vous passerez un bel été avec vos proches, éloigné des tracas et des problématiques. Vous en profiterez pour aller vous promener. Vous ferez également du magasinage en famille. Vous irez visiter des lieux enchanteurs. Vous irez vous prélasser sur une terrasse en sirotant une boisson alcoolisée! Plusieurs sorties agiront comme un baume sur votre santé mentale.

Du *10 juin au 25 août*, vous entrez dans une période prolifique. Tout peut vous arriver. Profitez-en pour acheter des loteries avec votre partenaire amoureux. Demandez-lui de choisir ses chiffres préférés et combinez-les aux vôtres! Lors de cette période, vous aurez mille et une idées en tête. Vous chercherez à les accomplir lors de la période estivale. Vous bougerez continuellement. Vous irez partout. Vous serez débordant d'énergie et heureux de passer des moments avec votre famille. Vous profiterez de votre été au maximum! Certains fêteront la St-Jean Baptiste. D'autres fêteront le 1ᵉʳ juillet. Quelques-uns assisteront à des feux d'artifices. Vous vous éloignerez des personnes négatives. Vous chercherez la compagnie des gens agréables qui seront en mesure de nourrir votre optimiste et votre joie de vivre!

En *septembre* et *octobre*, plusieurs seront perturbés par des situations au travail ou avec les enfants. Des discussions auront lieu et des décisions seront prises pour atténuer et régler ces situations qui dérangent vos émotions. Il y aura au moins quatre événements qui requerront votre attention. Toutefois, le tout sera réglé avant que le mois de *novembre* arrive. En *novembre* et décembre, attendez-vous à bouger partout. Vous serez au téléphone, vous magasinerez pour les cadeaux de Noël. Quelques-uns magasineront un nouveau véhicule. D'autres seront en négociation. Bref, votre tête fonctionnera à du 100 milles à l'heure. Vous ne voulez rien manquer! Vous accepterez donc toutes les opportunités, les sorties agréables et les demandes de vos proches. Vous serez partout en même temps! Cela sera étourdissant. Mais vous ne vous en plaindrez pas trop! Ne soyez pas surpris qu'après le jour de Noël, vous prendrez quelques jours de repos. Vous les aurez bien mérités!

Conseil angélique des Anges Principautés : *Vivez à fond tous les événements qui se produiront au cours de votre année. Saisissez toutes les occasions qui se présenteront à vous. Vous ne serez pas déçu. Cette année, plusieurs réaliseront leurs rêves les plus fous! Cela rehaussera leur confiance en leur potentiel. Votre avenir vous appartient, donc, choisissez la bonne voie. Celle de la réussite, de l'équilibre et de la sérénité. D'ailleurs, vous possédez toutes les qualités pour vous diriger vers ce chemin. Votre bonheur est entre vos mains et nous le protégerons sous*

nos ailes! Alors, pour vous prouver que nous protégeons votre bonheur, nous enverrons sur votre chemin une petite plume blanche qui tombera à vos pieds. Ce signe vous annonce notre protection. Nous pensons à vous et nous prenons soin de vos demandes!

Les événements prolifiques de l'année 2016

* Plusieurs auront le privilège de signer trois contrats alléchants. Vous retrouverez un bel équilibre et vous serez très heureux lors de la signature de ces contrats.

* Certains obtiendront gain de cause dans un procès, un litige ou une discussion importante. Vous ferez appel à un avocat ou une personne-ressource. Ceux-ci seront bien défendre vos droits. La situation se réglera, malgré quelques difficultés à surmonter. Toutefois, vous serez heureux que tout soit terminé. Vous pourriez ainsi vaquer à vos tâches habituelles sans être tracassé.

* Plusieurs allégeront leur esprit. Ils régleront des problèmes, des tracas et autres. D'autres feront des exercices respiratoires. Quelques-uns pratiqueront un sport qui leur sera bénéfique mentalement et physiquement. Bref, vous ferez tout pour libérer votre esprit de ses tourments et tracas. Vous y parviendrez grâce à un changement que vous appliquerez dans votre routine quotidienne.

* Votre curiosité vous guidera souvent vers des chemins inconnus. Toutefois, ceux-ci vous apporteront énormément sur le plan social, amical et professionnel.

* Vous vivrez plusieurs situations compétitives. Toutefois, vous serez de taille pour vaincre vos adversaires! Attendez-vous à faire deux gains considérables qui rehausseront votre estime personnelle. Vous pourriez gagner lors d'une entrevue, d'une activité, d'un jeu télévisé, d'une bataille juridique, etc. Vous serez fier de vous et de votre prestance lors de la compétition.

* Vous voulez vous faire pardonner un acte que vous avez commis? Vous voulez recevoir le pardon de personnes que vous avez blessées?

Vous voulez régler une situation à l'amiable? Si oui, l'année 2016 vous offrira cette possibilité de le faire de manière honorable. Vous pourriez par la suite, tournez une page pour en amorcer une nouvelle beaucoup plus agréable et sereine.

Les événements exigeant de la prudence

* Sur une note préventive, certains subiront une intervention chirurgicale pour améliorer leur état de santé. Néanmoins, le médecin qui vous soignera sera efficace. Cela vous permettra de vous rétablir plus rapidement.

* Surveillez également les personnes négatives et les commérages. Faites attention à qui vous conter vos confidences. Certains pourraient aller les ébruiter et vous causer de graves ennuis. Réfléchissez avant de parler. Assurez-vous d'avoir confiance en la personne. De plus, surveillez vos paroles sous l'effet de la colère. Vous pourriez dire des paroles qui peuvent blesser les gens autour de vous!

* Certains devront repartir à zéro et recommencer sur des bases plus solides. Il peut s'agir de la vie amoureuse, professionnelle ou personnelle. Il peut également s'agir de projets amorcés qu'il faut reprendre du début pour espérer obtenir de meilleurs résultats. Ce n'est jamais facile de tout recommencer, mais vous réaliserez qu'il était préférable d'agir ainsi!

* La solitude et le sentiment d'abandon pèseront lourd sur vos épaules. Plusieurs se sentiront seuls et abandonnés, il y aura comme un vide intérieur. Même entouré de vos proches, ce vide sera intense. Est-ce la nostalgie du passé? La seule façon de vous libérer de ces sentiments ravageurs sera de vous changer les idées et de faire des activités qui vous plaisent.

* Ne négligez pas votre santé mentale. Lorsque les alarmes de votre corps vous réclameront du repos. Reposez-vous! Sinon, vous risquez de souffrir d'anxiété, d'angoisse et de surmenage qui requerront un repos obligatoire de plusieurs jours!

Chapitre XXXIII

Informations supplémentaires propres à chacun des Anges Principautés

Les Principautés et la chance

En 2016, la chance des Principautés sera **moyenne**. Toutefois, il y aura des mois où la chance sera plus élevée. Il serait important de jouer lors de ces mois. Certains pourraient gagner de petites sommes agréables qui leur permettront de se gâter, d'aller au restaurant, de s'acheter une tenue vestimentaire, d'assister à un spectacle, etc. Cela dit, votre chance se fera davantage sentir dans les choix et les décisions que vous prendrez pour améliorer votre vie. Votre motivation vous permettra de prendre chacun de vos problèmes et d'y trouver la meilleure solution !

Les enfants de **Vehuel,** de **Daniel** et d'**Hahasiah** seront les plus chanceux parmi les autres enfants des Principautés. Il serait important de choisir eux-mêmes leurs billets de loterie et leurs combinaisons de chiffres.

Au cours de l'année 2016, vos trois chiffres chanceux seront **10**, **28** et **46**. Le « **10** » sera un excellent chiffre pour vous. Vous pourriez vivre plusieurs événements marqués de ce chiffre. Votre journée de chance sera le **lundi**. Vos mois de chance seront **janvier**, **février**, **juillet** et **novembre**. Plusieurs situations bénéfiques surviendront lors de ces mois de chance.

De plus, n'oubliez pas de prendre en considération le chiffre en gras relié à votre Ange. Ce chiffre représente également un chiffre chanceux pour vous. Il serait important de l'ajouter à votre combinaison de chiffres. Cela sera favorable. Toutefois, votre Ange peut également utiliser ce chiffre pour vous annoncer sa présence auprès de vous. Profitez-en pour lui parler et lui demander de l'aide! Cela peut également signifier de prier l'Ange gouverneur. Vous avez possiblement besoin de sa Lumière pour traverser l'une de vos épreuves, pour prendre une décision, pour régler une problématique et autre.

Conseil angélique : *Si vous voyez une personne manger une pomme, une orange ou un kiwi et qu'elle porte une chemise blanche, si vous trouvez une pièce de dix sous, achetez un billet de loterie puisque ces symboles représentent votre chance.*

Vehuel : 5, 12 et 33. Le chiffre « **5** » est votre chiffre chanceux. La chance arrivera toujours à l'improviste et elle vous surprendra à chaque fois! Écoutez également la voix de votre intuition. Celle-ci sera favorable! Si l'envie d'acheter une loterie titille à l'intérieur de vous, faites-le! Cela sera chanceux. De plus, priorisez les loteries instantanées!

Jouez seul. Cela sera profitable. Les groupes de deux et de cinq personnes vous favoriseront tout de même dans les jeux de hasard. Si vous connaissez une personne dont le signe du zodiaque est Bélier, procurez-vous un billet avec elle. Cela sera chanceux! Si vous connaissez un aumônier, un directeur d'école, un psychologue, achetez des billets avec eux. Ces personnes attireront la chance vers vous.

Cette année, la chance se fera davantage sentir dans vos choix et décisions. Vous avez les idées claires. Vous êtes conscient de votre potentiel. Vous apporterez plusieurs changements dans votre routine quotidienne qui vous favorisera. Cela attirera de bons événements. En 2016, vous envisagez un avenir plus équilibré et serein. Vous aurez la chance de réaliser plusieurs de vos projets et vous en serez très fier. Certains signeront un contrat important. D'autres éclairciront un malentendu. Quelques-uns feront le point sur une situation ambigüe. Cela dit, tout ce que vous entreprendrez vous apportera de belles satisfactions personnelles. L'année 2016 annonce finalement la fin de vos difficultés. Vous vous prenez en main et vous réglez toutes les situations qui vous dérangent. À chaque problème, vous trouverez une solution. À chaque question, vous trouverez une réponse. Telle sera votre force cette année !

Daniel: 8, 22 et 30. Le chiffre « **8** » est votre chiffre chanceux. N'oubliez pas que la Providence vous réservera quelques surprises. Celle-ci enverra sur votre route de belles possibilités pour atteindre plusieurs de vos objectifs. Profitez-en au maximum puisque tout éphémère. Plusieurs trouveront des pièces de monnaie sur le sol. Profitez-en pour acheter des billets de loterie. Cela sera bénéfique !

Que vous jouez en groupe ou seul n'a pas d'importance. Fiez-vous à votre instinct ! Vous ne serez pas déçu ! Si vous désirez participer à un groupe, participez-y ! Si vous désirez acheter des billets seul, faites-le ! Priorisez également les loteries instantanées. Cela sera favorable ! Si vous désirez participer à un groupe, les groupes de deux, de quatre et de huit personnes seront prédisposés à attirer la chance vers vous ! Si vous connaissez un ébéniste, un programmeur ou un électricien, achetez un billet avec eux. Cela sera chanceux !

Cette année, vous améliorerez votre vie en y apportant des changements bénéfiques. Vous retrouverez votre équilibre, la forme et la joie de vivre. À chaque problème, vous trouverez une solution. Vous éloignerez les situations insolubles et les personnes problématiques. Vous voulez vivre une année exempte de problèmes. Vous tisserez des liens avec des personnes importantes qui vous aideront dans l'élaboration de vos projets. Vous savez ce que vous voulez et vous vous dirigez exactement vers les meilleurs résultats, même au prix de grands efforts. Vous parviendrez à atteindre vos objectifs et c'est ce qui comptera le plus pour vous! Certains auront la chance de signer un contrat important. Lors de la signature de ce contrat, vous sauterez de joie! Ceux qui désirent changer de travail pourront le faire cette année!

Hahasiah : 19, 28 et 44. Le chiffre « **19** » est votre chiffre chanceux. N'oubliez pas que vous êtes favorisé par la chance. Certains seront surpris de voir que la chance est au rendez-vous. Attendez-vous à recevoir de belles surprises qui toucheront plusieurs aspects de votre vie. Vous serez satisfait de tout ce qui se produira au cours de l'année. De plus, tout ce que vous toucherez se changera en or!

Jouez seul puisque la chance vous appartient. Choisissez vos billets. Cela sera bénéfique! Priorisez les loteries instantanées. Toutefois, si vous voulez participer à des groupes, les groupes de deux ou de trois personnes vous sont recommandés. Si vous connaissez un artiste, un joueur de violon, d'accordéon, achetez un billet de loterie avec eux.

Cette année, la chance sera fera également sentir dans votre vie personnelle. Vous vivrez plusieurs événements qui agrémenteront votre année. Le soleil luira dans votre demeure. Le bonheur sera à vos côtés! Vos décisions seront à la hauteur de vos attentes et tout tournera en votre faveur. Plusieurs parviendront à réaliser l'un de leurs rêves les plus fous! Certains obtiendront un poste de rêve. Plusieurs mettront un terme à leurs tracas en trouvant de bonnes solutions. Les artistes et les personnes d'affaire signeront un contrat qui les apaisera. La joie, l'harmonie seront présents dans votre demeure. Telle sera votre chance et vous en serez très heureux!

Imamiah : 9, 18 et 40. Le chiffre « **9** » sera votre chiffre chanceux. La chance sera moyenne. Il serait sage de ne pas trop dépenser votre argent dans les loteries puisque votre situation financière sera instable. Certains auront des dépenses imprévues qui dérangeront énormément leur situation financière. D'autres auront des ennuis financiers qui les tracasseront. Donc, jouez raisonnablement. De toute façon, un seul billet suffit pour gagner!

Priorisez les groupes. Cela sera bénéfique. Vous pourriez faire de petits gains. Les groupes de deux, de trois et de neuf personnes vous seront favorables. Si vous connaissez un capitaine de bateau, un joaillier, un pompier ou un ramoneur, achetez des billets avec eux. Ces personnes attireront la chance dans votre direction ! Si vous aimez jouer au bingo, profitez-en lors des mois chanceux. Vous pourriez gagner le gros lot de la soirée !

Cette année, vous aurez beaucoup plus de chance dans des décisions importantes que vous prendrez pour rebâtir votre vie, enfin que celle-ci soit plus solide et équilibrée. Vous réglerez astucieusement tout ce qui entrave votre bonheur. De plus, une aide précieuse viendra vers vous et vous apportera son soutien tout au long de l'année. Cette aide vous sera d'un très grand secours lors de vos moments plus ardus. Vous remontez en douceur la pente. Cela n'est pas facile. Néanmoins, l'avenir vous réserve de belles surprises qui sauront agrémenter votre année !

Nanaël : 7, 24 et 30. Le chiffre « 7 » est votre chiffre chanceux. La chance étant moyenne, gâtez-vous au lieu d'acheter des loteries. Cela vous sera favorable et vous remontera le moral !

Priorisez les groupes. Cela sera plus chanceux ! Les groupes de trois, six ou sept personnes vous seront bénéfiques. Participez à des groupes à votre travail. Cela vous apportera de la chance ! Si vous connaissez une personne qui pratique les arts martiaux, achetez un billet avec lui. Cela sera bénéfique !

En 2016, votre chance se fera davantage sentir au niveau de votre vie personnelle. Vous vous prendrez en main et vous vaincrez vos ennemis intérieurs et extérieurs. Vous mettrez un terme à plusieurs problématiques qui dérangent votre quotidien. Plusieurs retrouveront leur équilibre, la paix et la joie de vivre à la suite de changements importants dans leurs habitudes de vie. Vous travaillerez ardemment et vous mettrez beaucoup d'efforts pour atteindre vos buts. Il y aura des journées moins faciles, mais vous serez tenace, déterminé à être heureux et désireux de connaître la joie de vivre ! Vous passerez à l'action et vous en serez fier !

Nithaël : 5, 20 et 29. Le chiffre « 5 » est votre chiffre chanceux. Profitez de vos mois de chance pour faire des changements et des sorties. Cela sera bénéfique. De plus, n'hésitez pas à vous gâter au lieu de dépenser votre argent dans les loteries. Cela sera un baume pour votre moral.

Priorisez les groupes. Ne soyez pas surpris si ce sont vos chiffres qui apporteront les gains. Les groupes de deux, de quatre, de cinq ou vingt personnes vous seront favorables. Si une personne dont le signe du zodiaque est Bélier ou Capricorne fait partie du groupe, ce sera chanceux! Aussi bizarre que cela puisse paraître, achetez également un billet avec une personne qui porte un plâtre! Celle-ci attirera la chance dans votre direction! Si vous désirez jouer seul, achetez des loteries instantanées. Cela sera plus bénéfique pour vous! Il se peut que vous ne gagniez que des petits montants, toutefois, lorsque vous calculerez tous ces montants à la fin de l'année, vous réaliserez que la Providence vous a gâté!

Cette année, la chance se fera davantage sentir dans votre vie personnelle. Vous vous fixerez des buts et vous chercherez à les atteindre. Plusieurs se trouveront au bon endroit, au bon moment et avec les bonnes personnes. Cela les avantagera dans plusieurs aspects de leur vie. Vous parviendrez également à mettre un terme à plusieurs problématiques. Vous fermerez la page du passé pour vous aventurer vers un meilleur avenir. Telle sera votre chance au cours de 2016 et vous ne serez pas déçu!

Mebahiah : 9, 32 et 36. Le chiffre « **9** » est votre chiffre chanceux. Profitez de vos mois de chance pour faire des changements, pour régler vos problématiques et pour faire des activités qui vous plaisent. N'hésitez pas à vous gâter au lieu de dépenser votre argent dans les loteries. Cela vous fera du bien!

Priorisez les groupes. Cela sera plus chanceux! Les groupes de deux, de quatre ou de neuf personnes vous seront bénéfiques. Jouez avec un proche de sexe féminin. Cela pourrait être chanceux. Si vous connaissez une hygiéniste dentaire, un dentiste, un médecin, un pharmacien ou une secrétaire médicale, achetez des billets avec eux. Cela sera bénéfique! De plus, les billets que vous recevrez en cadeau vous apporteront de petits gains.

Cette année, vous serez beaucoup plus chanceux à trouver des solutions pour régler vos problèmes, à faire taire les mauvaises langues et à faire la lumière sur des situations problématiques que de faire des gains à la loterie. Plusieurs apporteront des changements importants dans leur vie pour améliorer leur quotidien. Vous mettrez un terme à plusieurs de vos tracas. Vous priorisez également votre santé mentale. Vous ferez votre possible pour améliorer cet aspect de votre vie. Plusieurs s'adonneront à des activités qui auront un effet bénéfique sur leur mental. Plus que jamais, vous avez besoin de vous sentir en forme, loin des tracas et des problèmes de toutes sortes!

Poyel : 5, 10 et 44. Le chiffre « **5** » est votre chiffre chanceux. Au lieu de dépenser votre argent dans les loteries, gâtez-vous! Cette année, vous serez animé par des coups de cœur. Cela peut être dispendieux! Placez donc votre argent dans les bonnes causes : vos coups de cœur! Vous ne serez pas déçu!

Priorisez les groupes et les loteries instantanées. Les groupes de deux, de trois et de cinq personnes seront bénéfiques. Jouez avec un bon ami ou avec une personne de sexe opposé. Cela sera favorable. Les personnes dont le signe du zodiaque est Bélier, Sagittaire ou Lion pourraient également vous apporter de la chance. Achetez des billets avec elles!

Cette année, la chance se fera davantage sentir dans vos actions pour régler vos problématiques. Vous trouverez une bonne solution pour régler vos problèmes financiers et vous l'appliquerez instantanément. Vous améliorerez votre vie en y apportant des changements favorables. Vous serez également en mesure de relever tous les défis qui se présenteront sur votre chemin! Vous serez en forme et déterminé à réussir vos objectifs de l'année. Vous retrouverez votre équilibre et vous serez heureux! Vous aurez également la chance de rencontrer de bonnes personnes qui sauront bien vous aider et vous conseiller au moment opportun. Plusieurs belles occasions arriveront vers vous et plusieurs coups de cœur viendront agrémenter votre année!

Les Principautés et la santé

Plusieurs apprendront à relaxer et à prendre soin de leur santé. Vous priorisez votre santé mentale et physique. Vous réaliserez qu'il est important d'être en forme. D'ailleurs, vous avez mille et un projets en tête. Vous avez donc besoin d'être en forme pour les entreprendre et les réussir! Cela dit, vous ferez tout pour retrouver la forme : consulter un thérapeute, faire de l'exercice physique, changer votre alimentation, méditer, faire du yoga, apprendre des techniques de respirations, etc. Vous

vous assurerez d'inclure ces actions dans votre horaire. Votre santé mentale sera importante puisque vous êtes conscient que cet aspect est votre grande faiblesse. Plusieurs respecteront la limite de leurs capacités et ils s'assureront d'avoir de bonnes nuits de sommeil pour mieux récupérer. Tous ceux qui prendront soin d'eux seront en pleine forme physique et mentale. Cela vous aidera à accomplir plusieurs tâches à la fois.

Toutefois, les personnes négligentes vivront plusieurs ennuis de santé. Certains devront subir d'une à trois interventions chirurgicales dans la même année! D'autres seront obligés de prendre des médicaments sur une base régulière. Quelques-uns souffriront de migraines et de maux physiques qui requerront un médicament pour les soulager. Plusieurs se plaindront de douleurs arthritiques et d'arthrose. Pour d'autres, la fibromyalgie sera la source de leurs douleurs. À la suite d'examens médicaux, des mises-en-garde vous seront lancées et il serait important de les écouter, sinon, attendez-vous à vivre plusieurs ennuis majeurs.

Sur une note préventive, voici les parties vulnérables à surveiller plus attentivement et les faiblesses du corps en ce qui concerne chacun des enfants Principautés.

Vehuel : plusieurs feront attention à leur santé. Ils mangeront sainement. Ils feront des exercices respiratoires, de la natation, de la méditation ou autre. Ils respecteront la limite de leur corps. Ils auront de bonnes nuits de sommeil. Cela les avantagera. Ces personnes vigilantes éloigneront d'elles les médicaments, les maladies, les médecins, etc.

Toutefois, les personnes négligentes qui n'écouteront pas les signaux d'alarme qu'enverra leur corps, tomberont malades du jour au lendemain. Soyez donc vigilant et ne brûlez pas la chandelle par les deux bouts. Sinon, vous en souffrirez énormément au cours de l'année.

Cela dit, plusieurs se plaindront de douleurs physiques. Le cou, les épaules, le dos, la cage thoracique, le foie et le pancréas seront des parties vulnérables. Si une douleur persiste à ces endroits. Il serait important de consulter votre médecin. Celui-ci sera en mesure de déceler l'origine de vos maux. Quelques-uns seront obligés de prendre un médicament pour soulager leur douleur. Certains pourraient subir une ou deux interventions chirurgicales au cours de l'année. Il faudra aussi surveiller les plats chauds. Certains risquent de se brûler. Assurez-vous d'avoir une trousse de premiers soins dans votre pharmacie. Les personnes cardiaques et diabétiques devront être vigilant et écouter sagement les recommandations du médecin qui les soignera. Faites attention à votre santé, ne la négligez pas, vous éviterez ainsi des ennuis de toutes sortes. Cette année, si vous prenez soin de vous et que vous écoutez votre corps, vous recouvrirez rapidement la santé et vous serez en pleine forme pour vaquer à vos tâches habituelles. Si vous faites le contraire, vous vivrez plusieurs contrariétés qui vous empêcheront de savourer la vie à fond !

Daniel : tous ceux qui négligeront leur santé et qui ne respecteront pas la limite de leurs capacités seront malades. Leur santé mentale et physique réclamera du repos. Leur état entraînera une perte d'appétit, un manque de sommeil, une baisse d'énergie et un manque d'intérêt. Ce sont des symptômes d'une dépression et d'un surmenage. Ces personnes seront obligées, sous l'ordre de leur médecin, de prendre du repos et de la médicamentation. Ce sera le seul moyen pour recouvrer la santé ! Il serait important pour eux d'écouter sagement les recommandations de leur médecin. De plus, certains se plaindront de maux musculaires et d'estomac. Certains se blesseront à la main ou à un pied. Vous risquez d'avoir la main, la cheville ou le pouce enflé par votre négligence. Plusieurs devront prendre un médicament pour calmer leur douleur.

Hahasiah : plusieurs consulteront un spécialiste pour améliorer leur état de santé. Les cardiaques et les diabétiques devront redoubler de prudence et respecter les recommandations de leur médecin. Cela sera favorable ! Il en est de même pour les alcooliques et les toxicomanes. Plusieurs auront de graves ennuis de santé à cause de leur problème de consommation.

De plus, certaines femmes auront des ennuis avec leur cycle menstruel ou avec les organes génitaux. Certains se plaindront de maux de ventre, probablement causés par les intestins. Ceux qui souffriront du côlon irritable devront changer leurs habitudes alimentaires. Certains réaliseront qu'ils réagissent mal au gluten. Ils devront en manger modérément ou tout simplement l'éviter. D'autres se plaindront de douleurs musculaires qui les obligeront à prendre un médicament ou à faire un exercice de physiothérapie pour soulager leur douleur. Certains passeront quelques jours à l'hôpital pour y subir des traitements. D'autres subiront une intervention chirurgicale. Cette année, plusieurs prendront conscience qu'il est important de prendre soin de leur état de santé. Ils feront tout pour l'améliorer !

Imamiah : les poumons seront fragiles. Plusieurs auront des grippes, des bronchites et même des pneumonies. Il serait important de bien vous couvrir lors de températures plus froides. D'autres trouveront la période printanière difficile à cause des allergies. Ceux-ci seront obligés de prendre des antihistaminiques et leur inhalateur pour pouvoir accomplir leurs journées. Les fumeurs devront redoubler de prudence. Les cardiaques devront suivre méticuleusement les conseils de leur médecin. Il en est de même pour ceux qui souffrent du diabète et du cholestérol. Si vous ne faites pas attention à vous, vous vivrez des problèmes au cours de l'année. De plus, certains souffriront du syndrome du côlon irritable et devront changer leurs habitudes alimentaires. Plusieurs se plaindront de douleurs causées par l'arthrite, l'arthrose ou la fibromyalgie. Certaines journées seront pénibles. Vous aurez besoin de relaxer et de méditer. Cela fera du bien à votre moral. Une douleur intense pourra nécessiter la prise de cortisone.

Nanaël : il faudra surveiller les objets tranchants. Plusieurs risquent de se blesser. Les diachylons et les pansements vous suivront au cours de l'année. Assurez-vous d'en avoir dans votre pharmacie ainsi qu'une trousse de premiers soins ! Cette année, plusieurs se plaindront de douleurs ici et là. Ces douleurs vous épuiseront mentalement et physiquement. Pour plusieurs, le repos sera recommandé. Vous serez tellement angoissé par votre état de santé que cela vous empêchera de dormir. Vous souffrirez d'insomnie et serez totalement épuisé. Les signaux que votre corps vous envoie vous pousseront au repos. Bref, si vous voulez éviter de graves ennuis, soyez à l'écoute des alarmes. Plusieurs seront obligés de prendre un médicament pour régler leur problème. Prenez-le, vous en avez besoin ! Avis aux personnes malades et négligentes : si vous jouez avec le feu, votre santé en écopera et il sera trop tard pour remédier à la situation. Donc, si vous ne voulez pas être hospitalisé ni en arrêt de travail, prenez soin de vous ! Si vous négligez votre santé, vous ferez face à un problème majeur. Prenez soin de vous, respectez la limite de vos capacités et écoutez les signaux de votre corps.

Nithaël : plusieurs se plaindront de douleurs musculaires et des maux de toutes sortes qui requerront des examens médicaux ou de la médicamentation. La tête, le dos, le cou, le genou et une épaule seront la source de vos douleurs. Certains devront subir une intervention chirurgicale pour les aider à recouvrer la santé. D'autres iront consulter un physiothérapeute ou un chiropraticien pour soulager leurs douleurs. Néanmoins, cela aura un effet bénéfique sur vos maux. Certains feront de la méditation et de la relaxation. De plus, soyez vigilant lorsque vous entamez des tâches inhabituelles. Certains pourraient se blesser. Assurez-vous d'avoir des diachylons et une trousse de premiers soins dans votre pharmacie. Plusieurs se feront des blessures et des foulures qui nécessiteront un plâtre.

Mebahiah : la tête sera une partie fragile. Certains se plaindront de migraines atroces. D'autres feront de l'insomnie. Quelques-uns se blesseront à la tête. Les ouvriers devront s'assurer de porter un casque de sécurité en tout temps et de respecter les consignes de sécurité. La santé mentale sera vulnérable. Reposez-vous lorsque vous êtes fatigué. Vous risquez de trouver vos journées difficiles et ardues. Vous avez besoin de relaxer et de lâcher prise sur certaines situations. Votre médecin sera très clair avec vous ! Si vous tombez, il sera beaucoup plus pénible de remonter la pente. Cette année, il serait important d'écouter les signaux de votre corps, ainsi vous éviterez de graves ennuis. Ceux qui auront négligé leur santé seront confrontés à un problème important qui les angoissera. La meilleure façon de vous en sortir est d'écouter les conseils de votre médecin et de commencer à prendre soin de vous. Faites-vous ce cadeau !

Poyel : votre santé mentale sera fragile. Plusieurs souffriront de dépression et de fatigue chronique. Ne dépassez pas la limite de vos capacités et prenez le temps nécessaire pour remonter la pente. Cela vous sera bénéfique. Sinon, vous risquez de sombrer dans un état végétatif et il vous sera beaucoup plus pénible de remonter la pente, à moins d'un repos complet de plusieurs jours ou semaines. Les personnes négligentes seront confrontées à un problème de taille. Soyez donc vigilant et écoutez les recommandations de votre médecin. Cela vous sera favorable.

Il faudra également surveiller les poumons, les bronchites et les pneumonies. Cela sera une partie sensible au cours de l'année. Les toxicomanes et certains fumeurs auront de graves ennuis de santé s'ils exagèrent dans leur consommation. La peau sera aussi fragile. Quelques-uns souffriront d'acné, de rosacée ou de psoriasis. Certains auront des feux sauvages. D'autres se feront des petites brûlures par manque d'attention. Il faudra aussi surveiller les rayons de soleil et s'assurer d'étaler une crème solaire pour éviter de brûler la peau. Surveillez également le cholestérol et l'hypertension. Après une période difficile sur le plan de la santé, plusieurs se prendront en main et ils changeront leurs habitudes de vie. Leurs nouvelles habitudes leurs permettront de recouvrer rapidement la santé.

Les Principautés et l'amour

Plusieurs couples mettront un terme à certaines problématiques qui les dérangent. Ils auront des dialogues importants sur les sujets qui les préoccupent. Ils chercheront les meilleures solutions pour que chacun puisse être satisfait. Ils exposeront leurs idées et ils travailleront de concert pour les respecter et les réaliser. Cette attitude leur sera bénéfique. Ils prioriseront les activités familiales. Ils se donneront également du temps intime. Cela sera bénéfique et rehaussera leur amour. Ils feront leur possible pour se rapprocher l'un de l'autre. Cela apportera du succès et de la joie dans leur union. Le soleil luira de nouveau dans leur foyer et ils en seront très fiers. Ils ne négligeront plus leur relation. Lorsqu'une problématique surviendra, ils y verront instantanément. Telle sera la promesse qu'ils se feront. Cela leur sera bénéfique et ils sauveront leur union !

Au cours de l'année, il y aura plusieurs journées qui favoriseront votre vie conjugale. Des rires et de la joie fuseront de partout. Vous aurez du plaisir à vous promener avec votre partenaire. Les discussions seront divertissantes. Vous serez amoureux et cela se verra. Votre partenaire sera attentif à vos besoins et vous serez attentif aux siens. Vous vous taquinerez mutuellement et vous vous câlinerez. Vous serez bien dans les bras de votre partenaire et lui dans les vôtres. Vous ferez de belles sorties en amoureux qui vous aideront à vous épanouir davantage dans votre relation. Vous aurez de beaux dialogues et vous planifierez des activités ensemble. Profitez pleinement de ces moments opportuns qui vous rapprocheront davantage de votre partenaire. Cela vous sera bénéfique. Lors de ces moments, certains couples en difficulté parviendront à trouver un terrain d'entente ou des solutions miracles pour que l'harmonie revienne dans leur foyer. Ces journées bénéfiques auront lieu lors des mois suivants : ***janvier, février, juin, juillet, août, novembre*** et décembre.

Vous amorcerez votre année en beauté. Le mois de ***janvier*** et ***février***, apporteront beaucoup d'agréments dans votre foyer. Vous vivrez de belles aventures avec votre partenaire. Vous aurez de belles discussions qui amélioreront votre union. Certains planifieront un voyage romantique. D'autres feront plusieurs activités ensemble. Vous aurez un plaisir fou à participer à toutes ces activités qui vous rapprocheront de votre partenaire. Lors de cette période, plusieurs réaliseront qu'ils sont heureux avec la personne qui partage leur vie. Il y aura beaucoup de bonheur dans votre foyer. De plus, profitez-en pour acheter une loterie avec votre partenaire. Cela sera bénéfique. Demandez-lui de choisir ses chiffres et combinez-les aux vôtres. Certains auront le privilège de gagner une belle somme d'argent que vous pourriez investir dans un voyage, une rénovation, une voiture, etc. Vous serez très heureux de la somme que vous gagnerez !

Après avoir vécu une période chaotique causée par une problématique, le soleil luira de nouveau dans votre foyer. Attendez-vous à vivre des moments extraordinaires avec votre partenaire du ***10 juin jusqu'au 24 août.*** Certains recevront une demande en mariage ! D'autres planifieront un voyage en amoureux. Vous irez dans des endroits magnifiques. Quelques-uns planifieront des activités de plein air. Certains iront pêcher dans un endroit magnifique. Vous serez charmés par la beauté de la nature qui vous entourera. Vous profiterez pleinement de votre été. Vous ferez des soupers en tête-à-tête. Vous aurez de belles discussions. Vous serez toujours collés à l'autre. Vous passerez de bons moments de rires et de plaisirs avec votre partenaire. Lorsqu'arrivera un petit nuage, vous trouverez rapidement une solution pour que l'harmonie revienne sous votre toit familial. Certains couples réaliseront que l'un de leurs projets rapportera un beau profit. Profitez-en également pour acheter des loteries avec votre partenaire. Les loteries instantanées seront favorables.

En *novembre* et *décembre*, vous réaliserez que tous les efforts pour améliorer votre union ont valu la peine. Vous serez heureux avec votre partenaire. Vous finirez l'année en beauté. Il y aura tellement de belles situations qui arriveront. À un tel point que vous aurez de la difficulté à réaliser ce qui se passe! Cela sera magique et féérique! Vous passerez un merveilleux Noël en sa compagnie!

Cela dit, il est évident qu'il y aura des périodes compliquées. Si vous y voyez rapidement, vous réglerez facilement vos problématiques et le tout redeviendra à la normale. Toutefois, si vous négligez vos problèmes et que vous boudez, cela risque de nuire davantage à votre relation. Dialoguez tranquillement avec votre partenaire au lieu de crier. Ainsi, votre partenaire sera attentif à vos paroles au lieu de vous fuir!

Voici ce qui pourrait déranger l'harmonie conjugale : la façon d'élever les enfants causeront quelques contrariétés. Cela sera la faiblesse des familles reconstituées. Ce sujet sera régulièrement abordé et cela risque de provoquer des discussions animées. Il y aura également le travail qui sera un sujet délicat. Certains travailleront des heures supplémentaires pour terminer un projet. Cela ne fera pas nécessairement l'affaire de votre conjoint. Vos absences prolongées risquent de provoquer de la frustration chez votre partenaire. Il serait important de dialoguer avec votre partenaire lorsque vous serez obligé de faire des heures supplémentaires. Ainsi, votre conjoint sera au courant et il ne s'imaginera pas que vous cherchez à fuir vos responsabilités parentales.

Les mois susceptibles d'apporter quelques contrariétés seront *mars*, *avril*, *mai*, *septembre* et *octobre*. Les mois de *mars*, *avril* et *mai* ne seront pas de tout repos. Attendez-vous à plusieurs arguments avec votre partenaire. Vos discussions seront animées. Le ton de voix élevée. Si vous promettez à votre partenaire de passer du temps avec lui et que vous ne respectez pas votre engagement, attendez-vous à vivre de la dualité. Cela enchaînera de la froideur et de la bouderie de la part de votre partenaire. Tenez vos promesses et vous éviterez des ennuis! De plus, vos absences prolongées de la maison inquiétera votre partenaire. Celui-ci s'imaginera une tromperie de votre part. Certains membres de son entourage n'aideront pas à la cause et pourront augmenter son sentiment d'insécurité. Lors de cette période, ne jouez pas l'indifférent. Cela ne fera que nuire à votre relation. Si vous aimez votre partenaire, avouez-lui vos sentiments.

Sécurisez-le! Cela sera bénéfique. Si vous prenez le temps de converser avec votre partenaire, vous ne vivrez pas cette période chaotique.

La plupart des problématiques de **septembre** et **octobre** seront provoqués par les enfants, les dépenses scolaires, etc. Il faudra également faire attention au sentiment de jalousie. Cela apportera quelques contrariétés également dans le foyer.

Les couples en difficulté

Plusieurs auront le défi de faire des sacrifices pour la survie de leur couple. Vous serez comme deux enfants gâtés qui ne veulent pas lâcher prise et qui cherchent à gagner leur point de vue. En agissant ainsi, vous aurez de la difficulté à vous sortir de vos ennuis. Il serait important, pour le bien de votre couple, de prendre du temps pour dialoguer, et ce, en douceur. Priorisez votre union et essayez de trouver un terrain d'entente. Si vous y parvenez, vous serez heureux de la tournure positive que prendra votre relation. Certains couples réussiront et s'accorderont une deuxième chance. D'autres penseront à quitter leur partenaire. La période printanière ne sera pas facile pour eux!

Les Principautés submergées par la négativité

Plusieurs manqueront de respect à leur partenaire et le négligeront. Ils prendront soin de tout le monde, sauf de leur partenaire! Vous sortirez souvent sans votre conjoint. Vous vivrez comme un célibataire. Lorsque votre partenaire vous réclamera de l'aide, de l'attention ou votre présence. Vous vous emporterez et vous lancerez des mots acerbes et blessants à votre partenaire. Il est évident que cette attitude découragera votre conjoint. Vous lui ferez verser des larmes. Vous le blesserez. Bref, si vous n'êtes plus heureux dans la relation, dites-lui le fond de votre pensée. Rien de mieux qu'un bon dialogue pour réparer les pots brisés ou pour prendre de bonnes décisions.

Les Principautés célibataires

Plusieurs célibataires auront la chance de rencontrer une bonne personne qui saura les aimer et prendre soin d'eux. Cette personne changera favorablement votre vie. Vous tomberez en amour! Vous serez charmé par sa façon de vous regarder et de vous parler. Vous vous taquinerez et vous penserez souvent à la même chose. Vous ferez de la télépathie. Vous pouvez tous les deux sortir un même mot en même temps! Cela vous fera rire! C'est ainsi que vous réaliserez que vous avez plusieurs points en commun. Vous chercherez à vous connaître davantage et à continuer la relation. Sa présence auprès de vous, vous rendra heureux et en pleine forme! Vous serez en amour et cela se verra!

Les mois les plus propices pour faire cette merveilleuse rencontre seront *janvier*, *juin*, *août, novembre* et *décembre*. Les journées du lundi et du samedi seront également profitables pour cette nouvelle rencontre.

Vous pourriez faire sa rencontre dans un lieu animé, lors d'un anniversaire, en voyage, sur l'Internet, au travail ou chez des amis. Cette personne parlera de son travail, de ses rêves, de ses objectifs. Aussi bizarre que cela puisse paraître, lors de votre conversation, un petit fil blanc ou argenté se déposera sur sa tenue vestimentaire. Vous l'enlèverez! Ce signe vous indique l'amour de votre vie. Attendez-vous à vivre passionnément avec cette personne. Après quelques rencontres, vous parlerez de projets mutuels et de votre avenir!

Les célibataires submergés par la négativité

Vous ferez des mauvais choix. Au lieu de choisir la personne qui vous convient, vous choisirez tout ce qui est compliqué. Bref, vous choisirez des personnes possédant la même attitude que vous. Attendez-vous à des défis de taille! De plus, arrêtez de parler de vos échecs du passé. Cela n'intéresse personne. Ce sujet vous rend vulnérable et explosif. Il est évident qu'avec cette attitude, vous ferez fuir les bonnes personnes.

Les Principautés et le travail

L'année de la conscience jouera favorablement dans votre vie professionnelle. Vous vivrez une période active et enrichissante. Plusieurs vivront de grands changements qui amélioreront leurs conditions de travail. Il y aura de deux à six événements qui vous apporteront de bonnes nouvelles. Certains se verront offrir un poste longtemps rêvé. Quelques-uns obtiendront une augmentation de salaire. Plusieurs signeront un contrat important qui chambardera favorablement leur vie. Vous serez fou de joie lors de la signature de ce contrat. Les entrevues seront réussies. Grâce à une analyse, les tâches seront plus agréables pour certains. Les associations seront fructueuses. Toutes les demandes seront évaluées, analysées et plusieurs seront acceptées. Vous prendrez conscience de votre environnement, de vos rêves, de vos actions, de vos désirs, et vous irez de l'avant. Lorsqu'une situation ne fera pas votre affaire, vous la réglerez immédiatement. Vous réaliserez que vous possédez toutes les qualités pour réussir vos projets, vos entrevues, vos discussions, etc. Vous miserez donc sur vos forces pour obtenir gain de cause dans tout ce que vous entreprendrez !

Plusieurs prendront des décisions importantes en **janvier**. Certains vivront de grands changements au travail. Des améliorations seront apportées pour alléger les tâches des employés. Le tout se poursuivra jusqu'à la fin **février**. Des décisions seront prises pour le bien de l'équipe. Vous serez satisfait des situations qui se produiront au travail. Ce sera également une période importante pour les entrevues et pour amorcer un nouveau travail. En **juillet** et **août**, il y aura de la nouveauté dans votre équipe. Il peut s'agir de la venue d'un nouveau membre. Néanmoins, cette nouveauté apportera un vent de fraîcheur au sein de votre équipe. Certains se verront offrir une opportunité qu'on ne peut refuser. Les gens d'affaires augmenteront leur chiffre d'affaires lors de cette période. Un contrat sera signé et il apportera un grand profit.

De belles opportunités viendront agrémenter vos mois d'**octobre**, **novembre** et **décembre**. Plusieurs prendront une décision importante lors de cette période. Vous serez satisfait de votre décision. Quelques-uns recevront un honneur, une augmentation de salaire, un diplôme honorifique, etc. Des talents ou des projets apporteront un beau profit. Ces personnes seront très fières d'elles et de tout ce qu'elles ont entrepris pour parvenir à leur fin. Il y aura amélioration et vous serez satisfait de tout ce que vous déciderez et de tout ce qui se produira sur le plan travail. Vous regarderez avec fierté les fruits de vos efforts.

Il y aura tout de même des moments un peu plus ardus. Il serait important de réfléchir avant d'agir et de ne pas prendre des décisions

390 Prédictions Angéliques 2016

hâtivement. Évitez également les discussions inutiles et les commérages. Ne vous impliquez pas dans les problèmes d'autrui. Cela vous sera salutaire et bénéfique! Ces mois seront *mars, avril, mai, septembre* et *octobre*.

Les travailleurs Principautés submergés par la négativité

Plusieurs se verront refuser une entrevue, un changement, une aide ou un travail qui lui avait été promis. Vous serez déçu et cela se reflétera sur votre humeur. La raison de ce refus sera votre attitude qui dérangera les personnes concernées. Pour ce qui est de votre capacité au travail, ces personnes n'ont aucun doute de vos compétences. Par contre, pour ce qui est de votre attitude et votre capacité de travailler en équipe, cela est différent. De plus, il faudra surveiller la jalousie. Cherchez à être le meilleur, à détruire les autres, ne vous apportera que des ennuis. Cela dit, si vous changez votre attitude et que vous parvenez à prouver à vos collègues et à votre employeur votre capacité et volonté de travailler en équipe, il y a de fortes chances que ces personnes vous accordent leur confiance. Par la suite, il sera plus facile d'obtenir un meilleur poste! À vous d'y voir!

Chapitre XXXIV

Événements à surveiller durant l'année 2016

- Attendez-vous à faire la lumière sur plusieurs points de votre vie en dérangement. Vous vous prenez en main et vous réglerez tout ce qui entrave votre bonheur. Vos décisions seront réfléchies et bien analysées. Vous serez satisfait de tout ce que vous entreprendrez et réglerez au cours de cette année.

- En *janvier*, plusieurs se trouveront au bon endroit avec les bonnes personnes. Attendez-vous à vivre toutes sortes d'événements agréables qui rempliront vos journées. De plus, vous serez très chanceux, profitez-en pour acheter des loteries. Les loteries instantanées vous seront favorables. Jouez également avec votre partenaire amoureux. Cela sera bénéfique. Si vous connaissez une personne dont le signe du zodiaque est Capricorne, achetez un billet avec elle!

- D'ici la fin de l'année, plusieurs seront satisfaits de leur vie professionnelle. Attendez-vous à vivre des changements majeurs qui auront un impact favorable dans votre vie quotidienne. Certains auront une augmentation de salaires. D'autres signeront un contrat qui les soulagera et qui leur apportera un bel équilibre.

- À la suite de randonnées pédestres, certains se blesseront à la cheville. Assurez-vous d'avoir de bonnes chaussures de marche. Ainsi, vous éviterez les incidents. De plus, assurez-vous de faire des exercices de réchauffement avant d'entreprendre toute activité. Certains pourraient s'étirer un muscle au niveau de la jambe.

- Une personne cardiaque devra subir une intervention chirurgicale. Elle sera aux soins intensifs pendant quelques jours. Cela affolera ses proches.

- À la suite de plusieurs examens médicaux, un médecin découvrira les causes de vos maux physiques. Celui-ci vous traitera adéquatement et vous recouvrirez rapidement la santé!

- Certains se plaindront de maux d'oreilles. Cette douleur vous amènera à consulter un otorhinolaryngologiste pour déceler la cause de votre douleur. Quelques-uns devront porter un appareil auditif.

- Vous, ou un proche, serez confronté à un problème de santé. Soyez prudent et écoutez les conseils de votre médecin.

- Plusieurs personnes se plaindront de maux physiques. Certains devront consulter un spécialiste pour leur venir en aide. Des examens approfondis seront exigés. À la suite de certains examens, quelques-uns subiront une intervention chirurgicale. D'autres prendront des médicaments et plusieurs personnes malades devront se reposer pendant quelques jours. Il serait important d'écouter les directives de votre médecin si vous voulez recouvrir rapidement la santé.

- Certaines personnes alcooliques auront des ennuis avec leur foie. Ils seront obligés d'être hospitalisés.

- Une personne diabétique devra surveiller son alimentation. Sinon, elle aura de graves problèmes qui nécessiteront l'intervention d'un médecin. Certains pourraient être hospitalisés d'urgence.

- En *janvier* et *mars*, vous, ou un proche, devrez être vigilant avec les outils. Vous risquez de vous blesser à la main.

- Plusieurs seront obligés de prendre un médicament pour soulager les douleurs de l'arthrite, l'arthrose ou la fibromyalgie.

- Vous, ou un proche, reconstruirez votre vie sur de nouvelles bases. Le bonheur se lira sur votre visage. Il y a annonce d'une période de sécurité, d'harmonie et de joie au sein de votre relation.

- Certaines femmes qui accoucheront en **janvier** subiront une césarienne.

- La période printanière sera importante pour certains agriculteurs. Ceux-ci développeront une nouvelle méthode qui leur sera bénéfique. Certains parleront de faire l'achat d'une machinerie. Vous ne serez pas déçu de votre transaction puisque cette machinerie donnera les résultats escomptés. Quelques-uns signeront un contrat valorisant qui les encouragera à continuer leur dur labeur !

- En **février**, vous serez invité à assister à une dégustation de vin et fromage. Allez-y, vous ferez de belles rencontres et vous aurez de belles discussions.

- Certains feront l'achat d'un parfum ou en recevront un en cadeau. Vous aimeriez l'odeur que dégage ce parfum !

- Lors de la période printanière, vous, ou un proche, parlerez de faillite. Cela sera la meilleure solution. Il est évident qu'il ne sera pas facile de recommencer à zéro mais vous serez libéré de certaines dettes et vos nuits seront moins perturbées.

- Certains seront fatigués d'entendre les gens se plaindre. Ne soyez pas surpris de vous éloigner des gens négatifs, et ce, pour le bien de votre moral. Votre attitude frustrera énormément l'une de ces personnes. Celle-ci vous avait pris pour son bouc émissaire et voyant votre refus de lui parler ou de l'écouter se plaindre, elle vous fera tout un plat ! Vous réaliserez rapidement que vous avez fait un bon choix en vous éloignant d'elle.

- Une enfant fera une gaffe et cela fera exploser l'un de ses parents. Cet enfant n'aura pas le choix de réparer sa gaffe avant que celle-ci prenne des tournures dramatiques. Cette situation lui donnera une bonne leçon qu'il n'est pas prêt d'oublier.

- Certains recevront un bijou significatif lors de leur anniversaire de naissance. Ce bijou vous fera verser des larmes de joie !

- La période des allergies en fera souffrir quelques-uns. Vous serez obligé de prendre des antihistaminiques pour passer de bonnes journées !

- Plusieurs vivront une période favorable sur le plan des finances qui mettra un terme à leurs inquiétudes.

- Certains feront de deux à six voyages agréables en bonne compagnie. L'un de ces voyages vous remémorera des événements de votre jeunesse.

- Vous, ou un proche, referez votre vie après avoir vécu une épreuve difficile sur le plan des amours. Un beau bonheur vous attend. Ce sera un bonheur mérité.

- Une personne alcoolique décevra énormément ses proches. Son comportement et son attitude laissent à désirer. Celui-ci est en train d'éloigner tous ses proches à cause de son problème de boisson. Voyez-y avant de perdre tous ceux que vous aimez.

- En *mars, avril* et *mai*, surveillez les commérages. Plusieurs se trouveront au centre d'une bataille. Mêlez-vous de vos affaires et tout ira bien !

- En *juin* et *juillet*, vous serez invité à prendre part à trois événements agréables. L'un deux sera à l'extérieur de la ville et vous serez enchanté d'y assister. De plus, vous ferez l'achat d'une tenue vestimentaire pour assister à cet événement.

- Une femme parlera d'avortement. Vous serez surpris de sa décision !

- Cet été, plusieurs feront du camping et des activités de plein air. D'autres visiteront des villes étrangères. Vous serez dans l'esprit des vacances et vous en profiterez au maximum !

- Quelques-uns adopteront un animal de compagnie. Certains garderont un chiot de la portée de leur animal. D'autres prendront soin d'un animal, vous le garderez régulièrement puisque son maître sortira souvent !

- Au cours de l'année, plusieurs couples chercheront à dialoguer. Les dialogues seront profonds et importants. Vous avez besoin de renseignements et de vérité concernant une situation problématique et de clarifier vos états d'âme. Ces dialogues apporteront toujours un

bienfait à votre union puisque vous parviendrez à régler mutuellement les situations dérangeantes.

- En 2016, votre grande détermination ne vous apportera que du
succès et des mérites dans tout ce que vous entreprendrez. Continuez de persévérer et vous ne le regretterez pas puisque vos efforts
seront doublement récompensés !

- Plusieurs augmenteront la valeur de leur propriété. Ils rénoveront et
embelliront certaines pièces de leur demeure.

- Certains recevront de deux à quatre bonnes nouvelles qui les feront
sauter de joie. L'une d'elles concerne une somme d'argent. L'autre
concerne la santé d'un proche.

- Lors de la période estivale, vous serez invité à prendre part à trois
événements agréables. Lors d'une soirée, vous rirez jusqu'aux larmes.
Cette soirée vous permettra d'oublier vos petits tracas personnels.

- Plusieurs profiteront de la saison hivernale pour s'adonner à des activités extérieures. Certains feront de la raquette, du ski, du patin, de
la traîne sauvage et de la motoneige. D'autres iront à la pêche sur
glace. Vous aurez un plaisir fou avec vos proches. Des rires, de la
joie, de l'entrain et de la bonne humeur seront au rendez-vous !

- Vous, ou un proche, travaillerez à la sueur de votre front pour
réaliser deux de vos projets. Néanmoins, les résultats obtenus vous
apporteront satisfaction. Donc, cela vous encouragera à continuer
et à persévérer pour atteindre vos buts.

- Certains planifieront faire du bénévolat. Vous serez satisfait de l'aide
que vous apporterez aux autres. De plus, on louangera vos capacités
et on appréciera votre aide précieuse. Il est évident que cela rehaussera votre estime de soi.

- Avant que l'année se termine, on vous révèlera un secret qui vous
chambardera.

- Ceux qui fêteront la St-Jean Baptiste ou le 1er juillet à l'extérieur de
leur ville auront énormément de plaisir.

- Vous, ou un proche, vivrez une séparation temporaire qui peut durer
de six jours à six mois. Ce ne sera pas facile. Toutefois, cette période

permettra aux partenaires de réaliser qu'ils s'aiment toujours et qu'ils ont besoin de reprendre vie commune.

- Lors de la période estivale, certains réussiront un projet qui leur tenait à cœur. Vos proches fêteront l'événement avec vous.

- À la suite d'une rencontre importante, certains prendront une décision qui aura un impact important dans leur vie.

- En *août*, vous serez passionné par plusieurs événements. Certaines de vos passions risquent d'être dispendieuses.

- Plusieurs célibataires feront une rencontre importante au cours du mois d'*août*. Il peut s'agir de votre amour idéal.

- Vous, ou un proche, réglerez un problème important. Cela aura un effet bénéfique dans votre relation amoureuse. Vous réaliserez que ce problème aurait dû se régler depuis longtemps!

- Lors des périodes hivernale et printanière, les partenaires de couples en difficulté s'affronteront au sujet du manque de présence de l'un des deux. Celui-ci sortira souvent à l'extérieur et négligera sa vie familiale. Il ne voudra pas participer à des activités suggérées par son partenaire. Son partenaire réclamera sa présence pour le bien des enfants. Toutefois, il fera la sourde oreille. Son partenaire lui lancera un ultimatum. Si celui-ci ne change pas, ce partenaire prendra une décision avant que l'année se termine.

- Une femme obtiendra un poste de rêve. Cette femme se consacrera à son travail, ce qui lui vaudra des honneurs et de belles récompenses par la suite.

- En *septembre*, surveillez le sentiment de jalousie. Cela apportera de la contrariété dans votre demeure.

- Lors de la période automnale, vous, ou un proche, perdrez de belles opportunités à cause de votre attitude négative, ce qui vous frustrera énormément. Il est évident que vous avez toutes les qualités pour réussir. Cependant, votre façon de traiter vos collègues, votre côté autoritaire et votre envie de toujours vouloir contrôler les autres ne sont pas sans vous nuire. Si vous désirez ardemment faire un changement sur le plan professionnel, il faudra améliorer votre façon d'agir.

Si vous parveniez à mettre en confiance votre employeur, celui-ci se ferait un plaisir de vous accorder le travail désiré puisque vous êtes excellent et vous avez toutes les capacités requises pour les nouvelles tâches exigées. Il ne tient qu'à vous d'améliorer votre caractère et vous verrez de belles opportunités venir à vous.

- Vous, ou un proche, serez déchiré par une séparation. Beaucoup de larmes seront versées. Toutefois, vous retrouverez réconfort auprès de votre famille et vos amis.

- Certaines femmes feront l'acquisition d'un coffre à bijou. Vous aimerez le design de ce coffre.

- Plusieurs recevront de belles récompenses bien méritées! Vous récolterez les bienfaits de vos efforts et vous en serez très heureux.

- Vous, ou un proche, recevrez un montant d'argent provenant d'un proche. Cela vous surprendra, néanmoins, vous l'accueillerez avec joie!

- Au cours de l'année, plusieurs feront des sorties agréables. Vous irez au cinéma. Cela vous remémorera votre jeunesse! Vous irez visiter des amis, de la famille. Vous passerez du bon temps avec vos proches. Vous recevrez à souper. Vous irez magasiner à trois reprises pour une tenue de soirée. Certains iront faire leur magasinage avec un proche. Vous passerez des heures de plaisir à vous choisir de belles tenues vestimentaires. Vous dépasserez votre budget! Toutefois, vous n'aurez aucun regret! Vous adorerez vos achats de la journée! Vous aurez beaucoup de plaisir lors de vos sorties. Cela se reflétera sur votre humeur!

- En **octobre** et **novembre**, certains trouveront les réponses à leur questionnement. D'autres éclairciront un malentendu. Vous serez très productif et attentif à votre environnement. Cela vous permettra de prendre de bonnes décisions et de faire de bons changements pour améliorer votre quotidien.

- Lors de la période automnale, la rencontre d'une personne piquera votre curiosité. Vous chercherez à savoir ce que cette personne vous veut et ce qu'elle est venue faire dans votre vie. À la suite d'un événement, vous trouverez votre réponse.

- Avant que l'année se termine, un problème qui dure depuis un certain temps se résoudra à votre grande joie!

- Avant que l'année se termine, plusieurs auront amélioré leur situation professionnelle. Vous prendrez une décision qui changera favorablement votre quotidien. Certains obtiendront un poste rêvé. D'autres réussiront une entrevue. Quelques-uns changeront de lieu de travail. Vous serez heureux et satisfait de votre décision.

- Certains organiseront un party qui risque de coûter très cher. Mais vous adorerez votre journée. De plus, vos invités apprécieront tous les efforts que vous apporterez pour que ce party soit une réussite, et il le sera! Attendez-vous à recevoir de petits cadeaux de leur part. Ce sont des gestes de remerciements. Votre invitation les a rendus heureux!

- En **novembre** et décembre, un projet rapportera un beau profit et vous en serez très heureux. Cela vous encouragera à continuer dans le même chemin. Un autre projet verra le jour en 2017 et vous le réussirez de nouveau avec fierté!

- En **janvier** et **février**, certains planifieront une activité hivernale avec leur partenaire. Vos journées seront remplies de bonne humeur, de rire et de plaisir. Ne soyez pas surpris de vous familiariser avec une activité de votre jeunesse.

- Lors de la période printanière, certains couples auront plusieurs conversations profondes avec leur partenaire. Vous chercherez toutes les issues pour régler vos problématiques. Vos dialogues vous rapprocheront et vous aideront à mieux clarifier vos situations qui dérangent l'harmonie conjugale.

- L'année 2016 réserve de belles surprises aux personnes célibataires. Attendez-vous à faire plusieurs rencontres qui vous plairont. Toutefois, l'une de ces rencontres vous permettra de connaître une gentille personne. Celle-ci gagnera votre cœur et votre confiance. Plusieurs finiront l'année avec leur idéal à leur bras!

- Lors de la période estivale, certains seront invités à prendre part à une fête champêtre. Vous passerez une magnifique journée. Vous reverrez des vieilles connaissances. Vous aurez un plaisir fou à parler avec eux et à vous remémorer votre jeunesse!

- Lors de la période estivale, vous vous déplacerez souvent. Votre facture d'essence risque d'être plus élevée que d'habitude.

- Pour les couples en difficulté, vous aurez des décisions à prendre et des choix à faire. Il serait important de prendre le temps nécessaire de dialoguer avec votre partenaire. Rien ne sert de crier. Vous ne réglerez rien de cette manière. L'important est de réfléchir à ce que vous voulez vraiment. Faites une analyse de votre vie. Quels sont les points que vous voulez améliorer? Qu'est-ce que vous attendez de votre partenaire? Qu'est-ce que vous êtes prêt à faire pour sauver votre union? Si vous trouvez vos réponses, vous parviendrez à choisir la meilleure solution pour retrouver votre équilibre affectif. Vous avez la chance de vous réconcilier et de partir sur des bases plus solides. Toutefois, il ne faut pas qu'une tierce personne vienne perturber vos états d'âme. Sinon, vous quitterez votre partenaire pour vous aventurer vers une nouvelle relation amoureuse.

- Avant que l'année se termine, plusieurs auront réalisé deux objectifs, rêves ou projets qui leur tenaient à cœur. Vous serez heureux et très fier de votre réussite.

- Vous partirez en voyage. Vous irez visiter un lieu pittoresque. Ce voyage durera plus de 14 jours.

PARTIE IX

Les Archanges

(1er janvier au 9 février)

Chapitre XXXV

L'année 2016 des Archanges

On se réconcilie avec la vie !

L'année de la conscience vous permettra de faire la paix avec vous-même et avec votre entourage. L'an passé, vous avez survécu. Cette année, vous vivrez. Vous réaliserez également qu'essayez de plaire aux autres ne vous permet pas d'être vous-même et de vivre sereinement votre vie. En 2016, vous prendrez conscience que vous existez! Que vous avez également des buts, que vous avez un cœur sensible, que vous êtes une bonne personne et que vous méritez d'être aimé à votre juste valeur. Ce réveil intérieur vous aidera à vous prendre en main et à aller de l'avant avec vos idées, vos rêves et vos buts et connaître le bonheur! Pour une rare fois, vous passerez en premier au lieu de laisser les autres ralentir vos rêves. Cela ne veut pas dire que vous deviendrez égoïste. Au contraire, cette année, vous vous affirmerez davantage. Vous apprendrez également à dire « *non* » lorsqu'il sera impossible pour vous d'agir et d'aider votre prochain. Vous verrez qu'en agissant ainsi, vos crises d'anxiété s'estomperont. Vous serez moins tracassé par les jugements des autres. Jusqu'à certain point, vous vous en ficherez! Cela n'est pas nécessairement dans vos habitudes.

Cette année, vous serez moins enclins à la dépression, à la fatigue, à la culpabilité et à l'incertitude. Plus que jamais, vous avez l'envie d'améliorer votre vie et vos faiblesses. Fini les tracas causés par les autres. Fini de vous soustraire à l'emprise de vos proches. Fini d'être le bouc émissaire des autres. En 2016, vous renaissez à la vie. Vous reprenez votre pouvoir. Cela aura un impact favorable sur votre santé mentale.

L'année de la conscience vous permettra de guérir de vos peurs et de vos incertitudes. Vous serez conscient du pouvoir qu'ont les autres sur vous. Vous chercherez donc à reprendre le contrôle de votre vie. Ce sera équitable à votre égard! Au lieu de vous soumettre aux exigences de vos proches, Vvous deviendrez leur allié. Vous ferez votre possible pour les rendre heureux sans toutefois oublier que vous existez. Vous chercherez également le respect de vos proches. Cela sera important pour vous.

En 2016, vous travaillerez pour que l'équilibre anime votre vie. Plus que jamais, vous fuirez le déséquilibre, sachant que cela nuit énormément à votre santé mentale et à votre estime de soi. Cette nouvelle vision de la vie améliorera votre quotidien. Vous vous réconciliez avec la vie. Pour une fois, vous vivrez pour votre bonheur et non pour celui des autres. Vous deviendrez l'acteur de votre vie et non le spectateur! Cela haussera votre confiance et vous permettra également de réaliser deux buts importants pour vous. Vous serez très fier de vos actions entreprises pour parvenir à réaliser ces buts.

Il est évident qu'il y aura des mois difficiles. Votre nouvelle vision de la vie n'est pas sans affecter certains proches. Quelques-uns vous bouderont temporairement. D'autres accepteront mal de se faire refuser leurs demandes. Ceux-ci chercheront à vous intimider avec leurs paroles mielleuses. Ils feront du chantage émotionnel. Cela a toujours marché pour vous convaincre de dire oui! Si vous acquiescez à leurs demandes, vous aurez toujours de la difficulté à vous en libérer. Il serait donc important, lors de ces périodes émotionnelles, de réclamer l'aide de l'Ange gouverneur. Celui-ci rehaussera votre moral. Il vous aidera à reprendre votre pouvoir et à prendre de bonnes décisions. Par la suite, vous pourriez aider vos proches sans toutefois vous en sentir obligé. Vous le ferez avec passion et non par obligation. Vous serez heureux d'apporter votre aide au lieu de chialer. Cela fera toute une différence au niveau des énergies !

Les personnes ayant une attitude négative vivront des batailles psychologiques. Elles auront de grandes souffrances intérieures et elles ne chercheront pas à s'en libérer. Elles préféreront s'appuyer sur leur sort et clamer bien fort qu'elles sont épuisées de vivre, d'apporter leur aide à tout le monde et que personne ne se préoccupe d'elles. Elles en viendront à être méprisables dans leur manière d'être et d'agir. Cette négativité les empêchera de voir de belles opportunités. Elles seront trop absorbées par leurs idées noires et dévastatrices. Elles auront de la difficulté à faire des choix et à prendre des décisions. Lorsqu'elles en prendront, elles se compliqueront la vie au lieu de se la simplifier ! L'impact sera dévastateur sur leur humeur et leur santé mentale. Ce sera comme un tourbillon vicieux. Plus elles se plaindront et critiqueront, plus leurs problèmes seront intenses. Cela affectera leur santé. Remonter la pente et retrouver l'équilibre sera plus ardu. Vous vivrez toujours dans le déséquilibre. Votre vulnérabilité sera à la hausse. Cela vous empêchera de saisir et de bénéficier des opportunités qui s'offriront à vous pour améliorer votre vie.

Si vous améliorez votre attitude, vous chercherez à vous prendre en main. Vous serez moins enclin à jouer le rôle de la victime mais plus celui du gagnant. En agissant ainsi, vous verrez votre vie s'améliorer, et ce, à votre grand étonnement ! Vous en serez heureux ! Votre sentiment défaitiste se changera en sentiment créateur et bâtisseur. Vous chercherez à avancer dans la vie au lieu de rester inerte et vous plaindre que les Anges vous ont oublié !

Cela dit, rien ne sert de vous apitoyer sur votre sort et de jeter la faute sur les autres. Prenez-vous en main et changez votre attitude ! Vos proches viendront vers vous pour vous aider dans vos épreuves. Toutefois, votre négativité les fera fuir, tandis que votre bonne humeur les rapprochera. À vous de décider quelle attitude adopter.

Aperçu des mois de l'année des Archanges

Au cours de l'année 2016, **vos mois favorables** seront *mars, mai, juin, juillet, août, septembre, octobre* et décembre.

Les **mois chanceux** seront *mai, octobre* et décembre.

Les **mois non favorables** seront *janvier* et *février*.

Les **mois ambivalents** seront *avril* et *novembre*.

Voici un bref aperçu des événements qui surviendront au cours des mois de l'année pour les Archanges

Vous amorcerez votre nouvelle année avec une grande fatigue. La période des Fêtes aura été éprouvante pour plusieurs. Elle les aura épuisés à un point tel que certains auront de petits ennuis de santé. Il pourrait s'agir d'une extinction de voix, d'une laryngite, d'une grippe virale ou d'une otite D'autres se plaindront d'un mal de dents qui les obligera à consulter un dentiste.

Du *5 janvier au 19 février*, vous ne serez pas trop en forme. De plus, certains devront affronter un problème de taille. Vous n'avez pas le choix d'y voir rapidement avant que cela prenne des proportions dramatiques. Acceptez l'aide d'un proche. Celui-ci vous soutiendra et il vous donnera des informations pertinentes pour vous libérer rapidement de cette problématique. Ce sera également une période difficile pour les fumeurs et les asthmatiques. Certains consulteront leur médecin. Il serait important d'écouter les conseils précieux de votre médecin.

Plusieurs fêteront leur anniversaire de naissance avec un mauvais rhume ! Quelques-uns seront en manque d'énergie et ils refuseront de sortir et de faire la fête ! Ne vous inquiétez pas, lorsque vous reprendrez des forces, vous proches vous sortiront !

Vers la fin *février*, plusieurs auront un urgent besoin de s'évader et de partir ailleurs, loin des problématiques ! Vos limites seront atteintes et vous aurez besoin d'un repos de quelques jours pour vous ressourcer. Si vous pouvez partir en voyage, profitez-en ! Cela sera favorable. Un week-end dans un établissement de ressourcement et de mieux-être serait également bénéfique pour votre moral !

Sur note préventive, lors de cette période, ne laissez aucune chandelle allumée sans surveillance. Ainsi, vous éviterez un ennui. Les fumeurs ne doivent pas allumer une cigarette avant de se coucher ou lors d'une grande fatigue. Ils pourraient démarrer un feu.

En **mars**, plusieurs retrouveront leur équilibre. Vous serez envahi par un regain d'énergie. Cela vous permettra d'amorcer plusieurs tâches mises de côté temporairement. Certains signeront deux papiers importants. Il peut s'agir d'un emprunt à la banque, de l'achat ou vente d'une propriété, d'un meuble, d'une voiture ou d'un appareil électro-ménager. Vous serez satisfait de votre transaction. Lors de cette période, certains planifieront un voyage agréable. Vous serez heureux de quitter pendant quelques jours. Cela vous fera du bien.

En **avril**, plusieurs éclairciront des malentendus. Vous ferez le point sur certaines situations ambiguës. Vous aurez la tête remplie d'idée et de questions existentielles. Vous chercherez à améliorer votre quotidien. Vous élaborez plusieurs sujets de conversation avec vos proches. Cela vous aidera à amorcer adéquatement vos actions pour retrouver votre équilibre. À la suite d'une analyse de votre vie, vous irez de l'avant avec deux de vos idées constructives. Lorsque tout sera terminé, vous serez très fier et vous fêterez l'événement avec vos proches !

Le mois d'**avril** sera marquant pour certains. Ceux-ci auront le privilège de voir l'un de leurs défunts. Votre rêve sera tellement réel que vous réaliserez que vous avez bel et bien été en contact avec votre défunt. Ce sera votre sujet de conversation durant quelques jours !

La Providence vous enverra de belles surprises au cours de **mai**. Profitez-en pour acheter des billets de loterie. Si vous connaissez une personne dont le signe du zodiaque est Taureau ou Bélier, achetez un billet avec elle. Cela sera favorable. Le chiffre « 7 » sera également très chanceux. Assurez-vous qu'il fasse partie de votre combinaison de chiffres ! Les billets que vous recevrez en cadeau apporteront de petites surprises ! En **octobre**, achetez un billet de loterie avec votre partenaire amoureux. Cela sera bénéfique ! Demandez-lui de choisir ses chiffres préférés et combinez-les aux vôtres. En **octobre**, le chiffre « **9** » sera favorable ainsi que la journée du samedi. Les billets que vous achèterez à l'extérieur de la ville se révéleront chanceux !

Du *7 mai au 29 octobre*, vous entrez dans une période productive et agréable. Plusieurs bonnes nouvelles viendront agrémenter vos journées ! Vous serez également en mesure de concilier la vie familiale avec votre travail. Vous miserez sur la réussite. Vous passerez du temps avec vos proches. Toutes les promesses que vous ferez seront respectées. Certains se réconcilieront avec un proche, un collègue de travail ou un ami. Lors de la période estivale, vous passerez de bons moments près d'un lac, dans un chalet ou sur le bord de la mer. Vos dialogues seront intéressants et vos interlocuteurs les apprécieront.

Certains devront prendre une décision concernant une opportunité qui leur sera offerte. Rien ne prévoyait cette opportunité. Vous serez nerveux et anxieux ! La peur vous envahira pendant quelques heures ! Néanmoins, vous ferez un excellent choix !

Cela dit, plusieurs retrouveront un bel équilibre et une belle joie de vivre. Les problèmes tendent à se régler, et ce, à votre grand étonnement et soulagement ! Vous savez ce que vous désirez et vous ferez en sorte de l'obtenir ! Il est évident que vous y mettrez des efforts, toutefois, ces efforts apporteront leurs récompenses par la suite !

En *novembre*, certains devront prendre une décision importante. D'autres devront analyser une situation en profondeur. Quelques-uns réfléchiront sur une action à entreprendre. Bref, vous opterez pour la solitude au lieu des sorties. Vous avez besoin de relaxer et de réfléchir à certains évènements de la vie. Grâce à une période de recueillement, vous parviendrez à mettre un terme aux situations qui vous dérangent. Vous appliquerez de bonnes solutions à vos problématiques. Cela allégera votre fardeau émotionnel et mental !

En *décembre*, vous récolterez tous les bienfaits de vos efforts et des services rendus. Toute l'aide apportée au fil des années se transformera en récompenses. Attendez-vous à recevoir des cadeaux providentiels lors de cette période. Vous finirez l'année en beauté ! Profitez-en également pour acheter des billets de loterie. Vous serez doublement chanceux ! Il y a de fortes chances que deux de vos billets soient gagnants ! Si vous connaissez une personne de signe Vierge, procurez-vous un billet avec elle.

Avant que l'année se termine, plusieurs vivront deux événements agréables. L'un de ces événements vous fera chanter de joie! Ce sera également une période favorable pour les jeunes femmes désireuses d'enfanter! Les femmes qui accoucheront lors de **décembre**, reprendront leur forme rapidement!

Conseil angélique des Anges Archanges : Apprenez à effacer de votre vie tous les aspects qui vous énervent, qui dérangent votre quiétude et votre bonheur puisque cela vous empêche d'évoluer et d'être heureux. Quoiqu'éprouvant, construire une nouvelle base s'avère plus efficace que de continuer la construction d'une base déjà fragile qui pourrait s'effondrer à tout moment. Il est mieux de partir à zéro et d'entamer une vie nouvelle et améliorée que de sombrer dans l'inertie. De plus, une histoire ne s'écrit pas en criant lapin, mais en marchant à pas de tortue. Bâtissez votre avenir avec douceur et celui-ci ne s'effondrera pas au moindre vent! Cette année, nous vous donnerons l'énergie nécessaire pour vous prendre en main et atteindre vos buts. Il suffit de vous faire confiance et d'être à l'écoute de vos besoins! Sachez que nous veillerons continuellement sur vous. Pour vous indiquer que nous sommes à vos côtés, nous vous enverrons un signe particulier. Nous vous montrerons régulièrement les chiffres « 2 » et « 8 ». Ne soyez donc pas surpris de regarder votre réveil matin et de voir les heures suivantes: 2h22, 2h28, 8h22. De plus, vous pourriez trouver régulièrement 2 ou 8 pièces de monnaie dans la même journée! Tels seront les signes que nous utiliserons pour vous annoncer notre présence et pour vous infuser notre Lumière d'action, puisque vous en aurez besoin!

Les événements prolifiques de l'année 2016

* Vous ferez de grandes analyses. Néanmoins, ces analyses vous permettront de clarifier des situations et de prendre les mesures nécessaires pour retrouver l'harmonie et le bien-être dans votre vie.

* Au cours de l'année, plusieurs possibilités viendront vers vous pour améliorer votre vie. Ne négligez pas ces occasions. Sinon, vous risquez de le regretter par la suite. Si une opportunité s'offre à vous et qu'elle répond à vos besoins, saisissez cette chance immédiatement et n'attendez pas les opinions des autres. N'oubliez pas que ces occasions sont là pour améliorer votre vie et qu'elles peuvent être éphémères.

* Vous serez conscient qu'il est temps de prendre votre vie en main et de repartir à zéro. Plusieurs bâtiront leur vie sur des bases plus solides. Il y a eu trop d'événements qui ont désorganisé votre vie. Vous abandonnerez de vieilles habitudes qui vous empêchent d'évoluer et d'aller de l'avant. Vous serez animé par des idées constructives et vous chercherez à les concrétiser. Plus que jamais vous voulez vivre et non survivre! En 2016, vous amorcerez plusieurs changements. Vous ferez un grand ménage dans vos relations. De plus, vous mettrez un terme à des problèmes de longue date ou à des situations reliées au passé. Vous serez en pleine forme pour le faire et vous agirez! Avant que l'année se termine, vous serez heureux de vos actions. Ce ménage ramènera la quiétude et l'harmonie dans votre vie. Vous vous direz même que vous auriez dû faire ce ménage beaucoup plus tôt!

* Votre détermination, votre écoute et votre sixième sens sauront bien vous guider lors de situations pénibles. Il vous sera permis de trouver les meilleures solutions pour régler les problématiques rapidement et vous en libérer!

* Un vieil ami cherchera à renouer avec vous. Son approche sera sincère. Il ne tiendra qu'à vous de lui offrir de nouveau votre amitié.

* Cette année, gare à ceux qui chercheront à vous déstabiliser et à vous nuire. Vous aurez l'étoffe d'un chevalier prêt à défendre ses droits et à vaincre les obstacles sur sa route. Les personnes négatives et mensongères n'ont qu'à se tenir tranquille avec vous, sinon, elles le regretteront amèrement! Cette année, vous éloignerez de vous toutes les personnes ou situations qui n'ont rien de bon à vous apporter. Votre désir de retrouver une qualité de vie vous amènera à mettre un terme aux relations et situations problématiques. Vous

n'en aurez aucun regret et vous ne retournerez plus en arrière. Avis à ceux qui vous côtoieront : « Si vous voulez conserver son amitié, évitez de le frustrer et de l'impliquer dans des problèmes de toutes sortes. Sinon, vous perdrez son amitié et il sera trop tard pour lui demander pardon ».

Les événements exigeant de la prudence

* Sur une note préventive, certains seront victimes de fatigue et d'épuisement à cause du stress quotidien, cela les amènera à souffrir de tous les virus qui circuleront. Il serait important pour eux de se laver les mains régulièrement et de prendre soin de leur santé. Accordez-vous huit heures de sommeil par nuit et respectez la limite de vos capacités. Sinon, vous vous épuiserez facilement. Il sera important de vous reposer lorsque votre corps sera fatigué. Cela vous permettra de retrouver vos forces. Profitez de vos journées de congé pour relaxer et faire des activités qui vous plaisent! En agissant ainsi, vous recouvrerez rapidement la santé et vous pourrez vaquer de nouveau à vos tâches quotidiennes.

* Ceux qui ont des problèmes de boissons et de drogues devront se prendre en main définitivement et régler leurs problèmes. Finis les promesses non tenues. Pour une fois, tenez votre promesse, et vos proches en seront fiers. Sinon, vous risquez de les perdre cette année!

* Ceux qui ne sont plus heureux dans leur relation amoureuse devront y apporter une amélioration. Vous serez conscient qu'une décision s'impose. Donc, arrêtez de parler et agissez! Si cela fait des années que votre partenaire fait la sourde oreille et qu'il ne fait rien pour améliorer la situation, soyez conscient qu'il ne le fera jamais! Partez si c'est ce que vous désirez! Sinon, taisez-vous et acceptez-le tel qu'il est!

* Méfiez-vous de l'influence que les autres auront sur vous. Prenez le contrôle de votre vie. Arrêtez de tout faire pour plaire aux autres. Faites ce que votre cœur désire et dites « non » lorsqu'il est impossible pour vous d'acquiescer à une demande. Les gens qui vous aiment comprendront et accepteront vos choix et décisions.

✳ Arrêtez d'avoir peur de vous tromper. Faites-vous confiance et arrêtez de vous sous-estimer. Vous possédez beaucoup plus de talents que vous pouvez l'imaginer. D'ailleurs, prenez en exemple l'aide que vous apportez à autrui. Vos conseils leur sont précieux. En 2016, utilisez ces conseils pour vous et vous verrez que vous détenez toutes les solutions à vos problèmes. Il suffisait de vous faire confiance !

Chapitre XXXVI

Informations supplémentaires propres à chacun des Anges Archanges

Les Archanges et la chance

En 2016, la chance des Archanges sera **bonne** mais il ne faut pas s'attendre à de gros gains. Cette année, vous ferez votre chance. Vous travaillerez ardemment mais vous serez toujours satisfait de vos actions puisque de belles récompenses viendront à vous. De plus, vous vous gâterez. Plusieurs seront animés par des coups de foudre et ils se permettront ces désirs instantanés. Que ce soit un vêtement, un ameublement, un voyage ou autre, vous achèterez et vous n'aurez aucun regret. Ce sera votre chance en 2016! Soit de vous gâter. Vous n'attendrez pas après la Providence, vous agirez lorsque l'envie vous prendra et vous n'aurez aucun regret. Vous serez fiers de vous, de vos achats, de vos choix et de vos actions. De toute façon, vous serez davantage chanceux si vous jouez en groupe. Certains pourraient recevoir des gains considérables grâce à des groupes.

Les enfants de **Nemamiah**, d'**Harahel**, d'**Umabel**, d'**Iah-Hel** et d'**Anauël** seront les plus chanceux parmi les autres enfants des Archanges. Il serait important pour eux de choisir leurs billets de loterie et leurs combinaisons de chiffres.

En 2016, vos trois chiffres chanceux seront **7**, **08** et **09**. Le chiffre « **8** » est un excellent chiffre. Vous pourriez vivre plusieurs événements marqués de ce chiffre. Votre journée de chance sera le **samedi**. Vos mois de chance seront **mai, octobre** et **décembre**. Ces mois vous avantagera dans plusieurs aspects de votre vie. Lorsqu'une opportunité s'offrira à vous, profitez-en immédiatement! Ne laissez pas passer les chances uniques d'améliorer votre vie! Cela dit, plusieurs situations bénéfiques surviendront lors de ces mois de chance.

De plus, n'oubliez pas de prendre en considération le chiffre en gras relié à votre Ange. Ce chiffre représente également un chiffre chanceux pour vous. Il serait important de l'ajouter à votre combinaison de chiffres. Toutefois, votre Ange peut également utiliser ce chiffre pour vous annoncer sa présence auprès de vous. Profitez-en pour lui parler et lui demander de l'aide! Cela peut également signifier de prier l'Ange gouverneur. Vous avez possiblement besoin de sa Lumière pour traverser l'une de vos épreuves, pour prendre une décision, pour régler une problématique.

Conseil angélique : *Si une personne lève son verre dans votre direction, si vous voyez une femme portant un foulard rose et si vous voyez un bijou en forme de libellule, achetez un billet de loterie puisque ces trois symboles représentent votre signe de chance.*

Nemamiah : 10, 30 et 42. Le chiffre « **10** » est votre chiffre chanceux. Cette année, vous serez favorisé par la chance. Profitez-en pour jouer à la loterie, pour amorcer des projets, pour régler vos problèmes, pour faire des transactions et pour améliorer votre situation financière. Contrairement à votre groupe, votre chance sera excellente! Elle sera occasionnelle mais elle vous fera sauter de joie. Certains pourraient même gagner un gros montant d'argent!

Jouez seul puisque la chance vous appartient! Les loteries instantanées seront également favorables. Tous les billets que vous recevrez en cadeau s'avéreront chanceux et pourraient vous apporter des gains. Vous pouvez également vous joindre à des groupes. Les groupes de trois, de cinq et de dix personnes vous seront favorables. Si vous connaissez un homme aux cheveux bruns portant une barbe, achetez un billet avec lui. Lors d'une soirée agréable avec vos proches, profitez-en pour aller acheter un billet de groupe! Si vous connaissez une personne dont le signe du zodiaque est Bélier ou Taureau, achetez un billet avec elle. Si vous connaissez une personne qui travaille dans le domaine des finances, achetez également un billet avec cette personne.

Cette année, votre chance se fera davantage sentir au niveau de votre vie financière et professionnelle. Plusieurs se prendront en main et apporteront tous les changements nécessaires pour améliorer leur vie. De plus, plusieurs auront la possibilité de signer de deux à trois contrats qui les avantageront. Bref, tout ce que vous entreprendrez ou déciderez sera couronné de succès. Vous serez fier de vous et de tout ce que vous réaliserez au cours de l'année.

Yeialel : 20, 25 et 34. Le chiffre « **20** » est votre chiffre chanceux. Fiez-vous à votre instinct. Si vous avez envie d'acheter un billet, achetez-le. Vous ne gagnerez pas de grosses sommes d'argent, mais vous pourriez être surpris des petits gains que vous ferez.

En ce qui vous concerne, achetez des loteries instantanées et participez à des groupes. Cela sera bénéfique. Les groupes de deux, de quatre et de huit personnes vous seront favorables. Certains pourraient gagner un montant de plus de mille dollars grâce à un groupe! Achetez des billets de loterie avec vos collègues de travail. Si vous connaissez une personne dont le signe zodiaque est Bélier ou Sagittaire, achetez un billet avec elle.

Cette année, la chance se fera davantage sentir au niveau de vos actions. Vous ferez un grand ménage dans votre vie. Plusieurs mettront un terme à des situations problématiques qui durent depuis trop longtemps. Ils retrouveront la paix et l'harmonie dans leur vie et ils en seront très heureux. Vous ne voulez plus être accablé par des situations insolubles et des problèmes de toutes sortes. Donc, en 2016, vous relèverez vos manches et vous travaillerez ardemment pour régler vos problématiques avant que cela envenime votre vie et votre santé. Toutefois, vos efforts seront récompensés puisque la satisfaction sera présente et vous en serez heureux !

Harahel : 14, 17 et 32. Le chiffre « **17** » est votre chiffre chanceux. Plusieurs surprises viendront agrémenter votre année. Tout peut vous arriver et vous gagnerez différents cadeaux. Participez à des concours ! Certains gagneront un souper gastronomique, d'autres une bouteille de vin, etc.

Jouez seul. Cela sera bénéfique. Vous avez la main chanceuse, profitez-en pour choisir vos billets de loterie. Les loteries instantanées seront également chanceuses. Si vous désirez jouer en groupe, les groupes de deux, de trois ou de cinq personnes seront favorables. Achetez un billet avec un collègue de travail. Si vous connaissez une femme aux cheveux bruns ondulés, n'hésitez pas à acheter un billet avec elle. Vous formerez une équipe chanceuse !

En 2016, la chance se fera davantage sentir dans vos actions. Vous envisagez un avenir plus équilibré et serein. Vous savez ce que vous voulez et vous ferez tout en votre possible pour obtenir de bons résultats lors de vos actions. Au cours de l'année, vous aurez la chance de réaliser plusieurs de vos projets et vous en serez très fier. Tout ce que vous entreprendrez vous apportera de belles satisfactions personnelles. L'année 2016 annonce la fin de vos difficultés. Vous vous prenez en main et vous réglez toutes les situations qui vous dérangent. À chaque problème, vous trouverez une solution. À chaque question, vous trouverez une réponse. Telle sera votre force cette année !

Mitzraël : 8, 12 et 36. Le chiffre « **8** » est votre chiffre chanceux. Cette année, fiez-vous à votre instinct. Si vous désirez acheter un billet, achetez-le. Vous ne gagnerez pas de grosses sommes d'argent, mais lorsque vous calculerez tous ces montants à la fin de l'année, vous réaliserez que la Providence était de votre côté ! De plus, lors de la pleine lune, achetez un billet. Cela sera favorable.

En 2016, la chance se fera davantage sentir en groupe que seul. Les groupes de deux, de trois, de six et de huit personnes seront propices à attirer des gains vers vous. Jouez avec un collègue de travail ou avec une femme aux cheveux foncés. Cela sera chanceux. Si vous désirez jouer seul, privilégiez les loteries instantanées.

Cette année, la chance vous permettra de faire le point sur certains événements qui dérangeaient votre quiétude. Votre détermination vous permettra d'obtenir les réponses aux questions, de retrouver vos énergies et votre joie de vivre. Vous parviendrez également à obtenir des solutions pour régler vos problèmes. Cela vous aidera à retrouver votre équilibre. Plusieurs prendront une décision qui aura un impact favorable dans leur vie et ils en seront très heureux. Telle sera votre chance en 2016! Plusieurs mettront un terme à des problématiques reliées aux passé. Vous avancez davantage vers un futur plus équilibré, un futur dont vous rêviez depuis si longtemps!

Umabel : 10, 33 et 37. Le chiffre « **10** » est votre chiffre chanceux. N'oubliez pas que vous êtes l'un des enfants Archanges qui sera favorisé par la Providence. Profitez-en au maximum! Certains recevront d'un à dix cadeaux providentiels qui les feront sauter de joie! De plus, plusieurs mettront un terme à une difficulté qui hantait leur quotidien. Cela allégera vos épaules.

Cela dit, jouez seul, ce sera bénéfique. Les loteries instantanées vous réservent des surprises, profitez-en pour vous en procurer lors des mois de chance. De plus, tous les billets que vous recevrez en cadeau seront doublement chanceux pour vous! Si vous désirez jouer en groupe, les groupes de deux, de trois, de six ou de dix personnes vous seront favorables. Si vous connaissez une personne dont le signe du zodiaque est Capricorne, achetez un billet avec elle.

Cette année, votre chance se fera davantage sentir dans vos actions, dans vos choix et dans vos décisions pour être heureux! Vous aurez donc la chance de régler plusieurs problèmes qui vous retiennent prisonnier. À chaque problème, vous trouverez une solution. À chaque question, vous trouverez une réponse. Vous apporterez également des changements qui amélioreront votre vie. Vous tisserez des liens avec des personnes importantes qui vous aideront dans l'élaboration de vos projets. Vous savez ce que vous voulez et vous vous dirigez exactement vers les meilleurs résultats, même au prix de grands efforts. Vous parviendrez à atteindre vos objectifs et c'est ce qui comptera le plus pour vous! La réussite sera récompense!

Iah-Hel: 6, 13 et 32. Le chiffre « **6** » est votre chiffre chanceux. N'oubliez pas que vous êtes favorisé par la chance. Celle-ci vous réserve de belles récompenses. Vous récolterez tous les bienfaits de vos efforts. Plusieurs recevront de deux à six bonnes nouvelles qui agrémenteront leur année.

En 2016, il serait préférable de participer à des groupes que d'acheter des loteries individuellement. Plusieurs pourraient gagner des sommes extraordinaires grâce à des groupes. Les groupes de deux, de six et de sept personnes vous seront favorables. Jouez également avec vos collègues de travail, cela pourrait être profitable. Si vous connaissez une personne dont le signe du zodiaque est Bélier ou Capricorne, achetez un billet avec elle.

Cette année, la Providence vous servira bien, et ce, dans plusieurs aspects de votre vie. Certains obtiendront une promotion. D'autres réussiront un examen important. Quelques-uns obtiendront un emploi de rêve. Certains signeront des papiers importants. Qu'importe, il y aura toujours une bonne nouvelle au moment opportun. Cela rendra votre année agréable. Toutes vos actions vous apporteront de la satisfaction. Tout tournera en votre faveur. Lorsqu'arrivera un problème, un échec ou une déception, au lieu de vous découragez, vous relèverez vos manches et vous trouverez rapidement la meilleure solution. Vous l'appliquerez instantanément et vous réglerez le tout à votre entière satisfaction. Cette année, vous avez donc la chance de bien mener à terme vos projets, vos idées, vos buts et vous en profiterez au maximum! Vous vous retrouverez souvent au bon endroit avec les bonnes personnes, cela vous favorisera dans plusieurs domaines.

Anauël: 1, 11 et 19. Le chiffre « **1** » est votre chiffre chanceux. Au cours de l'année, la Providence vous réserve de belles récompenses. Celle-ci vous permettra de récolter tous les bienfaits de vos efforts. Attendez-vous à être satisfait de vos actions. Vous réaliserez que chaque action entreprise obtiendra de bons résultats.

Jouez seul. Cela sera favorable. Les loteries instantanées vous apporteront également de la chance. Si vous désirez jouer en groupe, les groupes de deux, de trois et de cinq personnes vous seront bénéfiques. Jouez également avec vos collègues de travail, cela pourrait être profitable. Si vous connaissez un homme dont le signe du zodiaque est Bélier ou Sagittaire, achetez un billet avec lui. Cela sera chanceux! Il en est de même si vous connaissez un pompier. Demandez-lui d'acheter un billet et apposez votre signature sur le billet. Cela sera chanceux!

Cela dit, la Providence vous servira bien au cours de l'année. Vous vous prenez en main et vous améliorez votre vie. Vous savez ce que vous désirez et vous ferez votre possible pour l'atteindre. Vous travaillerez ardemment pour obtenir de bons résultats. Votre détermination à trouver votre équilibre vous amènera à régler plusieurs situations problématiques qui dérangeaient votre harmonie. Vous êtes conscient qu'il y aura des moments difficiles et que vous devrez prendre les bouchées doubles. Toutefois, cela ne vous effrayera pas. Votre chance sera votre force de caractère et votre détermination. Vous serez animé par ces deux qualités. Cela vous apportera de belles réussites au cours de l'année. Certains obtiendront une promotion. D'autres réussiront un examen important. Quelques-uns signeront des papiers importants. Il y aura toujours une bonne nouvelle au moment opportun. De plus, vous ferez régulièrement confiance à votre instinct. Cela vous avantagera énormément. Vous détecterez rapidement les bonnes opportunités et vous les saisirez instantanément!

Mehiel: 2, 06 et 30. Le chiffre « **2** » est votre chiffre chanceux. N'oubliez pas que la chance sera moyenne. Donc, ne dépensez pas trop votre argent dans les loteries. Conservez votre argent pour vous gâter et pour faire des activités qui vous plaisent. D'ailleurs, vous en aurez besoin!

Cette année, il serait préférable de jouer en groupe que seul. Les groupes de deux, de quatre ou de huit personnes vous seront favorables. Si vous désirez jouer seul, achetez des loteries instantanées. Cela sera bénéfique.

En 2016, la chance se fera davantage sentir dans les décisions que vous prendrez pour améliorer votre vie. Vous serez beaucoup plus porté à faire le point sur certains événements de votre vie, à obtenir des réponses, à faire des choix censés, à obtenir de bons résultats, à obtenir des solutions pour régler vos problèmes, etc. Plusieurs retrouveront leur équilibre à la suite des changements qu'ils amorceront dans leur routine quotidienne. Plusieurs prendront une décision qui aura un impact favorable dans leur vie. D'autres auront un gain en ce qui concerne une situation gouvernementale ou juridique. Des papiers seront signés et vous enlèveront un poids sur les épaules. Vous vous prendrez en main et vous mettrez un terme aux situations qui vous tracassent et qui vous empêchent de vous épanouir et d'être heureux. Telle sera votre chance : être au bon endroit, au bon moment et prendre les bonnes décisions pour que l'harmonie illumine votre vie.

Les Archanges et la santé

Votre santé sera à l'image de la façon dont vous mènerez votre vie. Pour plusieurs, la santé sera excellente. D'autres éprouveront des ennuis. Soyez donc à l'écoute des signaux de votre corps. Si vous les négligez, il est évident que vous aggraverez la situation. Au cours de l'année, la santé mentale sera une partie vulnérable. Plusieurs souffriront d'anxiété, de stress, de fatigue chronique, de perte de mémoire et de dépression. Ne négligez pas cet aspect. Si vous avez des tendances suicidaires, consultez immédiatement votre médecin.

De plus, les personnes cardiaques devront surveiller minutieusement leur état de santé. Ainsi, ils éviteront une intervention chirurgicale. Les fumeurs et les toxicomanes devront redoubler de prudence quant à leur consommation. Certains devront faire face à des problèmes de santé qui les obligeront à prendre les mesures nécessaires s'ils ne veulent pas aggraver leur état.

Certaines femmes auront des ennuis gynécologiques qui pourront mener à une hystérectomie. Certains hommes auront des ennuis avec la prostate. Il faudra également surveiller les objets lourds. Certains risquent de se blesser à l'épaule ou au dos. Lors de la période hivernale, assurez-vous de bien vous couvrir et de laver vos mains régulièrement, sinon, vous serez victime de rhume et de virus. Les oreilles et la gorge seront fragiles aux infections. En 2016, si vous désirez vivre une année sans problèmes, prenez soin de vous! Reposez-vous lorsque votre corps le réclame et soyez vigilant dans vos tâches inhabituelles.

Sur une note préventive, voici les parties vulnérables à surveiller plus attentivement et les faiblesses du corps en ce qui concerne chacun des enfants Archanges.

Nemamiah : quelques-uns prendront des médicaments ou un produit naturel pour soulager une douleur. Les cardiaques devront suivre méticuleusement les conseils de leur médecin. Il en est de même pour ceux qui souffrent du diabète ou d'un taux de cholestérol élevé. Certains hommes auront quelques ennuis avec la prostate. D'autres auront quelques ennuis gastriques.

Cela dit, plusieurs trouveront la période printanière difficile à cause des allergies. Ceux-ci seront obligés de prendre des antihistaminiques pour pouvoir accomplir leurs journées. De plus, quelques-uns iront consulter un spécialiste qui les aidera à recouvrer la santé et la forme physique. Plusieurs ajouteront des exercices et une bonne habitude alimentaire à leur horaire. Certains feront de la méditation et de la relaxation. Cela les aidera énormément à surmonter et à vaincre leur douleur. Votre santé vous préoccupera beaucoup et vous ferez tout pour retrouver la forme!

Yeialel : plusieurs auront des ennuis avec leurs organes génitaux. Certains hommes auront des ennuis avec leur prostate. Cela nécessitera l'intervention du médecin. Certaines femmes auront des problèmes avec leur cycle menstruel causé par un fibrome utérin. Quelques-unes devront subir un traitement ou une intervention chirurgicale. Quelques femmes passeront une mammographie. Certaines femmes amorceront leur ménopause. Quelques-unes seront obligées de prendre des hormones pour atténuer les symptômes provoqués par la ménopause. Il faudra aussi surveiller l'hypertension, le diabète et le cholestérol. Certains seront obligés de prendre des médicaments pour régulariser leur problème.

De plus, il faudra être vigilant lorsque vous soulevez des objets lourds, certains pourraient se blesser au dos. Cela nécessitera un temps de repos et un médicament contenant de l'ibuprofène pour soulager la douleur! Surveillez également les plats chauds, certains pourraient se brûler. Assurez-vous d'appliquer une bonne crème solaire lors de journées ensoleillées. La peau sera fragile, elle rougira facilement au moindre rayon de soleil. Si vous voulez éviter les cancers de peau, protégez-la régulièrement. Quelques-uns auront également des problèmes cutanés. Il peut s'agir d'eczéma, de psoriasis ou de rosacée. Le problème sera davantage logé au niveau des joues et près des narines. Certains consulteront un dermatologue pour atténuer les rougeurs.

Harahel : plusieurs prendront un médicament pour soulager leurs douleurs. D'autres opteront pour un produit naturel pour rehausser leur énergie. La gorge et les poumons seront des parties vulnérables. Plusieurs se plaindront de laryngites et de maux de gorge. Certains utiliseront un inhalateur pour dilater leurs poumons. D'autres prendront des pastilles contre la toux. Les fumeurs et les asthmatiques devront redoubler de prudence pour éviter une pneumonie.

De plus, la glande thyroïde sera également une partie fragile, certains seront suivis méticuleusement par leur médecin. Certaines femmes auront des ennuis avec les organes génitaux. D'autres devront passer une mammographie. Quelques-unes devront subir une intervention chirurgicale. Certaines femmes amorceront leur ménopause. Quelques-unes seront obligées de prendre des hormones pour atténuer les symptômes provoqués par la ménopause. Certains développeront des intolérances alimentaires. Ils seront obligés de changer leurs habitudes alimentaires, sinon leur système digestif en souffrira ! En 2016, il serait important d'écouter sagement les conseils du médecin qui vous soignera.

Mitzraël : plusieurs seront épuisés et en manque d'énergie. Vous avez de la difficulté à arrêter, donc, vous dépasserez la limite de vos capacités et la santé en général en prendra un vilain coup! Vos nuits seront agitées et tourmentées par vos maux, vous aurez de la difficulté à dormir. Cela aura un effet dévastateur sur votre humeur. Il y aura également des périodes de découragement et de frustration. Cela engendra des maux de tête, des pertes d'appétit, des larmes et une grande fatigue. Tous ces maux seront des signaux que votre corps vous lancera pour vous avertir d'un danger imminent si vous n'y voyez pas immédiatement. Si vous voulez évitez des problèmes, soyez à l'écoute de ces signaux. Sinon, vous sombrerez et vous aurez de la difficulté à vous relever.

Plusieurs seront obligés de prendre un médicament pour parvenir à avoir une meilleure qualité de vie. Remarquez que tout peut être évité si vous prenez soin de vous. En 2016, si vous négligez votre santé, vous affronterez un problème important qui vous angoissera. La meilleure façon de vous en sortir, sera d'écouter sagement les conseils du médecin. De plus, soyez vigilant lorsque vous empruntez des escaliers. Marchez doucement et ne courez pas! Certains risquent de trébucher et de se blesser! Si vous faites des randonnées pédestres, assurez-vous de porter des chaussures adéquates. Ainsi, vous éviterez de vous blesser inutilement.

Umabel : quelques femmes auront des ennuis avec leurs organes génitaux. Certains devront subir une hystérectomie. D'autres devront prendre un médicament. La vessie sera fragile. Certaines se plaindront d'infection urinaire. Certains réaliseront qu'ils ont des intolérances au gluten. C'est ce qui cause leur ballonnement au niveau du ventre. La glande thyroïde sera également une partie fragile. Certains seront suivis méticuleusement par leur médecin. Cette année, soyez vigilant avec les ciseaux et les couteaux affutés, certains se blesseront. Assurez-vous d'avoir des diachylons et une trousse de premiers soins dans votre pharmacie.

La période des allergies en fera souffrir plusieurs. L'utilisation d'un inhalateur et des antihistaminiques sera obligatoire. Plusieurs essayeront des produits naturels pour rehausser leur énergie. Toutefois, il suffit de respecter les limites de votre corps. En agissant ainsi, vous n'aurez pas besoin de médicament ni de produits de toutes sortes. De plus, les cyclistes devraient toujours porter un casque de sécurité. Ainsi, ils éviteront des incidents banals!

Iah-Hel : plusieurs seront très lunatiques et ils se blesseront. Il serait important d'avoir une trousse de premiers soins dans votre pharmacie! Vous en aurez besoin pour nettoyer et couvrir les plaies causées par votre négligence. De plus, il serait important de ne pas soulever aucun objet du bout de vos bras puisque vous risquez de vous blesser. Cette blessure pourrait vous occasionner un arrêt de travail obligatoire de quelques semaines. Votre moral en serait affecté. Alors, soyez vigilant avec les objets lourds. Demandez de l'aide, ainsi vous éviterez de vous blesser.

Il faudra également surveiller le feu. Certains se feront des petites brûlures par manque d'attention. Surveillez aussi les rayons du soleil. Assurez-vous d'utiliser une crème solaire avant chaque sortie. D'autres se plaindront de feux sauvages qui nécessiteront un soin particulier. La mauvaise alimentation causera quelques brûlures au niveau de l'estomac. Certains prendront un médicament pour soulager leur problème. D'autres changeront leur habitude alimentaire. Cela aura un effet bénéfique sur eux. En agissant ainsi, ils élimineront la prise de médicaments.

Anauël : tout comme pour les enfants d'Iah-Hel, soyez vigilant et ne soulevez aucun objet lourd sans aucune aide, sinon, vous pourriez faire un faux mouvement qui vous occasionnera une blessure douloureuse. Cela vous obligera à passer quelques jours au lit avec médicamentation. Plusieurs seront très lunatiques et ils seront sujets à se blesser inutilement. Ne négligez pas les consignes de sécurité, ainsi, vous éviterez de graves ennuis! Si votre travail exige le port d'un casque, de gants ou de ceinture, portez-les! Advenant un faux mouvement ou une blessure de votre part, si vous portez l'équipement nécessaire et exigé par votre employeur, vous n'aurez aucun problème à recevoir une indemnité. Toutefois, si vous n'avez pas respecté les consignes de sécurité, vous ne serez pas dédommager et l'on vous tiendra responsable de l'incident.

Surveillez également les feux. Certains risquent de s'occasionner des petites brûlures. Il serait donc important d'avoir une trousse de premiers soins dans votre pharmacie! Les fumeurs devraient redoubler de prudence. N'allumez pas une cigarette dans votre lit. Cela pourrait être dangereux! La mauvaise alimentation causera quelques brûlures au niveau de l'estomac. Certains prendront un médicament pour soulager leur problème. D'autres changeront leurs habitudes alimentaires. Cela aura un effet bénéfique sur eux. Les personnes alcooliques vivront plusieurs problèmes de taille au cours de l'année.

Il faudra aussi surveiller le cholestérol et l'hypertension. Ne pas négliger cet aspect de votre santé. Certaines personnes ayant un surplus de poids seront obligées de suivre un régime alimentaire pour retrouver la forme physique et une meilleure qualité de vie! Vos proches vous encourageront. Cela facilitera votre tâche! Plusieurs seront fiers de leur perte de poids. Vous changerez de à votre nouvelle taille!

Mehiel : plusieurs se plaindront de douleurs physiques. Votre corps vieillit et vous le réaliserez au cours de l'année! Il serait donc important de toujours respecter la limite de vos capacités. Lorsque vous êtes fatigué, reposez-vous! Ainsi, vous éviterez des incidents causés par la fatigue. Soyez donc vigilant et prudent! N'entamez aucune tâche physique lorsque votre corps réclame du repos.

Les personnes négligentes s'occasionneront une blessure à l'épaule. Cela sera douloureux! Certains recevront une piqûre de cortisone pour soulager leur douleur. D'autres iront consulter un physiothérapeute ou un spécialiste en douleur chronique. Quelques-uns devront subir une intervention chirurgicale pour régler leur problème.

Lors de journées plus froides, couvrez-vous bien! Certains se plaindront de torticolis. D'autres, attraperont un mauvais rhume. Plusieurs se plaindront de laryngite et de maux de gorge. Assurez-vous d'avoir des papiers mouchoirs et des bons films! Vous en aurez besoin lors de ces journées!

De plus, certains consulteront un ophtalmologiste pour le soin de leurs yeux ou un optométriste pour leur vision. Quelques-uns subiront une intervention chirurgicale aux yeux. À la suite de cette intervention, le port de lunette ne sera plus obligatoire. La fibromyalgie, l'arthrite et l'arthrose dérangeront quelques-uns. Soyez vigilant lors d'activités pédestres ou physiques. Certains pourraient se fouler la cheville et se blesser. Soyez également vigilant avec des objets tranchants. Certains se causeront des petites blessures par leur négligence! Respectez la limite de vos capacités. Ainsi, vous éviterez d'être victime d'incidents fâcheux.

Les Archanges et l'amour

Plusieurs couples auront de nombreuses possibilités de régler leurs problèmes conjugaux. Vous éclaircirez plusieurs malentendus. Cela aura un impact favorable sur votre union. Vous aurez de bons dialogues. Vous prendrez de bonnes décisions. Vous améliorerez votre union grâce aux changements que vous apporterez. Vous êtes conscient que la réussite de votre couple ne dépend que de vous et des actions que vous entreprendrez pour raviver la flamme du désir. Vous ferez tout pour chasser les disputes, les incertitudes et la dualité. Plus que jamais, vous avez besoin d'être en équilibre et en harmonie avec votre partenaire. Vous mettrez donc tous les efforts nécessaires pour trouver ce besoin fondamental dans votre union.

Il y aura plusieurs belles journées que vous passerez avec votre partenaire. Attendez-vous à faire des sorties agréables en sa compagnie. Les discussions seront divertissantes. Celles-ci vous rapprocheront de votre partenaire. Vous planifierez plusieurs activités. Cela solidifiera davantage votre union. Profitez pleinement de ces moments qui vous rapprocheront de votre partenaire. On lira le bonheur dans votre regard ! De plus, certains couples en difficulté parviendront à trouver un terrain d'entente ou des solutions miracles pour que l'harmonie revienne dans leur foyer. Ces journées bénéfiques auront lieu lors des mois suivants : *mars, avril, mai, juin, juillet, septembre, octobre* et décembre.

Lors de ces mois, vous passerez du temps de qualité avec votre partenaire. Vous entreprendrez plusieurs activités pour vous retrouver et rallumer la flamme de l'amour. Vous vivrez des moments heureux et intenses avec votre partenaire. On s'aime et on se le dit. On se câline, on s'embrasse et on est heureux. Lors de vos sorties, vous vous amuserez comme deux jeunes adolescents. Des rires et du plaisir vous attendent. Ces moments intimes seront très importants pour la survie de votre couple et pour votre amour.

Du *2 mars au 27 juillet*, plusieurs couples retrouveront un bel équilibre conjugal. Attendez-vous à éclaircir deux malentendus et à trouver de bonnes solutions pour que le tout se règle rapidement. Vous aurez un profond dialogue en ce qui concerne un enfant ou un proche. Vous parviendrez à trouver un terrain d'entente. Vous serez donc en mesure de mieux contrôler la situation puisque vous aurez l'appui de votre partenaire.

De plus, vous planifierez un projet avec votre conjoint et vous le bâtirez ensemble. Ces moments seront importants à vos yeux. Vous aurez un plaisir fou à communiquer votre vision de ce projet. Certains couples décideront d'acheter une nouvelle propriété. Vous irez donc à la recherche de votre nouveau nid d'amour! Lors de *mai*, profitez-en pour jouer à la loterie avec votre partenaire. Cela sera chanceux! Vous pourriez gagner une petite somme d'argent. Cela vous aidera à faire un petit voyage ou de rénover l'une des pièces de la maison. Priorisez les loteries instantanées. Celles-ci vous apporteront de la chance!

En *juin*, votre surmonterez deux problématiques. Vous réaliserez que l'appui de votre partenaire est indispensable. Vous le remercierez de sa présence auprès de vous. Celui-ci vous épaulera et vous aidera à reprendre le contrôle d'une situation problématique. En *juillet*, attendez-vous à passer du temps de qualité avec votre partenaire qui nourrira vos sentiments l'un envers l'autre. Vous irez au restaurant. Vous planifierez un petit voyage. Vous sortirez au cinéma. Vous rendrez visite à un proche à l'extérieur de la ville. Vous vous amuserez et vous serez heureux!

Vous aimerez votre période estivale. Celle-ci vous apportera de belles joies. De plus, attendez-vous à recevoir de belles surprises et des mots tendres de la part de votre partenaire qui feront palpiter votre cœur de joie.

Dès le *1er septembre et jusqu'à la fin décembre*, vous priorisez énormément votre vie familiale. Attendez-vous à passer beaucoup de temps de qualité avec votre amoureux, ainsi que les membres de votre famille. Ces temps seront précieux à vos yeux et vous profiterez de chacun de ces moments pour leur rappeler que vous les aimez et que vous appréciez leur compagnie.

Plusieurs couples vivront une seconde lune de miel lors de cette période. De plus, profitez-en pour acheter un billet de loterie. Cela sera chanceux. Certains pourraient gagnés une croisière ou un week-end amoureux dans un établissement de renom. Bref, tout ira bien lors de cette période. Quelques couples magasineront une nouvelle voiture ou un meuble de bois. D'autres partiront en vacances. Quelques-uns feront des activités familiales. Vous bougerez beaucoup et vous aurez un plaisir fou avec votre partenaire. Toutefois, une problématique surviendra en *novembre.* Cette problématique viendra déranger votre union pendant quelques jours. Néanmoins, lorsque le tout se replacera, la dynamique reprendra sous votre toit familial. Cela vous amènera à finir l'année en beauté! Vous adorerez votre mois de ***décembre***. Votre partenaire vous réserve de belles surprises. Il vous fera un cadeau qui vous touchera énormément. Vous apprécierez son geste.

Cela dit, il est évident qu'il y aura des périodes compliquées. Si vous y voyez rapidement, vous réglerez facilement vos problématiques et tout reviendra à la normale. Toutefois, si vous négligez vos problèmes et que vous boudez, ça risque de nuire davantage à votre relation. Il serait important de converser tranquillement avec votre partenaire au lieu de crier. Ainsi, votre partenaire sera attentif à vos paroles au lieu de vous fuir!

Voici ce qui pourrait déranger l'harmonie conjugale : les événements reliés au passé et les cris! Plus vous crierez, moins que votre partenaire vous écoutera. Il vous fuira. Cela ne vous aidera guère à régler un problème. De plus, laissez les fantômes du passé dans leur placard. Pourquoi remémorer une problématique reliée au passé? Réglez-la une fois pour toute, ensuite, tournez la page du passé. Vivre continuellement dans le doute et l'incertitude n'avantagera pas votre union. Vous êtes mieux d'avoir une conversation franche avec votre partenaire et lui expliquer vos peurs que de le réprimander avec des événements du passé dont il ne se souvient plus! Si vous êtes vulnérable au sujet d'un événement ou d'un comportement, dites-le lui au lieu de sauter à la conclusion trop rapidement! Ainsi, vous éviterez des batailles inutiles et de la douleur émotionnelle.

Les couples en difficulté

Plusieurs couples analyseront profondément leur union. Ils auront des conversations franches avec leur partenaire. Vos dialogues sauveront votre couple. Vous parviendrez à trouver un terrain d'entente. Une décision sera prise et vous en serez satisfait. Vous donnerez une seconde chance à votre union de se rebâtir! Vous ferez un bilan de votre vie et vous y découvrirez des lacunes. À la suite de cette prise de conscience, vous analyserez les meilleures possibilités pour améliorer votre union sans toutefois nuire à votre routine quotidienne. Vous respectez vos engagements. Vous fixerez des buts et vous chercherez à les atteindre, et ce, pour le bien-être de votre couple. Vous réaliserez qu'il y a encore de l'espoir pour la survie de votre relation. Vous ferez donc votre possible pour éviter la séparation. Il est évident que vous ferez quelques sacrifices, toutefois, vous réaliserez que cela en vaut vraiment la peine !

Cela dit, les couples qui fuiront leurs responsabilités et qui ne voudront aucunement changer leurs habitudes mettront un terme à leur union, et ce, avant que l'année se termine. La période hivernale sera difficile pour ces couples. Tout peut s'effondrer dans l'espace d'une journée !

Les Archanges submergés par la négativité

Votre attitude déplaisante et vos humeurs changeantes ne vous aideront guère à conserver votre relation ou à réparer les pots brisés. Si vous voulez éviter la séparation, il serait important d'être à l'écoute des besoins de votre partenaire. Arrêtez de le critiquer au sujet de son passé. Son passé lui appartient. L'important est votre futur mutuel. Soyez moins pessimiste. Essayez de discuter avec lui de façon sereine et calme. Ainsi, vous capterez son attention. Si vous criez, votre partenaire s'éloignera de vous et il fera la sourde oreille, et avec raison ! Votre attitude déplaisante le fait fuir ! Ne vous attendez donc pas à ce que votre partenaire s'agenouille devant vous pour vous faire plaisir ! De toute façon, vous ne le méritez vraiment pas ! Si vous tenez à votre relation, montrez à votre partenaire que vous êtes prêt à faire les changements nécessaires pour éviter la séparation et agissez en conséquence ! Sinon, vous risquez de perdre votre partenaire au cours de l'année. Il sera trop tard pour le reconquérir. Lorsque sa décision sera prise, celui-ci ira de l'avant et ne regardera plus en arrière. Donc, à vous de décider et d'y voir si vous tenez à votre relation.

Les Archanges célibataires

Tous ceux qui ont prié les Anges de leur envoyer le partenaire idéal se verront accorder ce vœu au cours de 2016 ! Cet être sera votre flamme jumelle. Vous serez heureux de l'avoir rencontrér. Votre amour sera basé sur le respect et la fidélité. Ce sera l'amour de votre vie. Certains parleront de mariage ou de cohabitation. Vous irez à la recherche de votre nid d'amour ! Si vous n'avez pas fait de demandes aux Anges, ne vous inquiétez pas ! Plusieurs sorties vous permettront de faire des rencontres intéressantes ! Parmi ces rencontres, l'une deviendra très sérieuse. Avant que l'année se termine, plusieurs auront un nouveau partenaire de vie ! Les mois de *mars, juillet, août, septembre, octobre* et décembre seront propices pour faire ces rencontres.

Lors de sa rencontre, vous serez charmé par son regard et par sa tenue vestimentaire. La couleur bleue sera présente sur l'un de ses vêtements. De plus, le chiffre « 8 » jouera un rôle important lors de votre rencontre. Soit que ce chiffre représente la date ou l'heure de votre rencontre. Soit que votre amour idéal possède ce chiffre dans sa date de naissance, dans son adresse civique ou dans son numéro de téléphone. Qu'importe la situation, le chiffre « 8 » représentera un numéro important pour vous.

Vous pourriez faire sa rencontre lors d'une soirée dansante, lors d'une fête, près d'un feu de foyer ou d'un feu de camp. Vous partagerez de belles discussions. Vous réaliserez mutuellement que vous possédez plusieurs points en commun. Cela vous amènera à échanger vos numéros de téléphone pour une seconde sortie. Il faudra peu de temps pour que la relation devienne sérieuse. Vous passerez tellement de bon temps que vous chercherez à être toujours ensemble. À la suite d'un voyage, vous parlerez sérieusement de partager le même toit ! Vous irez donc à la recherche de votre nid d'amour !

Les célibataires submergés par la négativité

Vous aurez de la difficulté à reconnaître le partenaire idéal. Votre attitude le fera fuir. Lorsque vous serez en présence de nouvelles personnes, vous leur parlerez de vos échecs amoureux. De plus, vous jetterez la faute sur vos anciens partenaires. À vous entendre, vous étiez parfait et eux non ! Un sujet qui n'intéressera aucune personne susceptible de vous rendre heureux ! On se lassera rapidement de vos commentaires désobligeants envers vos anciens partenaires. Cela les amènera à s'éloigner de vous. Donc, si vous avez envie d'améliorer votre vie amoureuse et de faire une belle rencontre, il faudra changer votre attitude. Arrêtez de parler de vos échecs amoureux ! Si une personne vous intéresse, n'ayez pas peur d'engager la conversation et de dialoguer avec cette personne de sujets intéressants. Vous apprendrez à vous connaître et une belle relation pourrait s'en suivre. L'amour vous transformera et aura un impact favorable sur votre humeur ! Laissez donc parler votre cœur et souriez à la vie !

Les Archanges et le travail

À la suite d'une décision ou d'un changement, plusieurs retrouveront leur équilibre et leur joie de vivre. L'année de la conscience vous permettra de mieux analyser votre vie professionnelle. Certains obtiendront une belle promotion. D'autres réussiront un examen ou une entrevue. Quelques-uns amorceront un nouveau travail. Ce travail les angoissera au début. Toutefois, vous prendrez peu de temps à vous habituer à vos nouvelles tâches et à exceller. Vos compétences seront remarquables et vos nouveaux collègues louangeront votre capacité d'adaptation. Cela rehaussera votre estime.

Du **2 mars au 21 décembre,** vous entrerez dans une période de changements. Tout peut se produire lors de cette période. Certains obtiendront de bons résultats pour la réalisation de l'un de leurs projets. D'autres amorceront un nouveau travail. Quelques-uns réussiront une entrevue. Certains obtiendront gain de cause dans un litige. Les tâches s'amélioreront ainsi que l'ambiance. Quelques-uns auront le privilège d'obtenir une augmentation de salaire. Cela les aidera à persévérer pour bien accomplir toutes les tâches exigées.

En **mars**, plusieurs auront le privilège de signer deux contrats importants. Les travailleurs à temps partiel obtiendront un travail régulier. Cela les rendra très heureux. Ce sera également une période prolifique pour ceux qui œuvrent dans le domaine de la vente. Votre chiffre d'affaires sera à la hausse ! En **avril**, vous éclaircirez des malentendus. Cela n'est pas sans vous déranger. Attendez-vous à vivre des journées difficiles au travail. De plus, certains collègues seront en désaccord avec vos idées de projets. L'ambiance sera électrisante pendant quelques jours. Toutefois, le tout reviendra à la normale. Après une réunion importante, une solution sera trouvée et appliquée immédiatement.

Lors de **mai, juin** et **juillet**, plusieurs se verront offrir une belle opportunité. Votre décision ne sera pas facile à prendre. Néanmoins, vous rêvez depuis longtemps de ce qui vous est offert. Pensez-y sérieusement avant de tout refuser et abandonner. De plus, ne pensez pas que vous n'êtes pas à la hauteur. Si cette opportunité vient à vous, c'est que vous la méritez vraiment ! Lors de cette période, quelques-uns obtiendront une augmentation de salaire. D'autres recevront une bonne nouvelle qui les rendra heureux.

Il en sera de même pour les mois d'*août*, de *septembre, d'octobre* et *de décembre*. Plusieurs événements viendront agrémenter vos mois. Vos décisions seront à la hauteur de vos attentes. Tout ira pour le mieux. Cela vous encouragera à faire des changements et à améliorer votre vie professionnelle.

Cela dit, certains mois ne vous seront pas favorables. Plusieurs obstacles ralentiront vos pas, ce qui, parfois, vous épuisera. Lors de ces mois, il serait important de réfléchir avant d'agir et de ne pas prendre des décisions hâtives. Évitez également les discussions inutiles et les commérages. Ne vous impliquez pas dans les problèmes d'autrui. Cela vous sera salutaire et bénéfique ! Ces mois sont *janvier, février, avril* et *novembre*.

Les travailleurs Archanges submergés par la négativité

Votre attitude ne vous aidera guère à obtenir ce que vous désirez. Rien ne vous sera acquis facilement. Votre attitude déplaisante éloignera toutes les possibilités d'améliorer vos conditions de travail. De plus, vous devrez prouver à votre employeur votre capacité de travailler en équipe. Cela ne sera pas facile à cause de votre attitude négative et de votre arrogance envers vos collègues de travail. Votre employeur sera catégorique et il exigera de vous de l'amélioration. Ses exigences vous amèneront à vouloir démissionner de votre emploi. Cela n'aidera pas votre cause. Cela risque même de vous nuire lors de la recherche d'un autre travail. Il serait important d'écouter les conseils de votre employeur et d'essayer d'améliorer votre attitude. Cela sera profitable. Par la suite, si vous voulez changer de travail, votre employeur parlera en votre faveur au lieu de nuire à votre réputation ! Les deux premiers mois de l'année peuvent vous apporter plusieurs désagréments à cause de votre attitude. Voyez-y avant qu'une guerre éclate entre vous et vos collègues !

Chapitre XXXVII

Événements à surveiller durant l'année 2016

- Votre grande détermination vous apportera du succès dans tout ce que vous entreprendrez. Vous serez fier de vous et des choix que vous ferez! Vous vous prenez en main et vous foncez droit vers vos buts que vous vous fixerez au cours de l'année!

- Plusieurs apporteront des changements majeurs pour retrouver leur équilibre mental. Plusieurs changeront leur vision de la vie. Toutefois, cette nouvelle attitude leur sera bénéfique. Certains feront des exercices respiratoires. D'autres opteront pour du yoga ou de la méditation.

- Surveillez les allergies, les piqûres d'insectes et les rayons du soleil. Protégez votre peau. Assurez-vous d'appliquer régulièrement une crème solaire lors de vos activités extérieures. Vous éviterez ainsi des ennuis. De plus, assurez-vous d'avoir de l'antihistaminique dans votre pharmacie. Certains peuvent réagir aux piqûres d'insectes.

- Au début de l'année, certains vivront une période d'épuisement. Le repos sera recommandé pour que vous puissiez retrouver vos forces. Profitez de vos journées de congé pour relaxer et pour entamer des activités qui vous plaisent! Cela rehaussera vos énergies et vous permettra de vaquer plus rapidement à vos tâches quotidiennes.

- Vous, ou un proche, vous blesserez à l'épaule ou au dos. Surveil-lez les activités physiques comme l'haltérophilie. Certains devront consulter leur médecin. D'autres subiront une intervention chirur-gicale ou seront obligés de faire de la physiothérapie pour retrouver la flexibilité de leur dos.

- Les travailleurs de la construction devront toujours écouter les consignes de sécurité. Si votre travail exige le port d'un casque de sécurité, portez-le! Ainsi, vous éviterez une blessure à la tête. Soyez toujours prudent et vigilant!

- Certains devront consulter le dentiste. Vous serez victime d'un mal de dents. L'une de vos dents nécessitera une obturation. Certains devront se faire extraire une dent.

- Quelques-uns devront consulter un ophtalmologiste ou un opto-métriste. Certains devront utiliser des gouttes médicinales pour conserver la santé de leurs yeux.

- Soyez toujours prudent lorsque vous manipulez des objets tran-chants et des outils. De plus, si vous brisez un verre, assurez-vous de ne pas vous promener pieds nus dans la pièce et de passer l'aspirateur.

- En *janvier* et *février*, quelques-uns recevront une mauvaise nouvelle au sujet de leur santé. Pour pouvoir recouvrir la santé, vous serez obligé d'écouter sagement les recommandations de votre médecin.

- Lors de la période printanière, vous, ou un proche, vous ferez tatouer! Vous devrez bien nettoyer la plaie puisqu'elle risque de s'infecter. De plus, assurez-vous que la personne qui fera votre tatouage soit consciencieuse et propre!

- En *janvier* et février, plusieurs attraperont une grippe virale qui les obligera à garder le lit de deux à cinq jours. Lavez régulièrement vos mains lors de périodes contagieuses! Ainsi, vous éviterez des journées au lit, incapable de fonctionner!

- Au début de l'année, certains commenceront de nouvelles activités qui leur permettront de reprendre la forme physique. D'autres sur-veilleront leur alimentation en vue de perdre du poids. Cette année, votre santé vous préoccupera énormément et vous ferez tout votre possible pour la conserver. Certains cesseront de fumer, de boire ou de consommer.

- Certains seront victimes d'allergies ou d'asthme. Ces personnes devront prendre un médicament ou un inhalateur pour les soulager. D'autres prendront de la vitamine pour essayer de rehausser leur système immunitaire.

- Plusieurs couples amélioreront leur union. Vous ferez des sorties agréables avec votre partenaire. Vous vivrez deux événements qui vous rendront heureux. Il peut s'agir d'un voyage que vous planifierez à la dernière minute. Toutefois, vous aurez un plaisir fou lors de ce voyage! Bref, votre partenaire vous réserve une belle surprise lors d'un souper en tête-à-tête.

- Certains couples qui vivent une période difficile feront tout en leur pouvoir pour sauver leur union. Ceux-ci travailleront très fort pour ramener l'harmonie au sein de leur foyer. Le dialogue sera profond et réconfortant. Toutefois, quelques couples auront de la difficulté à surmonter leur problématique. Ils penseront à la séparation au lieu de sauver leur union. La période hivernale sera difficile pour plusieurs couples. Plusieurs risquent de se déchirer avec des paroles mesquines.

- Vous passerez toujours du bon temps avec vos proches. Attendez-vous à participer à entre deux à six soupers familiaux. Vous vous amuserez lors de ces soirées. Le bon vin coulera à flot! Néanmoins, vous serez raisonnable!

- Vous, ou un proche, réussirez une entrevue. À la suite de cette entrevue, un travail vous sera offert. Vous serez heureux d'accepter ce nouvel emploi.

- En *février*, vous vivrez une période émotionnelle qui durera environ neuf jours. Tout peut se produire lors de cette période. Il serait important de prendre une journée à la fois, de réfléchir à vos paroles ou à vos actes avant d'entreprendre quoi que ce soit. Attendez d'être en meilleure forme émotionnelle avant d'agir.

- En 2016, plusieurs prendront leur vie en main. Ils combleront le vide à l'intérieur d'eux. Ils avanceront fièrement vers des buts qu'ils se sont fixés. De belles réussites les attendent. Vous ferez des efforts qui en vaudront la peine. Votre confiance sera à la hausse.

- D'ici la fin de l'année, plusieurs seront satisfaits de leur vie professionnelle. Attendez-vous à vivre des changements majeurs qui auront un impact favorable dans votre vie quotidienne. Certains auront une augmentation de salaire. D'autres signeront un contrat qui les soulagera et qui leur apportea un bel équilibre.

- Certains devront orienter leur carrière dans un domaine complètement différent. Il vous faudra cinq mois avant de vous habituer à cette nouvelle perspective. Toutefois, lorsque votre décision sera prise, vous irez de l'avant avec ce projet et vous en tirerez un bon profit et une belle satisfaction par la suite.

- Après avoir vécu une période difficile, vous, ou un proche, vous remettrez vite sur vos deux pieds et avancerez fièrement vers les objectifs que vous vous êtes fixés. Vous atteindrez l'un de vos buts avant que l'année se termine. Vous fêterez cet événement avec joie!

- Lors de la période printanière, certains auront le privilège de faire de deux à trois déplacements agréables. L'un de ces déplacements engendra la naissance d'un projet ou d'une idée. Vous reviendrez de ce voyage la tête remplie de bonnes idées et d'astuces pour pouvoir les réaliser.

- En *janvier*, quelques-uns devront confronter un problème de taille. Acceptez l'aide qu'un ami vous offrira. Cela vous sera utile ainsi que les conseils qu'il vous suggéra pour vous libérer de votre situation.

- En *janvier*, ne laissez aucune chandelle allumée.

- Vous, ou un proche, rencontrerez un directeur d'école. Votre enfant néglige ses devoirs et il ne se présente pas à ses cours. La direction vous en avisera. Si celui-ci ne change pas son attitude, il sera expulsé de son école.

- En *janvier* et *février*, plusieurs devront affronter des situations problématiques. Ces situations ne seront pas toujours faciles pour vos émotions, mais vous parviendrez toujours à vous en sortir! Cela fera de vous un être gagnant!

- En *février*, faites attention à vos paroles. Certaines personnes pourraient les ébruiter. Si vous ne voulez pas d'ennuis, taisez-vous !

- Au cours de *février*, soyez vigilant sur la route ! Ne conduisez pas votre voiture en état d'ébriété ou fatigué. Ainsi, vous éviterez un fâcheux incident !

- En *février*, certains penseront à changer leur voiture. Un problème mécanique vous amènera à cette décision. D'autres recevront une facture très salée à la suite d'une réparation chez un garagiste réputé ! Vous en parlerez longtemps de cette facture. Il serait important de lui demander ses honoraires avant d'amorcer les réparations !

- Au cours de la période estivale, un jeune adulte aura des ennuis avec la loi à cause de la drogue, d'un vol ou d'une dispute. Il n'aura pas le choix de réclamer l'aide d'un avocat pour se sortir de ce pétrin. La Loi l'obligera à passer quelques nuits en prison et à faire des travaux communautaires.

- Plusieurs mettront un terme aux relations malsaines et négatives. Vous améliorerez votre entourage. Vous ne voulez plus être la proie des personnes malintentionnées. Donc, vous ferez un grand ménage dans vos relations. Au début, ce ne sera pas facile. Néanmoins, lorsque vous analyserez profondément les liens qui vous unissaient à ces personnes, vous réaliserez rapidement qu'il est préférable de vous en éloigner que d'entretenir la relation.

- En *mars*, plusieurs situations vous permettront de retrouver un bel équilibre dans plusieurs aspects de votre vie.

- En *mars*, vous, ou un proche, signerez des papiers à la banque. Il peut s'agir d'un emprunt, d'un REER, d'un placement. Vous serez satisfait de votre transaction.

- Ceux qui planifieront un voyage au cours de *mars* et *avril* seront satisfaits de leur itinéraire.

- Au cours de *mars* et *avril*, certains seront déçus de leur nouveau *look*. Si vous voulez changer la couleur de vos cheveux, assurez-vous de consulter un spécialiste en coloration. Sinon, vous serez déçu de votre nouvelle coiffure !

- Lors de la période printanière, vous vivrez deux situations qui vous permettront d'éclaircir certains malentendus. Vous serez satisfait des résultats que cela engendra.

- Continuez à persévérer et vous ne le regretterez pas puisque vos efforts seront doublement récompensés! Plusieurs de vos actions apporteront de belles réussites. Cela rehaussera votre confiance!

- En *mars*, certain se plaindront d'un mal à l'épaule. Surveillez les charges trop lourdes! En *avril*, plusieurs consulteront leur médecin. Vous prendrez un médicament pour soulager une douleur quelconque. Des examens seront exigés pour vérifier l'origine de la douleur. Les résultats et les soins appliqués vous satisferont.

- Plusieurs retrouveront leur équilibre au prix de grands efforts. Ils apporteront des changements majeurs à leur vie quotidienne. Toutefois, ils seront satisfaits de tout ce qu'ils auront entrepris ou décidé.

- À la suite d'une perte de poids, certains feront l'achat de nouveaux vêtements. Vous faites du ménage dans vos tiroirs!

- En *mars*, plusieurs feront le point sur des situations ambiguës. Vous serez satisfait de votre initiative.

- En *février* et *mars*, surveillez les plats chauds et les objets tranchants. Certains pourraient se blesser. Soyez également vigilant avec la friture.

- Vous, ou un proche, amorcerez un projet qui sera fructueux. Cela prendra un an avant de voir les résultats. Toutefois, lorsque le projet sera terminé, vous en serez très fier.

- En *avril*, les billets que vous recevrez en cadeau porteront des fruits. Vous pourriez gagner des billets gratuits ou des petites sommes d'argent! Profitez-en également pour acheter une loterie avec un collègue de travail Toutefois, si vous connaissez une personne dont le signe du zodiaque est Taureau, achetez un billet avec elle!

- En *mai, juin* ou *juillet*, vous, ou un proche, signerez un papier important. Il peut s'agir d'une somme d'argent à recevoir, d'une assurance-vie, d'un héritage, d'un prêt financier, d'une assurance-invalidité ou d'une assurance-emploi.

- Lors de la fête des Mères et de la fête des Pères, plusieurs parents seront fêtés. Si vos enfants vous remettent un billet de loterie, il sera chanceux !

- Plusieurs perfectionneront leur talent en s'inscrivant à des cours spécialisés. Ce sera tout un défi de taille à surmonter mais ils parviendront avec satisfaction. Ces cours rehausseront votre confiance et ils vous aideront mentalement. De plus, ces cours vous permettront de lâcher prise sur certaines situations problématiques. Ces cours seront en quelques sorte votre bouée de sauvetage lors de période plus ardues.

- En *juillet*, les amoureux de la terre planifieront plusieurs activités champêtres. Certains parleront de s'établir à la campagne. D'autres feront du camping ou loueront un chalet pour mieux profiter de la nature.

- En *juillet* et *août*, vous ferez trois sorties agréables avec une femme. Vous prendrez un verre de vin ensemble. Vos dialogues seront enrichissants et amusants. Vous passerez une magnifique soirée en sa compagnie !

- En *septembre*, un proche a besoin d'aide ! Vous vous porterez volontaire pour lui venir en aide.

- Au cours de l'année, vous ferez la lumière sur plusieurs points en suspens dans votre vie. Vous serez comme un détective à la recherche de réponses. Lorsque vous obtiendrez ce que vous cherchiez, vous prendrez les décisions qui s'imposent. Vous serez très fier de vous et de tout ce que vous accomplirez !

- En *septembre* et *octobre*, faites attention à la vitesse. Sinon, vous serez victime d'une contravention onéreuse !

- Lors de la période automnale, vous rencontrerez une personne importante qui jouera un rôle majeur dans votre vie. Cette personne détient plusieurs qualités pour vous aider dans l'un de vos projets. Vous apprendrez beaucoup de cette personne.

- Certains assisteront à une soirée costumée. Vous aurez un plaisir fou à vous trouver une tenue vestimentaire pour cette soirée ! Il peut s'agir d'un thème pour une soirée en particulier ou pour l'anniversaire d'un proche !

- Lors de la période automnale, vous, ou un proche, aurez affaire à la Loi. Vous aurez besoin d'un avis légal et de connaître vos droits. Un avocat sera consulté pour parvenir à régler le problème. Toutefois, cet avocat saura bien vous servir et vous représenter.

- Vous recevrez trois cadeaux qui vous surprendront mais qui vous feront énormément plaisir. Ce sont des marques d'affection de vos proches.

- Vous serez invité à assister à une dégustation de vin et fromage. Allez-y, vous ferez de belles rencontres et vous aurez de belles discussions.

- Lors de la période automnale, plusieurs réaliseront que leur partenaire est l'amour de leur vie. Votre amour est profond et durable. Vous vous consacrerez du temps puisque vous réaliserez que c'est important pour le bien-être de votre union. Votre partenaire vous aime et il vous surprendra avec des fleurs, des petits cadeaux, des petites gâteries et des petits mots doux. Il fera en sorte que vous regard soit posé continuellement sur lui!

- Certains planifieront une croisière de huit à dix jours. Vous adorerez votre croisière. Vous reviendrez avec plein de souvenirs à partager avec vos proches!

- En *septembre* et *octobre*, certains se plaindront de maux d'oreilles. Cette douleur vous amènera à consulter un otorhinolaryngologiste pour déceler la cause de votre douleur. Quelques-uns devront porter un appareil auditif. D'autres auront des ennuis avec leurs yeux. Des gouttes leurs seront prescrites!

- Lors de la période automnale, profitez-en pour jouer à la loterie avec votre partenaire amoureux. Cela sera chanceux! Demandez-lui de choisir ses chiffres et combinez-les à vos chiffres! Lors de cette période, le chiffre « 9 » vous apportera de la chance. Assurez-vous de l'inclure dans votre combinaison de chiffres.

- En *novembre,* vous chercherez davantage la solitude. Lors de cette période, vous prendrez des décisions qui auront un impact majeur lors de la prochaine année.

- En ***décembre***, plusieurs devront faire de deux à cinq cadeaux imprévus. Il est évident que cela dérangera votre budget. Néanmoins, vous serez heureux de les offrir aux personnes concernées. Lorsque ceux-ci déballeront ces cadeaux, vous lirez leur bonheur dans leurs yeux. Cela vous rendra très heureux.

- Plusieurs invitations viendront vers vous. Certains seront invités à une fête d'Halloween, d'autres à une fête de Noël, du jour de l'An ou à un anniversaire de naissance. Vous passerez du bon temps lors de ces soirées et vous vous amuserez énormément avec vos proches.

- Tout au long de l'année, vous serez animé par de nouvelles idées. Attendez-vous à vivre des situations imprévues reliées à vos idées. Vous irez à l'aventure. Certaines situations vous apporteront de la satisfaction, d'autres vous décevront. Néanmoins, vous aurez la satisfaction d'avoir accompli des pas constructifs et vous en serez fier!

- Vous, ou un proche, parlerez d'un grand voyage dans un vieux pays. Ce voyage sera toute une aventure. Vous pourriez escalader des montagnes, visiter des ruines, faire un safari ou un pèlerinage à Compostelle.

Partie X

Les Anges

(10 février au 20 mars)

Chapitre XXXVIII

L'année 2016 des Anges

Des cadeaux inespérés tomberont du ciel et des miracles se produiront !

Tous ceux qui seront conscients de leur potentiel, tous ceux qui apprécieront leur vie et tous ceux qui seront prêts à faire des efforts pour réaliser leurs objectifs seront choyés par la Providence ! Plusieurs réaliseront que les Anges sont présents dans leur vie ! Vous voulez mettre un terme à vos problématiques ? Vous voulez renouer avec la vie ? Vous voulez améliorer votre vie ? Cette année, c'est le temps d'agir ! Ne laissez pas passer les opportunités exceptionnelles qui peuvent marquer considérablement votre vie. Cela fait trop longtemps que vous rêvez de ce moment. Alors, agissez ! Vous serez heureux et satisfait de vos actions. Bougez, créez, analysez et foncez vers vos rêves les plus fous puisque l'année de la conscience vous permettra de le faire. Plusieurs chemins s'ouvrent à vous pour obtenir tout ce que vous désirez. Vous vous retrouverez souvent au bon endroit, au bon moment et avec les bonnes personnes. Tout au cours de l'année, il y aura toujours une aide précieuse à vos côtés pour vous aider dans vos actions. Cela favorisera la réussite et le succès dont vous méritez!

De plus, cette année, attendez-vous à recevoir trois cadeaux inespérés qui embelliront votre année 2016! Il peut s'agir d'une somme d'argent, de la réussite d'un projet, d'un contrat, d'un voyage, d'une renommée, d'une guérison, d'un miracle, etc. Ces trois cadeaux rempliront votre cœur de joie et de bonheur et vous aideront à continuer votre route et à vouloir bonifier votre vie puisque les résultats seront à la hauteur de vos attentes et même plus. Vous serez encouragé à améliorer toutes les situations qui vous ont dérangé depuis plusieurs années! Plusieurs événements vous ont déçu en 2015, certains événements vous ont fait verser des larmes. Il est évident que vous ne voulez plus revivre ces situations pénibles. Vous ne voulez plus être à la merci des gens ni vous faire exploiter par certaines personnes. Vous chercherez davantage à faire valoir votre potentiel et l'exposer au grand jour. Cela fait trop longtemps que vous vous sacrifiez pour les autres. Ce ne sera pas le cas au cours de cette année! Donc, les enfants Anges ayant une attitude positive verront le succès, la Providence, les miracles et les cadeaux inespérés les envahir tout au cours de l'année! Vous réaliserez que tous vos efforts passés recevront leurs récoltes au cours de 2016. Cela vous donnera de l'élan pour continuer à construire vos projets, vos rêves, vos buts et votre bonheur!

Il est évident qu'il y aura des périodes difficiles et parfois compliquées. Certaines personnes chercheront à vous influencer. Ceux-ci réaliseront qu'ils n'ont plus le même pouvoir sur vous. Ils feront donc leur possible pour essayer de vous déstabiliser. Ils connaissent vos points faibles et ils miseront sur ces points pour essayer de vous dissuader à changer d'idée ou d'opinion sur certaines situations. Il serait important de réclamer de l'aide auprès de l'Ange gouverneur du mois. Celui-ci rehaussera votre potentiel, votre courage et votre détermination et vous éviterez de tomber dans le piège des personnes malintentionnées à votre égard! Cela vous empêchera de faire des erreurs monumentales et de le regretter par la suite!

Les personnes ayant une attitude négative critiqueront et feront tout de travers! Au lieu de prendre les bonnes routes pour améliorer leur vie, elles emprunteront les routes les plus ardues. Il est évident que cela ne les aidera pas à conserver une attitude positive. Elles chialeront sur tout. Cela les empêchera de voir les opportunités venir vers elles pour améliorer leur vie. Leur pessimiste éloignera de bonnes personnes qui pourraient les aider à réaliser leurs projets, leurs rêves, leurs objectifs et régler leurs problématiques. Elles vivront dans l'inquiétude et elles seront déséquilibrées par des situations et des événements divers.

Vous voulez recevoir les cadeaux inespérés que vous offre la vie? Vous voulez retrouver l'harmonie et le bien-être intérieur? Si oui, changez votre attitude et tout viendra à vous comme par enchantement! Si vous ne le faites pas, vous laisserez passer sous votre nez des opportunités prolifiques. Il sera trop tard pour le regretter! Arrêtez de vous morfondre et de vous apitoyer sur votre sort. Agissez au lieu de jouer à la victime. N'oubliez pas que personne ne peut vous aider à part vous-même! Soyez donc gagnant et sauvez votre âme! En 2016, concentrez-vous sur des situations positives et amorcez des activités qui vous plaisent. En peu de temps, votre vie et votre état d'âme s'amélioreront. En agissant ainsi, vous reprendrez confiance en votre potentiel et vous retrouverez la forme. De plus, votre santé mentale se portera mieux et vous pourriez profitez des belles opportunités qui s'offriront à vous pour améliorer votre vie.

Aperçu des mois de l'année des Anges

Au cours de l'année 2016, **les mois favorables** seront *janvier, mars, mai, juin, juillet, août* et *novembre*.

Les **mois chanceux** seront *janvier, juin, août, septembre, octobre* et *novembre*.

Les **mois non favorables** seront *avril* et décembre.

Les **mois ambivalents** seront *février* et *mars*.

Voici un bref aperçu des événements qui surviendront au cours des mois de l'année pour les enfants Anges

Vous amorcerez votre nouvelle année en étant actif, productif, passionné et constructif! Dès le *1ᵉʳ janvier*, vous planifiez vos actions pour obtenir du succès dans l'élaboration de vos tâches. Vous ferez une analyse de votre vie : ce que vous désirez obtenir, ce que vous désirez régler, ce que vous désirez réaliser, etc… Tout y passera. Vous passerez en revue votre année 2015. Tout ce qui vous a dérangé au cours de la dernière année, vous chercherez à le régler au cours de 2016. Vous ne voulez plus revivre les événements pénibles de l'an passé. Vous chercherez des solutions et vous les appliquerez instantanément sur vos actions.

Cela dit, du *1ᵉʳ au 25 janvier*, vous analyserez profondément votre vie et les actions à amorcer pour améliorer celle-ci. La journée du jeudi vous sera très favorable pour amorcer vos projets et pour prendre des décisions. Attendez-vous à vivre des événements agréables lors de cette journée. De plus, profitez-en pour jouer à la loterie. Vous êtes dans une période de chance. Achetez des billets lors de vos sorties. Si vous connaissez une personne dont le signe du zodiaque est Taureau, achetez un billet avec elle. Lors de cette période, quelques-uns signeront un document qui leur apportera satisfaction. D'autres recevront une excellente nouvelle qui chambardera favorablement leur routine quotidienne. Bref, qu'importe les décisions que vous prendrez au cours de cette période, ces décisions vous amèneront à emprunter des routes inconnues pour l'obtention de résultats à la hauteur de vos attentes. Vous serez partout en même temps, vous serez productif et animé par une folle envie d'améliorer votre vie! En résumé, vous serez en pleine forme!

Du *9 février au 16 mars*, vous réaliserez que les événements n'arrivent pas aussi vite que vous le souhaitez. Il y aura des attentes qui seront interminables. Cela dérangera vos élans! Certaines situations vous obligeront à faire des heures supplémentaires pour être satisfait des résultats. De plus, certains auront quelques ennuis de santé. Il peut s'agir d'une grippe virale. Certains iront consulter leur médecin et celui-ci leur prescrira du repos. Malgré quelques inconvénients qui surviendront au cours du mois, vous parviendrez tout de même à éclaircir certains malentendus et à mettre un terme à des situations insolubles.

Profitez de votre anniversaire de naissance pour vous gâter et accepter les sorties avec vos proches. Cela aura un impact favorable sur vos émotions et vous donnera l'envie de continuer votre route et d'améliorer votre vie!

En *avril*, vous vivrez quelques problématiques qui vous dérangeront. Vous serez atterré par deux mauvaises nouvelles. Cela vous amènera à vous questionner sur votre façon d'agir. Certains laisseront tomber l'un de leurs projets. À la suite d'une réflexion, vous réaliserez qu'il vaut mieux attendre avant de vous lancer dans cette affaire. Il est évident que cela vous fera de la peine, néanmoins, c'est pour le mieux!

Lors de ce mois, vous serez porté à subir des petites blessures. Assurez-vous à avoir une trousse de premiers soins dans votre pharmacie! De plus, ne courez pas dans les marches d'escaliers, vous risquez de trébucher! Vous pourriez avoir une cheville ou un poignet enflé! Quelques-uns pourraient également souffrir d'insomnie. Vous aurez la tête remplie d'idées et de questionnements. Cela vous empêchera de dormir!

Toutefois, vous reprendrez vite le dessus. Votre attitude changera et vous vous prendrez rapidement en main dès *mai*. Vous serez en équilibre avec vos choix et décisions. Plus que jamais, vous savez exactement ce que vous voulez et vous axerez vos énergies dans la direction de vos désirs. L'avenir vous appartient et vous en êtes très conscient!

Cela dit, à partir du *8 mai,* et ce, jusqu'à la fin *novembre*, vous entrez dans une période d'abondance. Plusieurs situations bénéfiques surviendront lors de cette période. Tout ce que vous entreprendrez et déciderez sera à la hauteur de vos attentes. Ce sera une période active, productive et révélatrice. Vous vous prenez en main et vous réglerez avec astuce vos problématiques. Vous mettrez un terme aux multiples tracas causés par les autres. Rien ne se fera à la légère. Vous analyserez chacun de vos problèmes et vous appliquerez la meilleure solution. Il en sera de même dans vos relations. Vous améliorerez votre attitude face à la vie. Cela aura un impact bénéfique sur votre vie au quotidien. Vous ne vous gênerez pas pour éloigner de votre route les personnes problématiques. Vous conserverez les bonnes personnes qui vous vouent respect et loyauté.

De plus, certains amorceront de nouveaux projets. Ces projets vous feront réaliser tout le potentiel que vous possédez et que vous avez mis en veilleuse. Vous serez très fiers des résultats obtenus grâce à votre potentiel! Ce sera également une période favorable pour faire de bonnes rencontres. Que ce soit sur le plan amoureux, amical ou professionnel, attendez-vous à rencontrer des gens qui joueront un rôle majeur dans votre vie. Ces personnes vous apporteront de la joie et du bonheur.

Certains réaliseront qu'ils côtoient un Ange ! Cette personne vous soutiendra dans tout ce que vous entreprendrez. Son aide sera précieuse et très appréciée de votre part !

Attendez-vous également à récolter tous les bienfaits de vos efforts. Plusieurs bonnes nouvelles viendront agrémenter vos journées ! Certains obtiendront un nouvel emploi. D'autres auront une augmentation de salaire. Un contrat sera signé à votre grand soulagement. Vous mettrez un terme à une situation problématique. Vous prendrez une décision importante qui favorisera votre vie. Vous mènerez à terme un projet qui vous tient à cœur. Vous serez ébahi par les résultats ! Tout voyage et tout déplacement vous apporteront de l'agrément. De plus, la Providence sera avec vous, profitez-en pour jouer à la loterie. Les groupes de deux, de trois, de quatre et de six personnes vous seront favorables. En *mai* et *juin*, achetez des billets avez des collègues de travail. Les personnes dont le signe du zodiaque est Balance pourraient également vous apportez la chance ! En *juillet*, les groupes de quatre personnes seront bénéfiques. Achetez une loterie lors d'un déplacement dans une ville étrangère. Cela sera chanceux ! Achetez également un billet avec votre partenaire amoureux. En *août*, tous les billets que vous recevrez en cadeau vous apporteront de la chance ! Le chiffre « 6 » sera également chanceux. Achetez un billet avec une personne dont le signe du zodiaque est Taureau. Cela sera profitable.

En *septembre*, écoutez votre intuition. Achetez des billets seuls. Les loteries instantanées vous apporteront de petits gains. En *octobre* et *novembre*, la Providence vous réserve de belles surprises ! Les billets que vous recevrez en cadeau pourraient vous apporterez de belles sommes d'argent. Écoutez également votre intuition, lorsque l'envie d'acheter un billet vous interpelle, achetez-en un ! Cela sera bénéfique. De plus, les chiffres « 3 » et « 1 » seront favorables. Assurez-vous de les inclure dans votre combinaison de chiffres. Les loteries instantanées seront également chanceuses !

Bref, tout au long de cette période prolifique et productive, vous regarderez avec admiration les fruits de vos efforts. Vous réaliserez que la Providence était avec vous. Cela vous a permis de réaliser trois de vos objectifs, de régler deux situations problématiques, de créer un projet, de mettre un terme à une difficulté du passé...

Lorsque ***décembre*** arrivera, plusieurs seront fatigués et exténués, mais avec raison. Donc, vous bougerez peu. Vous chercherez davantage la solitude que l'action. Vous voulez tout simplement être en forme pour la période des Fêtes! Toutefois, du ***9*** au ***20 décembre***, il y aura quelques turbulences au sein de votre foyer. Il est évident que cela dérangera vos émotions. Malgré tout, vous parviendrez à tout régler avec satisfaction.

Conseil angélique des Anges Anges : Chers enfants, sous nos ailes coulent le bonheur et la joie. Dans nos cœurs émerge l'amour. Entre nos mains règne votre destin. Priez-nous et vous aurez le privilège de savourer un glorieux et heureux destin. Au cours de l'année, nous enverrons trois situations prolifiques qui marqueront favorablement votre vie. Nous répondons solennellement à votre appel. Nous émergeons donc notre amour et nous jaillissons l'abondance dans votre vie. Savourez à fond cette nourriture spirituelle. Celle-ci vous apportera une année fabuleuse remplie de rires et de rencontres fortuites! Sortez, amusez-vous et savourez vos moments agréables. Tel est le secret du bonheur! Pour annoncer notre présence auprès de vous, nous vous montrerons régulièrement le chiffre « 3 ». Nous pouvons également vous envoyer une pièce de 10 sous.

Les événements prolifiques de l'année 2016

* Vous vivrez trois événements magnifiques au cours de l'année. Ce sont des cadeaux providentiels. Vous sauterez de joie et vous n'arrêterez pas d'en parler tellement vous serez surpris et heureux de ces magnifiques réalisations. Celles-ci chambarderont favorablement votre vie! Les Anges ont entendus vos prières et réalisent trois de vos souhaits! N'oubliez pas de leur dire « merci! ».

* Vous bougerez beaucoup en 2016. Cela vous permettra de réussir plusieurs de vos projets. Vous serez toujours au bon endroit, au bon moment. Plusieurs décisions seront prises à la suite d'un

déplacement. Vous savez ce que vous désirez et vous ferez votre possible pour tout obtenir! Votre grande détermination et dévouement vous apporteront du succès et de la satisfaction personnelle!

* Plusieurs amélioreront leur vie en apportant des changements à leur horaire. Certains feront des exercices. D'autres méditeront. Quelques-uns changeront leur alimentation. Certains consacreront plus de temps aux activités familiales. D'autres établiront leurs priorités et s'y consacreront intensément. Tous ces changements auront un impact favorable sur votre santé et bien-être intérieur!

* Les musiciens, les compositeurs, les chanteurs, les artistes et les auteurs connaîtront un beau succès avec l'une de leurs créations. Vous serez ébahi par l'ampleur que prendra votre nouveau produit. Il pourra s'agir d'une composition, d'une chanson, d'un récit, d'un livre, etc. Vous réaliserez que les efforts pour réaliser votre projet en valaient la peine puisque celui-ci connaîtra un succès phénoménal. Cela favorisera votre compte bancaire!

* Plusieurs mettront un terme à des situations qui les dérangeaient. Vous amorcerez votre année sur une base différente. Vous vous fixerez des buts et vous serez déterminé à les réaliser. De belles réussites vous attendent.

* Au cours de l'année, vous obtiendrez plusieurs petits triomphes, et ce, sur plusieurs aspects de votre vie. Cela vous donnera l'envie de continuer dans la même direction et d'améliorer votre vie. Vous serez satisfait et fier de vous.

* En 2016, plusieurs événements favorables surviendront dans votre vie. Vous réaliserez que la Providence est à vos côtés! Profitez-en pour jouer à la loterie. Certains gagneront une belle somme d'argent. Écoutez votre intuition, elle saura bien vous guider au moment opportun.

* Au cours de l'année, vous ferez la rencontre d'une bonne personne qui vous permettra de voir la vie sous un angle différent. Ses conseils seront appréciés et vous les appliquerez dans votre vie quotidienne. Cette personne deviendra votre confidente. Vous réaliserez qu'elle ne veut que votre bien. Donc, vous lui ferez confiance. Si vous connaissez déjà cette personne; votre relation prendra une tournure différente. Une belle amitié naîtra!

Les événements exigeant de la prudence

* Sur une note plus réfléchie, faites attention à vos paroles. Certains pourraient vivre de la dualité provoquée par leurs paroles. Réfléchissez avant de parler. Cela vous sera profitable et vous éviterez de peiner les gens que vous aimez.

* Surveillez également les personnes malintentionnées. Elles pourraient vous causer des ennuis. Éloignez-vous en! Ce sera salutaire! Sinon, vous sombrerez dans un tourbillon de problèmes qui dérangeront énormément votre santé. Vous valez et méritez mieux.

* Certaines personnes devraient surveiller leur consommation d'alcool. Elle dérange énormément leurs proches. Lorsque vous êtes en état d'ébriété, votre attitude change et vous rend plus agressif. Voyez-y avant de perdre votre famille!

* Sur une note préventive, si votre médecin vous prescrit un médicament. Il le fait pour le bien de votre santé. Alors, ne négligez pas ses recommandations. Cela vous sera salutaire! Plus vous lutterez, moins vous recouvrerez la santé rapidement! À vous de choisir!

* Ne prenez aucune décision lorsque vous êtes fatigué. Vous risquez de faire des erreurs de jugements qui vous occasionneront deux fois plus de problèmes et de tracas. Il sera important de vous reposer lorsque vous devrez affronter une difficulté.

* Certains seront fatigués d'entendre les gens se plaindre. Au lieu de vous fâcher contre eux, il serait préférable de vous en éloigner. Vous pourriez provoquer une tempête avec vos mots! De plus, certaines personnes pourraient vous tourner le dos. Toutefois, soyez direct avec eux et faites-leur comprendre que leur attitude négative vous dérange. Vous pouvez également changer de sujet de conversation pour détourner le dialogue vers un autre plus intéressant. Ne devenez pas la proie de la négativité. Restez le chevalier de la bonne humeur et de la diplomatie. Cela vous sera doublement favorable!

Chapitre XXXIX

Informations supplémentaires propres à chacun des Anges Anges

Les Anges et la chance

En 2016, la chance des enfants Anges sera **excellente**, voire inouïe! La porte de la Providence s'ouvrira à eux et touchera favorablement plusieurs aspects de leur vie. Si ces enfants Anges profitent de chaque occasion qui se présentera à eux, ils passeront une merveilleuse année. Ils seront gâtés par la Providence. Des cadeaux fuseront de toutes parts et ils en seront très heureux. Il peut s'agir de petits cadeaux comme des cadeaux inespérés! Tout tournera en leur faveur. Cela leur permettra de réaliser plusieurs projets et de régler plusieurs situations problématiques.

Cela dit, conservez une attitude positive face à la vie et tout viendra à vous comme par enchantement. Vous n'aurez qu'à formuler un vœu pour le voir se réaliser! Vous n'aurez qu'à entreprendre une action pour la voir fructifier ! Telle sera votre chance au cours de l'année 2016. Profitez-en car tout est éphémère !

Les enfants de **Manakel** et d'**Eyaël**, seront les plus chanceux parmi les enfants des Anges. Il serait important pour eux de choisir leurs billets de loterie et leur combinaison de chiffres. De plus, les loteries instantanées leur seront favorables.

Au cours de l'année 2016, vos trois chiffres chanceux seront **1**, **3** et **13**. Le chiffre « **1** » sera un excellent chiffre pour vous. Vous pourriez vivre plusieurs événements marqués de ce chiffre. Votre journée de chance sera le **jeudi.** Vos mois de chance seront **janvier, juin, août, septembre, octobre** et **novembre**. Plusieurs situations bénéfiques agrémenteront vos mois.

De plus, n'oubliez pas de prendre en considération le chiffre en gras relié à votre Ange. Ce chiffre représente également un chiffre chanceux pour vous. Il serait important de l'ajouter à votre combinaison de chiffres. Cela sera favorable. Lors d'une journée, si vous voyez continuellement ce chiffre, cela indique que votre Ange est auprès de vous. Profitez-en pour lui parler et lui demander de l'aide ! Cela peut également signifier de prier l'Ange gouverneur. Vous avez possiblement besoin de sa Lumière pour traverser l'une de vos épreuves, pour prendre une décision, pour régler une problématique et autre.

Conseil angélique : *Si vous trouvez trois pièces de monnaie, si vous voyez quelqu'un porter des gants blancs, si quelqu'un vous donne une grappe de raisin, achetez un billet de loterie puisque ces trois symboles représentent votre signe de chance.*

Damabiah : 2, 14 et 41. Le chiffre « **14** » est votre chiffre chanceux. N'oubliez pas que la Providence est de votre côté. De nombreuses possibilités viendront vers vous pour régler vos problématiques. Donc, profitez-en et faites les changements nécessaires qui vous permettront de retrouver votre équilibre. Cela est important pour vous.

Que vous jouez seul ou en groupe, cela n'a pas d'importance puisque la chance est avec vous. Toutefois, les groupes de deux et de trois personnes pourraient vous réserver de belles surprises monétaires. Si vous achetez un billet dans une ville étrangère, ce sera également bénéfique. De plus, si une femme aux cheveux foncés portant une touche de mauve dans sa tenue vestimentaire vous offre un billet, prenez-le, cela sera chanceux pour vous.

En 2016, plusieurs se trouveront au bon moment, au bon endroit et avec les bonnes personnes. Cela leur permettra d'amorcer des actions bénéfiques qui auront un impact favorable dans leur vie quotidienne. La chance favorisera des décisions importantes pour rebâtir votre vie sur des bases solides. De plus, vous aurez le privilège d'obtenir l'aide désirée. Cette aide vous sera d'un très grand secours lors de vos moments plus difficiles. Cette année, plusieurs feront des changements bénéfiques qui apaiseront leurs angoisses et leur permettront de retrouver l'harmonie, la paix et la joie de vivre. Vous voulez transformer votre vie et vous y parviendrez grâce à votre courage, détermination et dévouement.

Manakel : 11, 20 et 36. Le chiffre « **11** » est votre chiffre chanceux. N'oubliez pas que la Providence est de votre côté. Celle-ci vous surprendra ! Tout peut vous arriver, même gagner un gros montant d'argent ou un voyage dans un pays de rêve ! Participez à des concours. Cela sera profitable et bénéfique.

Jouez seul. Les loteries instantanées vous apporteront également de la chance. De plus, vous serez davantage chanceux lorsque vous achèterez vos billets à l'extérieur de votre ville. Si vous désirez participer à des groupes. Les groupes de deux et de trois personnes vous seront bénéfiques. Si vous connaissez un géologue, un paysagiste ou un homme aimant la campagne et les boisés, jouez avec lui. Jouez également avec les personnes dont le signe du zodiaque est Bélier. Ces personnes attireront la chance vers vous.

Malgré le fait que la Providence sera à vos côtés, il n'en demeure pas moins que la chance se fera davantage sentir dans vos choix et décisions. Plusieurs se prendront en main et apporteront tous les changements nécessaires pour améliorer leur vie. Vous vous fixerez des buts et vous chercherez à les atteindre. Votre avenir vous appartient et vous voulez le réussir tel que vous le souhaitez. Vous prendrez également conscience de vos besoins personnels, amoureux, professionnels et vous chercherez à les combler du mieux que vous pouvez. Votre nouvelle vision de la vie aura un impact favorable sur vos futures décisions et transactions. L'équilibre, la joie et la confiance régneront en maîtres dans votre demeure ! Donc, profitez-en pour amorcer vos projets et pour organiser des soirées avec vos proches. Cela vous apportera de belles joies !

Eyaël : 11, 17 et 44. Tel que les enfants de Manakel, le chiffre « **11** » est votre chiffre chanceux. Au cours de l'année, la Providence vous réserve de belles récompenses. Vous récolterez tous les bienfaits de vos efforts. Vous les méritez grandement ! Tout au cours de l'année, vous serez satisfait de vos choix et décisions. Vous réaliserez que chaque action entreprise obtiendra des résultats satisfaisants.

Jouez seul. Priorisez les loteries instantanées. Celles-ci vous apporteront de la chance. Les groupes de deux et de trois personnes vous seront aussi bénéfiques. Jouez également avec vos collègues de travail, cela pourrait être profitable. Si vous connaissez un homme dont le signe du zodiaque est Poissons ou Cancer, achetez un billet avec lui. Cela sera chanceux !

La Providence vous servira bien au cours de l'année. Certains obtiendront une promotion. D'autres réussiront un examen important. Quelques-uns obtiendront un emploi de rêve. Certains signeront des papiers importants. Qu'importe, il y aura toujours une bonne nouvelle au moment opportun. Cela rendra votre année agréable. Tout tournera en votre faveur. Lorsqu'arrivera une problématique, vous trouverez rapidement la meilleure solution et vous l'appliquerez instantanément. Vous réglerez régulièrement le tout à votre entière satisfaction. Cette année, vous mènerez à terme vos projets, vos idées, vos buts et vous en profiterez grâce à la Providence. Vous vous retrouverez souvent au bon endroit avec les bonnes personnes. Cela vous favorisera dans plusieurs domaines.

Habuhiah : 2, 7 et 9. Le chiffre « **7** » est votre chiffre chanceux. N'oubliez pas que la Providence est de votre côté. De nombreuses possibilités viendront vers vous pour régler vos problématiques. Donc, profitez-en et faites les changements nécessaires qui vous permettront de retrouver votre équilibre.

Que vous jouez seul ou en groupe, cela n'a pas d'importance puisque la chance est avec vous. Toutefois, les groupes de trois et de sept personnes pourraient vous réserver de belles surprises monétaires. Si vous achetez un billet dans une ville étrangère, cela sera bénéfique. Si une femme aux cheveux ondulés et foncés portant un foulard de teinte rosé vous offre un billet, prenez-le! Cela sera chanceux pour vous.

Malgré le fait que la Providence sera à vos côtés, il n'en demeure pas moins que la chance se fera davantage sentir dans vos actions. Cette année, vous envisagez un avenir plus équilibré et serein. Vous vous fixez des buts et vous chercherez à les atteindre. Qu'importe si cela exige des efforts! Vous êtes prêts à tout pour être heureux et en harmonie dans votre demeure. Vous aurez également la chance de faire des rencontres intéressantes qui vous aideront dans l'élaboration de vos tâches. Cela dit, l'année 2016 annonce la fin de vos difficultés. Vous vous réconciliez avec la vie! Vous vous prenez en main et vous réglez toutes les situations qui vous dérangent. À chaque problème, vous trouverez sa solution. À chaque question, vous trouverez une réponse.

Rochel: 4, 20 et 38. Le chiffre « **20** » est votre chiffre chanceux. La Providence enverra sur votre route des situations prolifiques qui vous permettra de réaliser de grands projets. Vous réaliserez que l'avenir vous appartient. Il n'en tient qu'à vous d'avancer, de créer, de bâtir et de réaliser vos actions. Plusieurs opportunités seront présentes pour vous aider à obtenir ce que vous désirez! Profitez-en! De plus, n'hésitez pas à amorcer des changements pour vous permettre de retrouver votre équilibre. De toute façon, plusieurs mettront un terme à des situations insolubles et aux fantômes du passé.

Cela dit, jouez seul ou en groupe, cela n'a pas d'importance. Les groupes de deux, de quatre ou cinq personnes vous seront favorables. Achetez également des billets de loteries avec des personnes dont le signe du zodiaque est Bélier ou Capricorne. Cela sera bénéfique! Aussi bizarre que cela puisse paraître, achetez également un billet avec une personne qui porte un plâtre ou une veste rouge! Cela sera chanceux!

Malgré le fait que la Providence sera à vos côtés, il n'en demeure pas moins que la chance se fera davantage sentir dans vos actions personnelles pour atteindre vos buts. Cette année, vous envisagez un avenir plus équilibré et serein. Vous ferez votre possible pour réussir tout ce que vous avez en tête! Vous misez sur votre bonheur et votre joie de vivre! Vous y parviendrez grâce à vos efforts et aux opportunités que vous réserve la Providence. Plusieurs se trouveront au bon endroit, au bon moment et avec les bonnes personnes. Cela les avantagera dans leur choix et dans leurs actions. Vous parviendrez à mettre un terme à plusieurs situations problématiques. Vous fermez la page du passé pour vous aventurer vers un meilleur avenir.

Jabamiah : 11, 31 et 36. Le chiffre « **31** » est votre chiffre chanceux. N'oubliez pas que la Providence est de votre côté. De nombreuses possibilités viendront vers vous pour régler vos petits tracas. Saisissez donc les opportunités qui vous permettront de retrouver votre équilibre et votre joie de vivre. Plus que jamais, vous avez besoin de vivre votre vie et non la subir! De plus, cela vous permettra de voir l'avenir sous un angle différent!

Cette année, que vous jouez seul ou en groupe, cela n'a pas d'importance puisque la chance est avec vous. Toutefois, les groupes de trois et de quatre personnes pourraient vous réserver de belles surprises monétaires. Si une personne âgée vous remet un billet en cadeau, ce billet pourrait être chanceux! Achetez également des loteries avec des personnes dont le signe du zodiaque est Balance. Cela sera chanceux!

Malgré le fait que la Providence sera à vos côtés, il n'en demeure pas moins que la chance se fera davantage sentir dans les décisions que vous prendrez pour améliorer votre vie. Plusieurs retrouveront leur équilibre à la suite des changements qu'ils amorceront dans leur routine quotidienne. D'autres auront un gain en ce qui concerne une situation gouvernementale ou juridique. Des papiers seront signés et ces papiers vous enlèveront un poids des épaules. Cette année, plusieurs situations surviendront et vous permettront de régler vos problèmes et de réaliser vos rêves! La réussite de votre avenir vous appartient et vous en êtes conscient! C'est la raison pour laquelle vous amorcerez plusieurs changements en même temps! Néanmoins, vous serez satisfait de vos actions et décisions!

Haiaiel : 11, 16 et 32. Le chiffre « **16** » est votre chiffre chanceux. N'oubliez pas que la Providence est de votre côté. Attendez-vous à recevoir de belles surprises qui toucheront plusieurs aspects de votre vie. Vous serez satisfait de tout ce qui se produira dans votre année. De plus, tout ce que vous toucherez se changera en or et tout ce que vous déciderez apportera satisfaction. Vous savez ce que vous voulez et vous ferez votre possible pour tout obtenir.

Jouez seul, puisque la chance vous appartient. Toutefois, les groupes de deux et de trois personnes vous seront également bénéfiques. Si vous connaissez une personne dont le signe du zodiaque est Taureau, achetez un billet avec elle. Cela sera chanceux. De plus, si vous longez un cours d'eau, profitez-en pour vous procurer un billet dans un établissement à cet effet. Cela sera bénéfique!

Malgré le fait que la Providence sera à vos côtés, il n'en demeure pas moins que la chance se fera davantage sentir au niveau de votre situation financière et professionnelle. Vos décisions seront à la hauteur de vos attentes et tout tournera en votre faveur. Plusieurs retrouveront un bel équilibre financier qui les satisfera. Certains parviendront à réaliser l'un de leurs rêves les plus chers! D'autres signeront un contrat important qui leur apportera satisfaction et une belle sécurité financière. Plusieurs réaliseront que ça vaut la peine de mettre autant d'efforts pour obtenir de bons résultats!

Mumiah : 13, 30 et 33. Le chiffre « **13** » est votre chiffre chanceux. N'oubliez pas que la Providence est avec vous. Profitez-en pour régler vos problématiques, pour avoir de bons dialogues avec vos proches, pour planifier des voyages agréables et pour faire des transactions, comme la vente ou l'achat d'une propriété.

Cette année, vous serez plus chanceux si vous jouez en groupe. Les groupes de trois et de cinq personnes vous seront bénéfiques. Pour le groupe de trois personnes, assurez-vous qu'il soit composé de deux personnes de même sexe et d'une de sexe opposé. Cela vous sera bénéfique. Si vous connaissez un homme dans la trentaine portant une barbe, achetez un billet de loterie avec lui. Cela sera chanceux!

Malgré le fait que la Providence sera à vos côtés, il n'en demeure pas moins que la chance se fera davantage sentir dans votre vie personnelle. Vous ferez de grands efforts pour retrouver la paix, le calme et la quiétude.

Vous vous prendrez en main et vous apporterez tous les changements nécessaires en vue d'améliorer votre routine quotidienne. Néanmoins, vos efforts seront récompensés. Plusieurs retrouveront l'énergie d'autrefois, leur entrain et leur joie de vivre. Vous regarderez droit devant avec la tête remplie d'idées pour votre futur. Rien ni personne ne viendra changer votre nouvelle vision de la vie!

Les Anges et la santé

Si vous respectez la limite de vos capacités, si vous avez de bonnes nuits de sommeil, si vous surveillez attentivement votre alimentation, si vous diminuez votre consommation d'alcool, si vous intégrez des activités physiques et des loisirs, vous passerez une année loin de la maladie, des médicaments et des médecins! Vous serez en pleine forme. Cela vous permettra d'amorcer mille et un projets et de les réussir! Vous bougerez beaucoup et vous serez heureux!

Toutefois, ceux qui négligeront leur santé vivront des ennuis. Certains seront obligés de prendre d'un à trois médicaments pour régler leur problème. D'autres seront hospitalisés et subiront une intervention chirurgicale. Quelques-uns seront envahis par une grande fatigue et ils auront de la difficulté à compléter leur routine hebdomadaire. Cela les découragera énormément. Certains seront en arrêt de travail. Quelques-uns se plaindront de douleur au niveau de leurs articulations et jointures. L'estomac et le foie seront également des parties à surveiller. La meilleure façon de vous en sortir est de prendre soin de vous! Ne négligez pas votre santé. Elle est importante. Lorsqu'une douleur inusuelle se fait ressentir, consultez votre médecin. Plus vous attendrez, pire ce sera.

De plus, les personnes alcooliques, toxicomanes, cardiaques, diabétiques et malades devront redoubler de prudence. Ils devront surveiller attentivement leur état de santé. Si vous exagérez et si vous négligez votre état, vous serez confrontés à un sérieux problème qui engendra une hospitalisation et un suivi médical. Si vous voulez vivre vieux et avoir une bonne qualité de vie, respectez votre état de santé et écoutez sagement les recommandations de votre médecin.

Sur une note préventive, voici les parties vulnérables à surveiller plus attentivement et les faiblesses du corps en ce qui concerne chacun des enfants Anges.

Damabiah : plusieurs se plaindront de douleurs musculaires. Il peut s'agir d'une tendinite, du tunnel carpien ou de courbatures. Quelques-uns se blesseront à la cheville. Vous consulterez votre médecin et celui-ci vous prescrira un médicament pour soulager votre douleur. Il vous suggéra également des exercices pertinents pour soulager votre douleur. Si vous le pouvez, faites de la natation, cela aidera à relaxer vos muscles. Il faudra aussi surveiller votre santé mentale. Essayer de tout faire en même temps ne vous aidera guère. Donc, prenez soin de vous. Ayez de bonnes nuits de sommeil, une alimentation saine et respectez la limite de vos capacités.

De plus, les personnes alcooliques et les toxicomanes auront de graves ennuis de santé s'ils n'écoutent pas les recommandations du médecin qui les soignera. Il en est de même pour les diabétiques et les cardiaques. Faites attention à votre santé, ne la négligez pas, vous éviterez ainsi des ennuis de toutes sortes. Si vous prenez soin de vous et que vous écoutez votre corps, vous recouvrirez rapidement la santé et vous serez en pleine forme pour vaquer à vos tâches habituelles. Si vous faites le contraire, vous vivrez plusieurs contrariétés qui vous empêcheront de savourer la vie.

Manakel : ne soulevez aucun objet lourd sans aide. Sinon, certains s'occasionneront une blessure douloureuse. Cela vous obligera à passer quelques jours au lit. Vous serez également obligé de prendre des médicaments pour soulager votre douleur lancinante ! En 2016, plusieurs souffriront de douleurs musculaires surtout au niveau des épaules et du cou. Certains se plaindront de torticolis. D'autres souffriront de tendinite au coude ou au poignet causée par un mouvement répétitif. Quelques-uns souffriront de fibromyalgie, d'arthrite ou d'arthrose. Cela les obligera à consulter un médecin, un physiothérapeute ou un chiropraticien. Certains seront obligés de prendre un médicament pour soulager leur douleur. D'autres feront de la natation ou de la méditation. Cette activité aura un effet bénéfique sur eux. Certains subiront une intervention chirurgicale qui les obligera à se reposer.

De plus, l'estomac sera également une partie vulnérable. Certains seront obligés de changer leurs habitudes alimentaires. D'autres passeront des examens pour déceler la nature de leurs maux. Il serait important de suivre les conseils des spécialistes que vous consulterez. Ceux-ci vous aideront à trouver une belle qualité de vie et à recouvrir la santé !

Eyaël : votre santé est identique aux enfants de Manakel. Donc, ne soulevez aucun objet lourd sans aide, sinon, vous pourriez faire un faux mouvement qui vous occasionnera une blessure douloureuse. Cela vous obligera à passer quelques jours au lit avec médicamentation. De plus, ne manipulez aucun objet dont vous ignorez le fonctionnement puisque vous pourriez subir de fâcheux accidents. En 2016, plusieurs seront très lunatiques et seront sujets à se blesser inutilement. La vigilance est de mise. Ne négligez pas les consignes de sécurité, ainsi, vous éviterez de graves ennuis ! Surveillez également les feux. Certains risquent de s'occasionner des petites brûlures. Il serait donc important d'avoir une trousse de premiers soins dans votre pharmacie ! Surveillez aussi les rayons du soleil. Assurez-vous d'utiliser une crème solaire avant chaque sortie. D'autres se plaindront de feux sauvages qui nécessiteront un soin particulier. La mauvaise alimentation causera quelques brûlures au niveau de l'estomac. Certains prendront un médicament pour soulager leur problème. D'autres changeront leurs habitudes alimentaires. Cela aura un effet bénéfique sur eux. En agissant ainsi, ils élimineront la prise de médicaments.

De plus, les personnes alcooliques auront des ennuis avec le foie et le pancréas qui nécessiteront un traitement sur-le-champ ! Il faudra aussi surveiller le cholestérol et l'hypertension. Ne pas négligez cet aspect de votre santé.

Habuhiah : plusieurs se plaindront de maux d'estomac et de ventre. Il y a de fortes chances que cela soit causé par les intestins. Ceux qui souffriront du syndrome du côlon irritable devront changer leurs habitudes alimentaires. Certains réaliseront qu'ils sont allergiques au gluten. Quelques femmes auront des ennuis avec les organes génitaux. Certains devront subir une hystérectomie. D'autres devront prendre un médicament. La vessie sera fragile. Certaines se plaindront d'infections urinaires. La peau sera également fragile. Certains auront des rougeurs sur la peau. Vous consulterez un dermatologue qui vous prescrira un médicament ou une crème pour atténuer et éliminer les rougeurs.

D'autres se plaindront de douleurs musculaires. Il peut s'agir de fibromyalgie ou d'entorse lombaires. Certains seront obligés de prendre un médicament pour soulager leurs douleurs. Certains pourraient également se plaindre d'une tendinite. Il est évident que cela les ralentira dans leurs activités. Au cours de l'année, soyez toujours vigilant lorsque vous entamez des tâches inhabituelles. Certains pourraient se blesser. Assurez-vous d'avoir une trousse de premiers soins dans votre pharmacie.

Rochel : plusieurs se plaindront de douleurs musculaires et des maux de toutes sortes qui requerront des examens médicaux ou de la médicamentation. La tête, le dos, le cou, le genou et une épaule seront la source de vos douleurs. Certains devront subir une intervention chirurgicale pour les aider à recouvrer la santé. D'autres iront consultés un physiothérapeute ou un chiropraticien pour soulager leur douleur. Néanmoins, cela aura un effet bénéfique sur vos douleurs. Certains feront de la méditation et de la relaxation. Cela les aidera énormément à surmonter et à vaincre leur douleur.

De plus, soyez vigilant lorsque vous entamez des tâches inhabituelles. Certains pourraient se blesser. Assurez-vous d'avoir des diachylons et une trousse de premiers soins dans votre pharmacie. Plusieurs se feront des blessures. D'autres des foulures qui nécessiteront un plâtre. Cela dit, certains iront consulter une nutritionniste pour amorcer de nouvelles habitudes alimentaires. Cela les aidera à rehausser leur énergie et à retrouver la forme!

Jabamiah : plusieurs se plaindront de douleurs physiques. L'une de vos épaules sera douloureuse. Certains recevront une piqûre de cortisone pour soulager leurs douleurs. D'autres iront consulter un physiothérapeute ou un spécialiste en douleur chronique. Quelques-uns devront subir une intervention chirurgicale pour régler leur problème. Certains se plaindront de torticolis. Couvrez-vous bien lors de journées plus froides. Quelques-uns souffriront de tendinite causée par un mouvement répétitif. D'autres souffriront de fibromyalgie, d'arthrite ou d'arthrose. Les yeux seront aussi fragiles. Quelques-uns subiront une intervention chirurgicale aux yeux.

Soyez également vigilant lors d'activités pédestres ou physiques. Certains pourraient se fouler la cheville et se blesser. Soyez également vigilant avec des objets tranchants. Certains s'occasionneront des petites blessures causées par leur négligence ! Cela dit, respectez la limite de vos capacités. Trop en faire risquerait de vous « brûler » mentalement et physiquement. Vous serez moins alerte. Cela peut causer des incidents fâcheux inutilement.

Haiaiel : plusieurs seront préoccupés par leur état de santé. Lorsqu'un malaise ou une douleur les envahira, ils consulteront immédiatement leur médecin. Ils seront très prudents et conscients qu'ils doivent prendre leur santé en main. C'est pourquoi ils feront attention et écouteront sagement les recommandations de leur médecin. Tout ce qu'ils peuvent faire pour conserver une excellente santé, ils l'appliqueront dans leur vie quotidienne. Certains prendront un produit naturel pour renforcer leur système immunitaire. D'autres feront des marches pour retrouver la forme. Quelques-uns feront de la natation. Certains surveilleront leur alimentation et chercheront à perdre du poids. Donc, vous prendrez bien soin de votre corps physique et mental.

Cela dit, certains se plaindront de douleur au cou, au dos, à l'épaule et à l'estomac. Quelques-uns prendront un médicament pour soulager leurs douleurs. D'autres consulteront un physiothérapeute. Il faudra également faire attention aux objets tranchants. Quelques-uns pourraient se blesser à la main.

Mumiah : il faudra surveiller les objets tranchants. Plusieurs risquent de se blesser. Les diachylons et les pansements vous suivront au cours de l'année. Assurez-vous d'en avoir dans votre pharmacie ainsi qu'une trousse de premiers soins ! De plus, les cardiaques, les diabétiques et les personnes atteintes de maladies graves devront redoubler de prudence et respecter les recommandations de leur médecin. Certains passeront quelques jours à l'hôpital pour recevoir des traitements. D'autres subiront une intervention chirurgicale pour améliorer leur état de santé. Il en est de même pour les alcooliques et les toxicomanes, plusieurs auront de graves ennuis de santé à cause de leur problème de consommation. Si vous négligez votre santé, vous ferez face à un problème majeur. Bref, cette année, prenez soin de vous, respectez la limite de vos capacités et écoutez les signaux de votre corps. En agissant ainsi, vous éviterez plusieurs ennuis de santé !

Les Anges et l'amour

Vous miserez beaucoup sur les dialogues, les activités familiales et les moments intimes. Cela sera important pour vous et pour la survie de votre union. Vous ne voulez plus vivre dans l'inquiétude ni dans l'indifférence. Plus que jamais vous avez besoin de savourer votre union. Vous avez besoin de votre partenaire à vos côtés. Vous avez besoin de caresses et de mots tendres. Vous ferez donc votre possible pour obtenir ce que vous désirez. Lorsqu'arrivera un pépin, au lieu de maugréer à l'intérieur de vous. Vous en discuterez immédiatement avec votre partenaire. Vous lui ferez part de vos sentiments et de vos états d'âmes. Vous ne laisserez pas les situations s'envenimées. Vous les réglerez rapidement, et ce, avec l'aide de votre partenaire. Vous retrouverez rapidement la joie mutuelle d'autrefois ! Cela favorisera énormément votre relation.

De plus, vous planifierez régulièrement un temps intime avec votre partenaire et vous le respecterez. Que ce soit aller au restaurant, au cinéma, visiter des amis, etc, ces moments avec votre partenaire vous feront du bien et stimuleront votre union. D'ailleurs, vous en avez besoin ! Plus que jamais, vous avez besoin de passer du temps avec votre conjoint. Ces temps seront précieux, importants et agréables. Cela rehaussera vos sentiments. Vous aurez beaucoup de plaisir ensemble et vous vous amuserez comme des fous ! Cela aura un impact favorable dans votre relation.

En 2016, vous ferez tout ce que vous pouvez pour améliorer votre union et vous y parviendrez avec succès. Attendez-vous à vivre une période remplie de joie, de bonheur et d'amour. Vous passerez beaucoup de temps au côté de votre partenaire. Vous planifierez des sorties agréables et divertissantes en amoureux et familial. Des sorties, il y en aura. Ces sorties vous rapprocheront et vous serez heureux d'être ensemble. Vous réaliserez que jamais vous n'avez été aussi bien dans les bras de votre partenaire. Vous connaîtrez une belle période en sa compagnie. Vous prendrez du temps pour être ensemble et dialoguer. Cela aidera énormément à vous retrouver et à continuer votre relation.

468 ~ 468 ~

Cela dit, il y aura plusieurs mois qui agrémenteront votre vie conjugale. Lors de ces mois, attendez-vous à faire des sorties mémorables avec votre partenaire. Les couples en difficulté parviendront même à trouver un terrain d'entente pour que l'harmonie revienne dans leur foyer. Vos discussions seront divertissantes. Il faut donc saisir les opportunités qui s'offriront à vous pour vous rapprocher de votre partenaire. Cela vous sera bénéfique. Ces mois bénéfiques sont *janvier, mai, juin, juillet, septembre* et *novembre.*

Dès *janvier*, vous miserez sur votre relation amoureuse. Attendez-vous à faire une sortie agréable avec votre partenaire qui vous rapprochera. Certains planifieront un voyage. D'autres iront fêter un événement. Quelques-uns amorceront une activité avec leur partenaire. Attendez-vous à passer du temps de qualité auprès de lui. De plus, la journée du jeudi vous sera également favorable pour planifier des sorties. Puisque la Providence sera présente, profitez-en pour acheter une loterie avec votre partenaire.

Après avoir vécu quelques difficultés, le beau temps refera surface en *mai*. Dès le *8 mai*, plusieurs couples miseront sur leur bonheur. Vous parlerez de projets pour l'avenir. Certains signeront un papier qui leur apportera de la joie. Il peut s'agir d'un achat ou d'une vente de propriété. Vous serez heureux lors de la signature de ce contrat. Vous réaliserez que vous avez tous les deux la même vision de l'avenir. Cela vous sécurisera. De plus, vous réglerez un problème ardu avec joie. À la suite, de cet événement, votre relation prendra une tournure différente. Cela vous plaira énormément.

Du *4 juin au 21 novembre*, vous vivrez plusieurs situations agréables avec votre partenaire. Attendez-vous à passer du temps de qualité avec celui-ci. Cela nourrira vos sentiments l'un envers l'autre. Il y aura quatre belles sorties. Certains iront se promener en bateau. D'autres loueront un chalet près de l'eau. Vous irez également souper avec des amis sur une terrasse. Du plaisir, vous en vivrez ! Cela rehaussera votre humeur et votre union ! Vous planifierez également un projet et vous le bâtirez ensemble. Ces moments seront importants à vos yeux. Vous aurez un plaisir fou à communiquer votre vision de ce projet. Lors de cette période, profitez-en pour jouer à la loterie avec votre partenaire, cela sera chanceux. Vous pourriez gagner une petite somme d'argent et vous permettre de faire un petit voyage ou de rénover l'une des pièces de la maison. La journée du jeudi vous sera favorable pour acheter vos billets !

Il est évident qu'il y aura des périodes compliquées. Lors de ces périodes, il serait important d'analyser vos priorités, de respecter vos engagements et de tenir vos promesses. Ainsi, vous surmonterez vos problèmes sans aucune difficulté. Vous serez toujours disposé à trouver de bonnes solutions pour que l'harmonie regagne votre foyer.

Voici ce qui pourrait déranger l'harmonie conjugale : les dépenses inutiles. Faites attention à votre budget. Plusieurs auront tendance à dépenser excessivement. Cela n'est pas sans nuire à leur relation. Soyez davantage vigilant avec votre argent. Sinon, vous risquez de provoquer la colère de votre partenaire. Il est vrai que vous possédez un cœur bon et généreux, il faut néanmoins faire attention.

Cela dit, attendez-vous à avoir des discussions avec votre partenaire au sujet de vos dépenses et d'un enfant. Vous le gâtez trop. Cela risque de frustrer votre partenaire. Si vous prenez le temps de réfléchir, vous réaliserez que votre partenaire n'a pas tout à fait tort. Si vous voulez éviter des ennuis, soyez sage dans vos dépenses ! Il en est de même pour le joueur compulsif. Celui-ci devra écouter les consignes de son partenaire. Sinon, son partenaire le quittera avant que l'année se termine !

Les mois susceptibles d'apporter quelques contrariétés seront *mars, avril,* et *décembre.* Un froid existera en *mars.* Certains couples se bouderont à la suite d'une situation problématique. Ni l'un ni l'autre ne veut admettre ses torts. Cela dérangera temporairement l'harmonie dans leur foyer. De plus, l'un des partenaires sera souvent absent de la maison à cause d'un surplus de travail ou des activités sociales. Il est évident que son partenaire n'appréciera pas ses absences. Il y aura donc discussion pour trouver un terrain d'entente. Il en est de même pour *avril.* Plusieurs situations vous tracasseront et elles engendreront quelques arguments avec votre partenaire. À la suite de dialogues, vous parviendrez à trouver votre équilibre. *Dès le 8 mai*, tout entrera dans l'ordre. Toutefois, cette période de froideur aura un impact dévastateur sur les couples en difficultés. Ceux-ci devront trouver un terrain d'entente pour éviter la séparation. Sinon, l'un des partenaires quittera le foyer au cours de l'année. Plusieurs couples vivront de la difficulté au cours de *décembre.* La période des Fêtes risque de vous tracasser financièrement. Ce stress n'aidera guère à votre relation. Vous aurez tendance à critiquer les dépenses excessives qui sont survenues lors des derniers mois !

Les couples en difficulté

Les couples en difficulté devront mettre beaucoup de leur temps et d'énergies pour éviter une séparation. Il faudra également surveiller les paroles dévastatrices. Plusieurs chercheront à se blesser avec des paroles méchantes. En agissant ainsi, cela n'aidera guère à la relation. Au contraire, cela pourrait vous nuire et vous pourriez subir une séparation. La période du *6 mars au 18 avril* sera pénible pour plusieurs. Attendez-vous à verser des larmes. Certains pourraient vivre une déception ou une séparation. Si vous parvenez à surmonter les obstacles qui surviendront lors de cette période, vous continuerez votre relation en trouvant la meilleure recette pour atteindre votre bonheur. Si vers la fin *avril*, vous vous boudez toujours et que vous ne parvenez pas à vous entendre, une séparation suivra avant que l'année se termine. Quelques-uns parleront de consulter un psychologue ou un thérapeute pour mieux les aider à voir clair dans leur relation. Cette décision leur sera salutaire. Faites-le avant de penser à la séparation. Le mois de *décembre* sera également un mois pénible pour certains couples. Certains quitteront leur partenaire après la période des Fêtes.

Les personnes Anges submergées par la négativité

Votre attitude déplaisante et vos humeurs changeantes ne vous aideront guère à conserver votre relation ni à réparer les pots brisés. De plus, certains devront surveiller leur consommation d'alcool ou de narcotiques, il est évident que votre problème de consommation n'aidera guère à la survie de votre couple. Il y a également le joueur compulsif : si vous voulez éviter la séparation, il serait important de demander de l'aide et de cesser le jeu. Sinon, votre partenaire vous quittera avant que l'année se termine. Il sera trop tard pour lui faire des promesses et le convaincre de vous laisser une seconde chance !

Si vous tenez à votre relation, montrez à votre partenaire que vous êtes prêt à faire les changements nécessaires pour éviter la séparation ! Sinon, vous risquez de perdre votre partenaire au cours de l'année. Il sera trop tard pour le reconquérir. Lorsque sa décision sera prise, celui-ci ira de l'avant et ne regardera plus en arrière. Donc, à vous de décider et d'y voir si vous tenez à votre relation ou pas!

Les Anges célibataires

Plusieurs célibataires auront le bonheur de rencontrer une bonne personne qui saura les aimer et les respecter. Cette nouvelle rencontre fera palpiter votre cœur d'amour! Sa joie de vivre, son regard tendre et moqueur vous feront tout un effet! Vous réaliserez que vous êtes bien en sa compagnie. Il est exactement comme vous l'avez souhaité et rêvé! Malgré la peur, vous ouvrirez la porte de votre cœur et vous vous laisserez emporter par la passion d'aimer et d'être aimé. Cela fait trop longtemps que vous attendiez cette rencontre et vous en serez très heureux! D'ailleurs, votre bonheur se lira dans votre comportement. Vous serez débordant de joie et d'énergie! Vous éprouverez le même sentiment qu'un adolescent qui rencontre l'amour pour la première fois.

Les mois les plus propices pour faire la rencontre de cette personne charmante sont *janvier, juin, juillet, septembre, octobre* et *novembre*. La journée du mercredi et du jeudi seront également profitables pour cette nouvelle rencontre. Lorsque vous ferez sa rencontre, vous serez charmé par ses yeux et ses mains. Vous échangerez vos numéros de téléphone. Vous planifierez une activité. Lors de la troisième rencontre, vous réaliserez qu'il est l'amour de votre vie, et une belle relation amoureuse s'amorcera.

Vous pourriez faire sa rencontre grâce à l'aide d'un ami, lors d'une soirée animée, dans un club de rencontre, par l'Internet ou au travail. Cette personne sera très gestuelle et animée par la joie de vivre. Dès le premier contact, votre cœur vous avertira. Il fera des bonds et vous aurez des pulsations fortes. Des sentiments que vous n'aviez pas ressentis depuis belle lurette. Vous serez heureux, tout en étant sur vos gardes. C'est normal puisque la peur vous envahira. La peur de l'amour. Néanmoins, quelques sorties, quelques sourires, quelques baisers, vous feront oublier vos peurs! Donc, ne vous inquiétez pas! Lorsque l'amour frappera à votre porte, malgré vos peurs, vous le laisserez entrer et vous savourerez chaque moment magique avec ce nouvel amour.

Les célibataires submergés par la négativité

Il y a trop de situations qui vous préoccupent et vous n'êtes pas dans une bonne énergie pour faire des rencontres. Certains ont de la difficulté à oublier un amour du passé. D'autres sont préoccupés par leur travail ou leur situation financière. Vous serez maussade et agressif. Donc, ni abordable ni intéressant pour plaire aux personnes intéressées. Cela dit, vous ferez des rencontres. Néanmoins, aucune personne ne sera à votre goût ! Vous serez très difficile et arrogant. Il est évident que les personnes s'éloigneront de vous, de peur d'y laisser leur peau, et elles n'auront pas tort ! Toutefois, si vous décidez de changer votre attitude, de mettre un terme à vos préoccupations et de vous laisser tenter par l'amour, une personne charmante saura vous faire passer une magnifique soirée. Profitez-en et laissez-lui la chance de vous courtiser. Vous ne serez pas déçu et cela aura un impact bénéfique sur votre attitude. Votre arrogance fondera devant l'amour ! En 2016, l'amour est la recette magique pour vous libérer de vos tracas et pour améliorer votre attitude face à la vie. Laissez donc l'amour mettre de la magie dans votre vie. Vous en serez très heureux !

Les Anges et le travail

L'année de la conscience aura un impact magique sur vos relations professionnelles. Attendez-vous à vivre des événements prolifiques qui amélioreront votre vie professionnelle. Vous serez souvent au bon endroit, avec les bonnes personnes. Vos discussions seront enrichissantes. Vos discussions prouveront vos talents, votre dévouement et votre force de caractère. Cela aura un impact favorable sur les personnes que vous côtoierez professionnellement. Celles-ci seront enchantées et heureuses de vous laisser votre chance de prouver votre valeur, et ce, avec plaisir ! Il n'en tiendra qu'à vous d'amorcer le premier pas !

En 2016, que ce soit pour changer de lieu de travail, d'améliorer l'atmosphère ou les tâches, vous aurez le privilège de voir venir à vous des offres alléchantes qui amélioreront vos conditions de travail. À vous de saisir ces moments bénéfiques ! Si vous les ignorez, vous serez déçu ! Vous resterez au même endroit et avec les mêmes problèmes. Si vous voulez éviter cette situation, profitez des occasions qui se présenteront à vous pour améliorer votre vie professionnelle. Les Anges ont entendu vos demandes et ils vous dirigeront aux endroits propices pour que vos demandes puissent devenir réalité. Donc, agissez en conséquence!

Dès le *1er janvier*, l'action s'amorcera. Certains prendront une décision importante au sujet de leur travail. Quelques-uns auront le privilège de signer des contrats importants. D'autres obtiendront un emploi de rêve. Certains recevront une offre alléchante impossible à refuser. Les entrevues vous apporteront satisfaction. La journée du jeudi sera profitable. Vous pourriez recevoir de bonnes nouvelles lors de cette journée. De plus, certains feront la rencontre d'un homme important qui leur permettra de réaliser l'un de leurs projets ou qui les aidera dans une situation problématique. Il est évident qu'il y aura de l'amélioration, et ce, peu importe les décisions qui seront prises. Les problèmes se résoudront à votre avantage.

La période du *8 mai au 21 novembre* vous apportera de bons événements. En *mai*, plusieurs retrouveront un bel équilibre sur le plan professionnel. Vous regardez droit devant vous vers un avenir prometteur. La journée du mercredi sera favorable pour les ententes, les contrats, les décisions et les entrevues. En *juin*, vous vivrez quatre événements favorables qui amélioreront vos conditions de travail. Certains feront partie d'une nouvelle équipe. Vous vous plairez avec cette nouvelle équipe. D'autres recevront l'appui de leurs collègues dans un projet. La réussite et la satisfaction seront vos récompenses. De plus, quelques-uns prendront leur retraite. Vous serez heureux de votre décision. D'autres quitteront un travail de longue date pour s'aventurer dans la nouveauté. Cela dit, plusieurs événements agréables seront au rendez-vous et vous saurez bien en profiter! Le tout se poursuivra jusqu'en *juillet*. Vos décisions seront à la hauteur de vos attentes. Certains prendront une décision importante. Néanmoins, vous serez satisfait de cette décision. En *août* et *septembre*, votre qualité au travail sera récompensée. Les problèmes se résoudront par enchantement. L'ambiance s'améliorera, et ce, à votre grande joie. Certains obtiendront une belle promotion. D'autres réussiront un examen ou une entrevue. Quelques-uns amorceront un nouveau travail. Ce travail les angoissera au début. Toutefois, vous vous habituerez à vos nouvelles tâches et vous excellerez. Vos compétences seront remarquables et vos nouveaux collègues louangeront votre capacité d'adaptation. Le tout se poursuivra jusqu'à la fin *octobre*.

Lors de cette période, gardez les yeux ouverts puisqu'il y aura trois possibilités qui s'offriront à vous pour réaliser l'une de vos demandes et l'un de vos rêves les plus fous sur le plan professionnel!

Il y aura des mois où vous devrez redoubler de prudence. Lors de ces mois, évitez les discussions inutiles et les commérages. Ne prenez aucune décision à la légère et réfléchissez avant de parler. Ces mois seront *février, mars, avril* et *décembre*. Lors de cette période, à la suite d'une discussion animée avec un employeur ou un collègue de travail, certains quitteront et iront chercher du travail ailleurs! D'autres éclairciront des malentendus avec certains collègues de travail. Vous ferez le point sur des situations problématiques. Vous élaborez votre point de vue et vous ne mâcherez pas vos mots. Vous en avez assez des gens négatifs. Votre détermination à vouloir régler la problématique vous vaudra des éloges de la part de certaines personnes proches de vous.

Les travailleurs Anges submergés par la négativité

Si vous voulez profiter des avantages bénéfiques qui surviendront au cours de l'année, il faudra changer votre attitude. Au lieu de maugréer sur le bonheur des autres, améliorez votre comportement et vous verrez les opportunités s'offrir à vous. Il est évident qu'en conservant une attitude de guerrier, cela ne vous avantagera pas! Si vous n'êtes pas heureux à votre travail, il est temps de changer pour le mieux! Pour ce faire, il suffit de remplacer votre caractère maussade et d'être plus jovial et collaboratif! En agissant ainsi, vous serez informé de tout changement qui se produira à votre travail. Vous aurez également la chance de poser votre candidature pour un nouvel emploi, de formuler votre désir de changer vos tâches et de les améliorer, de mettre à profit vos talents, etc. L'année 2016 vous offre cette possibilité. Il faut donc en profiter avant que le tout se termine!

Toutefois, si vous conservez votre attitude de guerrier qui cherche continuellement la zizanie, vous serez mis au défi. Certains se verront refuser un poste, une augmentation de salaire ou un changement quelconque. D'autres seront relégués dans une autre équipe avec des tâches différentes et ennuyantes. De plus, ne soyez pas surpris de recevoir un ultimatum de la part de votre employeur. Si vous n'améliorez pas votre attitude face à vos collègues de travail, vous pourriez perdre votre poste. Donc, si vous ne voulez pas vous retrouverez sans travail, voyez-y rapidement.

Chapitre XL

Événements à surveiller durant l'année 2016

- Attendez-vous à vivre trois événements importants qui marqueront favorablement votre vie. De plus, plusieurs recevront également ment trois cadeaux significatifs au cours de l'année! La période du **14 septembre au 30 novembre 2016** apportera des cadeaux et des bonnes nouvelles de toutes sortes! Plusieurs situations agréables surviendront lors de cette période. Profitez-en au maximum!

- La Providence sera à vos côtés. Certains pourraient gagner des sommes d'argent très considérables. Profitez-en lors de vos mois de chance!

- Vous, ou un proche, gagnerez une belle somme d'argent par une loterie instantanée. Cette somme viendra calmer votre tempête budgétaire!

- Lors de la période hivernale, certains se plaindront de maux de gorge. La voix sera rauque. Vous prendrez des pastilles et des antibiotiques pour soulager votre mal de gorge.

- Vous, ou un proche, négligerez votre alimentation. Votre estomac en souffrira. Certains devront prendre des médicaments pour soulager leur douleur. Cela vous encouragera à changer vos habitudes alimentaires. Sinon, vous souffrirez de maux intenses qui ne seront pas agréables ni plaisants.

- À la suite d'une analyse profonde de leur état de santé ou d'une discussion avec un médecin, certains commenceront de nouvelles activités qui leur permettront de reprendre la forme physique. D'autres surveilleront leur alimentation en vue de perdre du poids. Votre santé vous préoccupera énormément et vous ferez tout votre possible pour la conserver. Certains cesseront de fumer, de boire ou de consommer.

- Vous, ou un proche fumeur, devrez modérer l'usage de la cigarette. Vos poumons seront en feu! Cela vous amènera à tousser et à cracher régulièrement! À la suite d'un diagnostic, votre médecin vous obligera à cesser la cigarette avant que votre état de santé s'aggrave. À vous d'agir en conséquence!

- Vous, ou un proche, ronflez. Cela dérange vos nuits et votre partenaire. Vous souffrez d'apnée du sommeil. Vous serez obligé d'acheter un appareil pour cesser de ronfler et avoir de meilleures nuits de sommeil.

- En *février, mars* et ***décembre***, plusieurs seront malades. Ils attraperont une grippe virale. Cela les obligera à garder le lit de deux à cinq jours. Lavez régulièrement vos mains lors de périodes contagieuses.

- Vous, ou une femme de votre entourage, subirez une hystérectomie. À la suite de cette intervention chirurgicale, vous aurez besoin de quinze à trente jours de repos pour recouvrer la santé. Il serait important de respecter les consignes de votre médecin. Ainsi, vous éviterez de faire une rechute.

- Certains réaliseront que méditer leur sera d'un très grand secours pour calmer leur tempête intérieure. De plus, la méditation vous aidera à mieux respirer et à mieux relaxer. Vous ressentirez un bien-être à chaque séance de méditation. Cela aura un impact sur votre humeur, votre sommeil et votre concentration. Toutefois, d'autres opteront pour le yoga ou du Qi-gong.

- Soyez toujours vigilant lorsque vous manipulez des objets tranchants et des outils. De plus, si vous brisez un verre, assurez-vous de ne pas vous promener pieds nus dans la pièce ! En *janvie*r, certains pourraient se blesser à la main. En *février*, certains pourrait se couper. En *avril* et décembre, certains pourraient se fracturer un membre. Assurez-vous d'avoir une trousse de premiers soins dans votre pharmacie !

- Un adolescent se blessera à la main lors d'une activité. Cela causera tout un émoi aux parents ! Néanmoins, l'enfant reprendra rapidement ses activités !

- Plusieurs amélioreront leur union. Vous ferez votre possible pour voir le soleil luire dans votre demeure et vos efforts seront bien récompensés ! Lorsqu'arrivera un petit nuage, vous trouverez rapidement une solution pour que l'harmonie revienne sous votre toit familial. Cela sera très important pour vous. Vous ferez tout pour éviter les discussions animées.

- Au cours de la période estivale, attendez-vous à faire des sorties agréables avec votre partenaire. Un souper en tête-à-tête est à prévoir et vous passerez une magnifique soirée dans les bras de votre partenaire. Vous vous amuserez comme des fous ! Cela rehaussera la flamme de votre amour !

- En *janvier*, vous vivrez deux événements qui vous rendront heureux. Il peut s'agir d'un voyage que vous planifierez à la dernière minute, d'une activité en famille, d'un achat longtemps désiré, etc.

- Tout au long de l'année, vous ferez plusieurs sorties agréables avec vos proches. Ces temps seront précieux pour vous. De plus, cela aura un effet bénéfique sur vos humeurs et vos énergies. Attendez-vous à être la proie de taquineries et de petits tours de la part de vos proches. Vous les diversifierez avec vos petites grimaces taquines et enjôleuses !

- En *janvier*, plusieurs aideront leur partenaire à réaliser un projet qui lui tient à cœur ! Votre aide lui sera très précieuse. Votre partenaire réalisera l'importance de vous avoir à ses côtés !

- En 2016, vous représenterez l'équilibre dans votre relation. Vous serez celui qui fera des choix censés et judicieux. Cela attirera les mérites de votre partenaire.

- À la suite d'un mauvais rhume, votre partenaire sera obligé de garder le lit temporairement. Vous serez à son chevet et vous en prendrez bien soin. Votre partenaire appréciera énormément votre présence auprès de lui.

- Au cours de l'année, vous vivrez plusieurs situations qui vous amèneront à prendre soin de votre partenaire, à le conseiller, à l'aider, etc. Il est évident que cela aura un impact favorable sur votre relation. Bref, vous prouverez à votre partenaire que vous l'aimez et que vous tenez à lui!

- En *février*, vous éclaircirez deux malentendus. Vous ferez également le point sur une situation ambiguë. Tel un détective, vous irez à la recherche de la vérité. Vous l'obtiendrez! Par la suite, vous prendrez les mesures nécessaires pour régler le tout à votre entière satisfaction.

- Certains vivront quelques contrariétés lors de leur anniversaire de naissance. Il serait important de ne pas vous centrer sur les problématiques et de prendre le temps de vous amuser avec vos proches. De plus, si un proche ne se présente pas à votre anniversaire ou s'il oublie la date de votre anniversaire, pardonnez-lui au lieu de le disputer! En agissant ainsi, celui-ci comblera vos besoins différemment. Il sera attentionné et il fera tout pour se faire pardonner! Profitez-en à ce moment-là!

- En *mars*, vous, ou un proche, connaîtrez une difficulté quelconque qui provoquera du stress et de la fatigue sous le toit familial. Cela peut durer de deux à dix jours, ensuite, la vie normale reprendra son cours.

- En *mars* et *avril*, certains événements vous obligeront à faire des changements. Cela ne sera pas facile au départ. Toutefois, vous réaliserez que ces changements vous seront favorables. Vous retrouverez votre équilibre au prix de grands efforts. Néanmoins, vous serez satisfait de vos choix.

- Vous, ou un proche, avez des problèmes de jeu. Cela causera beaucoup d'ennuis dans votre relation amoureuse. Certains penseront à quitter leur partenaire à cause de ce problème de taille. Si vous voulez éviter une séparation, prenez-vous en main et cessez votre problème de jeu.

- Lors de la période printanière, vous, ou un proche, serez séduit par un célibataire. Faites attention, ne mettez pas votre union en péril pour les beaux yeux de ce séducteur. Vous risquez de le regretter puisque ce célibataire adore son statut de célibat.

- Plusieurs célibataires feront la rencontre de leur amour idéal. Néanmoins, ils auront un choix à faire puisque trois charmantes personnes feront palpiter leur cœur! Ces célibataires possèdent des qualités que vous recherchez pour amorcer une relation sérieuse. Cela ne sera pas évident de faire un choix. Toutefois, après quelques sorties, votre choix s'arrêtera sur une personne en particulier. Sa joie de vivre, son charisme, sa compréhension et son regard doux vous feront tout un effet! Vous réaliserez que vous êtes bien en sa compagnie. Une relation suivra. Vous solidifierez votre union par un déménagement. Vous irez vivre ensemble et vous planifierez votre avenir.

- La période automnale sera prolifique pour plusieurs célibataires. De plus, votre charme sera à la hausse. Cela attirera plusieurs regards dans votre direction!

- En 2016, plusieurs vivrons une période de triomphe et de réussite. Vous récolterez les bienfaits de vos efforts. Vous serez extrêmement fier de vous et de tout ce que vous entreprendrez. Jamais vous n'aurez été si déterminé qu'en cette nouvelle année!

- À partir de *mai*, certains vivront de grands changements au sein de leur vie professionnelle. Au début, vous aurez de la difficulté à accepter ces changements. Par la suite, vous réaliserez que ces changements vous seront favorables et qu'ils auraient dû ce faire depuis longtemps!

- Vous, ou un proche, réussirez une entrevue. À la suite de cette entrevue, un travail vous sera offert. Vous serez heureux d'accepter ce nouvel emploi.

- Lors de la période estivale, l'un de vos rêves se concrétisera grâce à une opportunité qui se présentera à vous. Vous saisirez une occasion en or qui vous rendra très heureux.

- En *juin* et *juillet*, attendez-vous à faire de belles sorties. Vous bougerez beaucoup. Votre facture d'essence risque d'être plus élevée que d'habitude. Toutefois, cela ne vous dérangera pas. Vous serez heureux. Votre partenaire sera à vos côtés. Vous planifierez plusieurs activités et vous irez visiter des endroits pittoresques! Bref, vous passerez un bel été avec vos proches.

- En *juin*, certains penseront à changer leur véhicule. Vous tomberez en amour avec une voiture ou un camion à quatre roues motrices de couleur rouge, grise ou blanche. En dépit du fait que votre voiture est en excellente état, vous négocierez l'achat de ce véhicule. Si le prix vous convient, vous amorcerez la transaction.

- Un nouveau projet qui s'amorcera sera couronné de succès. Faites-vous confiance puisque vous possédez toutes les qualités pour réussir ce projet. Certains se verront offrir une opportunité à la suite de ce projet. D'autres recevront une belle somme d'argent. Pour quelques-uns, la renommée les suivra. Ils en seront très fiers.

- En *août*, plusieurs situations vous amèneront à bouger un peu partout. Il y aura des moments où vous serez essoufflé mais productif!

- Certains seront invités à prendre part à une fête champêtre. Vous passerez une magnifique journée. Vous reverrez des vieilles connaissances. Vous aurez un plaisir fou à discuter et à vous remémorer votre jeunesse!

- Vous serez très actif lors de votre été. Attendez-vous à faire plusieurs sorties agréables avec vos proches. Vous aurez l'esprit des vacances et vous en profiterez au maximum! Vous en avez tellement besoin! Toutes les sorties que vous ferez rehausseront votre énergie, et votre mental se portera à merveille. Vous prendrez plusieurs photos pour vous remémorer ces temps agréables.

- Certains planifieront de faire du camping ou ils loueront un chalet près de l'eau. Cet endroit sera magique! D'autres pratiqueront des activités de plein air. Quelques-uns visiteront des villes étrangères. Votre été sera donc agréable et couronné de joie et de sourires.

- Plusieurs feront du jardinage. Attendez-vous à de belles récoltes. Vous serez très fier de votre jardin! Vous aurez un plaisir fou à cueillir vos légumes pour faire des petits plats! Vous vanterez le goût de vos aliments! Attendez-vous également à faire des potages et des conserves que vous partagerez avec vos proches.

- Votre grande détermination apportera succès et mérites dans tout ce que vous entreprendrez. Continuez de persévérer et vous ne le regretterez pas puisque vos efforts seront doublement récompensés! Lorsque le mois de ***novembre*** arrivera, vous réaliserez que tous vos efforts en ont valu la peine. Plusieurs vivront un événement prolifique au cours de ***novembre***. Certains recevront un bel honneur!

- Vous, ou un proche, signerez des papiers importants chez le notaire, à la banque, au travail ou chez un avocat. Ce papier allégera vos épaules!

- Plusieurs auront le privilège de solidifier et de reconstruire leur situation financière. Vous travaillerez ardemment. Vous vous ferez un budget et vous chercherez à le respecter. Néanmoins, vous serez satisfait des résultats obtenus.

- Grâce à votre façon de voir la vie, vous vivrez plusieurs événements agréables. Vous serez encouragé à continuer votre route dans la même direction. La fierté, la détermination, le courage et la volonté seront des qualités qui vous serviront bien au cours de l'année.

- Plus que jamais, vous savez ce que vous désirez et vous établirez un plan pour pouvoir tout obtenir. Vous y mettrez tous les efforts possibles pour parvenir à réussir et à respecter vos objectifs!

- Lors de la période automnale et hivernale, certains abandonneront un projet, un travail, un domicile, un lieu, etc. Ceux-ci s'orienteront vers une nouvelle direction. Vous laisserez tout tomber et vous repartirez à zéro!

- Certains seront fiers de leur perte de poids! Vous atteindrez votre objectif avec succès. Vos proches vous appuieront dans votre démarche et ils vous encourageront à continuer. Ils seront fiers de vous et de votre détermination à conserver un poids santé.

- Au cours de l'année, certains devraient surveiller leur consommation d'alcool. Si vous buvez, ne prenez pas le volant. Quelques-uns auront des ennuis avec la Loi. Leur permis sera révoqué et lorsqu'ils obtiendront l'accord par les autorités pour conduire de nouveau leur véhicule; ils devront se promener avec un ivressomètre dans leur véhicule pendant une période d'un an ou plus.

- Certains retrouveront la sérénité après avoir réglé un conflit important qui dérangeait leur vie. Vous vous libérerez finalement d'une situation qui pesait lourd sur vos épaules!

- Plusieurs auront le privilège de recevoir une aide précieuse qui les aidera au moment opportun. Il y aura toujours une porte de sortie, qu'importe la situation que vous vivrez.

- Certaines femmes changeront leur tenue vestimentaire et elles les remplaceront par de nouvelles tenues. Vous faites le grand ménage de vos accessoires et de votre linge. Vous vous débarrasserez de ce qui ne vous convient plus. Vous le remplacerez par de la nouveauté! Cela risque d'être dispendieux. Malgré tout, cela ne vous dérangera aucunement. Au contraire, vous serez très fier de parader dans vos nouvelles tenues vestimentaires! De plus, on vous complimentera sur votre personnalité, sur vos tenues vestimentaires, vos goûts, etc. Cela rehaussera votre estime! Donc, vous n'aurez aucun remord sur vos excès de dépenses!

- Vous, ou un proche, signerez des papiers à la banque. Il peut s'agir d'un emprunt, d'un REER, d'un placement. Vous serez satisfait de votre transaction.

- À votre grande surprise, quelqu'un vous fera un aveu ou une confidence qui vous ébranlera. Toutefois, cela fera la lumière sur plusieurs de vos questions. Cette année, tout ce que vous chercherez à savoir, vous l'apprendrez! Cela vous permettra de clarifier des malentendus, d'amorcer des dialogues importants avec les personnes concernées, de régler vos problématiques, de réaliser vos projets, etc.

- À la suite d'un voyage ou déplacement, vous reviendrez la tête remplie de bonnes idées et d'astuces pour pouvoir réaliser trois de vos projets!

- Vous, ou proche, parlerez de la vente ou de l'achat d'une propriété. Vous serez heureux et satisfait de votre transaction.

- Lors de périodes difficiles, apprenez à reconnaître vos torts, si vous voulez améliorez une situation. Vous aurez beaucoup de difficultés à accepter vos erreurs. Si les gens vous en parlent, ce n'est pas pour vous blesser, au contraire, ils veulent tout simplement améliorer la situation. Écoutez attentivement les propos de ces gens. Cela pourrait être essentiel et important.

- Vous vivrez souvent les événements en triple! Lorsqu'une bonne nouvelle arrivera vers vous, deux autres suivront. Si vous gagnez une somme d'argent, deux autres suivront également. Il en est de même pour les mauvaises nouvelles. Lorsque vous vivrez une situation compliquée, attendez-vous à en résoudre deux autres par la suite!

- Plusieurs recevront ou inviteront des gens à souper. Ce seront des soupers agréables et divertissants. Ces moments de détente seront importants à vos yeux!

- Au début de l'année, certains rechercheront la solitude pour mieux régler l'un de leurs problèmes. Vous ne serez pas trop jasant lors de cette période. Néanmoins, une solution sera trouvée et tout redeviendra à la normale, et ce, à votre grande satisfaction.

- Vous, ou un proche, gagnerez une cause juridique. À la suite de cette nouvelle, un fardeau sera enlevé de vos épaules. Cela mettra un terme à une période de votre vie et vous en serez soulagé. Cela faisait tellement longtemps que vous attendiez ce moment.

Vœux à formuler

Chers lecteurs, tout comme les années précédentes, les Anges vous invitent à faire un vœu pour vous et pour des personnes près de vous. Vous n'avez qu'à écrire le nom de la personne et ce que vous lui souhaitez pour l'année 2016.

À titre d'exemple, vous pouvez formuler un vœu pour votre sœur. Vous pouvez lui souhaiter un bel amour pour 2016! Lorsque vous envoyez une pensée positive à une personne, cela a aussi un impact favorable sur vous. Tout le bien que vous faites vous est toujours remis.

Prenez une minute d'intériorisation. Pensez à ce que vous aimeriez obtenir cette année. Lorsque vous serez prêt, écrivez ce vœu. Ensuite, écrivez le nom des personnes pour qui vous aimeriez formuler un vœu. En dessous de leur nom, écrivez ce que vous leur souhaitez.

Écrire votre vœu : _____

_____

Ceux pour vos proches :

1. Nom de la personne : _____

Ce que je lui souhaite : _____

_____

2. Nom de la personne : _____

Ce que je lui souhaite : _____

_____

3. Nom de la personne : _____

Ce que je lui souhaite : _____

_____

4. Nom de la personne : _____

Ce que je lui souhaite : _____

_____

5. Nom de la personne : _____

Ce que je lui souhaite : _____

_____

Objectifs à atteindre

Écrivez cinq objectifs que vous aimeriez atteindre au cours de l'année. Les Anges vous guideront vers les endroits prolifiques pour que vous puissiez atteindre ces objectifs.

1. _____

2. _____

3. _____

4. _____

5. _____

Signes de votre Ange personnel

*V*ous aimeriez connaître le signe que vous faits votre Ange personnel. Rien de plus simple. Demandez-lui. Avant de vous coucher, demandez à votre Ange de la Lumière quel est le signe particulier qu'il vous fait lorsqu'il est à vos côtés. Vous verrez dans la même semaine, une situation surviendra. Il peut s'agir de trouver une pièce de monnaie en particulier. De voir un chiffre. D'une lumière qui clignote, etc. Notez ce signe. Lorsque vous prierez votre Ange, celui-ci s'assurera de vous répondre par son signe!

De plus, si vous voulez connaître le nom de votre Ange personnel. Demandez-lui! Il peut avoir le même nom que votre Ange de la Lumière, il peut avoir un prénom commun ou autre. Lorsque vous lui ferez la demande. Attendez-vous à entendre, voir un nom en particulier. Vous réagirez fortement à l'intérieur de vous. Notez ce nom. Par la suite, demandez à votre Ange personnel, si c'est bel et bien le nom qui le désigne. Demandez-lui de vous faire un signe particulier. Votre Ange se fera un plaisir de répondre à votre demande!

MARQUIS

Québec, Canada